Fachbücher für
Fachberater und Fachwirte:
Der Immobilienfachwirt

Herausgegeben von
Dr. Werner J. Gartner

Bisher erschienene Werke:

Gartner, Betriebswirtschaftslehre und
Volkswirtschaftslehre

Betriebswirtschaftslehre und Volkswirtschaftslehre

Von
Dr. Werner J. Gartner

R. Oldenbourg Verlag München Wien

Die Deutsche Bibliothek - CIP-Einheitsaufnahme

Gartner, Werner J.:
Betriebswirtschaftslehre und Volkswirtschaftslehre / von Werner J. Gartner. – 1. Aufl.. – München ; Wien : Oldenbourg, 2001
(Fachbücher für Fachberater und Fachwirte : der Immobilienfachwirt)
ISBN 3-486-25696-3

Rosenheimer Straße 145, D-81671 München
Telefon: (089) 45051-0
www.oldenbourg-verlag.de

Gedruckt auf säure- und chlorfreiem Papier
Druck: R. Oldenbourg Graphische Betriebe Druckerei GmbH

ISBN 3-486-25696-3

Vorwort

Die Immobilienwirtschaft nimmt eine wichtige Aufgabe in der Wirtschaftspolitik ein. Ihr kommt die Aufgabe zu, die Menschen mit Wohnungen, mit Geschäfts- und Bürohäusern, mit Fabrik- und Werkshallen zu versorgen. Durch das Bauen werden an den Standorten einer Volkswirtschaft Arbeitsplätze gesichert und erhalten.

Die Immobilien gehören zu den wichtigsten Wertanlagegütern und sind für viele Menschen auch ein Teil ihrer Altersversorgung geworden. Durch die Knappheit des Bodens und die zunehmende Standortkonkurrenz gewinnt die Immobilie immer mehr an Bedeutung.

In diesem Spannungsfeld mit komplexen übergreifenden Zusammenhängen rangiert die Immobilie nicht nur in Deutschland, sondern in ganz Europa und weltweit an erster Stelle. Für diese vielseitige Tätigkeit ist der Immobilienfachwirt gefragt, um in leitender Position selbständig Managemententscheidungen zu treffen. Die volkswirtschaftlichen Kenntnisse helfen ihm dabei die Sachverhalte besser analysieren zu können.

Das vorliegende Buch richtet sich deshalb an angehende Immobilienfachwirte, Immobilienmakler, Developer, Immobilienverwalter, Projektentwickler, Finanzdienstleister, Versicherungsleute, sowie Mitarbeiter im öffentlichen Dienst, die in der Projektentwicklung tätig sind.

Die Weiterbildung zum Geprüften Immobilienfachwirt / Geprüfte Immobilienfachwirtin hat zum Ziel managementorientierte Interessierte für diese Qualifizierung zu unterstützen. Das Buch basiert im wesentlichen auf dem Rahmenstoffplan des Deutschen Industrie- und Handelstages (DIHT) und der bundesweiten Industrie- und Handelskammern (IHK) sowie der Fachverbände der Immobilienwirtschaft.

Die angehenden Immobilienfachwirte müssen neben der Kenntnis von Investition, Finanzierung, Organisation, Rechnunswesen, Vermögens- oder Portfoliotheorie auch über das Marketing Bescheid wissen.

Bei der Erstellung des vorliegenden Buches wurde ich von einer Reihe von Kollegen und Praktikern unterstützt.

Besonderer Dank gilt Frau Miryam Gümbel M.A. für die redaktionelle Bearbeitung des Textes sowie die Gestaltung der einzelnen Abschnitte. Dank gilt auch den Mitarbeitern der Deutsche Bank, AG, Frankfurt/M. und der Deutsche Bank 24 AG, Frankfurt/M. für die großzügige Bereitstellung von Unterlagen, die im Buch Verwendung fanden. Dem Cheflektor des Verlages, Herrn Diplom-Volkswirt Martin M. Weigert, bin ich für seine Anregungen und wirkungsvolle Zusammenarbeit besonders dankbar. Dank gilt auch den Mitarbeitern des Oldenbourg Verlages für die großzügige technische Unterstützung bei der Aufbereitung der Graphiken und Tabellen.

Werner J. Gartner

Inhaltsverzeichnis

Kapitel 1

Ausgewählte Bereiche der Betriebswirtschaft

1.1.0 Ziele und Aufgaben der Betriebswirtschaft

Die Betriebswirtschaftslehre

Die Betriebswirtschaftslehre wird von der herrschenden Lehre als angewandte Wissenschaft bezeichnet. Sie besteht aus dem **theoretischen** und **praktischen** Ansatz Die **theoretische Betriebswirtschaftslehre** beschäftigt sich mit der Erarbeitung des Wissens ohne Rücksicht darauf zunehmen ob dieses in der Praxis Anwendung finden zum Beispiel die Lagerhaltungstheorie. Die **praktische Betriebswirtschaftslehre** befaßt sich mit der angewandten Forschung und sieht ihre Aufgabe darin die wissenschaftlichen Entscheidungsprozesse zu beschreiben und zu beurteilen. Sie bestimmt die Gestaltung der Betriebsprozesse.

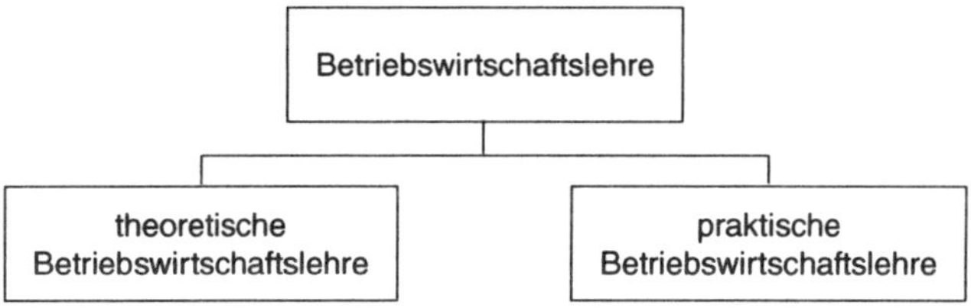

Das Untersuchungsgebiet aller Wirtschaftswissenschaften ist die Wirtschaft, somit dasjenige Gebiet menschlicher Tätigkeiten, das der Bedürfnisbefriedigung dient. Die menschlichen Bedürfnisse sind praktisch unbegrenzt und die zur **Bedürfnisbefriedigung** geeigneten Mittel ihrerseits stehen nicht unbegrenzt zur Verfügung. (Maslow). Durch die Knappheit der Güter ist der Mensch veranlaßt **zu wirtschaften**. Er muß die vorhandenen Mittel und Ressourcen so einsetzen, daß ein möglichst hohes Maß an Bedürfnisbefriedigung erreicht wird.

Die wirtschaftliche Tätigkeit ist somit nicht nur auf die Herstellung von Sachgütern gerichtet, sondern auch auf die Erzeugung von immateriellen Gütern, wie Dienstleistungen.
Der Wert der Wirtschaft wird erst durch die **Zielsetzung** der wirtschaftlichen Tätigkeiten realisiert. Durch das Handeln der Menschen wird mit materiellen und immateriellen Gütern die Befriedigung der Bedürfnisse erreicht.

Nach Erich Gutenberg sind die Menschen gezwungen mit den Gütern hauszuhalten. Auf die Wirtschaft bezogen besagt das ökonomische Prinzip: **mit einem gegebenen Aufwand an Produktionsfaktoren ist der größtmögliche Gütererträg zu erzielen** oder **ein gegebener Gütererträg ist mit geringstmöglichstem Einsatz an Produktionsfaktoren zu erwirtschaften**. (Wöhe).

In Geldeinheiten ausgedrückt verlangt das allgemeine Vernunftsprinzip so zu handeln, daß **mit einem gegebenen Geldaufwand ein maximaler Erlösbetrag erzielt oder ein bestimmter Erlös mit einem minimalen Geldeinsatz erwirtschaftet wird.**

Das **ökonomische Prinzip** macht aber keine Aussage über die Zielsetzungen oder die Motive des Unternehmens, denn das ökonomische Prinzip ist ein rein formales Prinzip.

So macht es für den einen Unternehmer Sinn nach dem **ökonomische Prinzip** zu handeln um den größtmöglichen Gewinn zu erzielen, ein anderer Unternehmen zieht es vor die Bevölkerung mit Gütern bestens zu versorgen, oder ein Unternehmen sieht dann seine Ziele erfüllt, wenn er wirtschaftliche Macht und Einfluß erlangt.

Neben diesen genannten Zielen gibt es natürlich auch andere Beweggründe für Unternehmer, um das ökonomische Prinzip zu beachten. Das

Prinzip sagt jedoch nichts über die Motive aus, sondern charakterisiert lediglich die Art der Durchführung des wirtschaftlichen Handelns.

H. Jung, Allgemeine Betriebswirtschaftslehre, 1997, 3. Auflage München/Wien

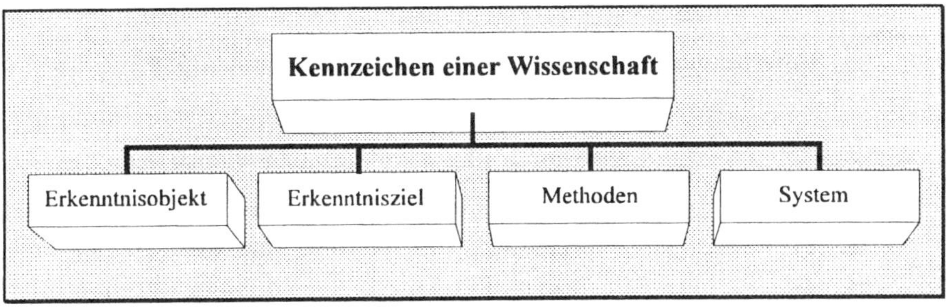

Die speziellen Betriebswirtschaftslehren

Die **spezielle Betriebswirtschaftslehre** ist auf die Eigenschaften der jeweiligen Wirtschaftszweige ausgerichtet. Zu den speziellen Wirtschaftslehren gehören u.a. die **Handelsbetriebslehre**, die **Bankbetriebslehre**, die **Industriebetriebslehre**, die **Betriebslehre des Handwerks**, die **Betriebslehre der Versicherung** und die **Immobilienbetriebslehre**.

Spezielle Betriebswirtschaftslehren

- **Handelsbetriebslehre**
- **Bankbetriebslehre**
- **Industriebetriebslehre**
- **Betriebslehre des Handwerks**
- **Betriebslehre der Versicherung**
- **Immobilienbetriebslehre**

Ziele der Betriebswirtschaft

In der Betriebswirtschaft unterscheidet man generell in sogenannte **Sachziele und Formalziele**.

Unter **Sachziele** versteht man die konkrete Ausübung der einzelnen Funktionen innerhalb der Organisation des Unternehmens. Man unterscheidet daher folgende Sachzielgruppen:
In **Leistungsziele** die die Absatzseite betreffen, wie Umsatz, Marktpolitik, Produkte oder Marktanteile. In **Finanzziele** dazu gehören die Kapitalausstattung, Gewinn, Bilanzstruktur und Liquidität. In **Führungs- und Managementziele** dazu gehören die Bestimmung von Führungsstilen, sowie die Aufgabenverteilung, Organisationsstruktur und die Bewältigung von Managementaufgabe.

Die Ziele der Betriebswirtschaft: (H. Jung, Allg. BWL 1997 3. Auflage, München/Wien)

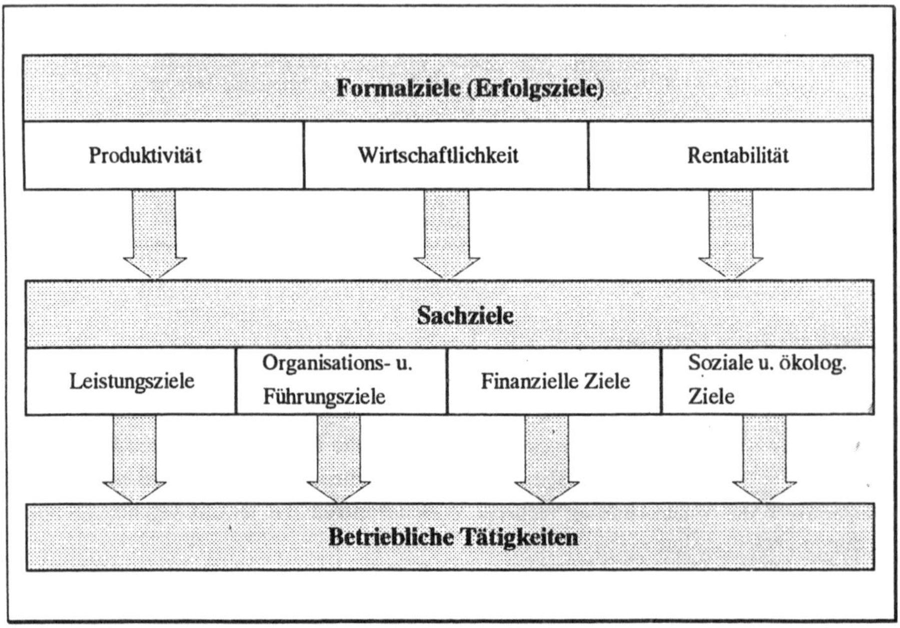

Die Formalziele der Betriebswirtschaft

Die **Formalziele** sind den Sachzielen übergeordnet. Um Formalziele zu erreichen, nimmt man Sachziele zu Hilfe. Die Formalziele werden in der Betriebswirtschaft auch Erfolgsziele genannt. Zu diesen Zielen gehören die **Wirtschaftlichkeit** die **Rentabilität** und die **Produktivität** eines Unternehmens.

Von der **Wirtschaftlichkeit** in einem Unternehmen spricht man dann, wenn das Unternehmen eine Gewinn abwirft oder kostendeckend arbeitet. Die **Wirtschaftlichkeit** ist das Verhältnis von Ertrag und Aufwand oder von Leistung und Kosten (Mellerowicz).

Wirtschaftlichkeit

$$\text{Wirtschaftlichkeit} = \frac{\text{Ertrag}}{\text{Aufwand}} \text{ oder } \frac{\text{Leistung}}{\text{Kosten}}$$

Die **Wirtschaftlichkeit** beschränkt sich nicht nur allein auf das Verhältnis von Ertrag und Kosten, sondern auch von Leistung und Kosten. Die Kosten setzen sich aus den einzelnen Kostenarten wie Material-, Lohn-, Fertigungs-, Herstellungskosten sowie den Sollkosten und den Kosten anderer Betriebe zusammen.

Jede Erhöhung der **Wirtschaftlichkeit** – eine Senkung der Kosten – bedeutet eine Vergrößerung des Gewinns. Aber nicht jede Erhöhung des Gewinns muß eine Abfolge der Steigerung der Wirtschaftlichkeit sein, sondern kann auch aus eine Machtposition wie Monopolstellung resultieren.

Die **Rentabilität** in einem Unternehmen ist das Verhältnis des Reingewinns zum eingesetzten Kapital. Den Erfolg also eines Unternehmens erkennt man in der Erfolgsrechnung, als Differenz zwischen Ertrag und Aufwand (Gewinn oder Verlust). Im allgemeinen Sprachgebrauch verwendet man oft die Formulierung: das Unternehmen muß "rentabel" sein. Bezieht man den Gewinn zuzüglich der fremdkapitalzinsen auf das Gesamtkapital (Eigen- und Fremdkapital) so erhält man die Gesamtrentabilität.

Gesamtkapital Rentabilität:

$$\text{Gesamtkapital Rentabilität} = \frac{\text{Gewinn + Fremdkapitalzins x 100}}{\text{Gesamtkapital}}$$

Setzt man den Gewinn in Bezug zum Eigenkapital, so ergibt sich die Eigenkapitalrentabilität

Eigenkapitalrentabilität

$$\text{Eigenkapitalrentabilität} = \frac{\text{Gewinn x 100}}{\text{Eigenkapital}}$$

Die Produktivität ist das **Ergiebigkeit der betrieblichen Faktorkombination**, also das Verhältnis von mengenmäßigem Ertrag (gemessen in Stück, Kilogramm) und mengenmäßigem Einsatz von Produktionsfaktoren (gemessen in Arbeitsstunden, Betriebsmittel- und Werkstoffeinheiten). Die mengenmäßige oder technische Wirtschaftlichkeit nennt man **Produktivität.**

Produktivität

$$\text{Produktivität} = \frac{\text{Ausbringungsmenge}}{\text{Einsatzmenge}}$$

Die Produktivität ist das mengenmäßige Verhältnis des Outputs (Ausbringungsmenge) zum Input (Einsatzmenge).

Aufgabe des Betriebes

Alle betrieblichen Ergebnisse und Zielsetzungen gehören zu den **Aufgaben**, die ein **Betrieb** verfolgen soll. Neben der Zielsetzung der reinen **Gewinnerzielung** oder gar **Gewinnmaximierung** gehören auch die **Versorgung der Gemeinschaft** mit möglichst kosten- und preisgünstigen Gütern und Dienstleistungen.

Der Betrieb hat einesteils die Aufgabe **Gewinn** zu erzielen, aber andererseits muß als Teil der Gesamtwirtschaft das größte **Sozialprodukt**, also das **Volkseinkommen** erreichen.

Schmalenbach war der Ansicht, daß es nicht die **Aufgabe** der Betriebswirtschaftslehre sein kann, dem **Betrieb** zu zeigen, wie er den größtmöglichen Gewinn erzielen kann, sondern auf welche Weise er seine **Aufgabe** als Organ der Gemeinwirtschaft, die Gemeinschaft mit Gütern zu versorgen, am besten erfüllen kann.

Diese Ansicht der optimalen Versorgung mit Gütern kann man heute nicht mehr ganz teilen. Der einzelne Betrieb kann sich nicht zur vorrangigen Aufgabe machen, den Markt mit Gütern zu versorgen oder eine gemeinwirtschaftliche Aufgabe zu erfüllen.

Der Betrieb im marktwirtschaftlichen Sinn hat die Aufgabe **langfristig Gewinn mit dem eingesetzten Kapital zu erzielen.**

Diese Aufgabe kann er nur erfüllen, wenn der Betrieb sich an den **Gegebenheiten des Marktes** orientiert, das heißt an den **Produktionsfaktoren,** den **Preisen** und den **produzierten Gütern** durch Maschinen und Menschen.

Gewinnmaximierung

Diese Definition der **Gewinnerzielung** wird oft mit der **Gewinnmaximierung** gleichgestellt. Die **Gewinnmaximierung** ist die potenzierte Form des Gewinns. Sie ist die letzte Steigerung des erwerbswirtschaftlichen Prinzips. Das System der **Gewinnmaximierung** ist die höchste Stufe der Zielsetzung des Betriebs. Die **Gewinnmaximierung** ist aber nur im vollkommenen Wettbewerb zu erreichen.

Die Vorstellung des vollkommenen Wettbewerbs ist aber im wirklichen Wirtschaftsleben nicht realisierbar, weil die Idee des vollkommenen Marktes fiktiv ist.

Das Prinzip der **Gewinnmaximierung** wird oft negativ bewertet, weil sich damit die Vorstellung verbindet, daß sich der Unternehmer zur Realisierung dieses Prinzips über **ethische und soziale Vorstellungen** hinwegsetzt und nur seinen **persönlichen Profit** sucht. Diese Vorstellung ist von Ausnahmen abgesehen falsch.

Motive der Gewinnmaximierung

Die Motive und Ziele der **Gewinnanhäufung** eines Betriebes sind unterschiedlich. Während ein Unternehmer den Betrieb als Quelle laufender Einkünfte zur Deckung seiner **Konsumbedürfnisse** und zur Finanzierung seines **Life-Styls** betrachtet, versucht ein anderer Unternehmer durch Ansammlung eines **privaten Vermögens** sein **soziales Prestige** zu vermehren. Ein anderer versucht durch seine wirtschaftliche Macht seinen **Marktanteil** zu vergrößern, wieder ein anderer verwendet den Gewinn dafür, seine **Arbeitnehmer am Gewinn** zu beteiligen, etwa durch Ausgabe von Aktien oder die Auszahlung einer Gewinnbeteiligung oder auch dadurch, daß er den Gewinn zum Bau von **sozialen Einrichtungen** zur Verfügung stellt.

Die **Aufgabe** der maximalen Gewinnerzielung sagt nichts über die **Gewinnverwendung** aus. Wenn ein Unternehmer unter Ausnutzung der am Markt gegebenen Möglichkeiten den größtmöglichen Gewinn erzielt, so besagt das nicht, daß er diesen nur für seine persönlichen Bedürfnisse verwendet.

Der Betrieb und der Unternehmer haben die **Aufgabe**, einen großen Teil aus dem **Gewinn** zur **Selbstfinanzierung** des Betriebes zurückzubehalten. Die erzielten Gewinne werden zur **Sicherung und Erweiterung** des Betriebes verwendet. Es werden neue Arbeitsplätze geschaffen, **Verbesserungs- und Rationalisierungsmaßnahmen** durchgeführt, damit Güter und Dienstleistungen noch besser ausgeführt werden können.

1.1.0.1 Die Immobilie als Wirtschaftsgut

Mit dem Begriff der **Immobilie als Wirtschaftsgut** werden häufig verschiedene Vorstellungen verbunden wie etwa **Grund und Boden, Grundstücke, Gebäude, Liegenschaften, Grundbesitz und Realvermögen**. Alle diese Begriffe verweisen auf die einzelnen Nutzungsformen. So können Grundstücke genutzt werden, indem darauf landwirtschaftliche Produkte, wie Weizen, Kartoffeln oder Spargel angebaut werden, oder aber darauf ein Wohnhaus mit einem angelegten Garten steht.

Immobilien

- **Grund und Boden**
- **Grundstücke**
- **Gebäude**
- **Liegenschaften**
- **Grundbesitz**
- **Realvermögen**

Charakteristik der Immobilie

Der **wirtschaftliche Charakter der Immobilie** wird durch deren Nutzung in Form der Verpachtung und/oder des Ernteertrags bei landwirtschaftlich bestellter Fläche oder die über einen bestimmten Zeitraum erzielte Miete bei einer Wohn- oder Gewerbebebauung bestimmt. Wird eine Immobilie angemietet, so kauft der Mieter die **Nutzung** für den definierten Raum und die angegebene Fläche über eine bestimmte Zeitspanne. So wird aus dem Kauf von Nutzungsmöglichkeiten in Form von Raum, Flächen und Kubikmeter ein Geldwert beziehungsweise ein Immobilienwert geschaffen.

Eine Immobilie ist demnach ein Vermögensgegenstand, der einen Güterstrom produzieren kann, welcher gegen Entgelt dem Nutzer übertragen wird. (Schulte)

Ökonomisch betrachtet ist die Immobilie ist ein **Wirtschaftsgut**, das erst durch seine zielgerichtete und adäquate Nutzung zum **Vermögenssubjekt** für den einzelnen und somit für die gesamte Volkswirtschaft wird.

Daraus leitet sich ab, daß die Immobilie für anlageorientierte Investoren sich bestens als Investitionsobjekt eignet und sich als wertbeständiges Anlagegut besser bewährt als andere Anlageformen.

Vermögenssubjekt Immobilie:

Raum + Zeit + Geld = Vermögen (Anlagevermögen)

Die Immobilie unterscheidet sich grundlegend von anderen mobilen Wirtschaftsgütern. Die grundlegenden Besonderheiten einer Immobilie sind:

- die **Immobilität**
- die **Heterogenität**
- die **Lebensdauer**
- das **Investitionsvolumen**

Die Immobilität

Die zentrale Charakteristik einer Immobilie ist, die **Gebundenheit** an einen **Standort**, also die **Immobilität.** Ein Grundstück oder ein Gebäude kann nicht von einem Ort an den anderen Ort gebracht werden, abgesehen von kleineren Häuserbewegungen in Nordamerika.

Die Lage bestimmt somit die **Nutzung und den Gebrauch**. So wird auch der Gebrauch in vielen Fällen verändert. Landwirtschaftliche Flächen werden gerodet und verändert. So stehen auf Wiesen und Äckern die für die Landwirtschaft genutzt wurden, zum Beispiel heute Wohnhäuser Verwaltung- und Bürogebäude, Lagerhallen und Supermärkte darauf.

Der Gebrauch von Immobilien wird durch Behörden und Ämter bestimmt und teilweise beschränkt. So kann ein Grundstückseigentümer nicht davon ausgehen, daß nach einer Planung- und Erschließungsmaßnahme er auf dem Grundstück ein Hochhaus oder eine Fabrik errichten kann. Die Behörden haben entscheidenden Einfluß auf die Nutzung und den **Gebrauch** des **Wirtschaftsgutes Immobilie**.

Die Heterogenität

Die **Heterogenität** einer Immobilie ist dadurch gekennzeichnet, daß in Wirklichkeit keine absolut gleichen Immobilien gibt. Eine Wiese oder einen Acker gibt es nicht in der selben Weise kein zweites Mal. Ein anderes Grundstück ist größer, kleiner, liegt mehr im Süden oder Norden, hat eine andere Bodenbeschaffenheit, ist hügelig oder eben. Bei den Gebäuden kann man ebenfalls Unterschiede feststellen. Auch wenn sich manche Bauten in der Architektur gleichen, liegen sie doch an verschiedenen Orten. Oft entscheidet schon die andere Straßenseite über den Preis einer Immobilie.

Jedes Gebäude wird somit zum Individuum und ist in seiner ganzen Gestaltung und Aufmachung einzigartig. Die Immobilie ist ein **Unikat** und somit ein **besonderes Wirtschaftsgut**.

Die Lebensdauer

Grundsätzlich zählen Immobilien zu den **langlebigen Wirtschaftsgütern**. Grund und Boden haben generell eine unbeschränkte **Lebensdauer**. Die darauf stehenden Gebäude jedoch unterliegen einer zeitlich begrenzten Dauer.

Es gibt natürlich auch Gebäude wie den Dom zu Köln, dessen Grundsteinlegung im Jahre 1248 war und der heute noch am gleichen Standort steht; der hochgotische Dom erst im 19. Jahrhundert fertiggestellt. Andere Gebäude sind jedoch durch Kriege, Verwüstungen oder Abbruch zerstört und oftmals mehrfach wieder aufgebaut worden.

Der Kaufpreis einer Immobilie richtet sich auch nach der wirtschaftlichen Nutzungsdauer. Ist ein Gebäude zu aufwendig errichtet und kein Mieter bereit die kalkulierte Miete zu bezahlen, so verringert sich der Wert des

Gebäudes. Oder ist ein Gebäude dem Verfall nahe, dann ändern sich ebenfalls die Nutzungsmöglichkeit und damit der zu erzielende Kaufpreis.

Das Investitionsvolumen

Die Immobilie ist nicht nur ein langlebiges sondern auch ein **investives Wirtschaftsgut**. So kann sich nicht jeder eine Immobilie kaufen, sondern mancher lebt oft sein ganzes Leben in einer gemieteten Wohnung. Der enorme Kapitalbedarf hält viele Menschen davon ab, in die eigenen vier Wände zu investieren. Sie leben zur Miete, wobei **qualifizierte Zeitmietverträge**, die über einen längeren Zeitraum abgeschlossen werden sie vor Mietsteigerungen schonen. Der **Investor** jedoch steht oft mit seinem ganzen und geliehenen Kapital hinter einer Wohnung oder einem Haus. Während der **Mieter** nur die **Miete** zu zahlen hat, muß der **Eigentümer** auch mit **unvorhergesehen Kosten** und **Reparaturen** am Haus rechnen. Oft lebt der Mieter unbeschwerter wie der Hauseigentümer, denn Eigentum verpflichtet, laut Grundgesetz.

Art der Immobilie

Immobilien kann man grundsätzlich in drei **Arten** untergliedern. Bei der Aufteilung in die verschiedenen Kategorien steht die Nutzung im Vordergrund. Man unterscheidet **Wohn-, Gewerbe- und Spezialimmobilien.**

Immobilienarten

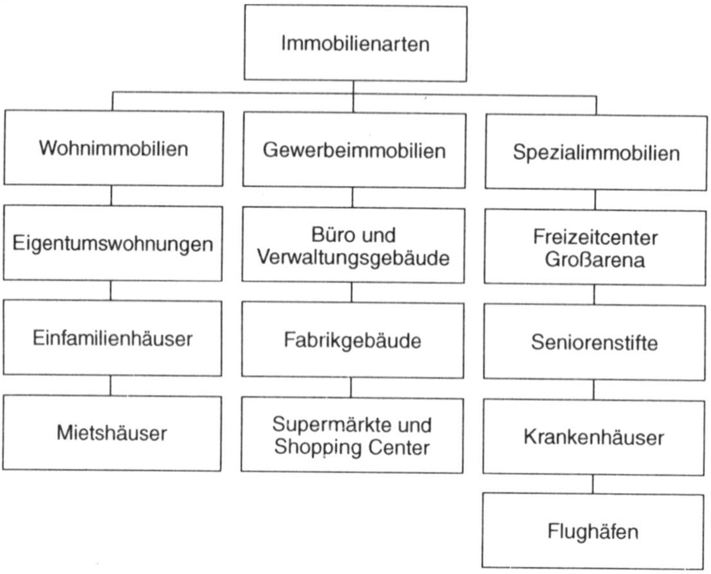

Die Wohnimmobilie

Die **Wohnimmobilie** ist die ureigenste Zelle des Menschen. Die Wohnimmobilie dient schwerpunktmäßig als Behausung des Menschen. Dabei kann die Wohnung eine **Eigentumswohnung** sein oder ein **freistehendes Haus** oder ein **Reihenhaus**. Die Wohnung kann auch in einem **Mietshaus** sein, in dem mehrere Wohnungen unter einem Dach sind.

Die Gewerbeimmobilie

Unter einer **Gewerbeimmobilie** versteht man eine Fläche in oder auf der Güter und Dienstleistungen hergestellt werden. Dabei unterscheidet man in Büro- und **Verwaltungsgebäude, Fabrikgebäude und Supermärkte**. Büro- und Verwaltungsgebäude befinden sich oft in Innenstädten oder speziellen Bürostandorten bei denen eine Agglomeration von Gebäuden vorzufinden ist. Sie dienen vielfach als kaufmännische Verwaltung von Firmen oder sind Büroräume für Dienstleistungsbetriebe. Firmen sind oft Eigentümer dieser Immobilien, oder kleinere Betriebe ziehen als Mieter in solche Bürotürme ein.

Fabrikgebäude dienen vornehmlich dazu in den Räumen Produkte herzustellen, die am Markt abgesetzt werden sollen. Heutige Konstruktionen lassen es zu, daß solche Gebäude auch für andere Mieter durch geringe Umbauten zur Nutzung geeignet sind. So sind heute in ehemaligen Fabrikhallen Lager- und Logistikcenter oder Sporthallen entstanden. Andere Hallen wurden in kleinere Einheiten aufgeteilt und sind somit für mehrere Hersteller von Waren nutzbar gemacht.

Supermärkte und Shopping Center sind Gebäude in denen Waren verkauft werden. Sie befinden sich oft in Randgebieten von Städten mit einem großen Parkplatzangebot In diesen Gebäuden gibt es vielfach einen

Lebensmittel-Bereich (Food) und einen für andere Artikel (Non Food-Bereich). Solche Supermärkte oder Shopping Center haben oft die Ausmaße von 10.000 qm bis zu 20.000 qm Fläche. Zu den Shopping Centern zählen auch die Factory Outlet Center (FOC) oder Designer Outlet Center (DOC).

Spezialimmobilien

Bei **Spezialimmobilien** ist die Nutzung oft von einem speziellen Verwendungszweck abhängig. Die Fungibilität ist daher eingeschränkt und oft ist solch ein Gebäude nur unter großen Renovierungsaufwand drittverwendungsfähig. Spezialimmobilien sind Freizeitcenter, Seniorenstifte, Krankenhäuser, Flughäfen und auch Golfplätze.

Freizeitcenter sind Immobilien, die oft an großen Autobahndrehkreuzen liegen, in der Nähe von Großstädten und gegebenenfalls auch mit grenzüberschreitendem Charakter. Die Einzugsgebiete machen es möglich, den erlebnishungrigen Menschen ein großes Unterhaltungsangebot zu bieten – vom Event bis hin zur sportlichen Aktivität. Das Management hat dabei die Aufgabe immer neue internationale Freizeitaktivitäten aufzuspüren und diese in den Centern anzubieten.

Die Konzeption von einer **Großarena** sieht ein Stadion und eine überdachte Mehrzweck-Arena inmitten einer Großstadt vor. In einer solchen Arena sollen nicht konkurrierende, sondern vielmehr ergänzende Entertainments angeboten werden, dies sind Sportveranstaltungen wie Fußball, Handball, Tennis und Großkonzerte. Eine solche Großarena hat auch Kopplungseffekte für die Innenstadt. Zahlreiche Besucher tätigen während, vor und nach den Veranstaltungen in der näheren Umgebung zusätzliche Ausgaben. Diese Konsumausgaben liegen oft in Höhe der Eintrittsgelder und werdeen für die Gastronomie, Einzelhandel und Transfers ausgegeben.

Da der Freizeitbereich auf der Bedürfnisskala hoch angesiedelt ist, entfällt ein überdurchschnittlicher Anteil der Einkommenszuwächse auf Unterhaltung und Kultur. Immer mehr Verbraucher verstehen Freizeit als wichtiges Statussymbol, für das sie großzügig Geld ausgeben. Die Freizeit- und Erlebnisgesellschaft hat den Immobilienmarkt nachhaltig erfaßt.

Seniorenstifte sind Gebäude in denen sich Pensionäre einmieten oder einkaufen können. Die Anlagen bieten älteren Menschen einen angenehmen Lebensabend. Die Rundumversorgung ist in den meisten Fällen gewährleistet. so werden Theaterangebote, Ausflüge und Sportveranstaltungen als Ergänzungsprogramm gerne angenommen. Im Krankheitsfalle sind Ärzte vor Ort für die Versorgung da.

Krankenhäuser sind notwendig um die Krankenversorgung aufrecht zu erhalten. Neben den städtischen Anstalten, gibt es Krankenhäuser des Landes, aber auch private Krankenhäuser sind oft wegen der guten Betreuung gefragt. Oft sind Krankenhäuser Zuschußbetriebe, da die Investitionen neben den Gebäuden und den hochkomplizierten Einrichtungen trotz hoher Auslastung sich nicht rechnen. Daher sind Krankenhäuser oft im Eigentum der öffentlichen Hand.

Flughäfen sind neben der reinen Abfertigung von Passagieren zunehmend zu Shopping Centern geworden. Der Reisende kann sich vor dem Abflug, bei der Zwischenlandung oder nach der Landung von der Kleidung bis zu Lebensmitteln versorgen. Zunächst war dieses Angebot für die Bediensteten gedacht, doch diese Möglichkeit wird zunehmend von den Flugpassagieren und auch von den Bewohnern der umliegenden Städte zum Einkaufen außerhalb der üblichen Geschäftszeiten genutzt. So haben manche Flughäfen bis spät in die Nacht ihre Läden geöffnet.

Außerdem bieten die Flughäfen auch Tagungsräume und Kongreßmöglichkeiten für Tagesveranstaltungen an. Dies hat den Vorteil, daß die Firmen ihre Mitarbeiter, die an einer solchen Tagung teilnehmen, nicht noch in die Stadt fahren müssen – der Tagungsort befindet sich im Flughafengebäude. Besonders zentrale Lagen im Einzugsflugnetz (Frankfurt a.M oder in Süddeutschland Stuttgart und München) sind bestens geeignet.

Flughäfen sind oft im Eigentum eines Landes, einer Gemeinde und auch vermehrt in der Hand von privaten Investoren. Besonders die Regionalflughäfen sind fast völlig privatisiert,

1.1.0.2 Die Immobilie als Anlageobjekt

Die **Immobilie** kann von Charakter her als **Wohnungsgut**, als **Kapitalanlage** oder als **Anlageobjekt** angesehen werden.

Wohnen gehört zu den grundlegenden Dingen des Lebens, auf das niemand verzichten kann. In seiner einfachsten Form bedeutet das Gut Wohnen, ein Dach über dem Kopf zu haben. Aber Wohnen ist weitaus mehr, es ist eine Lebensform, in der der einzelne Mensch sich entfalten kann. Die Bildung von Wohnungseigentum ist nicht nur eine Anlageform, sondern hat auch gesellschaftspolitische Bedeutung. Das persönliche Eigentum an Grund und Boden ist ein besonders erstrebenswertes Ziel der Menschen, es ist für den Einzelnen erlebbares und gestaltbares Vermögen. Die Bildung von Eigentum ist ohne Grenzen.

Die **Vorteile** für Wohnungseigentum sind oft die finanzielle Vorsorge und Unabhängigkeit. Die Immobilie scheint krisensicher und ist inflationssicher. Die eigene Wohnung oder das eigene Haus stellen auch ein gewisses Vermögenspolster dar, das im Notfall veräußert werden kann.

Die **Preise von Wohnimmobilien** sind jedoch unterschiedlich, die Preise in den Ballungsgebieten wie Frankfurt, Stuttgart, Berlin und München liegen in der Gunst der Immobilienbesitzer vorne, wie die nachfolgende *Statistik der Kaufpreise* zeigt:

Kaufpreise für Wohnimmobilien
Durchschnittswerte für gute Wohnungen (in Mark)

Städte	Einfamilienhäuser, ca. 150 qm Wohnfläche	Eigentumswohnungen, pro qm
Berlin-West	600 000	5 100
Berlin-Ost	500 000	5 000
Bremen	580 000	3 400
Dresden	450 000	3 900
Düsseldorf	930 000	4 800
Frankfurt/Main	1 000 000	5 000
Hamburg	700 000	4 400
Hannover	600 000	3 700
Leipzig	480 000	4 000
München	1 100 000	6 200
Stuttgart	950 000	5 300

Stand 1. Quartal 1998, Quelle Bulwien und Partner

Die **fremdvermietete Immobilie** bringt Mieteinnahmen und dient der Zukunftsvorsorge. Sie ist somit eine ideale **Kapitalanlage**. Die Mieteinnahmen schließen eventuelle Versorgungslücken und tragen dazu bei, den Lebensstandard abzusichern. Der Kauf oder der Bau einer vermieteten Immobilie sichert auch Steuervorteile – dazu die nachfolgende Aufstellung:

Einkünfte aus Vermietung und Verpachtung – Vereinfachtes Schema –

1. Einnahmen				
Miete		DM		
Nebenkosten/Umlagen		DM		
Summe Einnahmen		**DM**		**DM**
2. Werbungskosten				
Schuldzinsen		DM		
Abschreibung Gebäude		DM		
Grundsteuer		DM		
Müllabfuhr		DM		
Wasser		DM		
Energiekosten		DM		
Stromkosten		DM		
Reparaturen		DM		
Kosten der Geldbeschaffung, z. B. Disagio		DM		
Versicherungen		DM		
Schornsteinfeger		DM		
Abschreibung vermieteter Einrichtungsgegenstände		DM		
Sonstige Werbungskosten		DM		
Summe Werbungskosten		**DM**		**DM**
3. Einkünfte aus Vermietung und Verpachtung		**+/-**		**DM**

Die **Auslandsimmobilie,** sei es als Ferienhaus oder Ferienwohnung, ist für viele ein Traum den sie zu verwirklichen gilt. Es gibt über 3,6 Millionen Haushalte die Interesse an einer Wohnimmobilie im Ausland haben. Davon sind gut 1,1, Millionen ernsthaft an einem Kauf interessiert. Davon planen 220.000 den Kauf eines Domizils innerhalb der nächsten drei Jahre. Spitzenreiter sind im südlichen Bereich von Europa Spanien – und hier besonders Mallorca und die Costa del Sol. Insgesamt 836.000 Deutsche hatten im Jahre 2000 Interesse sich dort eine Immobilie zu erwerben, wie die folgende Aufstellung zeigt.

Es gibt viele Gründe, warum immer wieder neuer Wohnraum nachgefragt wird. Die häufigsten sind eine zu kleine Wohnung oder ein zu kleines Haus. Die Gründe können auch im familiären Bereich, wie dem Auszug der Kinder oder einer Trennung, liegen.

Die nachfolgende Aufstellung zeigt die *Gründe für den **Wohnungswechsel*** auf. Der Nachfragegrad ist gerade für die Immobilienwirtschaft ein Indiz für das Angebot von Wohnraum.

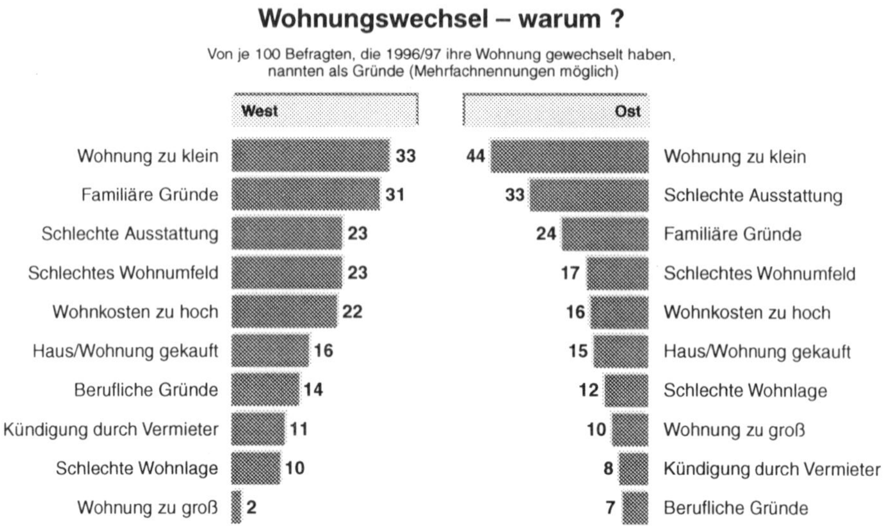

Das vernetzte Haus

Durch die Arbeitsteilung, wird die Wohnung oder das **vernetzte Haus** zum zweiten Arbeitsplatz. Mitarbeiter werden in einigen Branchen, wie im Immobilien- und Finanzdienstleistungsbereich nur einmal wöchentlich zum Rapport in die Zentrale kommen. Die Arbeit wird von zu Hause aus verrichtet und Informationen über das Internet übermittelt und ausgetauscht. Solche unternehmerischen Entscheidungen führen zu Veränderungen am Immobilienmarkt. Die Wohnungen müssen größer, geräumiger und für einen Arbeitsplatz passend eingerichtet werden. Die Bürolandschaften werden abnehmen, da nicht mehr jeder Mitarbeiter einen festen Arbeitsplatz im Stadtbüro benötigt. Arbeitsplätze können so auch von mehreren Mitarbeitern geteilt werden.

Das Haus oder die Wohnung wird durch eine **Großmattscheibe** mit einer passwortgeschützten Homepage gesteuert. Mit einem Klick auf das kabellose Keyboard können die Beleuchtung in den verschiedenen Räumen, die Stereoanlage, der Fernseher in Gang gesetzt werden. Sicherheit und Komfort gehen hier Hand in Hand.

Die Gartenbesprengung, die Heizung, die Alarmanlage oder das Einlaufen von Badewasser kann ferngesteuert werden. Die Überwachungs- und die Videokameras, die kleiner als eine Streichholzschachtel sein, haben in der Küche Einzug gehalten. Das elektronische Auge schaut in die Kochtöpfe und überwacht den Kochvorgang. Der Kühlschrank wird über ein Display beobachtet, alle Waren werden eingescannt und nach dem Verbrauch wird gemeldet, was wieder eingekauft und in den Kühlschrank eingefüllt werden sollte.

Diese Vision ist nicht das Haus der Zukunft sondern ist gelebtes Leben mit der Technologie von heute, die weiter vorangehen und immer neue Felder der technischen Erneuerung mit einbeziehen wird.

Die Gewerbeimmobilie

Die **Gewerbeimmobilie** ist eine Anlageform, die von institutionellen Anlegern, aber auch von Privatpersonen getätigt wird. Oft dienen die Gewerbeimmobilien für den Eigenbedarf und werden dementsprechend gestaltet. In der Bilanz eines Unternehmens findet man diese unter der Position Grundstücke und Gebäude auf der Aktivseite.

Bei einem Objekt, das vermietet ist, hängt der Wert des Objekts auch von der nachhaltig erzielbaren Miete ab. So gibt es teilweise Objekte, die zwar in der Innenstadt liegen, die aber schlecht zu vermieten sind, da die Gebäude nicht mehr den neueren technischen Ansprüchen standhalten. Sie müssen daher renoviert und nachgerüstet werden, damit der Qualitätsnachteil aufgeholt wird.

Innerhalb der Gewerbeimmobilien haben die **Shopping Center** insbesondere seit den 90er Jahren einen Boom erlebt. Allein von 1990 bis 1995 hat sich die Zahl der Shopping Center in Deutschland von 84 auf 167 knapp verdoppelt und die Gesamtfläche um 3,1 Millionen Quadratmeter erhöht. Die Fläche je Center sank zwischen 1965 und 1990 nahezu kontinuierlich von 34.000 auf knapp 30.000 Quadratmeter. Die Innenstadt Center sind im Aufwind, denn Shopping wird auch als Freizeitaktivität gesehen und durch zahlreiche Einzelhändler mit innovativen Marketing Konzepten unterstützt.

Jones Lang LaSalle, Januar 2000

Entwicklung der Shopping Center von 1965 bis 2000			
Jahr/ jeweils am 1.1.	Zahl der Shopping Center	Gesamt-mietfläche in m^2	Ø Fläche je Center in m^2
1965	2	68 000	34 000
1970	11	354 000	32 200
1975	46	1 423 500	30 900
1980	60	1 806 500	30 100
1985	73	2 172 000	29 800
1990	84	2 511 000	29 900
1995	167	5 576 100	33 400
1998	240	7 971 700	33 200
1999*	265	8 584 000	32 400
2000*	280	8 983 500	32 100

* vorläufige Werte

Immobilienfonds

Da Anleger in Immobilien oft nicht in der Lage sind eine ganze Immobilie zu erwerben, gibt es die Möglichkeit in **Immobilienfonds** zu investieren. Dabei unterscheidet man in **geschlossene** und **offene Immobilienfonds**.

Bei einer Beteiligung an einem geschlossenen Immobilienfonds handelt es sich um eine langfristige kapitalorientierte beziehungsweise unternehmerische Entscheidung. Der Anleger haben alle mit der Nutzung verbundenen Chancen, aber sie tragen auch alle wirtschaftlichen Risiken. So können die wirtschaftlichen, rechtlichen und steuerlichen Rahmenbedingungen die Ertragslage und die Liquidität verändern und somit die Werthaltigkeit der Vermögensanlage beeinflussen.

Der Anleger in geschlossene Immobilienfonds sollte insbesondere auf folgende Kriterien achten:

- Standort
- Erbaurechtsvertrag
- Vermietung
- Instandhaltung
- Ausschüttung
- Steuerentlastung
- Wertentwicklung
- Haftung
- Beschlußfassung der Gesellschaft
- Veräußerung von Beteiligungen
- Allgemeine Risiken

Der **geschlossene Immobilienfonds** wird nicht an der Börse gehandelt. Die Anteile werden nicht grundsätzlich von der Gesellschaft zurückgenommen, das es sich um eine langfristige Anlage Anlage. Sollte trotzdem ein Veräußerungswunsch an die Gesellschaft herangetragen werden, so versucht die Gesellschaft oft einen Käufer zu finden. Es kann nicht ausgeschlossen werden, daß über einen längeren Zeitraum keine Nachfrage oder nur eine Nachfrage zu einem Preis deutlich unter dem Einstandspreis besteht.

Offene Fonds

Der offene Fonds ist ein Grundstücks-Sondervermögen, das von einer Kapitalanlagegesellschaft geführt wird. Diese Gesellschaft unterliegt dem Bundesaufsichtsamt für das Kreditwesen. Eine Depotbank überwacht den Grundstücksbestand. Die Fondsinhaber erhalten Anteilsscheine in Form eines Inhaber-Wertpapiers, das in Girosammelverwahrung hinterlegt werden kann. Die Haftung ist nur auf den Anteilsschein beschränkt und somit überschaubar.

Dem offenen Fonds bietet das Aktienrecht die entsprechenden Rahmenbedingungen, daher kann der Anteil jederzeit veräußert werden, der Rücknahmepreis wird durch Angebot und Nachfrage ermittelt, es besteht somit eine Rücknahmegarantie. Die typischen Anlagewerte sind für offene Fonds Büro- und Verwaltungsgebäude in 1 a - Lagen.

Die Immobilien werden mindestens einmal im Jahr von einem unabhängigen Sachverständigen beurteilt. Das Immobilienvermögen beträgt über DM 50 Milliarden im Jahr 2000.

Immobilienaktien

Die **Immobilienaktien** sind besonders Werte für Kleinanleger. Die Aktie bietet natürlich auch die tägliche Wertsteigerung in Form des Börsenkurses, da der Wert sich nicht nur auf Immobilienkauf, sondern auch auf immobilienbezogene Tätigkeiten erstreckt. Die Aktiengesellschaft ist Eigentümerin des Grundstückvermögens. Das Risiko beschränkt sich nur auf den Aktienanteil. Aktien von Immobilienfirmen dienen häufig als Bestandsaktie und als längerfristiges Anlageobjekt.

Die Grafik auf er folgenden Seite zeigt einen aufgelegten Fonds eines Einkaufs-Centers:

Beispiel eines erfolgreichen Fonds:
Der Einkaufs-Center-Immobilienfonds (1975)

Es handelt sich um eine gewerbliche Beteiligung (30%) an zehn Einkaufszentren, die alle von der ECE verwaltet werden. Die Ausschüttungen des Einkaufs-Center-Immobilienfonds sind in nur 18 Jahren auf über 20 % p. a. angestiegen. Seither ist ein weiterer kontinuierlicher Anstieg zu verzeichnen. Für 1998 wird eine Ausschüttung in Höhe von 23,5 % erwartet.

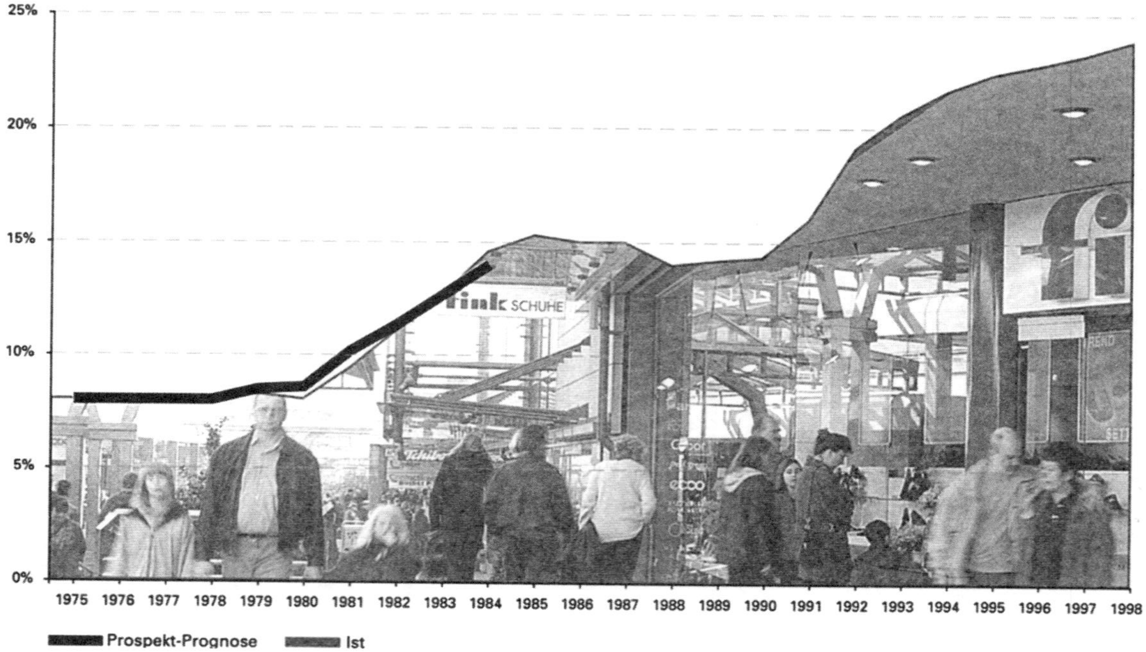

1.1.1 Investition

1.1.1.1 Begriff der Investition im Unternehmen

Die **Investition ist die Verwendung der zur Verfügung stehenden Mittel**. Die Investition und die Finanzierung stehen deshalb in engem Zusammenhang. Die Mittelverwendung setzt das Vorhandensein und damit die Beschaffung der Mittel voraus. Das für Investitionen benötigte Kapital muß daher vom Unternehmen beschafft werden, damit Ausrüstungsgüter wie Maschinen, Büroeinrichtung und Gebäude beschafft werden können.

Zur Durchfürhung von **Investitionen** sind Finanzierungen notwendig, die Einfluß auf die Liquidität und Rentabilität sowie auf die Unabhängigkeit und die Arbeitsplatzsicherheit Einfluß nehmen. Letztlich hängt von der Investition die Existenz des Unternehmens ab.

Investitionen bieten **Chancen** auf zukünftige Gewinne für ein Unternehmen, wobei auch die **Risiken** abgewogen werden müssen. Sind die Investitionen für das Unternehmen zu hoch ausgefallen und die Erträge dekken den Kapitaldienst nicht, so bewegt sich das Unternehmen im Risikobereich. Das Nicht-Ausüben jeglicher Investition kann ebenfalls das Unternehmen gefährden, da es dann nicht auf die Zukunft ausgerichtet ist und die Wettbewerbsfähigkeit darunter leidet.

Die Entscheidungen für **Investitionen** basieren auf der Grundlage von Investitionsrechnungen unter zu Hilfenahme von Daten und Fakten, damit Unsicherheiten soweit wie möglich ausgeschlossen bleiben.

1.1.1.2 Investitionsplanung

Zur Investitionsentscheidung gehört die Planung als Entscheidungsfaktor. Die **Investitionsplanung** ist daher die gedankliche Vorwegnahme dispositiver Maßnahmen, die bei der Schaffung, Ergänzung und Erhaltung der Produktionsausrüstung ergriffen werden sollen (Heinen). Die **Investitionsplanung** ist ein Vorgang, bei dem als Abschluß die **Investitionsentscheidung** stehen sollte.

Die **Investitionsentscheidung** trifft in aller Regel die Unternehmensführung,die auf Basis einer Investitionsprüfung die Entscheidungen fällt. Oft sind die Investitionen auch budgetiert und sorgen so dafür, daß keine Ausuferungen im Unternehmen auftreten. Investitionen werden in großen Unternehmen auch von Investitionsausschüssen getroffen, die sich aus verschiedenen Entscheidungsträgern der einzelnen Abteilungen des Unternehmens zusammensetzen.

Beabsichtigt ein Betrieb eine Investition durchzuführen, zum Beispiel zur Erweiterung des Unternehmens oder zur Ersatzbeschaffung von Wirtschaftsgütern, so stehen normalerweise verschiedene technische Anlagen oder auch Produktionsmaschinen zur Wahl. Welche Anlage ausgewählt wird ist nicht nur eine Frage des technischen Standards, sondern es muß auch berücksichtigt werden, daß der Betrieb für die Anschaffung bestimmte Aufwendungen, also finanzielle Mittel (Ausgaben), bereitstellen muß, die über den Verkauf der produzierten Waren wieder hereinkommen müssen. So sollte ein Immobilienentwickler neben dem Kauf des Grundstücks auch noch das Gebäude darauf errichten. Er muß außerdem neben der der Investitionsplanung auch die Investitionsrechnung für das Objekt erstellen und errechnen.

1.1.1.3 Verfahren der Investitionsrechnung in der Immobilienwirtschaft

Die **Verfahren der Investitionsrechnung** sind einerseits Methoden der **Wirtschaftlichkeitsberechnung** und andererseits dienen sie zur **Unternehmensbewertung**.

Die **Wirtschaftlichkeitsrechnungen** haben die Investitionsobjekte zum Gegenstand und beantworten die Fragen nach der Vorteilhaftigkeit von Investitionen unter bestimmten Voraussetzungen.

Die **Unternehmensbewertung** untersucht den Wert des Unternehmens oder der Unternehmensteile sowie der Unternehmensbeteiligungen. Dieses Verfahren gibt Aufschluß über den Wert des Unternehmens, der Grundlage einer Investitionsentscheidung ist. Beim Kauf eines Unternehmens ist dieses Verfahren heranzuziehen.

Wir befassen uns in der Immobilienwirtschaft mit einem Teil der Wirtschaftlichkeitsberechnung. Diese wiederum teilt sich auf in das **statische Verfahren** und in das **dynamische Verfahren**. Für unsere Betrachtung wird das dynamische Verfahren dargestellt.

Verfahren der Investitionsrechnung

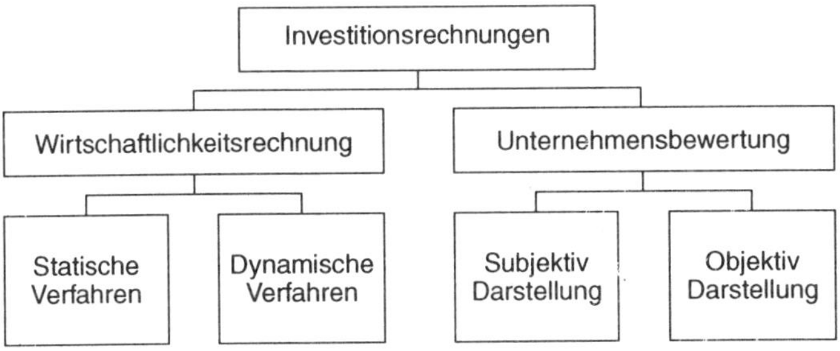

Die **dynamischen Verfahren** sind zur Berechnung von Investitionen vorteilhafter als die statischen Methoden. Nachteilig ist: Sie sind komplexer und bedürfen einer differenzierten Handhabung. In der Praxis treten sie nicht so häufig auf wie die statischen Methoden.

Die typischen Verfahren der Investitionsrechnung sind:

- **Kapitalwertmethode**
- **Methode des internen Zinsfußes**
- **Annuitätenmethode**

Bei der **Kapitalwertmethode** wird der Barwert aller zukünftigen Ein- und Auszahlungen (eventuell auch mit Verkaufserlös) folgerichtig der Anfangszahlung gegenübergestellt. Die Berechnung erfolgt, indem sämtliche zukünftigen Einnahmen und Ausgaben gegeneinander gerechnet und dann auf den Zeitpunkt der Investition mit dem Kalkulationszinsfuß abgezinst werden.

Es werden folgende Bezeichnungen verwandt:

Ko = Kapitalwert	Io = Investitionsausgabe
Et = Einnahmen laufend	n = Nutzungsdauer
At = Ausgaben laufend	Ki = Kalkulationszinsfuß

Üt = Überschuß der einzelnen Investitionsjahre

Rn = Verkaufserlös am Ende der Nutzungsdauer

Eine Investition ist dann vorteilhaft, wenn der Kapitalwert positiv ist.

Beispiel:

Es ist beabsichtigt eine Immobilie zu erwerben. In den folgenden fünf Jahren erwirtschaftet die Immobilie einen Überschuß aus Mieteinnahmen abzüglich der Ausgaben von 6.800 Einheiten pro Jahr. In n5 wird ein Verkauf von 100.000 Einheiten unterstellt. Diese Investition soll mit einem Eigenkapital von 60.000 Einheiten und einem Fremdkapital von 40.000 Einheiten finanziert werden. Der Zinssatz beträgt 8 Prozent p.a.. Der Guthabenzins für eine Finanzanlage beträgt 5,5 Prozent.%.

Kn = 100 000
ü5 = 6 800
Zh = 5,5 %
Zs = 8 %
n = 5

$$i = \frac{0{,}055 \times 0{,}6 + 0{,}08 \times 0{,}4 = 0{,}065}{0{,}4 + 0{,}6} = 6{,}5\%$$

Da der Kapitalwert bei einem Kalkulationszinsfuß von 6,5 Prozent negativ ist, sollte man die Immobilieninvestition nicht tätigen.

Diese absolute Zahl drückt die Investition gegenüber der Kalkulationsbasis für eine alternative Geldanlage aus. Der Zinssatz gibt die Mindestvorstellung im Hinblick auf die Verzinsung für den Investor zum Ausdruck.

Beispiel:
Ein Bauunternehmen hat im Betrieb ständig Baumaschinen im Einsatz. So zum Beispiel Bagger für schwere Arbeiten, die verständlicherweise eine kurze Lebensdauer haben. Das Unternehmen steht wieder vor der Investition in einen neuen Bagger. Es werden zwei Typen von Bagger angeboten, die für das Unternehmen in Frage kommen. Ein kleiner Bagger (Bg) kostet 100.000 Euro und hat eine Lebensdauer von einem Jahr, der größere Bagger (Bg) kostet 200.000 Euro und kann zwei Jahre genutzt werden.

Dadurch ergeben sich folgende Zahlenreihen:

	t = 0	**1**	**2**	**Jahre**
Bk	–100	150	–	T/Euro
Bg	–200	80	280	T/Euro

Aus dieser Berechnung zieht der Investor den Schluß, daß die Investition für den kleinen Bagger die richtige ist.

Bei den **Finanzierungskosten** ist die Zusammensetzung des Kapitals von entscheidender Bedeutung Wird die Investition aus Eigen- und Fremdkapital finanziert, so orientiert sich der Zinssatz an den Opportunitätskosten (Alternativkosten). In diesem Fall liegt der Zinssatz zugrunde, der mit einer alternativen Anlage für das verwendete Kapital erwirtschaftet werden könnte.

Bei der **Methode des internen Zinsfußes** geht man nicht von einer Mindestverzinsung aus, mit deren Hilfe man den Kapitalwert ermittelt, sondern man sucht den Diskontierungszinsfuß, der zu einem Kapitalwert von Null führt, das heißt bei dem die Barwerte der Einnahmen- und Ausgabenreihen gleich groß sind. Nach dieser Berechnungsmethode erhält man die Effektivverzinsung eines Investitionsobjektes vor Abzug der Zinszahlungen. Eine Investition ist als vorteilhaft anzusehen, wenn der interne Zinsfuß nicht kleiner als der Kalkulationszinsfuß ist.

Der Vergleich mehrerer Investitionen erfolgt durch Vergleich der jeweils errechneten internen Zinsfüße. Auch die Ermittlung eines optimalen Investitionsbudgets wird durch die Gegenüberstellung der nach zunehmenden Kapitalkosten geordneten Finanzierungsmöglichkeiten mit den nach abnehmenden internen Zinsfüßen geordneten Investitionsobjekten vorgenommen.

Die **Interne Zinsfuß Methode** hat durch das Wiederanlageverfahren eine besondere Bedeutung. Diese besagt, daß Einnahmenüberschüsse zum internen Zinsfuß wiederangelegt werden.

Die **Annuitätenmethode** ist eine Variante der Kapitalwertmethode und ist in der Praxis sehr verbreitet. Das Kriterium ist die Annuität, ein Ergebnis aus Kapitalwert und Annuitätenfaktor. Ist die Annuität größer als Null, so gilt die Investition als vorteilhaft.

Man geht davon aus, daß die jährlichen Kosten einerseits und die jährlichen Erträge andererseits als gleich groß angenommen werden. Da die Investitionsrechnungen immer Planungsrechnungen sind, denen geschätzte Werte zugrunde liegen, kann man von dieser Voraussetzung in der Praxis ausgehen.

Neben der **exakten Annuitätenmethode** gibt es auch die vereinfachte Methode. Bei dieser Berechnung sind die Differenzen zwischen den beiden Methoden sehr gering und die Differenz beträgt oft 1 bis 1,5 Prozent.

Die **vereinfachte** oder **approximative Annuitätenmethode** findet in der Praxis durch folgende Formel Anwendung:

Jährliche Abschreibung	4.000 Euro
Jährliche Zinsen	700 Euro
Kapitaldienst	4.700 Euro
Jährliche Betriebsausgaben	2.500 Euro
Jährliche Ausgaben	7.200 Euro
Jährlicher Ertrag	8.900 Euro
Jährliches Ergebnis	1.700 Euro

In Unternehmen wird häufig die approximative Investitionsrechnung angewandt, da andere Annuitätenrechnungen in Unternehmen viel zu kompliziert und in den seltensten Fällen notwendig, sind.

Fazit:

Für die Unternehmen dient die **Investition** zum Ersatz von abgenutzten oder veralteten Anlagen und Mitteln. Mit jeder Investition wird ein kleiner technischer Fortschritt vorgenommen. Wenn der Unternehmer durch eine **Erweiterungsinvestition** die Art seines Unternehmens verändern müßte, würde er die Investition nicht unbedingt durchführen. Ist der Unternehmer im Hochbau tätig und würde er sein Geschäftsfeld auf den Straßenbau erweitern wollen, dann würde er sich mit der Investition sehr schwer tun, da er den Geschäftserfolg nur schwerlich einschätzen kann. Ein Unternehmer investiert zudem nur in überschaubare Zeiträume um das Risiko der Investition niedrig zu halten.

Manche Unternehmen neigen eher dazu, die Angebotsseite so zu erweitern, daß sie zusätzliche Märkte dadurch bedienen, daß sie Dienste, die sie nicht selbst erstellen, von anderen Unternehmen am Markt beziehen (horizontale Erweiterung). Dadurch ist auch die Investition in den eigenen Maschinenpark geringer. So kann ein Immobilienunternehmen mit einem eigenen Vertrieb arbeiten oder sich fremder Vertriebsunternehmen bedienen. Bei dem Vertrieb im eigenen Hause fallen Investitionen wie Arbeitsplatz und Räume sowie Arbeitsmittel wie Computer, Schreibtische und Firmenwagen an. Bei einem fremden Vertrieb hat der Unternehmer nur ein Auftragsverhältnis und hat keine Lenkungs- und Steuerungsfunktion. Die Investitionen fallen daher nicht zu seinen Lasten. In welche Richtung ein Unternehmen durch Investitionen wachsen will, ist daher eine strategische Entscheidung. Dabei hängt es oft auch von den finanziellen Mitteln ab, inwieweit eine solche Investition getätigt werden kann.

1.1.2 Finanzierung

Unter dem Begriff der **Finanzierung** wird die **Kapitalbeschaffung** für ein Unternehmen verstanden. Finanzierung ist die Bereitstellung von finanziellen Mitteln jeglicher Art zur Erstellung oder Durchführung betrieblicher Leistungen oder Investitionen.

Finanzierung und Kapitalbeschaffung

Der Begriff **Kapitalbeschaffung** steht in engem Zusammenhang mit der **Kapitalverwendung**. Die Verwendung von finanziellen Mitteln zur Beschaffung von Maschinen, Werkzeugen, Computern und Büroeinrichtungen bezeichnet man als Investition.

Die **Finanzierung** und die **Investition** sind ebenfalls zwei Faktoren, die nicht isoliert betrachtet werden können. Eine Investition im engeren Sinn kann nicht durchgeführt werden, wenn die Finanzierung nicht vorhanden ist. Andererseits gilt, daß die Beschaffung finanzieller Mittel für ein Unternehmen ohne Wert ist, wenn das Geld nicht ertragbringend angelegt wird. Dies kann dann der Fall sein, wenn die Mittel für Sozialleistungen ausgegeben werden.

1.1.2.1 Finanz- und Liquiditätsplanung

Die **Finanzplanung** ist nach Löffelholz die systematische Erfassung und die Gegenüberstellung der innerhalb eines bestimmten Zeitraumes zu erwartenden Einnahmen und der voraussichtlichen Ausgaben sowie der finanziellen Maßnahmen zu ihrem Ausgleich. Als Ergebnis der Finanzplanung wird in einem Unternehmen der **Finanzplan** erstellt.

Finanzplan:

Grundplan:

Einnahmen (Umsatzerlöse)
./.Ausgaben (Material Maschinen Aufwand der Fertigung)
\+ Überdeckung
./. Unterdeckung

Kreditplan (Zahlungsvorgänge)

Anfangsbestand (Zahlungsvorgänge)
\+ Einnahmen (Neuverschuldung)
./. Ausgaben (Tilgung)
Endbestand

Zahlungsmittelplan

Anfangsbestand (Kasse, Post Bank)
\+ ./.Über/Unterdeckung lt Finanzplan
./. Kredittilgung
\+ Neuverschuldung
Endbestand
\+ Freier Kredit (Kreditrahmen ./. beanspruchte Kredite)
Disponierte Zahlungsmittel

Der **Grundplan** besteht aus Einnahmen und Ausgaben, in ihm sind die Zahlungsvorgänge erfaßt. Es ergibt sich daher ein Fehlbetrag (Unterdeckung) oder ein Überschuß (Überdeckung).

Der **Kreditplan** enthält die Einnahmen und Ausgaben aus der Aufnahme von Krediten und deren Tilgung, ferner die Kreditmöglichkeiten innerhalb des Kreditrahmens. Die Hauptaufgabe des Kreditplans ist es natürlich, ein Gleichgewicht optimaler Liquidität herzustellen und zu erhalten.

Der **Zahlungsmittelplan** ist die Zusammenfassung von Grundplan und Kreditplan. Er erfaßt den Zahlungsmittelbestand, die Zahlungsmittelbewegungen und die freien Kredite.

Durch die finanziellen Verpflichtungen eines Unternehmens ist die Finanzplanung eng mit der **Liquiditätsplanung** verbunden. Durch den **Finanzplan** kann sich ein Unternehmen auf die zukünftigen Verpflichtungen vorbereiten und Vorsorge treffen. So können Kredite oder Einkünfte aus Lieferungen und Leistungen, sowie frei werdende Gelder aus Kapitalanlagen frühzeitig erkannt werden, wenn sie zum Planausgleich benötigt werden. Durch die Planung können überraschende Liquiditätsengpässe vermieden werden, die unter Umständen zur Aufnahme von teuren Krediten und zu Liquidationserlösen führen.

Wegen der engen Verflechtung sollte die Finanzplanung Bestandteil der **Unternehmensplanung** sein, was eine gute Zusammenarbeit zwischen den einzelnen Bereichen wie Absatz, Produktion, Investition und dem **Finanzmanagement** voraussetzt.

So sollte die Entscheidung der **Finanzierung** von den **Investitionen** getrennt getroffen werden. Investitionen von Maschinen und Anlagen werden oft von den Technikern vorgeschlagen und von den Kaufleuten wird dafür Sorge getragen, daß die Finanzierung aufgebaut und durchgeführt wird.

Da die **Liquidität** eines Unternehmens von zentraler Bedeutung ist, muß die Verantwortung auf der Geschäftsleitungsebene angesiedelt sein.

Die Finanzplanung kann in einzelne Teilpläne unterschieden werden. (Löffelholz)

Laufende Finanzpläne
- ordentliche Finanzpläne
- außerordentliche Finanzpläne
Einmalige Finanzpläne

Der **laufende Finanzplan** umfaßt die Finanzvorgänge des täglichen Betriebsablaufs Der **ordentliche Finanzplan** enthält die mit der Betriebstätigkeit verbundenen Zahlungsvorgänge, die durch den ständigen Absatzprozeß verursacht werden. Der **außerordentliche Finanzplan** dagegen enthält dagegen die laufenden Investitionen und deren Finanzierung. Die Aufteilung des laufenden Finanzplans in ordentliche und außerordentliche Finanzpläne ist deshalb notwendig, weil die laufenden Investitionen einen anderen zeitlichen Rhythmus und andere Schwerpunkte haben als der ordentliche Umsatzprozeß.

Dazu kommt noch der **einmalige Finanzplan**. Er wird eingesetzt für Sonderfinanzierungen (Gründungen, Kapitalerhöhungen).

Außerdem kann ein Finanzplan nach der Fristigkeit unterschieden werden:

- langfristiger Finanzplan
- mittelfristiger Finanzplan
- kurzfristiger Finanzplan

Der **langfristige Finanzplan** erstreckt sich über einen Planungshorizont von 5 bis 10 Jahre und umfaßt die grobe Planung der Finanzierung. Im Vordergrund steht die Kapitalbedarfsermittlung, die aus dem Investitions- und Kapazitätsplan entwickelt wird.

Der **mittelfristige Finanzplan** umfaßt eine Dauer von 5 Jahren. Darin wird aufgelistet, welche Investitionen in diesem Zeitraum durchzuführen sind und welcher Kapitalbedarf dazu nötig ist. Dabei wird eine Art Auswahl der verschiedenen Finanzierungsmöglichkeiten dargestellt.

Der **kurzfristige Finanzplan** ist das Feintuning des Kapitalbedarfs oder Kapitalüberschußes und erstreckt sich über einen Zeitraum von 12 Monaten. Ein kurzfristiger Finanzplan ist somit gleichzeitig eine Art Zahlungsplan, da auch kurzfristige Finanzierungsmaßnahmen und Inanspruchnahmen von Kontokorrentkrediten und die Anlage kurzfristiger Zahlungsüberschüsse darin enthalten sind.

Neben diesen Fristigkeiten gibt es auch einen täglichen Finanzplan, das **Cash Management**, das die täglichen Geldtransaktionen steuert und eine Vorschau für den bevorstehenden Tag gibt. Oft wird auch noch das Cash Management am selben Tag mehrfach aufgrund der Einnahmen und Ausgaben korrigiert und angepaßt. Diese enorme Detailarbeit kann nur über den Computer gesteuert werden.

Die Liquiditätsplanung

Die **Liquiditätsplanung** ist vor allem notwendig zur laufenden Überwachung der **Zahlungsfähigkeit**. Durch entsprechende Gelddispositionen muß der Unternehmer dafür sorgen, daß dem Unternehmen stets die optimale Liquidität zur Verfügung steht.

Unter der Liquidität versteht man generell die Zahlungsbereitschaft eines Unternehmens, allen seinen Verpflichtungen fristgerecht nachzukommen.

Ein **Liquiditätsplan** ist bei allen Finanzvorgängen notwendig, insbesondere bei Gründungen von Unternehmen, Erweiterungen, Produktionseinschränkungen, Kreditaufnahmen, Fusionen oder Sanierungen. Der nachfolgende Liquiditätsplan ist für einen Jungunternehmer aufgestellt.

Aufstellung des Liquiditätsplanes

Neben der Umsatzplanung sollte der Unternehmensneuling auch eine **Liquiditätsplanung** durchführen.

Die Liquiditätsplanung ist ein wichtiges Kontrollinstrument zur Führung des Unternehmens. Sie gehört zu einem professionell geführten Immobilienunternehmen und ist u.a. wichtig bei Kreditverhandlungen bei Banken und Sparkassen.

Den Ausgaben eines Betriebes müssen ausreichende Einnahmen oder Reserven aus früheren Monaten gegenüberstehen.

Die Liquiditätsplanung ist somit eine permanente und nicht nur für den Anfang gedachte unternehmerische Aufgabe.

Der Liquiditätsplanung, die auf **Erwartungswerte** aufbaut, sollte ein **Soll / Ist-Vergleich** gegenübergestellt werden. Durch diese Maßnahme ist eine **laufende Kontrolle** möglich, um die **Erwartungszahlen mit den Ist-Zahlen zu vergleichen.**

Liquiditätsplanung:

	Monat		Monat	
	Soll	**Ist**	**Soll**	**Ist**
- Kasse				
+ Bank / Sparkasse				
= Liquide Mittel				
- Provisionseinnahmen				
+ Kreditauszahlungen				
+ Privateinlagen				
= Zugänge an liquiden Mittel				
- Betriebsausgaben				
+ Büromaterial				
+ Tilgungen / Banken, Sparkassen				
+ Investitionen				
+ Privatentnahmen				
= Abgänge an liquiden Mittel				
- Liquide Mittel				
+Zugänge an liquiden Mittel				
./. Abgänge an liquiden Mittel				
+ nicht beanspruchte Kreditrahmen				
= Liquidität				

Liquiditätskennzahlen

Liquiditätskennzahlen dienen als Grundlage zur Beurteilung eines Unternehmens. Es haben sich in der Praxis folgende Kennzahlen herausgebildet:

$$\text{Liquidität 1. Grades} = \frac{\text{Zahlungsmittel}}{\text{kurzfristige Verbindlichkeiten}}$$

$$\text{Liquidität 2. Grades} = \frac{\text{Zahlungsmittel + kurzfristige Forderungen}}{\text{kurzfristige Verbindlichkeiten}}$$

$$\text{Liquidität 3. Grades} = \frac{\text{Umlaufvermögen}}{\text{kurzfristige Verbindlichkeiten}}$$

Die Liquiditätsplanung soll dem Jungunternehmer helfen über die ersten drei kritischen Jahre hinwegzukommen, damit eventuelle Schwierigkeiten minimiert werden.

Illiquidität

Die **Illiquidität** oder Zahlungsunfähigkeit kann zwei Ursachen haben: Sie kann dispositiv bedingt sein, als Folge von Dispositionsfehlern, und ist dann in der Regel vorübergehend, oder sie ist strukturell bedingt als Folge eines finanzwirtschaftlichen Strukturfehlers.

Überliquidität ist der Gegensatz zur Illiquidität. Sie zeichnet sich dadurch aus, daß die finanziellen Mittel im Überfluß vorhanden sind. Sie ist ein Zeichen falscher Finanzdisposition, da die Überschußmange an Geld nicht gewinnbringend angelegt ist. Die Überliquidität stellt jedoch im Gegensatz zur Illiquidität keine Gefahr für das Unternehmen dar. Die Überliquidität verursacht allerdings unnötige Kosten infolge des Nutzenentgangs.

1.1.2.2 Eigen- und Fremdfinanzierung

Die Eigenfinanzierung

Die **Eigenfinanzierung** wird auch Innenfinanzierung genannt. Bei der Eigenfinanzierung fließen die Mittel in Form des Flusses eines mehr oder weniger konstanten Geldzugangs durch den Umsatzprozeß zu. Diese Mittel kommen von außen, durch den Verkauf von Waren, Wohnungen und Dienstleistungen.

Die Eigenfinanzierung kann durch folgende Quellen erfolgen:

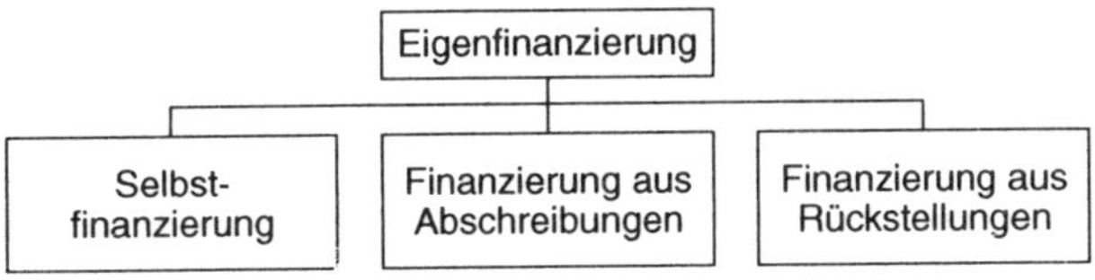

Die **Selbstfinanzierung** ist die Beschaffung von Kapital durch zurückbehaltene erwirtschaftete Gewinne, die nicht an die Gesellschafter ausgeschüttet werden. Damit bei der Selbstfinanzierung allerdings auch tatsächliche finanzielle Mittel zur Verfügung stehen, darf es sich nicht um Buchgewinne handeln.

Die **Finanzierung aus Abschreibung** kommt dadurch zustande, daß Maschinen und Gebäude dem Verzehr oder der Abnutzung unterliegen und die Wertminderung sich als Aufwand in der Kostenrechnung niederschlägt. Durch diese kostenmäßige Betrachtung verringert sich auch der Gewinn im Unternehmen, bedingt durch die Höhe der Abschreibung.

Die Ansammlung der Abschreibungen dient dazu, das dem Verschleiß unterliegende Wirtschaftsgut wieder neu zu beschaffen. Diese Ersatzbeschaffung aus Abschreibungswerten wird auch **Lohmann-Ruchti-Effekt** genannt. Werden in diesem Sinne die Abschreibungsbeträge wieder reinvestiert, so führt das zu einer Anlagenexpansion, ohne daß es der Zuführung neuen Fremdkapitals bedarf.

Unbebaute Grundstücke können nicht abgeschrieben werden, da sie keiner Nutzung unterliegen. Die Abschreibung hat den Zweck, die dauernde Wertminderung langlebiger Wirtschaftsgüter periodengerecht über die ganze voraussichtliche Nutzungsdauer der Anlage zu verteilen.

Immobilienkäufer von Eigenheimen oder Eigentumswohnungen nutzen ebenfalls die Abschreibung als Finanzierungseffekt. So wird die Abschreibungsmöglichkeit auf die Immobilie steuerlich genutzt, um die Einkommensteuer zu verringern.

Die **Finanzierung aus Rückstellungen** ist als innerbetriebliche Fremdfinanzierung einzuordnen, da Rückstellungen in der Bilanz zum Fremdkapital zählen. Rückstellungen sind in der Regel Verbindlichkeiten, über deren Höhe noch keine Sicherheit besteht, so zum Beispiel Pensionsrückstellungen, fällige Steuern, Aufwendungen für Prozesse. Die Unsicherheit kann sich daher auf folgende Belange beziehen: Höhe, Bestand und Fälligkeitstermin der Verbindlichkeit. Dieses Ungewißheit unterscheidet die Rückstellung von jenen Verbindlichkeiten, die genau definiert sind.

Rückstellungen sind grundsätzlich für ungewisse Verbindlichkeiten und für drohende Verluste zu bilden. Sie tragen dazu bei, das Unternehmen richtig darzustellen und verkürzen den Gewinn des Unternehmens in dem Jahr, in dem die Rückstellung gebildet wird. Eine Rückstellung hat somit für das Unternehmen auch einen Substanzeffekt; sie wirkt sich wie eine stille Reserve aus.

Der **Finanzierungseffekt** für das Unternehmen stellt sich dann dar, wenn die gebildeten Rückstellungen aufgelöst werden, wenn die angenommenen Verluste im Unternehmen nicht auftreten oder der schwebende Prozeß gewonnen wird. Die aufgelöste Rückstellung wirkt sich dann erfolgswirksam im Unternehmen aus und erhöht somit die Finanzierungsmöglichkeit und den Gewinn.

Fremdfinanzierung

Die **Fremdfinanzierung** dient dazu dem Unternehmen das notwendige Kapital zur Verfügung zu stellen. Die Fremdfinanzierung ist die Kapitalbeschaffung durch die Aufnahme von Krediten. (Schmalenbach).

Durch die Fremdfinanzierung eines Unternehmens wird der Gläubiger, die Bank oder Sparkasse nicht Miteigentümer, sondern ist nur schuldrechtlich mit ihm verbunden. Der Gläubiger hat auch keine Mitsprache bei Unternehmensentscheidungen, es sei denn, daß die Bank auch gleichzeitig in einem Kontrollorgan wie Aufsichtsrat oder Beirat vertreten ist. In einer solchen Konstellation kann es dann zu Problemen kommen, wenn der Kreditgeber sein Mitspracherecht anmeldet. und in Entscheidungen eingreift.

Das **Fremdkapital** stellt einerseits für das Unternehmen eine Hilfe zur Bewältigung des Unternehmensablaufs dar, andererseits hat das Unternehmen die Möglichkeit, die Zinsen, die durch den aufgenommenen Kredit entstehen, steuerlich zu nutzen. Die Fremdkapitalzinsen sind bei der Einkommensteuer abzugsfähig.

Die Geber von **Fremdkapital** können sein:

- Banken
- Sparkassen
- Kunden
- Lieferanten
- sonstige Geldanleger
- sonstige Unternehmen

Die Fremdfinanzierung kann im Unternehmen in folgenden Bereichen verwendet werden:

Zur **Investition** und **Anschaffung** von Maschinen und Gebäuden, also Investitionen, die zum Anlagevermögen gehören.

Zur **Beschaffung** von **Betriebsmitteln,** wie Rohstoffen, die zur Verarbeitung bereitgestellt werden und somit zum Umlaufvermögen gehören.

Die **Fremdfinanzierung** unterscheidet sich in folgende Arten:

- **kurzfristige Fremdfinanzierung**
- **mittelfristige Fremdfinanzierung**
- **langfristige Fremdfinanzierung**

Zu der **kurzfristigen Fremdfinanzierung** zählen Kredite mit einer Laufzeit von bis zu einem Jahr. Diese Art von Krediten kommt häufig in Unternehmen vor.

Zu der **mittelfristigen Fremdfinanzierung** gehören Kredite mit einer Laufzeit zwischen einem und vier Jahren.

Zu den **langfristigen Krediten** zählen Kredite mit einer Laufzeit von über vier Jahren.

Kontokorrentkredit

Der **Kontokorrentkredit** ist ein kurzfristiger Kredit und ist in der Höhe der Beanspruchung schwankend. Der Kreditgeber, Bank oder Sparkasse, vereinbart mit dem Unternehmen einen maximalen Betrag, die sogenannte Kreditlinie. Der Kreditnehmer kann dann den Kredit bis zu dieser Höhe beanspruchen.

Diskontkredit

Der **Diskontkredit** dient dazu, Wechsel von Kunden vor deren Fälligkeit an eine Bank zu verkaufen. Das Kreditinstitut schreibt die Wechselsumme dem Konto gut, abzüglich der Zinsen für die Restlaufzeit (Diskont) und abzüglich der Bearbeitungsgebühr der Bank.

Lombardkredit

Der **Lombardkredit** ist ein Kredit, den Bank oder Sparkasse einem Kunden gegen Verpfändung von Wertpapieren, Waren oder Forderungen zur Verfügung stellen.

Die häufigste Form der kurzfristigen Fremdfinanzierung ist der **Kontokorrentkredit,** auch **Betriebsmittelkredit** genannt, der zur kurzfristigen Deckung eines vorübergehenden Zahlungsmittelbedarfs beansprucht wird.

Neben den vorgenannten kurzfristigen Fremdfinanzierungen durch Kreditinstitute gibt es noch den **Lieferantenkredit.** Dieser Kredit entsteht dann, wenn die Zahlungsverpflichtungen aus der Lieferung von Waren nicht sofort beglichen werden. Dieser Kredit wird mit entsprechenden Zahlungsvereinbarungen gewährt. Die Rückzahlung des Kredits erfolgt über den Warenumsatz und die Verkaufserlöse. Geldmittel werden bei diesem Kredit nicht zur Verfügung gestellt. Als Sicherheit dient dem Lieferanten die Ware, die bis zur vollständigen Bezahlung in dessen Eigentum bleibt.

Zu der **langfristigen Fremdfinanzierung** zählt in der Regel der **Hypothekarkredit.** Dieser Kredit wird durch Belastung der Grundstücke gegeben und kann bis zu einer Laufzeit von bis zu 30 Jahren gewährt werden. Die Zinskonditionen werden meist über einen Zeitraum von fünf, zehn oder fünfzehn Jahren festgeschrieben. Die Tilgung solcher langfristiger Kredite wird in Annuitäten zurückgeführt und zwar in vierteljährlichen oder halbjährlichen Raten.

Gerade im Immobilienbereich sind die langfristigen Kredite der Normalfall. Die Anbieter solcher Finanzierungen sind die Kreditinstitute, Sparkassen, Genossenschaftsbanken und Hypothekenbanken. Dabei werden die Kreditmittel in einem entsprechenden Rahmen zur Verfügung gestellt.

Was beim Finanzrahmen für einen Immobilienkredit zu beachten ist, zeigtein Immobiliencheck.

Auf den Seiten 53 und 54 findet sich ein Muster der Deutschen Bank für einen Immobiliencheck.

Die Beleihung von bis zu 60 Prozent des Immobilienobjekts wird von einer Hypothekenbank gewährt. Die restlichen 40 Prozent werden nachrangig oder als 1 b Hypothek von der Hausbank zur Verfügung gestellt. Die Beleihungsgrenze kann sich je nach Immobilie auf bis zu 80 Prozent erhöhen.

Die **mittelfristige Fremdfinanzierung** ist eine Zwitterstellung zwischen kurzfristigem und langfristigem Kredit. Der mittelfristige Kredit dient zur Anschaffung von Kraftfahrzeugen, Büroeinrichtungen. Diese Kreditart kommt vornehmlich bei der **Absatzfinanzierung** vor.

– Ausfertigung für den Kunden –

Immobilien-Check.
„Ihr Finanzrahmen für Ihre Wunschimmobilie."

Ihr Name:

Ihre Telefonnummer:

Monatlicher Betrag für Ihre Wunschimmobilie:

	So hoch ist die derzeitige monatliche Kaltmiete:	DM
+	Das wird monatlich gespart/kann zusätzlich aufgebracht werden:	DM
=	Soviel kann für die Baufinanzierung aufgewendet werden:	DM
x 12	Jährlich sind dies:	DM
x ☐	**Bei einer gleichbleibenden Zins- und Tilgungsleistung (Annuität) von ☐ % im Jahr kann ich als Darlehen aufnehmen:**	**DM**

Soviel Eigenkapital möchte ich einsetzen:

	Kontoguthaben:	DM
+	Sparkonto, Sparbrief, festverzinsliche Wertpapiere, Aktien, Investmentzertifikate:	DM
+	Bausparvertrag (Guthaben inkl. Prämien und Zinsen):	DM
+	Demnächst fällige Lebensversicherung:	DM
+	Vorgezogene Erbauszahlung:	DM
+	Mögliche Schenkungen:	DM
+	Zuwendung der Eltern/Großeltern:	DM
+	Grundbesitz, der verkauft werden kann*:	DM
+	Vorhandenes Grundstück, auf dem gebaut werden soll*:	DM
=	**Summe des gewünschten Eigenkapitaleinsatzes:**	**DM**
+	**Bankdarlehen:**	**DM**
=	**So hoch ist der Finanzrahmen:**	**DM**

Weitere Informationen erhalten Sie von Ihrem persönlichen Private Banking Betreuer.

Besprochen am:

Nächster Beratungstermin am:

Thema:

*Abzüglich vorhandener Belastungen

81-115/71 · 05/99

Deutsche Bank

1.1.2.3. Sonderkreditformen

Leasing

Unter **Leasing** versteht man die Vermietung oder Verpachtung von Investitionsgütern oder langlebigen Gütern des privaten Bedarfs. Die in der Praxis vorkommenden Vertragsformen sind sehr vielgestaltig und kommen in folgenden Formen vor:

- **Financial-Leasing**
- **Operating-Leasing**
- **Hersteller-Leasing**

Einige Teilzeitfirmen wählen auch die Bezeichnung Personalleasing. Dabei handelt es sich eigentlich nicht um Leasing, sondern um die Vermittlung von Arbeitsleistung für eine befristete Zeit.

Financial Leasing oder auch Finanzierungsleasing ist die langfristige Vermietung von Investitionsgütern durch Leasinggesellschaften. Der Leasingnehmer hat häufig nach Ablauf der Leasingzeit die Möglichkeit das Objekt zu erwerben oder den Leasingvertrag zu beenden.

Die **Leasingrate,** die monatlich zu zahlen ist, setzt sich aus den Zinsen und der Amortisation, der Marge für die Leasinggesellschaft und den durch das Leasingobjekt verursachten Kosten wie Versicherungen oder öffentliche Abgaben zusammen.

Die **Leasingdauer** ist regelmäßig so lange und die Miete so hoch berechnet, daß während dieser Zeit der Leasinggeber den überwiegenden Teil seiner Investitionskosten für das Leasingobjekt aus den Leasingraten amortisieren kann. Die Leasingzeiten liegen zwischen 40 und 90 Prozent der betriebsgewöhnlichen Nutzungsdauer. Die vertraglichen Bestimmungen über die Laufzeit des Vertrages und die steuerliche Behandlung wurde schon am 19.4.1971 durch das BdF Schreiben über die ertragssteuerliche Behandlung von Leasing-Verträgen über bewegliche Wirtschaftsgüter und vom 21.3.1972 über unbewegliche Wirtschaftsgüter festgelegt.

Beim **Financial-Leasing** ist der Leasinggeber an einem langfristigen Leasingvertrag interessiert, weil dieser ihm einen langfristig gesicherten Ertrag ermöglicht. Der Leasingnehmer seinerseits ist an dem langfristigen Leasingvertrag interessiert, weil er ihm die langfristige Nutzung des Investitionsguts ermöglicht. Diese langfristige Nutzungsmöglichkeit entbindet den Mieter von der Notwendigkeit zur eigenen Investition und damit auch zur Finanzierung eines Investitionsgutes.

Die Leasingfinanzierung schont den Kreditrahmen bei der Bank, da normalerweise die Verpflichtungen aus den Leasingverträgen den Krediten des Kreditnehmers nicht angerechnet werden. Das Leasingobjekt wird zum Zwecke der Bilanzierung nach Handels- und/oder Steuerrecht der Leasinggesellschaft zugerechnet und nicht dem Leasingnehmer, daher erscheint das Investitionsgut auch nicht in dessen Aktiva, sondern nur in der Gewinn- und Verlustrechnung unter der Position Leasingzahlungen oder Zinsaufwand..

Operating Leasing ist die kurzfristige Vermietung von Investitionsgütern durch Leasinggesellschaften. Oft werden Operating-Leasing-Verträge nur für wenige Tage, Wochen oder Monate abgeschlossen. Der Leasinggeber ist häufig der Hersteller oder Händler der Leasingobjekte, die sich auf eine bestimmte Nachfrage spezialisiert haben, zum Beispiel Baufahrzeuge wie Bagger, Kran, LKW oder auch PKW.

Beim **Operating-Leasing** hat der Leasingnehmer nur Interesse an einer kurzfristigen Bedarfsdeckung, denn eine Eigeninvestition lohnt sich nicht. Wird auf einer Baustelle ein Spezialkran benötigt, so wird für die entsprechende Zeit dieser Kran geleast. Bei einer Reparatur an einem Bürohaus zum Beispiel benötigt man eine Arbeitsbühne mit einer Reichweite von 25 Metern Höhe. Für beide Arbeiten würde sich eine Investition nicht lohnen, da für zukünftige Aufträge eine andere Maschinenvariante gefragt ist.

Factoring

Unter **Factoring** versteht man den Ankauf von Forderungen auf Grund eines abgeschlossenen Rahmenvertrages. Die Factoringgesellschaft überprüft die Bonität der Kunden, da sie auch das volle Kreditrisiko für die Forderungen übernimmt und die Rechnungen erstellt.

Das Factoring hat folgende **Vorteile** für den Kunden:

1. Der Kunde erhält aufgrund des Rahmenvertrages aus der Lieferung von Waren einen **Kredit** in Höhe von 80 Prozent der Forderung.

2. Das volle **Kreditrisiko** übernimmt die Factoringgesellschaft, da sie auch die Kreditsicherungsfunktion ausübt.

3. Die Factoringgesellschaft führt die gesamte **Debitorenbuchhaltung** der Kunden. Sie erstellt Rechnungen, zieht Forderungen ein, mahnt und verklagt auch notfalls.

Die **Kosten** des Factorings setzen sich aus den Zinsen für die Vorschüsse und aus den Gebühren für die **Dienstleistung** zusammen. Der Zinssatz richtet sich nach dem Bankzins und liegt in der Regel 1 bis 2 Prozent darüber, da sich die Gesellschaften auch bei Banken refinanzieren müssen.

Für manche Unternehmen kann das Factoring unter Kostengesichtspunkten sinnvoll sein, insbesondere dann, wenn die Factoringgesellschaft die Debitorenbuchhaltung günstiger abwickelt, als es im eigenen Betrieb möglich wäre.

1.1.2.4 Ermittlung des Kapitalbedarfs im Immobilienunternehmen

Finanzierungsregeln

Die **Finanzierungsregeln** ermöglichen es, die Liquidität eines Unternehmen zu bewerten. Betriebe, die keine Regelung der Finanzierung haben, kommen eher in Schwierigkeiten. Die optimale Liquidität zu sichern, ist Aufgabe eines Unternehmens.

Zu den **Grundsätzen** gehören:

- Die finanzielle **Sicherheit**, also die **Zahlungsbereitschaft** zu jedem Zeit punkt in der geforderten Höhe.
- Den Einsatz der **Finanzmittel** so zu wählen, daß die **Rentabilität** des Unternehmens gewährleistet ist.

Es haben sich folgende Finanzierungsregeln etabliert:

Die **goldene Finanzierungsregel** fordert im engeren Sinne, daß das **Anlagevermögen durch Eigenkapital** finanziert ist. Im weiteren Sinne fordert die goldene Finanzierungsregel, daß nicht nur das Anlagevermögen, sondern auch das dauernd gebundene Umlaufvermögen gedeckt ist.

Die goldene Finanzierungsregel ist so zu interpretieren, daß langfristige Investitionen grundsätzlich nicht mit kurzfristigem Fremdkapital finanziert werden sollen.

Cash-Flow Regeln

Der **Cash-Flow** ist ebenfalls eine Regel zur Ermittlung des Kapitalbedarfs im Unternehmen. Mit dem Cash-Flow kann die Innenfinanzierungskraft nachvollzogen werden. Der Cash-Flow gibt die Finanzmittelüberschüsse aus dem Umsatzprozeß abzüglich der Aufwendungen in einem Wirtschaftszeitraum wieder.

Geschäftsrisiko

Das **Risiko** ist die mit jeder wirtschaftlichen Tätigkeit verbundene Verlustgefahr, die das eingesetzte Kapital bedroht, sei es durch eine mögliche Gewinnminderung, einen Gewinnentgang oder durch die Möglichkeit der Kapitalminderung und schließlich des völligen Kapitalverlustes.

Jeder wirtschaftlichen Betätigung drohen Gefahren des Mißlingens und Verlustmöglichkeiten in zahlreichen Arten.

Die Geschäftsrisiken können in verschiedenen Variationen auftreten wie ein schleichendes Risiko, zum Beispiel aus einer langen Entwicklungsdauer von Immobilienprojekten, was sich dann in den **Baukosten** niederschlägt. Das **Baukostenrisiko** sollte durch ein Kostenmanagement und durch eine exakte Kostenplanung reduziert und eingehalten werden.

Das Geschäftsrisiko kann sich im Immobilienunternehmen aus einer langen Entwicklungsdauer für ein Projekt ergeben. Weitere Risiken sind:

- **Genehmigungsrisiko**
- **Finanzierungsrisiko**
- **Boden- und Baugrundrisiko**
- **Zeitfaktor**

Der Bau einer Immobilie, ob Wohnhaus oder Bürogebäude, unterliegt der **Genehmigung** durch die Bauaufsichtsbehörde. Die Baugenehmigung kann durch Einspruch der Nachbarn oder durch Auflagen der Behörde so erschwert werden, daß das Objekt sich nicht mehr rechnet. Auch langwierige Genehmigungsverfahren durch die Behörden können unter Umständen die Finanzierung gefährden.

Das **Finanzierungsrisiko** ist eine wichtige Unbekannte für die Immobilie. Falls das Objekt mit einem hohen Fremdkapitalanteil finanziert wird, können Zinssatzänderungen einen entscheidenden Einfluß auf die Verwirklichung des Projekts haben. Eine Verzögerung kann daher zu erheblichen Mehrbelastungen beim Zins und der Tilgung führen. Daher sollte man die Zinsen festschreiben, damit Zinserhöhungen keine Auswirkungen haben.

Das **Boden- und Baugrundrisiko** wird oft unterschätzt. Bei jedem größeren Bauvorhaben sollten auch die Bodenverhältnisse überprüft werden.

So kann es durchaus vorkommen, daß in einem geringen Abstand unter der Erdoberfläche Wasser vorhanden ist, was dazu führt, daß die Baugrube in Form einer weißen Wanne ausgebaut werden muß, damit die weiteren Aushubarbeiten ohne Verzögerungen durchgeführt werden können. Oder es können Altlasten in Form von Schutt vorgefunden werden. In den 50er Jahren wurde in fast jedem Bombenloch der Hausmüll abgeladen. Auch Baudenkmäler können im Erdbereich vorhanden sein oder Bomben aus dem Zweiten Weltkrieg

Der **Zeitfaktor** ist eine der größten Risikofaktoren bei einer Immobilie. Es kann sein, daß sich der Bau durch Wetterverschlechterungen verzögert und damit der Fertigstellungstermin erheblich überschritten wird. Durch die Verzögerung können auch die zukünftigen Mieter nicht rechtzeitig einziehen. Steuertermine für die Fertigstellung geraten somit in Gefahr und die Steuervorteile können unter Umständen nicht mehr gewährt werden. Dadurch können sich auch die Zinskosten für die Fremdfinanzierung erhöhen.

Damit das Zeitrisiko begrenzt wird, sollten man **Netzpläne** aufstellen – begleitet von einem Projektmanagement und einer Projektsteuerung.

Verschuldung des Unternehmens

Die **Verschuldung eines Unternehmens** wird von der Gegenüberstellung verschiedener Bilanzpositionen abgeleitet. Dabei unterscheidet man in vertikale und und horizontale Bilanzstrukturen.

Die vertikale Bilanzstruktur ergibt sich aus der Passivseite der Bilanz. So ermittelt man den **Verschuldungskoeffizienten**, also den Quotienten aus Eigenkapital zum Fremdkapital.

Je größer der Anteil des Eigenkapitals ist, desto geringer ist das **Verlustrisiko** der Gläubiger. Das Verhältnis von **Eigenkapital** zu **Fremdkapital** zeigt, daß in der Hochkonjunktur der Fremdkapitalanteil steigt; in der Krise geht dieser Anteil des Fremdkapital wieder zurück. Das Verhältnis von Eigenkapital zu Fremdkapital sollte im Idealfall 1:1 sein, was jedoch kaum anzutreffen ist. Weitere Verschuldungsgrade können das Verhältnis vom Eigenkapital zum Gesamtkapital sein.

Der horizontale Verschuldungsgrad ergibt sich aus der Passivseite der Bilanz. Da ist zum einen die goldene Bilanzregel, die besagt, daß das **Anlagevermögen durch Eigenkapital** finanziert ist. Bei einer weiteren Fassung sollte nicht nur das Anlagevermögen, sondern auch das dauernd gebundene Umlaufvermögen gedeckt sein.

Die **Verschuldungsregeln** sind nicht immer eindeutig. Die Einhaltung bestimmter Verschuldungsgrade und der genannten Regeln kann von den Immobilienunternehmen aufgrund ihrer Struktur und eines teilweise großen Bauvolumens nicht immer durchgehalten werden. Die technische Entwicklung und der zunehmende Kapitalbedarf stellen in der Finanzierungspolitik. an das Unternehmen hohe Anforderungen.

1.1.2.5 Unternehmenskonzeption als Finanzierungsbasis

Die Unternehmenskonzeption

Der Existenzgründer kann bei der **Unternehmenskonzeption** die Zielvorstellungen seines zukünftigen Unternehmens konkretisieren und die Planungen aufeinander abstimmen.

Ein **Unternehmenskonzept** macht das Vorhaben deutlich und erleichtert auch Gespräche mit Kreditgebern, Behörden und Kunden.

Ein gut ausgearbeitetes Unternehmenskonzept ist auch Gradmesser für unternehmerisches Handeln **(Entrepreneurchip)**.

Die Industrie- und Handelskammer München (IHK), hat für die Unternehmenskonzeption einen Katalog erstellt, in dem folgende Schwerpunkte beinhaltet sein sollten:

Unternehmenskonzeption:

1. Inhaltsverzeichnis
2. Persönliche Ausgangssituation einschließlich beruflicher Lebenslauf
3. Arbeitsschwerpunkte des künftigen Unternehmens

4. Marktpotential
   - Umfeld Makro und Micro Standort
5. Konkurrenzsituation
6. Detaillierte Beschreibung der Vorbereitungsmaßnahmen
7. Beschreibung des geplanten Unternehmens
   - Rechtsform
   - Standort
   - Lage
   - Mitarbeiter
8. Gewerbeerlaubnis für Immobilienmakler, Bauträger, Baubetreuer (nach § 34 c GewO des Kreisverwaltungsreferats oder Landratsamts
9. Voraussichtliche Anlaufzeit und Unternehmensentwicklung in den ersten drei Jahren
10. Planungsunterlagen aufgeschlüsselt nach folgenden Planungsarten:
    - Kostenplan
    - Erfolgsplan
    - Umsatz und Ertragsvorschau
    - Liquiditätsplan
    - Kapitalbedarfsplan

Innerhalb der Unternehmenskonzeption sollte der Jungunternehmer die anzubietende Dienstleistungsofferte detailliert festhalten und beschreiben:

Beispiel:
Verkauf von Eigentumswohnungen des gehobenen Standards oder Vermietung von Gewerbeobjekten im Raum Schleswig-Holstein oder Architekturleistungen für Einfamilienhäuser.
Unternehmen in der Finanzdienstleistungsbranche bieten Versicherungen, die Anlage von Wertpapieren und Bausparverträge an.

Bei der **Begründung zur Selbständigkeit** können folgende Argumente hilfreich sein:

- Persönliche Motivation

- die Eigenständigkeit und Unabhängigkeit
- ein besseres Einkommen
- ein unternehmerischer Tatendrang
- im gesellschaftlichen Bereich Anschluß finden

- Berufliche Vorbildung

- Lehre als Immobilienkaufmann
- Lehre als Versicherungskaufmann
- Studium der Architekturwissenschaft
- Niederlassungsleiter
- Erfolgreichster Verkäufer von Eigentumswohnungen
- Weiterbildungsmaßnahmen
- Geprüfter Immobilienfachwirt IHK
- Ausbilderbefähigung

Marketingkonzeption

Die **Marketingkonzeption** ist ein Teil der unternehmerischen Planung. **Die Marketingkonzeption ist eine Zusammensetzung von bestimmten Größen oder Richtungen, die sich an einer bestimmten Strategie orientieren, um eine schlüssige Handlung auszulösen.** (siehe Gartner Unternehmensführung und Marketing in der Immobilienwirtschaft, 1997, München/Wien)

Der Existenzgründer sollte daher für die eigene Planung, aber auch zum Verständnis für seine Kreditgespräche eine schlüssige Marketingkonzeption erarbeiten.

Die Checkliste kann wie folgt aussehen:

1. Zielsetzung
2. Zielgruppe
3. Preis- und Produktpolitik
4. Mitarbeiter

Die **Zielsetzung** sollte sein, daß in einem Zeitraum von einem, zwei oder drei Jahren ein Umsatz von einer bestimmten Größe erreicht wird, verbunden mit einem gewissen Marktanteil.

Die **Zielgruppe** ist die klare Formulierung der Kundenstruktur von Personen mit einem mittleren Einkommen, die sich Eigentumswohnungen bei einem bestimmten Quadratmeterpreis leisten können.

Die **Preis- und Produktpolitik** gibt Auskunft für den Bauträger beim Bau von Wohnungen. Sie zeigt zum Beispiel, in welchen Lagen er baut. Dadurch erreicht er einen bestimmten Kundenkreis, bei dem er die kalkulierten Preise durchsetzen kann.

Mitarbeiter werden nur eingestellt, wenn sie aus der Immobilienbranche kommen, eine Ausbildung abgeschlossen haben und besondere Leistungsnachweise im Beruf vorlegen können. Die Mitarbeiter werden auf Erfolgsbasis vergütet.

Die Werbung

Die **Werbung** ist ein Teil des Marketing. Für den Unternehmenserfolg ist Werbung daher unerläßlich. **Die Werbung vermittelt eine Botschaft, die die umworbene Kundschaft aufnehmen beziehungsweise empfangen soll.**

Der Jungunternehmer hat daher folgende Aufgaben innerhalb der Werbung zu bewerkstelligen:

1. Werbekonzeption
2. Marketingplan
3. Werbeetat
4. Corporate Identity
5. Öffentlichkeitsarbeit

Die **Werbekonzeption** stellt die Bedürfnisse und die Motivation der Kunden dar, sich zum Beispiel eine Eigentumswohnung zu kaufen.

Der **Marketingplan** beinhaltet die Terminierung der Anzeigen, die Festlegung der Zielgruppen und der Mittel.

Der **Werbeetat** zeichnet sich dadurch aus, daß der Jungunternehmer die Höhe des Gesamtetats sowie eine Aufstellung der Teilpläne aufzeigt. Dazu gehört auch der zeitliche Ablauf, etwa wann die einzelnen Anzeigen mit welchem finanziellen Aufwand geschaltet werden.

Der Gründer sollte 5 bis 10 Prozent seines Umsatzes in die Werbung investieren. Bei der Start-up-Werbung kann dieser Prozentsatz durchaus erhöht werden. Immobilienunternehmen sparen oft an der Gestaltung der Werbung. Eine billige Werbung aber schlägt nicht selten ins Gegenteil um.

Unter **Corporate Identity** versteht man, daß ein Unternehmen für eine ganz bestimmte Charakteristik seiner Dienstleistungen steht. Dazu gehört die einheitliche Gestaltung des Erscheinungsbildes durch ein Firmensignet oder Logo, das sich auf Visitenkarten, Briefpapier, Exposé, Rechnungen, Plänen, Türschildern, Anzeigen und Prospekten wieder findet.

Der Name der Firma und das Logo sollten bei allen Werbemaßnahmen konsequent eingesetzt werden.

Die **Öffentlichkeitsarbeit** zeichnet sich dadurch aus, daß die Öffentlichkeit über die Maßnahmen des Unternehmens unterrichtet wird. Dies geschieht durch Pressemitteilungen, Mitgliedschaften in Vereinen oder auch durch Sponsoring.

Die Werbemittel
- Die anonyme Zielgruppe

Zu den Werbemittel für die anonyme Zielgruppe gehören:

1. **Tageszeitung**
2. **Anzeigenblätter**
3. **Radiowerbung**
4. **Verkehrsmittelwerbung**

Die **Tageszeitung** kann je nach Auflage einen großen Leserkreis erreichen. Ist aber die Zielgruppe klein, so entstehen erhebliche Streuverluste. Es ist unter Umständen besser, regelmäßige Kleinanzeigen zu schalten, als eine große einmalige Anzeige. Durch den Wiederholungseffekt mit gleichem Schriftzug und Firmenlogo ist die Aufmerksamkeit für den Leser größer.

Die **Anzeigenblätter** sind kostenlos und werden durch die Anzeigen finanziert. Sie sind oft günstiger für die Insertion als die Tageszeitung und werden gerne gelesen.

Die **Radiowerbung** für Immobilien steht noch am Anfang,. Dafür eignen sich gerade die Lokalsender, die gerne vom jüngerem Publikum gehört werden.
Auch bei diesen Werbemitteln sollte man den Wiederholungseffekt nutzen.

Die **Verkehrsmittelwerbung**, die auf Taxen, Bussen, Bahnen und auch auf dem eigenen Auto zu finden ist, haben einen Aufmerksamkeitswert, wenn sie originell gestaltet sind.

- Die direkte Zielgruppe

Zu den Werbemitteln, die sich an eine fest umrissene Zielgruppe direkt wenden, gehören:

1. **Werbebriefe**
2. **Prospekte**
3. **Werbegeschenke**
4. **Tag der offenen Tür**

Die Werbebriefe mit persönlicher Anrede sprechen den Kunden direkt an. Werbebriefe müssen die Form eines persönlichen Briefes haben, um die größtmögliche Aufmerksamkeit zu erzielen. Drucksachen verfehlen meist ihre Wirkung.

Die **Prospekte** erreichen den Kunden direkt. Streuverluste werden dadurch vermieden. Prospekte müssen jedoch professionell gestaltet sein, mit gut aufgemachten Fotos und einem entsprechenden Werbetext.

Die **Werbegeschenke** sind dann wirkungsvoll, wenn sie nicht nur einfache Werbung auf Kugelschreibern sind. Werbegeschenke sollten auf den Kunden abgestimmt sein. So kann zum Beispiel die Übersendung von Golfbällen oder die Einladung zu einem Turnier bei einem Golfinteressenten eine große Wirkung erzielen.

Tag der offenen Tür, verbunden zum Beispiel mit einem Event wie der Ausstellung eines jungen Künstlers. Außerdem können sich dabei die Kunden von dem professionellen Büro selbst überzeugen.

Der Existenzgründer sollte daher die Checkliste durcharbeiten, um sie für seine Kunden, aber auch für seine Gespräche mit der Bank parat zu haben. Nach der Erstellung der **Konzeption** für das Unternehmen ist der nächste Schritt die Finanzierung des Vorhabens.

Gründungsfinanzierung

Neben der guten Konzeption eines Unternehmensvorhabens ist eine der zentralen Schwerpunkte die **Finanzierung der Existenzgründung**.

Schwierigkeiten, die sich oft in den ersten Gründerjahren ergeben, liegen nicht selten in der mangelnden Finanzierung des Unternehmens. Eine realistische Finanzplanung ist besser geeignet, Schwachstellen aufzuspüren, um sie noch in der Planung zu beseitigen.

Der Kapitalbedarf setzt sich aus Investitionen zusammen, daher sollte folgender Finanzplan erstellt werden:

Finanz- und Investitionsplan:

- Büroeinrichtung	
- Fax und Kopiergerät	DM
- Telefonanlage, ISDN	DM
- Schreibtische, Stühle	DM
- Besprechungszimmer	DM
- Sekretärinnenzimmer	DM
- Mitarbeiterzimmer	DM
- Büromaterial	DM
- Umbaumaßnahmen im Büro (Teppichboden, Wände versetzen, Malerarbeiten)	DM
- Gründungsausgaben (Handelsregistereintragung, Genehmigungen, Briefbögen, Stempel, Türschild)	DM
- Beratungskosten (Rechtsanwalt, Notar, Unternehmensberatungskosten)	DM
- PKW, Anschaffungskosten	DM

- Autotelefon	DM
- Leasingkosten für PKW	DM
- Miete und Mietkaution	DM
- Werbungskosten	DM
- Fachliteratur	DM
- Einladungskosten zur Eröffnung des Immobilienbüros	DM
- Investitions- und Gründungskosten	**DM**

Für die Aufrechterhaltung der **Unternehmensliquidität** haben sich für Immobilienunternehmen folgende Faustregeln laut Industrie- und Handelskammer ergeben:

Liquiditätsreserve insbesondere für:
Büromiete, Leasingkosten,
als fixe Kosten: **für drei Monate**

Liquiditätsreserve für:Lebensunterhalt
des Existenzgründers, als Privataufwendungen
einschließlich laufender Verpflichtungen,
als variable Kosten: **für sechs Monate**

Allgemeine Liquiditätsreserve **ein Zwölftel der jährlichen Kosten**

Die Kreditprüfung

Da häufig bei einer Existenzgründung die eigenen Mittel nicht ausreichen, wird der Jungunternehmer einen **Kredit** bei der Bank oder Sparkasse beantragen.

Die Kriterien der **Kreditprüfung** lassen sich nach Angaben der Deutschen Ausgleichsbank, Bonn, und der Industrie- und Handelskammer, wie folgt darstellen:

Darstellung der persönlichen Voraussetzungen:

Allgemeine persönliche und wirtschaftliche Verhältnisse, das bedeutet:

- Verbindlichkeiten
- Bankschulden und/oder Bankguthaben
- Aktien- oder Wertpapierdepots

Branchenübliche Kenntnisse

- im Immobilienberuf
- Aufstellung eines Lebenslaufs
- Schwerpunkte der beruflichen Bildung
- Weiterbildungsmaßnahmen
- Geprüfter Immobilienfachwirt IHK

Alter

Das Alter sollte bei der Existenzgründung kein Kriterium sein. Es kommt durchaus vor, daß junge, dynamische Mitarbeiter den Drang zur Selbständigkeit schon mit Anfang Zwanzig verspüren. Andere wiederum entschließen sich erst nach einer großen und umfangreichen Berufserfahrung zum Schritt in die Selbständigkeit.

Motive für die Selbständigkeit

Dem Kreditinstitut soll aufgezeigt werden, warum man von dem unselbständigen Arbeitsverhältnis in die Selbständigkeit wechselt.

Sachliche Voraussetzungen

Aufzeigen von Marktchancen als Immobilienfachwirt durch Darlegung der:

- Unternehmenskonzeption
- Marketingkonzeption
- Mikro- und Makroumfeld
- Konkurrenzsituation
- Umsatzplanung
- Kosten und Ertragsplanung
- Gewinnplanung

Bisherige Tätigkeitserfolge

- Umsatz und Provisionserträge in der bisherigen Tätigkeit
- Berufserfahrung als leitender Mitarbeiter
- Mitarbeitererfahrung
- Marketingerfahrung
- Organisationsdurchführung
- Ausbilderprüfung der IHK
- Weiterbildungsprüfung zum
- Immobilienfachwirt IHK

Diese Unterlagen werden in der Regel bei **Kreditgesprächen** benötigt. Oft können nicht alle aufgeführten Merkmale beantwortet werden. Aber je detaillierter und ausführlicher die Unterlagen sind, umso schneller kann der Kreditantrag bearbeitet und die Gelder gewährt werden.

Sicherheiten für den Kredit können dann im **Kreditgespräch** erläutert werden, diese können sein:

- Grundschulden oder eine Hypothek des Wohnhauses
- Lebensversicherung
- Bürgschaften von Seiten Dritter.

Wie der Geschäftsbogen für: ***Neukredit, Erhöhung, Verlängerung*** *der Deutschen Bank aussieht, zeigen die folgenden Seiten:*

Geschäftskundenbogen **Neukredit ☐ Erhöhung ☐ Verlängerung ☐**

An	von/Fil.-Nr.	Kundenbetreuer	Mailbox/BKO-ID	Telefon

Kreditnehmer, Sitz	Geschäftszweig, Beruf	BranchenS (6stellig)	Risikofaktor (ERF)

Leitkundennr.	Weitere Kundennr.	Mandats-, Konzern-, sonstige Beziehungen

Gründung (Monat/Jahr)	Verbindung seit (Monat/Jahr)	Rechtsform	

Inhaber, Gesellschafter, Kapitalverhältnisse	Andere Bankverbindungen (einschl. Kredite und Sicherh.)
bei Privatpersonen: Familienstand, Geb.datum, Anzahl Kinder	

Vormerkungen	Bar	Diskont	Avale	Margenlinie	Gesamt	gegen bisher	interne Befristung
Inanspruchnahme						Kontoübersicht/Entwicklung eingemeldet für 10 Tage am:	

Sonstige Verbindlichkeiten (DB-Konzern)

Betrag neu	Betrag alt	Konto-Nr.	Kreditart	Rückführung	Zusage bis

Sicherheiten (Nominalbetrag, Art, Rang, Marge, letzte Prüfung usw.)	zu bewerten mit

Ergebnis der Kundenbetreuungsprüfung

- ☐ Ich habe das Engagement im Rahmen der Entscheidungsrichtlinien genehmigt und gerastert ("weiß", innerhalb Kompetenz).
- ☐ Ich befürworte das Engagement im Rahmen der Entscheidungsrichtlinien und bitte um Mitentscheidung ("weiß", oberhalb Kompetenz).
- ☐ Ich befürworte das Engagement im Rahmen der Entscheidungsrichtlinien und bitte um Mitentscheidung ("grau").
- ☐ Obwohl die Kundenbetreuungsprüfung "schwarz"-Merkmale ergeben hat, befürworte ich das Engagement im Rahmen der Entscheidungsrichtlinien und bitte um Mitentscheidung (Aufwertung auf "grau"). **Begründung hierfür ist:**
- ☐ Ich bitte um Prüfung des Kreditantrages (in Ausnahmefällen, z.B. bei Existenzgründungen).

Datum	Unterschrift

Anlagen		Sonstige Kundenunterlagen	Sicherheiten
	☐ Selbstauskunft		
	☐ Analyseblatt		
	☐ Besuchsbericht		

Z030 03

- alle Beträge in TDM -

17 - 325 3 95

Seite 2

		Ja	Nein
Kreditverwendungszweck	Kurzbeschreibung der Geschäftstätigkeit und des Kreditvorhabens:		
	Verwendungszweck plausibel ?	☐	☐
Branchenzugehörigkeit	Branche ohne besondere Risiken (vgl. aktuelle Liste) ?	☐	☐
Mindestunterlagen (nicht erforderlich bei vollständig liquide besicherten Engagements)	¤ Bilanzierende - Zwei bzw. ab TDM 100 drei aufeinanderfolgende Jahresabschlüsse (Bilanz, GuV,Anhang) **und** - Vollständige BWA (Datev oder vergleichbare Auswertung) per Jahresende, wenn letzter vorliegender Jahresabschluß nicht per 31.12. des Vorjahres ist	☐	☐
	¤ Nichtbilanzierende - Zwei bzw. ab TDM 100 drei aufeinanderfolgende Einnahmen-Überschußrechnungen und aktuelle Vermögens- und Schuldenaufstellung (Selbstauskunft) **und** - Vollständige BWA (Datev oder vergleichbare Auswertung) per Jahresende, wenn letzte vorliegende Einnahmen-Überschußrechnung nicht per 31.12. des Vorjahres ist	☐	☐
	¤ Für Einzelunternehmer, Freiberufler und persönlich haftende Gesellschafter: - Aktuelle Aufstellung von privatem Einkommen, Vermögen und Schulden (Selbstauskunft) **und** - Schufaabfrage, wenn private Geschäftsbeziehung vorliegt	☐	☐
	¤ Für **Neukunden**: - Aktuelle Büroauskunft (sofern juristische Personen) - Handelsregisterauszug - Gesellschafterliste	☐	☐
Zusatzunterlagen (bei Engagements über 50 TDM; nicht erforderlich bei vollständig liquide oder vollwertig besicherten Engagements)	¤ Aktuelle Information zum laufenden Geschäftsjahr (ggf. Datev oder vergleichbare Auswertung)	☐	☐
	¤ Plausible Angaben zur weiteren wirtschaftlichen Entwicklung (Selbstauskunft/Planzahlen)	☐	☐
	¤ Letzter Einkommensteuerbescheid	☐	☐
	¤ Aktuelle Einkommensteuererklärung, wenn vorliegender Bescheid älter als 24 Monate	☐	☐
	¤ Anlage V der aktuellen Einkommensteuererklärung oder Erlös- und Kostenaufstellung der Mietobjekte, wenn negative Einkünfte aus Vermietung und Verpachtung vorliegen	☐	☐

		Ja	Nein/ n. b.
Finanzwirtschaftliche Situation (gemäß Analyseblatt)	**Liquidität**: 1. Übersteigt das gesamte liquide Vermögen 40 TDM ?	☐	☐
	2. Beträgt das geschäftliche kurzfristige Fremdkapital weniger als 25% des Jahresumsatzes des letzten Jahres ?	☐	☐
	Vermögen und Verbindlichkeiten: 3. Beträgt das Eigenkapital mehr als 100 TDM ?	☐	☐
	4. Beträgt das Vermögen mehr als 500 TDM ?	☐	☐
	5. Übersteigt die Eigenkapitalquote 25% ?	☐	☐
	Ertragslage und Einkommenssituation: 6. Ist der Jahresüberschuß vor Steuern der letzten beiden verfügbaren Jahre jeweils positiv ?	☐	☐
	7. Ist der Brutto-Cash-flow der letzten beiden verfügbaren Jahre jeweils größer als 60 TDM ?	☐	☐
	8. Beträgt der zukünftige Kapitaldienst weniger als 50% der Gesamteinkünfte nach Steuern ?	☐	☐
	9. Sind die freien Mittel positiv ?	☐	☐
	Anzahl "Nein/n. b."-Antworten	☐	
	Finanzwirtschaftliche Situation Rasterpunktzahl (Summe) = Anzahl "Nein/n. b." x 3	☐	

		Ja	Nein
Bei getrennter Beurteilung	10. Bereinigte freie (private) Mittel positiv ?	☐	☐
	11. Privates Eigenkapital positiv ?	☐	☐

Z031 03

Seite 3

Wirtschaftliches Umfeld (bitte ankreuzen)	**Stellung im Markt**	**Klare Risiken erkennbar oder nicht bekannt**	**Noch ausreichend**	**Durchschnittlich**	**Einwandfrei**	
	¤ Qualität von Produkt- und Serviceangebot	3	2	1	0	
	¤ Breite und Stabilität des Kundenkreises	3	2	1	0	
	¤ Standortqualität	3	2	1	0	
	Weitere Entwicklung	**Klare Risiken erkennbar**	**Noch ausreichend oder nicht bekannt**	**Durchschnittlich**	**Einwandfrei**	**Rasterpunktzahl (Summe)**
	¤ Unternehmensinterne Entwicklung	9	6	3	0	☐
	¤ Entwicklung im Markt und Wettbewerbsumfeld	9	6	3	0	
Vertrauenswürdigkeit/ Management (bitte ankreuzen)		**Klare Risiken erkennbar**	**Noch ausreichend**	**Durchschnittlich**	**Einwandfrei**	
	Vertrauenswürdigkeit als Kreditnehmer (vgl. Rückseite)	9	6	3	0	
		Unklare Verhältnisse	**Nicht bekannt**	**Durchschnittlich**	**Einwandfrei**	
	Persönliche Situation (vgl. Rückseite)	3	2	1	0	
	Managementqualität	**Klare Risiken erkennbar oder nicht bekannt**	**Noch ausreichend**	**Durchschnittlich**	**Einwandfrei**	**Rasterpunktzahl (Summe)**
	¤ Kaufmännische Qualifikation	3	2	1	0	☐
	¤ Fachliche Qualifikation	3	2	1	0	
	¤ Unternehmerisches Engagement	3	2	1	0	

	vollständig liquide besicherte Engagements	**vollständig vollwertig besicherte Engagements**
-schwarz-	Verwendungszweck unplausibel oder Vertrauenswürdigkeit: "Klare Risiken erkennbar"	Mindestunterlagen fehlen oder Verwendungszweck unplausibel oder Vertrauenswürdigkeit: "Klare Risiken erkennbar"
-grau (Weiterleitung an KEB)		Freie Mittel negativ
	Engagements bis 50 TDM	**Engagements über 50 TDM**
-schwarz-	Verwendungszweck unplausibel oder Antragsteller aus Risikobranche oder Mindestunterlagen fehlen oder Finanzwirtschaftliche Situation: mehr als 12 Rasterpunkte oder Freie Mittel negativ oder Wirtschaftliches Umfeld und Vertrauenswürdigkeit /Management: ein- oder mehrmals "Nicht bekannt", "Noch ausreichend" oder "Klare Risiken erkennbar" oder Persönliche Situation: "Unklare Verhältnisse" oder Bei Ges.-Eng.: bereinigte freie (private) Mittel negativ oder privates Eigenkapital negativ	Verwendungszweck unplausibel oder Mindestunterlagen fehlen oder Finanzwirtschaftliche Situation: mehr als 18 Rasterpunkte oder Wirtschaftliches Umfeld und Vertrauenswürdigkeit/Management: ein- oder mehrmals "Klare Risiken erkennbar" oder Managementqualität oder Stellung im Markt: "Nicht bekannt"
-grau- (Weiterleitung an KEB)		Antragsteller aus Risikobranche oder Zusatzunterlagen fehlen oder Finanzwirtschaftliche Situation: 10 - 18 Rasterpunkte oder Freie Mittel negativ oder Wirtschaftliches Umfeld und Vertrauenswürdigkeit/Management: ein- oder mehrmals "Noch ausreichend" oder "Nicht bekannt" oder Persönl. Situation: "Unklare Verhältnisse" oder Bei Ges.-Eng.: bereinigte freie (private) Mittel negativ oder privates Eigenkapital negativ
-weiß-	Genehmigung im Rahmen der Eigenkompetenz möglich	

Kundenrisikofaktor	Rechnerischer Kundenrisikofaktor (vgl. Rückseite für Zuordnung Punktzahlen) ☐	Tatsächlicher Kundenrisikofaktor (nur Abwertung möglich) ☐	**Rasterpunktzahl gesamt** ☐
	Begründung bei Abweichen des tatsächlichen vom rechnerischen Kundenrisikofaktor:		

Engagementrisikofaktor (ERF)	**Art der Sicherheitenabsprache**	**Aufwertung/Abwertung (Sollvorschriften)**	Zutreffendes ankreuzen	
	Entbehrlich	Keine Auf- oder Abwertung	☐	
	Vollständig vollwertige (liquide) Unterlegung	Aufwertung auf "A+"	☐	
	Vollständig vollwertige sonstige Unterlegung	Aufwertung auf "B"	☐	**ERF**
	Werthaltige Teilbesicherung (mind. 50%)	Aufwertung max. 1 Rasterstufe, aber nicht besser als "B-"	☐	☐
	Haftungserklärungen (inkl. Garantien)	Aufwertung u.U. bis KRF des Erklärenden	☐	
	Besicherung wünschenswert, jedoch nicht durchholbar	Abwertung um min. eine Rasterstufe	☐	

Z032 03

Erläuterungen

Vollständige liquide besicherte Engagements	▫ Vollständige liquide Besicherung: Liquide Sicherheiten in Höhe des Gesamtengagements ▫ Definition liquide Sicherheiten: - Verpfändung von Spar- und Kontoguthaben (Anrechnung 100%) - Verpfändung von Depotwerten (siehe »Richtlinien für die Bewertung von Kreditsicherheiten«) - Abtretung von Bausparguthaben (Anrechnung: gegenwärtige, bestätigte Höhe der Guthaben) - Abtretung von Lebensversicherungsansprüchen (Anrechnung: Versicherungsguthaben abzüglich negativer Steuerwirkung/Kapitalertragssteuer, 25% der Überschußbeteiligung)
Vollständig vollwertig besicherte Engagements	▫ Vollständig vollwertig besicherte Engagements: Liquide Sicherheiten und erststellige Grundschulden zu Lasten inländischen Grundbesitzes oder ausschließlich erststellige Grundschulden zu Lasten inländischen Grundbesitzes in Höhe des Gesamtengagements ▫ Anrechnung: bis zu 60% des Beleihungswertes laut Leitfaden zur Ermittlung des Beleihungswertes für Immobilien
Mindestunterlagen	▫ Übergangsregelung zum Jahreswechsel ▫ Bis zum Ende des 1. Quartals eines Jahres gelten die Unterlagenerfordernisse wie im Dezember des Vorjahres; analoge Handhabung bei unterjähriger Abschlußerstellung ▫ Alle Unterlagen sind vom Kunden zu unterschreiben
Beurteilung der Vertrauenswürdigkeit als Kreditnehmer	Einwandfrei ▫ Nur einwandfreie, bestehende Kreditverbindungen; ggf. seltene, stets abgesprochene Überziehungen Durchschnittlich ▫ Keine negativen Hinweise in Auskünften; bei bestehender Kreditverbindung gelegentliche Überziehungen; bereitwilliges Informationsverhalten Noch ausreichend, z.B. ▫ Schufameldungen (bei privater Geschäftsbeziehung): MB, RS ▫ Negativinformation aus Büroauskunft ▫ Vorliegen eines Pfändungsbeschlusses ▫ Mehrfach nicht abgesprochene Überziehungen ▫ Zusagen nicht immer eingehalten (z.B. Rückführungsvereinbarungen) ▫ Zögerliches Informationsverhalten Klare Risiken erkennbar, z.B. ▫ Schufameldungen (bei privater Geschäftsbeziehung): FP, LP, LZ, RU, SU, UF, VB, ZW, GK, PR, VF, KU, HB, EV ▫ Zusagen ohne Rücksprache nicht eingehalten ▫ Frühere Kündigung eines Kredites ▫ Nicht wahrheitsgemäße Angaben
Unklare Verhältnisse in persönlicher Situation	z.B. ▫ Rechtsstreitigkeiten infolge von Erbauseinandersetzungen oder Ehescheidung ▫ Längere Krankheit
Rasterpunktzahl gesamt und Risikofaktor	0 - 10 = A+ 11 - 15 = A Kreditnehmer mit überdurchschnittlich guter Bonität 16 - 20 = A-
	21 - 25 = B+ Kreditnehmer mit guter (B+) bis noch zufriedenstellender 26 - 30 = B (B-) Bonität. Risiko insgesamt überschaubar, zeitnahe 31 - 35 = B- Beobachtung des Engagements ist angezeigt
	36 - 40 = C+ Je nach Abstufung problematische, in der Regel nicht 41 - 45 = C erwünschte Engagements, die mit besonderen Risiken 46 - 50 = C- oder Unsicherheiten behaftet sind
	Über 50 = D Risiko nicht vertretbar

Z033 03

Die Bemessungsgrundlage

Bei der Existenzgründung oder auch bei der Übernahme eines Betriebes muß die **Bemessungsgrundlage** ermittelt werden. Diese Grundlage kann man auch als **Kapitalausstattung** des Unternehmens bezeichnen. Die **Bemessungsgrundlage** setzt sich aus folgenden Faktoren zusammen.

1. Der **Kaufpreis bei einer Firmenübernahme** einschließlich aller Nebenkosten, wie Notar- und Rechtsanwaltskosten, sowie des Firmeninventars und des Unternehmenswertes.

2. Bei der Existenzgründung müssen **die Beschaffungskosten für die Einrichtung, Büromaterial, Personalcomputer (PC)** und anderen **Schreibgeräte** ermittelt werden.

Zu diesen Kosten kommen:

- **monatliche Miete**
- **Kraftfahrzeugkosten**
- **Zinsen für Fremdkapital**
- **Telefonkosten**
- **Werbung und insbesondere die Anfangs- oder Start-up-Werbung.**

Der **Kapitalbedarf** ist abhängig von:

- **Betriebsgröße,**
- **Betriebsform**
- **Kapitalbindung**
- **Kapitalüberlassung**

Der Kapitalbedarf ist außerdem davon abhängig, wieviel **kurz-** oder **langfristiges Fremdkapital** benötigt wird.

Ein **häufiger Fehler** ist, daß man eine **zu kurze Kapitaldecke** bei der Existenzgründung wählt. Daher sollte man sich bei den Kreditverhandlungen mit der **Bank** oder **Sparkasse** einen Sicherheitszuschlag von 10 bis 20 Prozent über dem Kredit-Plafond einräumen lassen.

Zinssätze und Sicherheiten

Das Mittelstandsprogramm ist für Existenzgründer aus dem Bereich der **gewerblichen Wirtschaft, also für Dienstleistungsunternehmen** wie die Immobilienwirtschaft oder Finanzdienstleistungsunternehmen geschaffen.

Was wird gefördert?

Gefördert werden unter anderen die nachfolgenden Investitionen:

- **Existenzgründung**
- **Investitionen zur Neueinrichtung von Betrieben**
- **Rationalisierungsmaßnahmen**
- **Anschaffung von KFZ**
- **Modernisierungen**
- **Erweiterungen von Betrieben**
- **Übernahme von Betrieben**

Dieses Finanzierungsprogramm gibt noch Kredite **bis zu zwei Jahren nach der Gründung**. Dieses Programm zielt darauf ab, daß der Existenzgründer in einem Zeitraum nach der Gründung noch Kapitalbedarf hat, der mit dieser Möglichkeit der Finanzierung abgedeckt werden kann.

Wirtschaftliche Situation, Selbstauskunft, geschäftlich/privat
Deutsche Bank
(siehe die beiden folgenden Seiten)

Wirtschaftliche Situation - Geschäftlich (Selbstauskunft)

Firma	Gründungsjahr	Branche/Art der Geschäftstätigkeit
Inhaber, Gesellschafter, Geschäftsführer	Eingetragen: Handelsregister ☐ Handwerksrolle ☐ / Rechtsform	Bilanzierend ☐ ja ☐ nein
Anschrift, Telefon	Bankverbindung bei / Kredithöhe (TDM)	Besichert durch

Nur auszufüllen, falls keine Bilanz vorliegt — **Alle Beträge in TDM**

		Zum: ______	______
Vermögen	Kasse, Kontoguthaben (KK, Termin)		
	Wertpapiere (Kurswert)		
	Kurzfristige Forderungen (inkl. aus Lieferungen und Leistungen)		
	Vorräte/Waren (inkl. Anzahlungen)		
	Immobilien (Verkehrswert)		
	Sonstige Sachanlagen (Maschinen, Anlagen, Inventar)		
	Beteiligungen		
	Forderungen an Gesellschafter		
	Immaterielles Vermögen		
Fremdkapital	Kurzfristige Bankverbindlichkeiten (< 1 Jahr Restlaufzeit) und Akzepte		
	Kurzfristige Verbindlichkeiten aus Lieferungen und Leistungen		
	Sonstiges kurzfristiges Fremdkapital (inkl. Anzahlungen, Rückstellungen)		
	Mittel-/langfristiges Fremdkapital (Verbindlichkeiten, Rückstellungen)		
	Verbindlichkeiten gegenüber Gesellschaftern		
Eventualverbindlichkeiten	Z.B. aus Bürgschaften, Wechselobligos		
	Kalenderjahr:	19__	19__
Kapitaldienst	Kapitaldienst für vorhandene Kredite		
	Tilgung von Krediten (= Kapitaldienst - gezahlte Zinsen oder Kreditbetrag/Gesamtlaufzeit)		

Information zur wirtschaftlichen Entwicklung (in TDM)		**Vorjahr**	**Lfd. Jahr**	**Folgejahr(Plan)**
	Mitarbeiteranzahl			
	Umsatz			
	Personalaufwendungen			
	Sachaufwendungen (inkl. Abschreibungen)			
	Sonst. Aufwand (z.B. Zinsen, neutr. Aufwand)			
	Jahresüberschuß vor Steuern			
	Auftragsbestand			
	Investitionen			

Erläuterungen/ Bemerkungen
(z.B. Maßnahmenplanung, Beschreibung von Investitionen und Projekten)

Z034 03

17 - 326 3 95

Wirtschaftliche Situation - Privat (Selbstauskunft)

Vor- und Zuname (ggf. Geburtsname)	Vor- und Zuname (ggf. Geburtsname) Ehegatte
Geburtsdatum Staatsangehörigkeit	Geburtsdatum Staatsangehörigkeit
Beruf beschäftigt/selbständig seit Arbeitgeber	Beruf beschäftigt/selbständig seit Arbeitgeber

Anschrift, Telefon

Anzahl und Alter unterhaltsberechtigter Kinder Fam.-Stand Güterstand

Alle Beträge in TDM

Zum: ______

Vermögen

- Kontoguthaben (KK, Spar, Termin)
- Wertpapiere (Kurswert)
- Bausparguthaben
- Lebensversicherung (Rückkaufswert)
- Immobilien (Verkehrswert)
- Andere wichtige Vermögenswerte

Beschreibung: ______

Fremdkapital

- Kurzfristige Bankverbindlichkeiten
- Steuerschulden
- Verbindlichkeiten aus Baufinanzierungen
- Sonstige Verbindlichkeiten (z.B. Ratenkredite)

Bürgschaften

Beschreibung: ______

Einkommens-situation

Brutto-Einkünfte (inkl. Ehegatte) aus **Kalenderjahr:** 19___ 19___

- selbständiger Tätigkeit
- nicht-selbständiger Tätigkeit
- Kapitalvermögen/Beteiligungen
- Mieteinnahmen (ohne Nebenkosten)

Ausgaben

- Private Steuern Gesamt
- Miete und Nebenkosten (Umlagen, Heizung)
- Lebensunterhalt
- Kfz Kosten und -Versicherungen
- Kranken- und Sachversicherungen (inkl. ges. Sozialvers.beiträge)
- Vertraglich festgelegte Lebensversicherungs- und Sparbeiträge
- Kapitaldienst (Zins und Tilgung, inkl. Baufinanzierung, Leasingraten)
- Ggf. Unterhaltsverpflichtungen

Name und Anschrift des Steuerberaters	Telefon	Unterschrift des Steuerberaters

☐ Vom Kunden ausgefüllt ☐ Vom Kunden gemeinsam mit Betreuer ausgefüllt

Sollten sich - wider Erwarten - noch Rückfragen ergeben, ermächtige ich die Deutsche Bank, den obengenannten Steuerberater direkt anzusprechen. Ich bestätige die Richtigkeit und Vollständigkeit der Angaben.

Ich willige ein, daß die Bank bei der für meinen Wohnsitz zuständigen SCHUFA-Gesellschaft (Schutzgemeinschaft für allgemeine Kreditsicherung) Auskünfte einholt. Es ist mir bekannt, daß die Schufa die Anfragen 10 Tage speichert. Weitere Informationen über das Schufa-Verfahren enthält ein Merkblatt, das mir auf Wunsch zur Verfügung gestellt wird.

Hiermit ermächtige ich meine Hausbank(en), Ihnen die üblichen Bankauskünfte, insbesondere auch über meine Kreditwürdigkeit und Zahlungsfähigkeit, zu erteilen. Des weiteren ermächtige ich die Deutsche Bank, hinsichtlich des näher bezeichneten Grundbesitzes Grundbucheinsicht zu nehmen.

Mir ist bekannt und ich willige ein, daß die Bank meine personenbezogenen Daten zum Zwecke der Dokumentation dieses Kreditantrages und zur internen Nutzung speichert und verarbeitet.

Datum	Unterschrift des Kunden

Z035 03

17 - 326 3.95

Die Zinskonditionen

Die **Zinskonditionen** liegen unter denen der Deutschen Ausgleichsbank, also den ERP Mittel. Die Auszahlung erfolgt zu 99,8 Prozent des Kreditbetrages und läuft acht Jahre.. Die Differenz von 0,2 Prozent ist die Bearbeitungsgebühr, wovon 0,1 Prozent für die Hausbank und 0,1 Prozent für die Bayerische Landesanstalt für Aufbaufinanzierung als einmalige Gebühr bei Auszahlung einbehalten werden.

Falls der Unternehmensgründer ein Bauvorhaben – aber nur für seinen eigenen Betrieb – vorhat, so dauert die Laufzeit des Darlehens 12 Jahre. Die Mindestinvestitionssumme liegt bei DM 62.000,00. und Mindestdarlehensbetrag als Fördermittel DM 25.000,00 , der Höchstbetrag bei.DM 600.000,00 (Stand Januar 1999)

Kombination der Fördermittel

Viele Existenzgründer wissen oft nicht, daß eine **Kombination der angebotenen Fördermittel** möglich ist. So können Fördermittel aus verschiedenen Programmen wie Existenzgründungsprogramm, Eigenkapitalhilfe und Mittelstandsprogramm kombiniert werden. Das Mittelstandsprogramm kann allerdings nur maximal 40 Prozent der Investitionssumme übernehmen.

Die Finanzierung eines Jungunternehmers mit einer Investitionssumme von DM 150.000,00 könnte in der Kombination der Förderprogramme wie folgt aussehen:

Eigenmittel	15 %	DM 22.500,00
Eigenkapitalhilfe	25 %	DM 37.500,00
Mittelstandsprogramm	40 %	DM 60.000,00
Existenzgründungsprogramm	20 %	DM 30.000,00
Gesamtbetrag		DM 150.000,00

Das Überbrückungsgeld

Exstenzgründungswilligen, die ohne Arbeit sind, kann der Start mit dem **Überbrückungsgeld** durch das **Arbeitsamt** erleichtert werden.

Die Höhe des **Überbrückungsgeldes** richtet sich nach Aussagen des Arbeitsamtes Berlin nach dem zuletzt bezogenen Arbeitslosengeld oder der Arbeitslosenhilfe.

Außer diesem Überbrückungsgeld können Zuschüsse zur **Altersversorgung** und **Krankengeld** gewährt werden. Das Überbrückungsgeld wird längstens für 26 Wochen gewährt.

Das Arbeitsamt macht dabei jedoch die Einschränkung, daß dieses Überbrückungsgeld an die Vorlage eines Gutachtens über die Erfolgsaussichten der Gründung geknüpft ist.

Wie ist der Antragsablauf für den Existenzgründer?

1. Schritt: Der Existenzgründer sucht das Gespräch mit der Hausbank oder der Bank seiner Wahl.

2. Schritt: Willigt die Hausbank oder eine andere Bank in eine Finanzierung ein, geht der Antrag an die Deutsche Ausgleichsbank nach Bonn oder Berlin. Erteilt diese die Kreditzusage, schließen die Hausbank und der Existenzgründer den Kreditvertrag ab.

3. Schritt: Nach der Unterzeichnung des Kreditvertrages kann der Existenzgründer das Darlehen der Deutschen Ausgleichsbank für die vorgesehenen Investitionen einsetzen.

Persönlicher Kredit; Kreditvertrag *(Muster nächste Seite)*

Persönlicher Kredit; Kreditvertrag

Fil.-/Konto-Nr. UKto.

Ratenkredit

Nettokreditbetrag DM	Laufzeit	Zinssatz % p. a. fest	Zinsen DM	Bearbeitungs-kosten DM	Gesamtbetrag DM	Effektiver Jahreszins %

Kreditrahmen

Kreditrahmen DM (Höchstgrenze)	Erste Verfügung DM	Unbefristet, vorl. Laufzeit	Zinssatz % p. a. variabel	Bearb.-kosten auf erste Verfügung DM	Anfängl. effektiver Jahreszins %	Mindestrate für Kreditrahmen DM

Versicherung

Art	Tarif	Versicherungssumme DM	Beitrag DM	Zahlungsweise	Versicherungsdauer

Kreditnehmer

1. Kreditnehmer: Name und Adresse

Geburtsdatum Telefon (privat)

Familienstand Geburtsjahre der Kinder

Ausgeübter Beruf

Arbeitgeber dort beschäftigt seit

2. Kreditnehmer: Name und Adresse

Geburtsdatum Telefon (privat)

Familienstand

Ausgeübter Beruf

Arbeitgeber dort beschäftigt seit

Kreditverfügung

Kreditrückzahlung, Lastschrifteinzug

Vereinbarte Monatsrate DM | jeweils fällig am | erstmals am | Konto-Nr. für Lastschrift/Abbuchung*) | Name des Kontoinhabers

jeden Monats

zu belastendes Institut

*) Rate, ggf. Versicherungsbeitrag

Zu stellende Sicherheiten

1. Sicherungsabtretung von Lohn-, Gehalts- und Rentenansprüchen.
Zur Sicherung sämtlicher Ansprüche der Bank aus diesem Kreditvertrag tritt der 1. Kreditnehmer hiermit den der Pfändung unterworfenen Teil seiner gegenwärtigen und künftigen Ansprüche auf Arbeitsentgelt jeder Art einschließlich Renten, Pensions- und Provisionsforderungen, Tantiemen, Gewinnbeteiligungen sowie Abfindungen gegen seinen jeweiligen Arbeitgeber sowie aus einer Unfall- und/oder Rentenversicherung an die Bank ab. Die Abtretung ist nach Maßgabe der umseitigen Bedingungen für Persönliche Kredite (Nr. 4) beschränkt.
2. Weitere Sicherheiten:

Im übrigen gelten die umseitigen Bedingungen für Persönliche Kredite.

Ort, Datum

Unterschrift des 1. Kreditnehmers

Unterschrift des 2. Kreditnehmers

Unterschrift der Bank

Deutsche Bank

Adressen:

Deutsche Ausgleichsbank
53170 Bonn

Telefon 0228 - 831-2400
Fax: 0228 - 831-2130

und

Deutsche Ausgleichsbank
Postfach 411066
12159 Berlin

Telefon 030 85085-0
Fax 030 85085-299

Bayerische Landesanstalt
Königinstraße 17
80539 München
Telefon 089 2124-0
Fax 089 2124-2440

Bayerisches Staatsministerium
für Wirtschaft, Verkehr und
Technologie
Prinzregentenstraße 28
80538 München

und die
Regionalen Arbeitsämter

In den anderen Bundesländern sind regionale Beratungszentren der **Deutschen Ausgleichsbank** ebenfalls eingerichtet, wie in:

Sachsen
Industrie- und Handelskammer
04109 Leipzig

Bürgschaftsbank Sachsen GmbH
01309 Dresden

Industrie- und Handelskammer
09004 Chemnitz,

Thüringen
Bürgschaftsbank Thüringen
99084 Erfurt,
Handwerkskammer Ostthüringen
07545 Gera,

Handwerkskammer Südthüringen
84527 Suhl,

Sachsen-Anhalt
Gesellschaft für Wirtschaftsförderung
06449 Aschersleben

Elbe-Mulde Wirtschaftsfördergesellschaft mbH
06842 Dessau,

Industrie- und Handelskammer
06110 Halle

Amt für Wirtschafts- und Fremdenverkehrsförderung
06217 Merseburg

Amt für Wirtschaftsförderung
29410 Salzwedel,

Handwerkskammer
39112 Magdeburg

Amt für Wirtschaftsförderung
39576 Stendal

Mecklenburg - Vorpommern
Industrie- und Handelskammer, Nordpommern
18439 Stralsund

Industrie- und Handelskammer
18055 Rostock,
Industrie- und Handelskammer
19053 Schwerin

Industrie- und Handelskammer
17033 Neubrandenburg

Brandenburg
Investitions Bank des Landes Brandenburg
16816 Neurupin

Investitions Bank des Landes Brandenburg
16225 Eberwalde

Investitions Bank des Landes Brandenburg
14480 Potsdam

Investitions Bank des Landes Brandenburg
14943 Luckenwalde

Investitions Bank des Landes Brandenburg
Frankfurt/Oder

Investitions Bank des Landes Brandenburg
03046 Cottbus

Bei den Konditionen hinsichtlich der Höhe des Kredites und des **Zinssatzes** gibt es bei Banken und Sparkassen oft abweichende Angebote. Es ist daher dem Selbständigen zu raten, über die Finanzierung mit mehreren Kreditinstituten zu verhandeln.

Geldmarktsätze unter Banken vom 14.04.2000

Geldmarktsätze unter Banken vom 14.4.2000						
Euribor (Vortag in Klammern, alle Werte in Prozent)		**Eonia** 3,61 (3,68)				
1 Woche 3,654 (3,738)	1 Monat 3,758 (3,786)	5 Monate 4,018 (4,027)	9 Monate 4,233 (4,245)			
	2 Monate 3,849 (3,864)	6 Monate 4,065 (4,074)	10 Monate 4,277 (4,282)			
	3 Monate 3,920 (3,923)	7 Monate 4,118 (4,128)	11 Monate 4,307 (4,313)			
	4 Monate 3,964 (3,968)	8 Monate 4,171 (4,179)	12 Monate 4,342 (4,348)			
Tagesgeld	1 Monat	2 Monate	3 Monate	6 Monate	12 Monate	
3,59 – 3,62	3,72–3,75	3,81–3,84	3,89–3,92	4,04–4,07	4,33 – 4,36	(Alle Werte in Prozent)
Hauptrefinanzierungsgeschäft (Werte in Klammern in Mrd. Euro)						
Mengentender v. 12.04./14 Tage 3,50 % (82,000)		Mengentender v. 05.04./14 Tage 3,50 % (48,000)				
Langfristrefinanzierungsgeschäft (Werte in Klammern in Mrd. Euro)						
Zinstender v. 30.03./91 Tage 3,78 % (20,000)		Zinstender v. 02.03./91 Tage 3,60 % (20,000)				
Zinstender v. 27.01./91 Tage 3,28 % (20,000)						
Übernachtkredit 4,50 %		**Einlagenfazilität** 2,50 %				

Die vorangegangene Tabelle stellt die **Geldmarktsätze** unter Banken dar. Diese zeigen, mit welchen Zinssätzen man zu rechnen hat. Auf diese Zinssätze schlagen die Banken ihre Marge darauf und geben diesen Zinssatz an den Kunden weiter. Deshalb ist es für Existenzgründer wichtig die Zinssätze, die von den Kreditinstituten angeboten werden, zu vergleichen.

Bei einer Kreditaufnahme von DM 350.000 mit einem Zinsunterschied von 1,25 Prozent zwischen der einen und der anderen Bank, beträgt der Unterschied im Jahr an zu zahlenden Zinsen DM 4.375. Für den Jungunternehmer ist also ein Vergleich der Zinssätze bei den verschiedenen Kreditinstituten lohnend und kann für seine selbständige Existenz ausschlaggebend sein.

Oft stehen der Selbständigkeit scheinbar unüberwindbare Hürden im Weg, die der Existenzgründer oder die Existenzgründerin – denn immer mehr Frauen zählen zu der Gründergeneration – nur schwerlich meistern können, Besonders in der Anfangsphase werden Fehler begangen, die die Existenz des Unternehmens gefährden, aber durchaus vermieden werden können. Die aufgeführten Strategien, und Checklisten helfen dem jungen Unternehmer, daß er bald zu der **E-Generation®** gehört.

Welche Sorgen er oft hat, zeigt nachfolgende Grafik aus dem Jahr 1998.

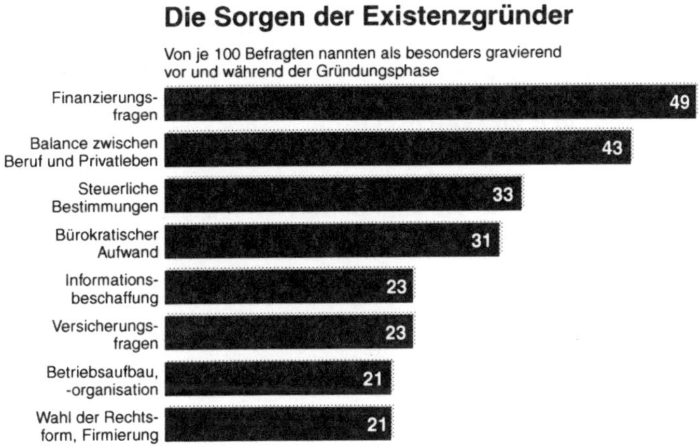
Die Sorgen der Existenzgründer
Von je 100 Befragten nannten als besonders gravierend vor und während der Gründungsphase
Finanzierungs-fragen 49
Balance zwischen Beruf und Privatleben 43
Steuerliche Bestimmungen 33
Bürokratischer Aufwand 31
Informations-beschaffung 23
Versicherungs-fragen 23
Betriebsaufbau, -organisation 21
Wahl der Rechts-form, Firmierung 21

1.1.3. Organisation des Unternehmens

1.1.3.1 Ziele und Aufgaben

Der gesamte Ablauf des betrieblichen Geschehens vollzieht sich in einer bestimmten Ordnung und nach bestimmten Regeln. Diese Ordnung muß zunächst geplant und dann mit Hilfe der **Organisation** umgesetzt werden.

Unter Organisation versteht man die Gesamtheit aller Regelungen, derer sich die Betriebsleitung und die ihr untergeordneten Organe bedienen, um die durch Planung entworfene Ordnung aller betrieblichen Prozesse und Erscheinungen zu realisieren.

Planung und Ordnung sind zwei verschiedene Bereiche, die der Unternehmensleitung untergeordnet sind.

Planung bedeutet somit Entwurf einer Ordnung, nach der sich der gesamtbetriebliche Prozeß vollziehen soll.

Nach dem **Substitutionsprinzip** gilt bei der Organisation, daß bei Gleichartigkeit der Aufgaben fallweise Regelungen durch generelle ersetzt werden. Gutenberg bezeichnet die Tatsache, daß mit abnehmender Veränderlichkeit betrieblicher Tatbestände die Tendenz zur allgemeinen Regelung zunimmt, als das Substitutionsprinzip der Organisation.

Die **Organisation** stellt den Vollzug, also die Realisierung dieser Ordnung dar. Organisieren wird somit als Tätigkeit der Unternehmensführung verstanden. Die Betriebsorganisation ist nicht mit der Betriebsleitung identisch, sondern sie ist Teilgebiet der Unternehmensleitung.

Die Organisation ist Sammelbegriff für sämtliche zielgerichteten sozialen Systeme. Die Organisation schafft Ordnung, indem sie Entscheidungshandlungen vorwegnimmt.

Organisatorischer Aufbau

Jeder Betrieb ist in eine Zahl von einzelnen Abteilungen gegliedert, die organisatorisch miteinander verbunden werden müssen, damit sie eine Gesamtheit ausmachen. Dazu bildet das Unternehmen verschiedene Funktionsträger, die Anordnungen erteilen.

An der Spitze steht die Unternehmensführung, von der aus die weitere Aufgliederung der Abteilungen folgt. Die Zahl und die Gliederung der zu bildenden Abteilungen ergibt sich aus der Art und der Menge der im Unternehmen anfallenden Arbeiten.

Der Aufbau einer Organisation erfolgt von unten nach oben. Zuerst werden die ausführenden Abteilungen gebildet. Die Größe der Abteilung hängt von dem Aufgabengebiet sowie den Fähigkeiten des Abteilungsleiters ab.

Es ist wichtig, daß die Aufgaben und Kompetenzen, die innerhalb der Organisation einer Abteilung übertragen beziehungsweise delegiert werden, übereinstimmen. Sind nämlich die Kompetenzen nicht scharf genug abgegrenzt, gibt es Überschneidungen und Streitigkeiten innerhalb der Abteilung und mit anderen Abteilungen im Unternehmen.

Gerade in kleinen und mittleren Betrieben besteht die Gefahr, daß der Unternehmer alles allein machen will, sich dadurch selbst überlastet und die Verantwortung und die Arbeitsmotivation einschränkt. Die Frustration ist somit vorprogrammiert.

Organisation tritt also als betriebswirtschaftliches Problem im Unternehmen dann auf, wenn es darum geht, die zielgerichtete Erfüllung einer unternehmerischen Gesamtaufgabe arbeitsteilig durch zwei oder mehrere Aufgabenträger, also Mitarbeiter, zu sichern oder aufzuteilen.

1.1.3.2 Outsourcing und Contracting

Outsourcing ist die Herausverlagerung von Aufgabenbereichen aus einem Unternehmensbereich an externe Dienstleistungsunternehmen. So können ganze Abteilungen aus dem Unternehmen verlagert beziehungsweise auch aufgelöst werden, wenn man fremde Dienste in Anspruch nimmt. Dafür bieten sich zum Beispiel die Buchhaltung, EDV Abteilung, die PR- und Werbeabteilung, die Personalbeschaffung, die Weiterbildung, die Rechtsabteilung, die Mitarbeiterverpflegung, an.

Ziel des Outsourcing ist, Kosten einzusparen und sich auf das Kerngeschäft zu konzentrieren. Denn oft sind diese Abteilungen bei der Vielfalt der Aufträge nicht in der Lage, diese optimal auszuführen, da Spezialwissen gefragt ist und man daher oft Spezialisten heranziehen muß.

Personalbeschaffung: In der Vergangenheit wurden Personalberater nur bei hochqualifizierten Mitarbeitern eingeschaltet. Heute suchen sie auch Mitarbeiter für die nachgelagerten Stellen. Dabei erstreckt sich das Leistungsangebot von Personalberatern in der Schaltung der Stellenanzeigen über die Vorsortierung von Bewerbungsunterlagen, der Führung von Vorauswahlgesprächen und von speziellen Tests. Die eigene Personalabteilung nimmt nach dieser Vorauswahl die eigentliche Einstellung des Bewerbers vor.

Weiterbildung: Eine oft genutzte Möglichkeit für das Outsourcing ist die Weiterbildung der Mitarbeiter. Selbst Großunternehmen neigen mehr und mehr dazu, davon Gebrauch zu machen. Spezialwissen ist gefragt, auf das sich externe Berater spezialisiert haben.

Außerdem kann das eigene Schulungszentrum für den Produktionsbereich Verwendung finden. Wertvoller Raum wird so gewonnen und kann effektiv genutzt werden.

Contracting

Eine Konzentrierung auf das Kerngeschäft ist oft mit Schwierigkeiten im Unternehmen verbunden, Die Mitarbeiter sind verunsichert, teilweise müssen sie entlassen werden, weil der Dienstleister nicht in der Lage ist, das Personal zu übernehmen. Daher ist die Personalabteilung gefragt, wenn es bei der Vergabe von Dienstleistungsaufträgen an außenstehende Unternehmendarum geht, mit diesen Verträge abzuschließen, die es erlauben, die Mitarbeiter mit zu übernehmen.

Dem **Contracting,** also dem Abschluß von Verträgen, kommt daher eine große Bedeutung zu. Die Geschäftsführung sollte daher mit der Personalabteilung festlegen, welche Abteilungen ausgegliedert werden und wie die Mitarbeiter in die verschiedenen Funktionen übernommen werden können. Das Kostenmanagement nach dem Prinzip "mache es oder kaufe es" steht dabei im Vordergrund.

Neben den vorgenannten Abteilungen, die ausgegliedert werden können, gibt es andere Bereiche, die ebenfalls auf das Outsourcing hin überprüft werden sollten.

1.1.3.3 Organisation und Leitung von Niederlassungen und Tochtergesellschaften

Ein Unternehmen hat in der Regel einen **Hauptsitz als den rechtlichen Mittelpunkt,** wobei die Unternehmenstätigkeit oft auf mehrere Standorte verteilt ist.

Die Standorte sind Niederlassungen oder Tochtergesellschaften. Diese Organisationsformen sind keine rechtlich selbständigen Gesellschaften.

Sie werden, gerade in der Immobilienwirtschaft, meistens als Vertriebsbüros oder Niederlassungen geführt.

Gründe für Niederlassungen sind:

- Größere Marktnähe
- Senkung von Lohn- und Lohnnebenkosten
- Senkung der Anfahrtskosten

Von großer Bedeutung ist auch die Frage des Standorts. Niederlassungen von Immobilienunternehmen werden oft größere Städte auswählen, um von dort aus ihre Tätigkeiten auszuführen. Natürlich besteht für diese Unternehmen die Freiheit, den betrieblichen Standort auszusuchen. Sollte ein größeres Bauvorhaben in einer Gemeinde durchgeführt werden, wird man für die Bauzeit zusätzlich ein Baubüro an der Baustelle errichten.

Aufgrund der zunehmenden Globalisierung und Internationalisierung gewinnt die Unternehmenstätigkeit gerade auch für Immobilienunternehmen an Bedeutung. Um ausländische Kunden für den heimischen Markt zu gewinnen oder direkt am ausländischen Markt erfolgreich zu arbeiten, werden Tochtergesellschaften gegründet.

Oft werden im Ausland Büros unterhalten, die zunächst die Aufgabe haben, den Markt und die Marktchancen zu erkunden. Nach dieser Anlaufzeit werden Überlegungen angestrengt, diese Büros in Tochtergesellschaften umzuwandeln.

Die Tochtergesellschaften firmieren dann unter dem ausländischen Rechtsstatus, wobei der inländische Firmennamen durchaus erhalten bleibt. Oft gehen Tochtergesellschaften dazu über, zwei Firmenbezeichnungen zuzulassen, damit sowohl im Heimatland als auch im Ausland die Firmenbezeichnung genannt werden kann.

Immobilienfirmen haben oft im Ausland eine Tochtergesellschaft oder Niederlassung. Sie haben die Möglichkeit, Interessenten aus dem Heimatland zum Beispiel für Ferienwohnungen, Häuser oder Grundstücke zu gewinnen. Durch ihre Erfahrungen vor Ort, Kenntnisse der Sprache und insbesondere der Rechts- und Bauvorschriften leisten sie für den Kunden wichtige Dienste.

Der Makler hat später beim Bau und Ausbau der Niederlassung die Möglichkeit, nicht nur die vor Ort seßhaften Unternehmen zu beauftragen, sondern er kann auch an Unternehmen, die am Hauptsitz tätig sind, diese Arbeiten delegieren.

Die Tochtergesellschaften und Niederlassungen können zentral vom Hauptsitz aus geleitet werden. Es empfiehlt sich, die zentralen Abteilungen, wie Finanz- und Rechnungswesen, Marketing und Organisation in der Zentrale zu belassen. Die einzelnen Niederlassungen bekommen über die Geschäftsleitung die Informationen oder sind direkt dem Vertriebsleiter unterstellt.

Bei speziellen Fragen, die das Personal oder Rechnungswesen betreffen, können sie Kontakt zu den einzelnen Abteilungen halten beziehungsweise sie erhalten von dort die Anweisungen.

Niederlassungsorganisation

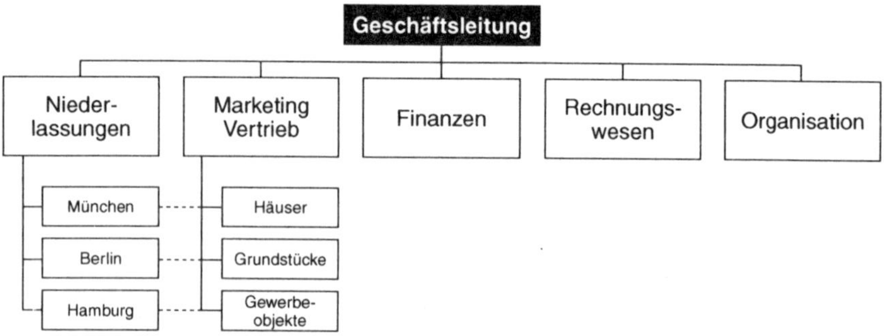

Gerade bei Maklern und Bauträgern bestehen die Niederlassungen aus zwei bis fünf Mitarbeitern. Der **Niederlassungsleiter** ist daher der Vorgesetzte des Büros und der Mitarbeiter. Er erfüllt die ihm von der Zentrale vorgegebenen Aufgaben. Er hat die **Vertriebs-** und die **Kostenvorgaben** zu erfüllen und ist der Geschäftsleitung oder dem Vertriebsleiter unterstellt. Seine wesentliche Aufgabe besteht darin, die Niederlassung erfolgreich zu führen.

Organisation von Tochtergesellschaften:

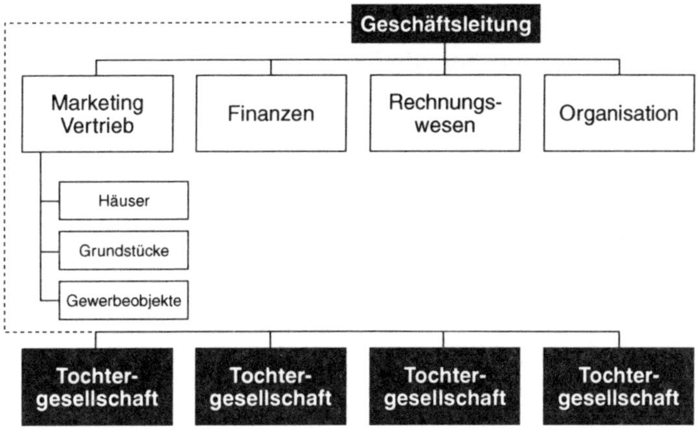

Unternehmen, die mit Niederlassungen und Tochtergesellschaften arbeiten, sind oft durch zusätzliche Probleme belastet, hervorgerufen durch die **unterschiedlichen rechtlichen Gegebenheiten**, bei internationalen Gesellschaften möglicherweise auch durch das **politische Umfeld**. Oft sind technologische Unterschiede dafür verantwortlich, die ein starkes Niveaugefälle bei dem technischen Know-how bedingen. Hinzu kommen Schwierigkeiten bei der Personalsuche durch unterschiedliche Qualifikation, Sprache und Kultur.

1.1.3.4 Organisationsrichtlinien Organisation und Gestaltung

Die Lösung einer **Organisationsgestaltung** muß aus verschiedenen Gründen in **Richtlinien** schriftlich festgehalten werden. Die Gründe dafür sind:

- **Vorgabe und Anordnung für die Mitarbeiter**
- **Schulungsunterlage für neu eingestellte Mitarbeiter**
- **Grundlage für die Revision**

Die Organisationsrichtlinien sind verbindliche Regeln für alle Mitarbeiter und haben folgende Merkmale:

1. Richtlinieninhalt
Darin sollte der **Sachinhalt** der **Richtlinie** genannt sein. Er muß verständlich dargestellt, mit **Schaubildern** und Beispielen versehen sowie auf **Vollständigkeit** hin geprüft sein. Das heißt, alle Abteilungen, die davon betroffen sind, müssen aufgeführt sein. Die **Eindeutigkeit** bringt zum Ausdruck, welche **Anordnungen** und **Anweisungen** eingehalten werden müssen.

2. Verteiler
Es muß für die Mitarbeiter ersichtlich sein, wer eine **Organisationsrichtlinie** erhalten soll. Auf der Richtlinie muß ein **Verteiler** angegeben werden, damit bei der Umsetzung keine Defizite entstehen.

3. Gültigkeitsdauer
Die Herausgabe einer Organisationsrichtlinie ist nicht immer identisch mit der Gültigkeit der Richtlinie, deswegen muß das **Gültigkeitsdatum** vermerkt werden, ab welchem die Richtlinie wirksam ist.

4. Ungültigkeitsdatum
Durch in Kraft treten einer neuen Organisationsrichtlinie wird oft eine bestehende Anweisung ungültig. Daher ist es notwendig aufzuzeigen, welche Organisationsrichtlinie von der neuen Anweisung betroffen ist, beziehungsweise welche Richtlinie die bisherige ersetzt.

5. Unterschriften
Die Organisationsrichtlinien müssen unterschrieben werden, damit sie auch von den Mitarbeitern anerkannt werden. In der Praxis unterschreibt der **Organisationsleiter** und gegebenenfalls auch die Geschäftsführung, wenn es sich um bedeutende Vorgänge und Anweisungen handelt.

Die Veröffentlichungen von Organisationsrichtlinien sollten mit einer **Richtliniennummer** versehen sein. Somit kann der einzelne Mitarbeiter die Richtlinie ablegen und ein Wiederfinden der Richtlinie wird erleichtert.

In der Praxis hat sich folgende Benennung als gangbar erwiesen:
Beispiel:

„Diese Organisationsrichtlinie Nr. 482 ersetzt die Richtlinie Nr. 259", Datumsangabe.

Organisationshandbuch

Nicht nur in Großunternehmen, sondern auch in mittleren Betrieben bedient man sich eines Organisationshandbuchs. Das **Organisationshandbuch** sollte alle betrieblichen Dokumentationen enthalten, die das Unternehmen betreffen. Das Organisationshandbuch sollte möglichst übersichtlich gegliedert, die einzelnen Richtlinienblätter durchnumeriert sein, damit die Auswechselung problemlos erfolgen kann.

Organisationshandbücher sollten folgenden inhaltlichen Aufbau haben:

1. **Einleitung**
2. **Aufbauorganisation**
3. **Ablauforganisation**
4. **Projektorganisation**

Die **Einleitung** dient als Benutzungsanleitung für die Mitarbeiter und enthält ein Vorwort und ein Inhaltsverzeichnis. In einem speziellen Teil können die Unternehmensziele, Unternehmenspolitik, Geschäftsordnung und Arbeitsordnung festgehalten werden.

Die **Aufbauorganisation** sollte den Organisationsplan, Stellenplan und das Funktionsdiagramm enthalten.

Die **Ablauforganisation** enthält die ablauforganisatorischen Richtlinien, wie PKW-Benutzung, Reisekosten und Spesenabrechnung.

Die **Projektorganisation** enthält die wesentlichen Regelungen der allgemeinen Projektorganisation. Darin werden die Richtlinien festgelegt, die bei der Realisierung des Projektes eingehalten werden sollen.

Der Inhalt eines Organisationshandbuches hängt von der Größe des Unternehmens ab. So können noch Kontenplan, Kostenstellenplan sowie Kostenträgerplan hinzugefügt werden. Das Organisationshandbuch sollte an jedem Arbeitsplatz zu finden sein, damit es bei Bedarf sofort benutzt werden kann. Das Organisationshandbuch wird durch neue Richtlinien aktualisiert. Sollten die Handbücher mehrere Jahre unverändert bleiben, verlieren sie an Beachtung bei den Mitarbeitern. Umgekehrt besteht die Gefahr, wenn täglich neue Änderungen und Anweisungen produziert werden, daß die Anweisungen nicht mehr befolgt werden und der **Arbeitsablauf** erheblich darunter leidet.

1.1.3.5 Gestaltung der Aufbau- und Ablauforganisation Prinzipien und Darstellungsformen

Die Organisation des Unternehmens weist zwei Strukturmerkmale auf:

1. Die **Aufbauorganisation**
2. Die **Ablauforganisation**

Die **Aufbauorganisation**

Unter der **Aufbauorganisation** versteht man die Festlegung und Erarbeitung der Gestaltungsaufgabe. Die organisatorische Aufbaustruktur, in der ein Unternehmen betrieben wird, bestimmt die Organisationsform.

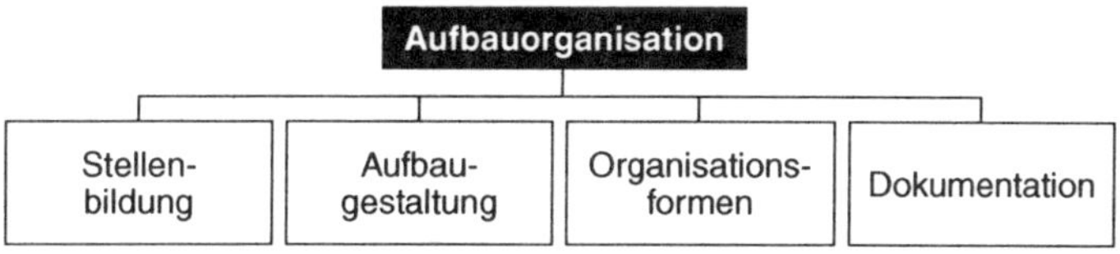

Die Aufbauorganisation beinhaltet folgende Formen:

1. Die **Stellenbildung**

Der Gestaltung und Formulierung der Aufbauorganisation liegen die im Unternehmen erforderlichen Stellen zugrunde, die wiederum die Aufgaben und Ziele des Unternehmens beinhalten. Der Stellenbildung geht eine **Aufgabenanalyse** voran, die die Stelle in Teilaufgaben zerlegt.

An einem Beispiel soll die Aufgabenanalyse gezeigt werden:

Dabei unterscheidet man in materielle (Computer) und immaterielle Objekte (Text).

1. Materielle Objekte

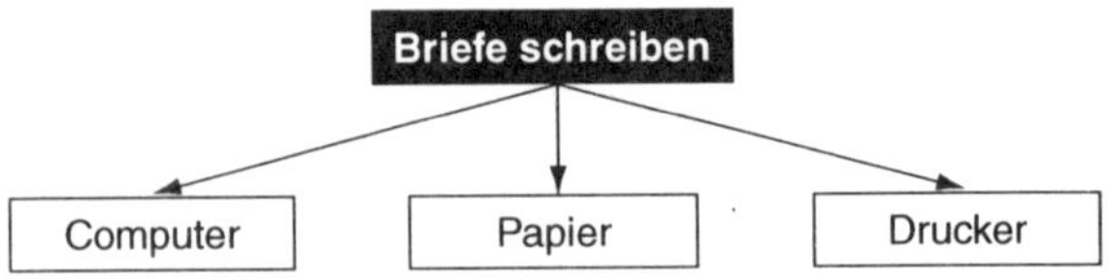

2. Immaterielle Objekte:

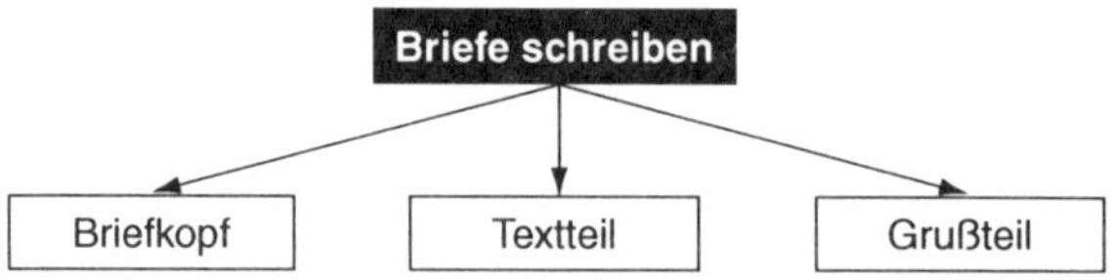

Die **Aufgabensynthese** fügt die mittels der **Aufgabenanalyse** ermittelten Elementaraufgaben zu Stellen zusammen. Die Aufgabensynthese ist die Zusammenfassung von Aufgaben und Stellen (Stellenbildung) und von Personen, die die Stellen besetzen sollen (Stellenbesetzung).

2. Die **Aufbaugestaltung**

Die **Aufbaugestaltung** wird als die Verrichtung bestimmter Aufgaben definiert. Die einer Stelle zugeordneten Aufgaben sind Grundlage für die Gestaltung der Stellenelemente.

Der **Aufgabenträger** einer Stelle ist entweder ein Mitarbeiter allein oder ein Mitarbeiter in Zusammenarbeit mit anderen Mitarbeitern oder Sachmitteln.

Zur Aufgabenerfüllung benötigt der Mitarbeiter bestimmte Eigenschaften, die vorgeplant werden. Diese bestimmten Eigenschaften des für die Stelle benötigten Mitarbeiters werden in der Stellenbeschreibung festgehalten. So kann die Aufgabe beinhalten, daß zur Lösung eine Gruppe zu beauftragen ist. Wenn Mitarbeiter mit unterschiedlichen Qualifikationen erforderlich sind, sollten diese ineinem Team gebündelt werden.

Zu den Sachmitteln zählen die **Arbeitsplatzausstattung,** der Raum, in dem gearbeitet wird, und die Nutzung von Bürogeräten wie Computer, Telefon und Telefax.

Die Stellenarten in der Aufbauorganisation sind die:

1. **Instanzen**
2. **Stabfunktion**
3. **Assistentenstelle**
4. **Projektgruppe**
5. **Sonderaufgabe**
6. **Ausschüsse**

Die **Instanz** kennzeichnet, daß sie Merkmale der Führungs- oder Leitungsstelle aufweisen muß. Die Instanz ist auf verschiedenen Ebenen angesiedelt wie im:

- **Oberen Management**
- **Mittlere Management**
- **Unteres Management (Ausführungsebene)**

Man spricht auch von einer Instanzenpyramide.

Diese Instanzenpyramide stellt sich graphisch wie folgt dar:

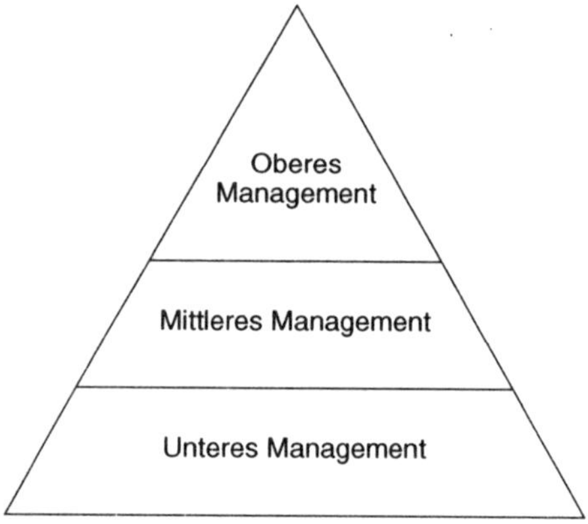

Stabfunktionen sind Leitungshilfen. Sie besitzen begrenzte Befugnisse, haben aber keine Weisungs- oder Entscheidungsbefugnisse. Die Entscheidungen trifft die Instanz, der sie zugeordnet sind. Stabstellen werden in Bereichen wie dem Rechtsreferat, der Organisation und dem Steuerwesen eingerichtet.

Stäbe haben festgelegte Aufgaben. Es sind vielfach Aufgaben, die von oberen Instanzen durchgeführt werden sollten, die jedoch auf einen Stab übertragen werden. Die Funktionsträger (Stab) sind **Spezialisten,** die keine eigene Abteilung haben, aber man kann mehrere von ihnen in einer Abteilung zusammenfassen. Zum Beispiel **Juristen und Steuerfachleute** in die Stabsbezeichnung „Recht und Steuern“oder Informatiker und EDV-Techniker in die Abteilung „Zentrale Dienste“.

Assistenten besitzen in der Regel keine ständigen Aufgaben, sondern erhalten fallspezifische Aufgaben zugeteilt. Der Assistent ist nicht weisungsbefugt, sondern unterstützt eine **Führungsperson** bei deren Aufgaben. Assistenten werden nur für die Instanz tätig, der sie zugeteilt sind.

Die Projektgruppe besteht aus mehreren Personen mit unterschiedlichen Kenntnissen und Vorbildungen. Die Projektgruppe führt zeitlich befristete **Sonderaufgaben** durch. Kennzeichnend für eine Projektgruppe ist, daß sie jeweils für anstehende Aufgabenstellungen neu definiert und gebildet wird.

Die Mitarbeiter werden für dieses **Team** aus mehreren Abteilungen neu ausgewählt. Nach Erledigung der Aufgabe löst sich das Team wieder auf, und die Mitarbeiter gehen in ihren Abteilungen wieder ihrer angestammten Aufgabe nach.

Um **Sonderaufgaben** zu lösen, bildet man **Kollegien**. Sie setzen sich aus mehreren Mitarbeitern verschiedener Abteilungen zusammen und erledigen eine zeitlich befristete Tätigkeit. Die Arbeit ist im Gegensatz zur Projektgruppe keine Vollzeitbeschäftigung. Der Arbeitsumfang beträgt manchmal nur Stunden.

Der **Ausschuß** übt **Daueraufgaben** aus. Die Aufgabe besteht darin, Informationen mit den beteiligten Mitarbeitern auszutauschen. Der Ausschuß berät die Geschäftsleitung und bereitet Entscheidungen vor. Die **Ausschußmitglieder** werden aus verschiedenen Abteilungen rekrutiert. Es gibt

Unternehmen, in denen Ausschußmitglieder zum Beispiel zusätzlich zur im Betrieb bezahlten Arbeitszeit tätig sind. Andere kommen aus einem anderen Geschäftsfeld und stellen sich ehrenamtlich für diese Aufgabe zur Verfügung.

1.1.4 Marketing
Definition des Marketingbegriffes

Die bisher gehandhabte Bezeichnung des **Absatzmarktes** ist dem Begriff des **Marketings** in Theorie und Praxis gewichen. Es ist davon auszugehen, daß Marketing den Absatzmarkt stimuliert und dem Unternehmen zu seinem Erfolg verhilft.

Als Ergebnis dieser Überlegung kann Marketing wie folgt definiert werden:

Marketing ist das marktorientierte Verhalten eines Unternehmens, um seine erstellten Produkte und Dienstleistungen am Markt erfolgreich abzusetzen.

Der Ausgangspunkt für diese Erkenntnis ist nicht neu. Der Erfolg eines Unternehmens bestand schon immer darin, seine Produkte gewinnbringend zu veräußern. Dabei stellt der Absatzmarkt den Mittelpunkt der Entscheidungen dar.

Die eigentliche Leistung des Unternehmens besteht darin, die latent vorhandenen **Bedürfnisse** der Käufer durch die von ihm erzeugten **Produkte oder Leistungen** zu **wecken** und zu **befriedigen.**

Die zunehmende Sättigung auf den Märkten, insbesondere auch auf dem Immobilienmarkt, und der zunehmende Wettbewerb unter den Anbietern machen es erforderlich, sich intensiv um den qualitäts- und preisbewußten Kunden zu bemühen.

Damit ist der Übergang von der **Verteilung** von Gütern und Leistungen zum Marketing vollzogen. Hierbei paßt sich der Hersteller veränderten Marktbedürfnissen an – zum Beispiel hervorgerufen durch eine Veränderung der Bevölkerungsstruktur – um seine Produkte erfolgreich abzusetzen.

Die wachsenden Bedürfnisse der Konsumenten haben den Markt von der Bedürfnisorientierung zur Kundenorientierung hin bewegt. Die Unternehmen sind dadurch gezwungen, bei der Erschließung der Märkte systematisch vorzugehen und Kunden- und Marktpflege zu betreiben. Hinzu kommt eine zunehmende **Verbraucheruntreue** mit wechselndem Kaufverhalten der Kunden. Dies ist insbesondere bei schlechtem Service und bei wechselnder Preisgestaltung festzustellen.

1.1.4.1 Merkmale des Marketing

Marketingbegriff

Der Marketingbegriff läßt sich in eine klassische und eine moderne Definition fassen. Aus beiden Klassifizierungen lassen sich wesentliche Merkmale ableiten.

Die klassische Definition beinhaltet folgende Ansatzpunkte

- Marketing als systematische Beeinflussung
- Marketing als systematische Entscheidungsfindung
- Marketing als systematische Kaufentscheidung

Folgende Merkmale sind bei der modernen Definition von Bedeutung:

- Marketing als Kundenorientierung (Erfüllung von Wünschen und Bedürfnissen)
- Marketing als Markterforschung (Beobachtung des Marktes zur Festlegung von Unternehmenszielen und Marketingstrategien)
- Marketing als Marktsegmentierung (als differenziertes Vorgehen und Zerlegen des Marktes nach bestimmten Kriterien)

Die Aufgabe des Unternehmens ist es, die klassischen und modernen Merkmale zusammenzuführen und sie zu einer Einheit zu verknüpfen. In der klassischen Definition bedeutet Marketing nach Meffert, die **systematische Beeinflussung** der Kaufentscheidung.

Eine sehr weite Auslegung und zugleich moderne Interpretation des Marketings lautet:

Marketing ist nicht nur Vermarktung von Waren und Dienstleistungen zwischen zwei Marktteilnehmern, sondern auch von Organisationen, die nicht am herkömmlichen Marktgeschehen teilnehmen.

Man spricht dann vom **Marketingmanagement**, wenn mindestens ein Teilnehmer am Markt gegenüber einem potentiellen Kunden seine Verkaufsabsichten darlegt und untersucht, wie Kaufmotive von Seiten des Kunden aktiviert und in eine Kaufhandlung umgesetzt werden können.

Die gemeinsame Zielsetzung des klassischen und modernen Marketinggedankens sind:

1. Der Verkauf und der Kauf von Produkten und Dienstleistungen der beiden Marktteilnehmer. Der Austausch zwischen beiden Partnern findet statt (Verkauf von Wohnungen und Grundstücken).

2. Die Befriedigung der Wünsche und Bedürfnisse der Menschen als Marktteilnehmer (Mieten einer Wohnung).

Um den Markt richtig zu bearbeiten, bedarf es eines ständigen Marktkontaktes, der nicht nur die realen Bedürfnisse erfaßt, sondern auch die nicht offenkundigen, latenten Bedürfnisse erforscht, um diese Bedürfnisse am Markt gezielt zu wecken und zu beeinflussen.

Beispiel:
Die Ausstattung bei Eigentumswohnungen war vielfach durch Fließen im Sanitärbereich geprägt. Durch geschickte Marketingmaßnahmen wurden Bäder mit Marmorausstattung immer häufiger angeboten und so die Bedürfnisse der Kunden geweckt.

Heute sind Marmorbäder bei mittlerer und gehobener Ausstattung die Regel und der Käufer nimmt dieses Angebot gerne an.

Diese Entwicklung wurde durch strategische Marketingmaßnahmen bei den Käufern entscheidend beeinflußt.

Klassifikation der Bedürfnisse

- Primäre Motive
- Sekundäre Motive

In der Literatur unterscheidet man nach primären und sekundären Bedürfnissen (Motive).

Primäre Bedürfnisse sind die sogenannten Grundbedürfnisse, die dem Menschen immanent sind. Dazu gehören im wesentlichen Wohnen, Essen und Trinken.

Sekundäre Bedürfnisse sind erworbene Motive wie Macht und Lebensqualität.

Die Motive sind deshalb von besonderer Bedeutung, weil sie den Antrieb zur Kaufentscheidung vorbereiten. Die Entscheidung zum Erwerb läuft dann mehr oder weniger in einem gewissen Zeitraum ab. Wird sie nicht innerhalb einer überschaubaren Frist getroffen, ist sie als negativ zu interpretieren.

Die Entscheidung, eine Wohnung anzumieten, wird häufig erst dann abgeschlossen sein, wenn verschiedene Alternativangebote hinsichtlich Ausstattung, Lage, Anzahl der Räume und Preishöhe miteinander verglichen werden konnten.

Die vier bekanntesten Motivtheorien sind:

Hedonismus ist die Beschreibung für einen Käufertyp. Dessen Verhalten ist auf den größtmöglichen Lustgewinn ausgerichtet (z.B. Gourmet, Designerkleidung und Luxuseinrichtung)

Homöostase ist auf die Wiederherstellung des Gleichgewichtes ausgerichtet. Dies geschieht zum Beispiel in Form von körperlicher Fitneß, kalorienarmer Ernährung, gesundem Wohnen, ökologischen Prinzipien wie etwa bei Heizung und Wärmedämmung.

Kognitivismus ist das Verhalten, Unsicherheit abzuwehren. Daraus entwickelt sich das Bedürfnis, Macht und Hochleistung anzustreben – im Immobilienbereich ein Mehr an Nutzen und Rendite.

Existentialismus ist die entscheidende und wichtigste Motivtheorie, weil sie die Bedürfnisse des Menschen untergliedert. Das beginnt mit dem Grundbedürfnis, ein Dach über dem Kopf zu haben.

Diese Theorie wird nach Abraham H. Maslow auch die „Maslow-Theorie“ genannt.

Maslow-Theorie
- Bedürfnispyramide

Maslow hat den Existentialismus in fünf Ebenen gegliedert. Dabei legt er zugrunde, daß Bedürfnisse einer höheren Ebene erst dann befriedigt werden, wenn die Bedürfnisse auf der darunter liegenden Ebene befriedigt sind.

Maslow'sche Bedürfnispyramide:

Obwohl die Maslow'sche Pyramide nicht unumstritten ist, ist sie doch die am häufigsten angewandte Bedürfnispyramide. Sie basiert auf einer bestimmten kulturellen Prägung und kann deshalb nicht auf andere Kulturen übertragen werden.

Der Zentralverband der deutschen Werbewirtschaft hat die prägnantesten Bedürfnisse der deutschen Bevölkerung untersucht und aufgelistet. Das Ergebnis der Untersuchung ist mit der Bedürfnispyramide von Maslow vergleichbar und weist eine gewisse Identität auf.

In den fünfziger Jahren waren das Sicherheitsbedürfnis (Wohnung, Haus) und der Frieden (alliierte Truppen als Sicherheitsfaktor) dominant.

In den sechziger Jahren standen die gesellschaftlichen Bedürfnisse (Reisen ins Ausland, Geselligkeit) im Vordergrund.

In den siebziger Jahren wurden Status und Image angestrebt (Wohneigentum, Wohnungsausstattung, Auto, Fernreisen, Anerkennung in Beruf und Gesellschaft).

In den achtziger Jahren ging es um den Sinn des Lebens (individuelle Freiheit, Selbstverwirklichung, Sport und Freizeit).

Die Gesellschaft seit den 90er Jahren ist geprägt von der Verantwortung für Familie und Umwelt sowie moralischem Verhalten gegenüber den Mitmenschen.

So wie die Bedürfnisse einzeln betrachtet eine gewisse Qualität haben, gibt es auch Vermengungen zwischen den Motiven. Man kann das Bedürfnis nach einer eigenen Wohnung haben und gleichzeitig diese luxuriös einrichten.

Da **Motive** als Vorstufe für die Kaufentscheidung dienen, unterliegen sie bei einer bedeutsamen Entscheidung einer langen, kritischen Beobachtung. Der Käufer fragt sich, ob das Haus, das er kaufen will, auch seinen zukünftigen Wünschen entsprechen wird, da ein Haus kein Konsumartikel oder Gebrauchsgegenstand ist, den man nach kurzer Zeit wieder verkaufen oder gar wie ein Kleidungsstück tauschen kann.

Der potentielle Käufer fragt sich, ob die Wohnung richtig ausgestattet ist in Bezug auf Lage und Verkehrsanbindung, und ob der zu zahlende Kaufpreis gerechtfertigt ist.

Wird die Kaufentscheidung **nach** dem abgeschlossenen Kauf und der Vollzugshandlung durchgeführt, nennt man dies nach Festinger **kognitive Dissonanz.**

Nach dem Kauf treten oft erst Unsicherheiten zu Tage, die man vor der Kaufentscheidung nicht gelöst beziehungsweise nicht wahrgenommen hat. Vielfach mehren sich die Zweifel, wenn die Wunschvorstellung mit den tatsächlichen Gegebenheiten nicht mehr übereinstimmt. So kann zum Beispiel die Verkehrsanbindung in die neue Wohnanlage nicht in der versprochenen Frist zufriedenstellend gelöst werden oder die Lärmbelästigung nimmt durch eine neue Straßenführung zu. Die Wohnung weist Mängel auf, die bei der Besichtigung nicht zum Vorschein kamen oder die finanzielle Belastung nimmt doch andere Dimensionen als vorgesehen an.

Es erweist sich deshalb für ein Unternehmen als sinnvoll, **dissonanzreduzierende Maßnahmen** zu treffen. So sollte der Verkaufsprospekt alle Fakten und Details beinhalten, um nachträgliche Reklamationen und eventuelle Preisreduzierungen zu vermeiden. Käufer präferieren Leistungen, von denen sie aufgrund ihrer Erwartungen oder aufgrund vorliegender Erfahrungen keine spürbaren Dissonanzen erfahren.

Jedoch nicht nur ein Zuwenig, auch ein Zuviel an Informationen kann die Entscheidungsqualität beeinträchtigen. Es besteht die Gefahr des Informationsüberflusses. Man kann nicht davon ausgehen, daß möglichst viele Informationen eine Verbesserung der Entscheidungsqualität mit sich bringen, sondern im Gegenteil zu einer Überfrachtung und Unübersichtlichkeit führen, welche die Entscheidungsqualität beeinträchtigen. Die erforderliche Informationsmenge ist abhängig von der Art und dem Umfang der bereits im Gedächtnis gespeicherten Daten, vom wahrgenommenen Kaufrisiko, von der Komplexität der Entscheidung und dem Aufwand der Informationsbeschaffung (Behrens).

Die vorausgegangenen Ausführungen machen deutlich, daß Marketing auf veränderte Bedingungen am Markt reagiert. Marktorientierte Unternehmen stellen sich auf die Gegebenheiten am Markt und die agierenden Marktpartizipanten ein, um deren Wünsche und Bedürfnisse zu befriedigen.

Markt und Preis

Der **Markt** ist der zentrale Begriff der Absatzwirtschaft. Der Markt ist das Zusammentreffen von Angebot und Nachfrage eines Wirtschaftsgutes.

Der Zusammenhang zwischen dem Preis und der nachgefragten Menge drückt sich in der **Nachfrage** aus (Preis-Absatz-Relation). Im Normalfall nimmt bei sinkendem Preis die Nachfragemenge zu, bei steigendem Preis nimmt sie ab.

Nachfragefunktion:

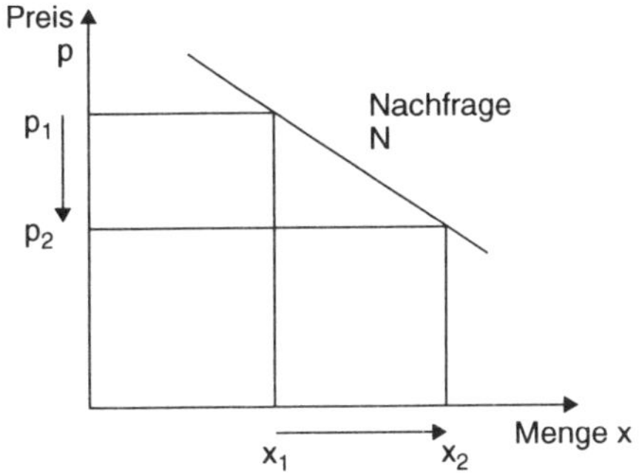

Es gibt aber auch den paradoxen Fall, daß trotz steigender Preise die Nachfrage zunimmt. Das geschieht bei Spekulationskäufen – in der Hoffnung, daß die Preise noch erheblich weiter steigen.

Das **Angebot** drückt den Zusammenhang aus, daß bei steigendem Preis mehr angeboten wird, d.h. die Anbieter dehnen das Angebot aus. Bauträger trennen sich bei steigendem Preis vermehrt von ihren Immobilienbeständen. Wegen des Preisanstieges drängen andere Wohnungsanbieter ebenfalls auf den Markt, um bei einem höheren Preis die Wohnungseinheiten zu verkaufen.

Die **Angebotskurve** muß nicht immer gerade verlaufen. Der Anstieg ist je nach Unternehmen und Produkt recht unterschiedlich. Je steiler der Kurvenverlauf, desto geringer die Beeinflussung der angebotenen Menge durch Preisänderungen, je flacher dageben die Kurve verläuft, desto größer ist die Abhängigkeit der angebotenen Menge von der Höhe des jeweiligen Preises.

Angebotsfunktion:

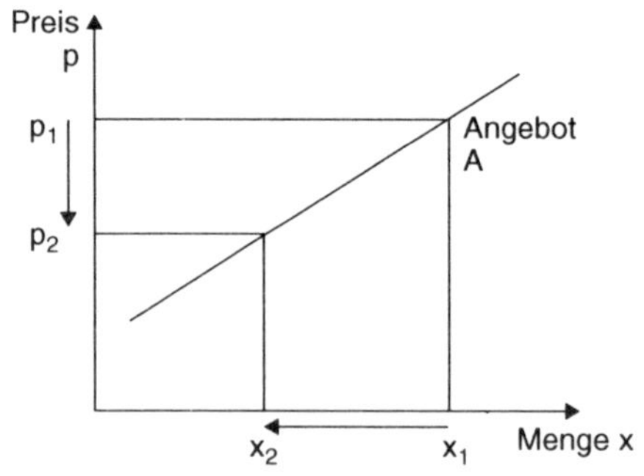

Auf dem Markt ergibt sich durch Angebot und Nachfrage ein Preis, bei dem Angebotsmenge und Nachfragemenge gleich sind. Dabei spricht man vom **Gleichgewichtspreis.** Beim Gleichgewichtspreis sind die Vorstellungen von Anbietern und Nachfragern in Übereinstimmung. Die Menge, die bei diesem Preis angeboten wird, ist auf der Nachfrageseite ausgeglichen.

Gleichgewichtspreisfunktion:

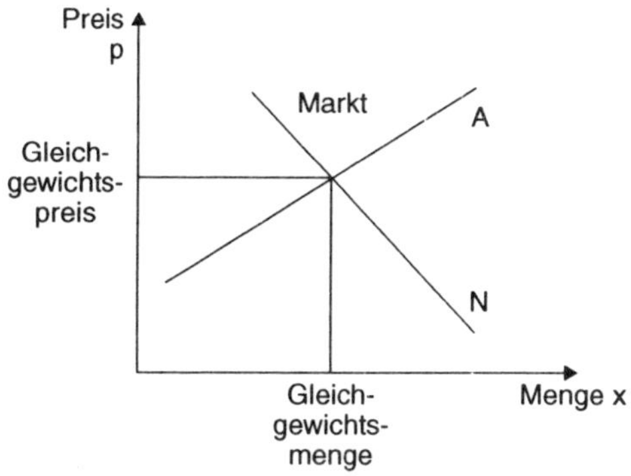

Gehen die Anbieter bei ihren Vorstellungen von einem Preis aus, der über dem Marktpreis liegt, sinkt die Nachfrage, was zu einem **Angebotsüberschuß** führt. In dieser Situation kann nur durch Preissenkungen die Nachfrage angekurbelt werden. Makler müssen bei Wohnungsvermietung die Mietpreise herabsetzen, um die Wohnungen zu vermieten. Beim Verkauf von Eigentumswohnungen müssen im Einvernehmen mit dem Bauträger die Preise neu kalkuliert werden. Die Kreditinstitute müssen unter Umständen ebenfalls die Zinsen senken, wenn die Nachfrage nach Baugeld zurückgeht.

Nehmen die Anbieter dagegen einen Preis an, der unter dem Marktpreis liegt, wenn Bauträger zum Beispiel Eigentumswohnungen günstiger verkaufen als zuvor angeboten, entsteht ein **Nachfragemengenüberschuß.** Als Folge kann es dazu kommen, daß von den Nachfragern, also Mietern oder Käufern, plötzlich einsetzende Preissteigerungen akzeptiert werden müssen.

Angebotsüberschußfunktion:

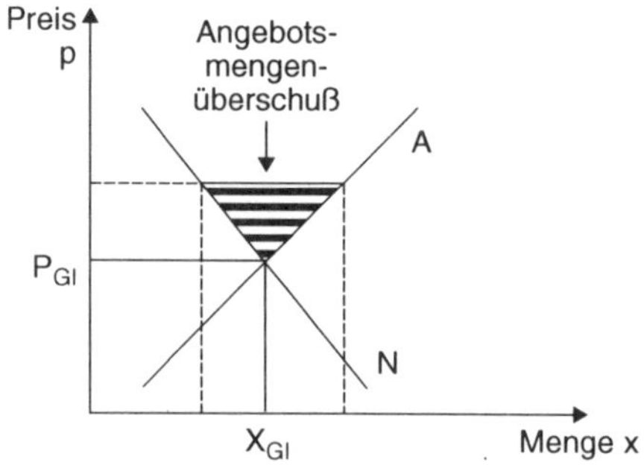

Nachfragemengenüberschußfunktion;

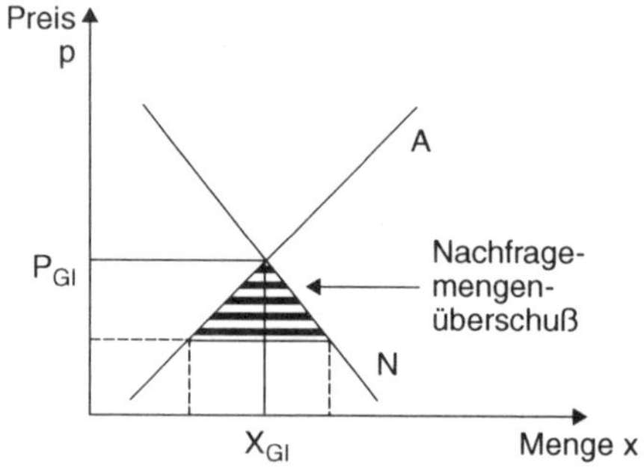

Kosten als Einflußfaktor

Als Kosten bezeichnet man den Verzehr von Gütern und Dienstleistungen im Produktionsprozeß, die in Geld bewertet werden. Man unterscheidet dabei **fixe Kosten** und **variable Kosten**

Fixe Kosten sind in ihrer Höhe unabhängig von der Produktions- oder Herstellungsmenge. Sie fallen auch an, wenn der Betrieb noch nicht produziert oder noch keine Dienstleistung erbringt. Man nennt diese Kosten auch **Betriebsbereitschaftskosten**.

Die **variablen** oder **veränderbaren Kosten** hängen von der Menge der produzierten Waren ab. Sie nehmen mit steigender Ausbringungsmenge zu bzw. mit sinkendem Ausstoß ab. Die Summe der fixen und der variablen Kosten nennt man **Gesamtkosten**. Abhängig vom Verlauf der Produktionsfunktion kann die Gesamtkostenfunktion beispielsweise einen linearen, einen progressiven oder einen degressiven Verlauf der Kurve aufweisen.

fixe Kosten	+	variable Kosten	=	Gesamtkosten

Werden bei einer bestimmten Ausbringungsmenge die angefallenen Gesamtkosten durch die produzierte Menge geteilt, ergeben sich als Durchschnittskosten die **Stückkosten**. Die **Grenzkosten** geben an, wie die Gesamtkosten zunehmen, wenn die Produktionsmenge um eine Einheit ausgedehnt wird, d. h. sie geben den Anstieg der Gesamtkosten an.

fixe Gesamtkosten			
x	**K**	**k**	**GK**
1	100	100,0	—
2	100	50,0	0
3	100	33,3	0
4	100	25,0	0
5	100	20,0	0
6	100	16,7	0
7	100	14,3	0
8	100	12,5	0
9	100	11,1	0
10	100	10,0	0

proportionale Gesamtkosten			
x	**K**	**k**	**GK**
1	10	10	10
2	20	10	10
3	30	10	10
4	40	10	10
5	50	10	10
6	60	10	10
7	70	10	10
8	80	10	10
9	90	10	10
10	100	10	10

x = Menge
K = Gesamtkosten
k = Stückkosten (Durchschnittskosten)
GK = Grenzkosten

überproportionale Gesamtkosten			
x	**K**	**k**	**GK**
1	5	5,0	—
2	15	7,5	10
3	30	10,0	15
4	50	12,5	20
5	75	15,0	25
6	105	17,5	30
7	140	20,0	35
8	180	22,5	40
9	225	25,0	45
10	275	27,5	50

unterproportionale Gesamtkosten			
x	**K**	**k**	**GK**
1	10	10,0	—
2	19	9,5	9
3	27	9,0	8
4	34	8,5	7
5	40	8,0	6
6	45	7,5	5
7	49	7,0	4
8	52	6,5	3
9	54	6,0	2
10	55	5,5	1

x = Menge
K = Gesamtkosten
k = Stückkosten (Durchschnittskosten)
GK = Grenzkosten

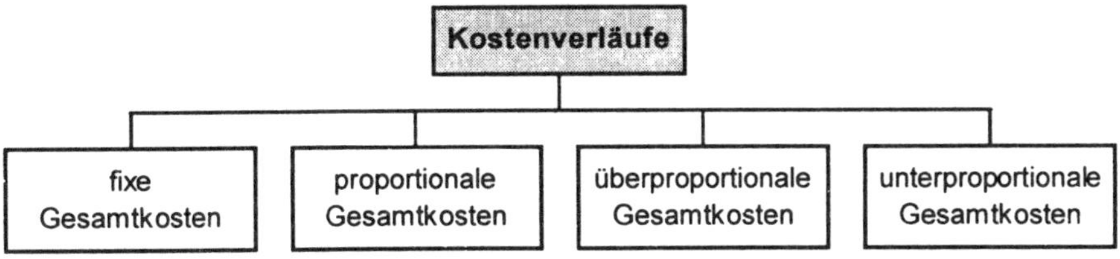

Elastizitäten

Die **direkte Preiselastizität** gibt an, um welchen Prozentsatz sich die mengenmäßige Nachfrage nach einer Dienstleistung oder einem Wirtschaftsgut ändert, wenn sich der Preis für dieses Gut um einen bestimmten Prozentsatz ändert. Als **Kreuzpreiselastizität** bezeichnet man die Reaktion der mengenmäßigen Nachfrage nach einem Gut nach Preisänderungen für ein anderes Gut, zum Beispiel bei einem Substitutionsgut.

Ändert sich bei einer einprozentigen Preisänderung die mengenmäßige Nachfrage um mehr als ein Prozent, ist die Nachfrage **relativ elastisch.** Ändert sich die Nachfragemenge aber um weniger als ein Prozent, ist die Nachfrage **relativ unelastisch.** Reagiert die Nachfragemenge auf Preisänderungen überhaupt nicht, ist sie **vollkommen unelastisch** beziehungsweise starr. **Vollkommen elastisch** ist sie dagegen, wenn eine Preisänderung die Nachfrage völlig zum Erliegen bringt.

relativ elastische Nachfrage

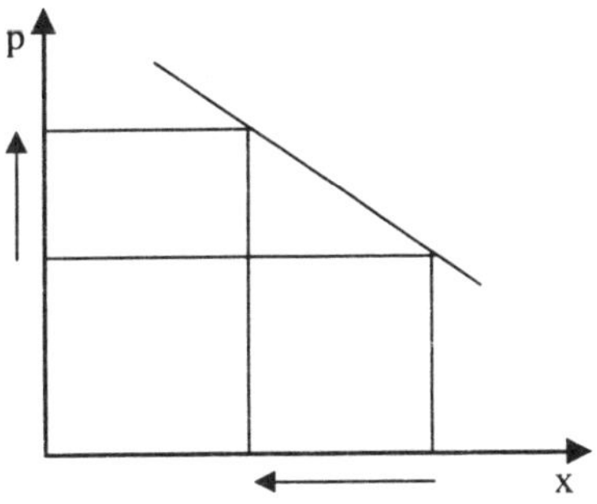

relativ unelastische Nachfrage

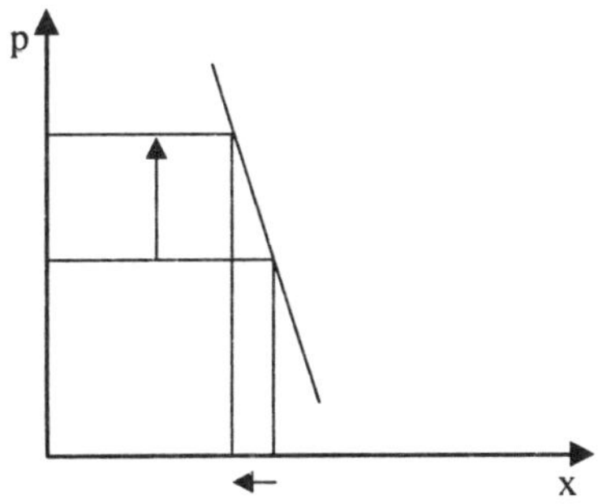

vollkommen elastische Nachfrage

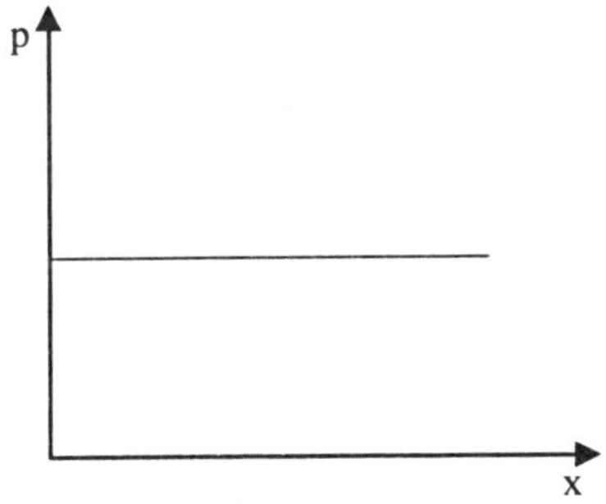

vollkommen unelastische Nachfrage

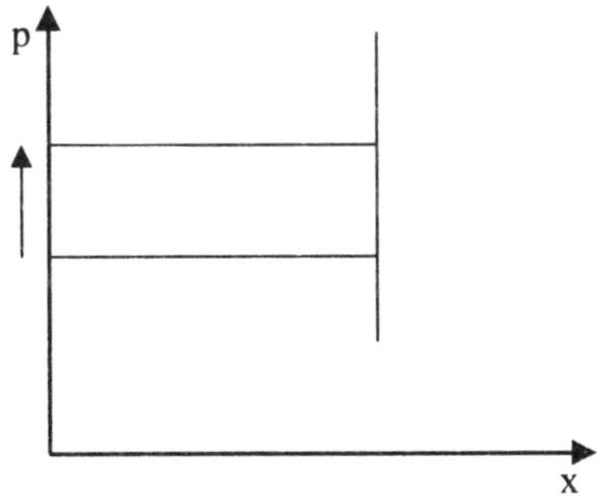

1.1.4.2 Marketingziel
Zielorientierte Ausrichtung

Ohne eine klare, zielorientierte Definition und Ausrichtung des **Marketingziels** droht die Marketingplanung statt mit aktivem Verhalten den Markt zu beeinflussen, reaktiv auf Veränderungen am Markt zu reagieren. Das Unternehmen manövriert sich damit in eine Position, aus der es nur schwer wieder an Boden gewinnt. Daher lautet das Credo als notwendiges Mittel im Unternehmen:

Bestandteil jeder Marketingkonzeption ist die Formulierung einer klaren, langfristig ausgerichteten Zielorientierung.

Es besteht also ein enger Zusammenhang zwischen der Festlegung von Zielen und der Festlegung von Strategien in einem Unternehmen. Um Ziele erreichen zu können, müssen erst geeignete Strategien ausgearbeitet und dahingehend überprüft werden, ob sie sich am Markt durchsetzen können.

Deshalb ist es notwendig, differenziert vorzugehen. So sollte zunächst das „**Großziel**" des Unternehmens formuliert werden und danach die einzelnen aufgeschlüsselten "Einzelziele". Das Großziel stellt das **Leitbild** des Unternehmens dar und die sogenannten **Einzelziele** die arbeitsmäßig durchzuführenden Handlungen.

Marketingziele können nur durch den Einsatz absatzpolitischer Instrumente erreicht werden.

Die Marketingziele beziehungsweise die Stoßrichtung einer Unternehmung können vielfältig sein. Jedoch kann man sich auf elementare Zielkategorien verständigen, die für jedes Unternehmen der Grundstock wirtschaftlichen Handelns sind:

Marketingziele

- **Gewinnausweitung**
- **Umsatzausweitung**
- **Marktanteil**
- **Marktdurchdringung**
- **Marktbearbeitung**

Die verschiedenen Marketingziele sind anhand eines zielorientierten Marketings zu verwirklichen ohne dabei das **Großziel** aus den Augen zu verlieren. Dies ist insbesondere dann von enormer Wichtigkeit, wenn in einem Unternehmen verschiedene Abteilungen mit ihren Zielen Forderungen erheben und durchsetzen wollen. Dabei müssen bei miteinander konkurrierenden Zielen unternehmerische Prioritäten gesetzt werden. Dann entscheidet die Unternehmensführung, welches Ziel zuerst oder welche Ziele gemeinsam angestrebt werden sollen.

Gewinnausweitung

Das Marketingziel **„Gewinnausweitung“**, eines der wirtschaftlich bedeutendsten Ziele, läßt sich anhand des Jahresergebnisses in der Bilanz ermessen. Bei dieser Zielsetzung wird man die Ausweitung des Jahresergebnisses zweckmäßigerweise in Teilergebnissen feststellen. Dies kann anhand von Monats- oder Quartalsergebnissen durchgeführt werden.

Umsatzausweitung

Ebenfalls von besonderer Bedeutung ist die **Umsatzausweitung** eines Unternehmens. Die Information über den Gesamtumsatz eines Unternehmens ist nur ein Aspekt. Der Gesamtumsatz spiegelt den Geschäftsumfang eines Unternehmens in verschiedenen Einzelbereichen wider. Die Umsatzentwicklung gibt Aufschluß darüber, wie sich einzelne Unternehmensfelder im Verhältnis zueinander und zum gesamten Immobilienmarkt entwickelt haben.

So kann es durchaus sein, daß trotz steigenden Gesamtumsatzes zum Beispiel mehr Nachdruck auf den Verkauf von Immobilien verwendet werden muß, falls dieser Bereich einen Umsatzrückgang zu verzeichnen hat. Das Ausmaß und unter Umständen die Art und Weise des Rückgangs im Verkauf geben Hinweise auf die durchzuführenden Maßnahmen.

Marktanteil

Als weitere bedeutende Zielgröße ist der **Marktanteil** anzusehen. Der Marktanteil ist das Verhältnis des eigenen Absatzanteils am gesamten Marktvolumen. Er gibt die mengen- und wertmäßige Größe im eigenen Teilmarkt wieder. Der Marktanteil ist der Gradmesser der eigenen Unternehmensleistung. Er zeigt auf, inwieweit der Gesamtmarkt vom eigenen Unternehmen ausgeschöpft ist und gibt Aufschluß darüber, in welchen Teilmärkten das Unternehmen erfolgreich war.

Marktdurchdringung

Unter **Marktdurchdringung** versteht man die Ausschöpfung des Marktpotentials bei vorhandenen Produkten in bestehenden Märkten. Die Marktdurchdringung zeichnet sich dadurch aus, daß die Marketinganstrengungen verstärkt werden müssen, um das gesteckte Ziel zu erreichen.

Die Marktdurchdringung ist auch Teil der Marketingstrategie und gliedert sich in folgende Bereiche:

1. Gewinnung von Kunden, die bisher beim Mitbewerber am Markt abgeschlossen haben, zum Beispiel durch Verbesserung der Bauqualität oder Preisreduktionen

2. Gewinnung bisheriger Nicht-Marktteilnehmer, zum Beispiel durch Probewohnen in Eigentumswohnungen

Neben diesen Bereichen der Marktdurchdringung können auch bei bisherigen und bereits Interesse zeigenden Kunden die strategischen Handlungen intensiviert werden.

Marktbearbeitung

Die **Marktbearbeitung** hat zum Ziel, die Stellung innerhalb des Gesamtmarktes oder auf bestehenden Teilmärkten zu stärken. Das Grundprinzip der Marktbearbeitung lautet, sich auf den Kunden einzustellen und das Marketingprogramm entsprechend auszurichten. Die Marktbearbeitung unternimmt den Versuch, die latente Nachfrage in einem Käufermarkt zu befriedigen.

Die **Marktbearbeitung** wird vor allem in einem gesättigten Markt vorgenommen. Die Kriterien für eine Entscheidung des Käufers sind dann der **Preis**, die **Qualität** und die **Lage** des zu kaufenden Objekts. Oft wird ein hoher Preis mit einer guten Qualität und guten Lage des Objekts assoziiert.

Die in der **Zielbildung** konzeptionell festgelegten Marketingziele bedürfen zu ihrer Erreichung einer bestimmten Kontrolle. Daher sollten Handhabung und Durchführung der angestrebten Marketingziele vom Management formuliert und den Ausführenden vermittelt werden.

Diese müssen die Ziele verstehen und annehmen. Ein Aufzwingen des Marketingziels von oben herab behindert oft die Umsetzung. Der Mitarbeiter muß die Zielsetzung und damit die **Stoßrichtung** des Unternehmens akzeptieren und nachvollziehen können und in seiner Leistungsbereitschaft motiviert werden.

1.1.4.3 Marketingstrategien
Marketingstrategie als Gegenstand der Unternehmenskonzeption
Die Unternehmenskonzeption

Die **Marketingstrategie** ist das konsequente Handeln innerhalb der Marketingkonzeption.

Die Marketingkonzeption ist eine Zusammensetzung von bestimmten Größen oder Richtungen, die sich an einer bestimmten Strategie orientieren, um eine schlüssige Handlung auszulösen.

Die **Marketingstrategie** hat die **Aufgabe**, strukturierende Maßnahmen innerhalb eines Unternehmens zu entwickeln und operativ zu unterstützen. Die operativen Maßnahmen stellen innerhalb der Marketingstrategie die Durchführungsmaßnahmen innerhalb der Zeitperioden (Monat/Jahr) dar.

Die **Marketingstrategie** ist dadurch **gekennzeichnet,** daß sie langfristig angelegt ist und bei Handlungsbedarf einer entsprechenden Korrektur unterzogen wird.

Die **Marketingkonzeption** ist also das Produkt einer speziellen internen Situation im Unternehmen, die auf einem vorhandenen Informationsfluß basiert. Aus dieser Erkenntnis heraus wird die Konzeption entwickelt, um die Unternehmens- und Marketingziele umzusetzen und zu verwirklichen.

Die **Marketingstrategie** hat die Aufgabe, einen Verhaltenskodex zu entwerfen, den die im Unternehmen tätigen und handelnden Personen als Leitfaden benutzen können um die Unternehmensziele und Marketingstoßrichtung zu verwirklichen.

In dem im April 2000 erschienenen Geschäftsbericht der DaimlerChrysler AG, werden die Strategien für das Marketing wie folgt beschrieben:

"Unsere Strategie zielt darauf ab, den Wert von DaimlerChrysler kontinuierlich zu steigern durch

- **Markenführerschaft in allen unseren Märkten;**
- **bahnbrechende Technologien und innovative Produkte;**
- **das einzigartige Design und die technische Spitzenposition unserer Fahrzeuge;**
- **erstklassige Dienstleistungen, die wir unseren Kunden bieten;**
- **unsere globale Präsenz, die es uns erlaubt, weltweit die besten Mitarbeiter und Partner zu gewinnen.**

Auf Grund der unternehmerischen Energie seiner Mitarbeiterinnen und Mitarbeiter steht DaimlerChrysler an der Spitze des Wettbewerbs. Mit innovativen Produkten und Dienstleistungen werden wir unsere Kunden immer wieder aufs Neue begeistern."

Inhalt und Durchführung der Marketingkonzeption:

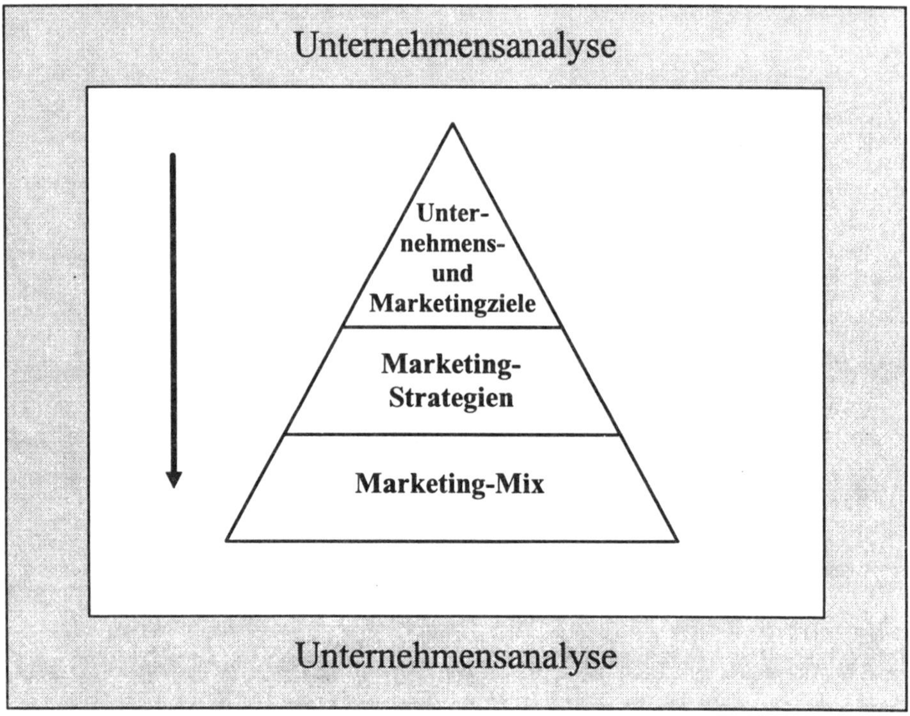

1.1.4.4 Marketingplanung
Die kurz- und langfristige Marketingplanung im Absatzmarkt

Die **Marketingplanung** in einem Unternehmen schöpft die Erkenntnisse aus der Absatzprognose. Sie zeigt das Potential für das Gesamtunternehmen oder für Teilbereiche beziehungsweise Teilmärkte auf.

Die **Marketingplanung** ist das Produkt der erarbeiteten Marketingstrategie. Dort finden sich die festgelegten Großziele und Zwischenschritte des Unternehmens, sowohl für die Marketing- als auch die Unternehmensplanung wieder.

Die **Marketingplanung** umfaßt folgende Prozesse:

1. **Analyse des Marktes und seines Umfeldes**
2. **Beschickung des Marktes**
3. **Verhalten der Marktteilnehmer**
4. **Einsatz der Marketinginstrumente**

Die Kombination der Prozeßabläufe ist eine wesentliche Aufgabe des Unternehmens, um auf dem Absatzmarkt die richtigen Weichen zu stellen. Es gilt, insbesondere bei unternehmerischer Planung und Durchführung, zwei Vorgehensweisen zu beachten:

- **kurzfristige Marketingplanung**
- **langfristige Marketingplanung**

Sowohl die **kurz-** als auch die **langfristige** Marketingplanung setzen Entscheidungen voraus, die zukunftsorientiert ausgerichtet sind. Vielfach werden sie auch als Vision im Unternehmen betrachtet. Es handelt sich durchaus um Gedanken, die über das übliche Geschäft hinausgehen.

Die **kurzfristige Marketingplanung** legt fest, wieviel Dienstleistungen oder Objekte im Unternehmen verkauft werden sollen. Dieser kurzfristige Absatzplan gliedert sich in Monats- und Jahresfristen. Aus dieser kurzfristigen Betrachtung kann dann im Markt reagiert und kurzfristige Veränderungen vorgenommen werden.

Gerade bei langlebigen Wirtschaftsgütern wie Immobilien, die zudem ständigen Einflüssen des Gesetzgebers unterliegen, müssen die Reaktionen im Markt kurzfristig vorgenommen werden. Die kurzfristige Marketingplanung wird durch Kontrollmechanismen unterstützt. Die Kontrollmaßnahmen in Form von Berichterstattung über Umsatz, Zahlen und Besuchsfrequenz stützen die Planung.

Die **langfristige Marketingplanung** ist der kurzfristigen Absatzplanung übergeordnet und versucht, die künftigen Entwicklungen im Unternehmen aufzuzeigen. Man nennt sie deshalb auch die **strategische Marketingplanung**. Sie soll das Bindeglied von der Herstellung, dem Verkauf und der Finanzierung schaffen.

Die langfristige Planung bildet deshalb die Korsettstangen für das Unternehmen, in denen der Geschäftsbetrieb abläuft. Dennoch sind langfristige Planungen nicht für die Ewigkeit gemacht. Auch sie ändern sich im Laufe der Geschäftszyklen.

Langfristige Marketingplanungen können für drei bis fünf Jahre die Aufgaben des Unternehmens beinhalten. Die Korrekturen werden dann jährlich anhand der kurzfristigen Planung und der Ergebnisse durchgeführt.

Die Folgerungen, die aus der Marketingplanung im kurz- wie im langfristigen Zeitraum für das Unternehmen gezogen werden, basieren auf Annahmen, die aus umliegenden Bedingungen für das eigene Produkt herausgearbeitet und festgelegt werden. Einschneidende Veränderungen des Umfeldes führen zu Korrekturen bei der Marketingplanung.

1.1.4.5 Marketing Mix in der Immobilienwirtschaft Instrumente der Absatzpolitik

Die vom Unternehmen anvisierten Ziele sowie die Maßnahmen zu deren Erreichung sind in der **Absatzpolitik** begründet.

Die Absatzpolitik läßt sich definieren als Entscheidungs-, Handlungs- und Durchsetzungsstrategie zur Erreichung des anvisierten Ziels des Unternehmens, wobei die Gewichtungen unterschiedlich auftreten können.

Die **Absatzpolitik** ist somit die ureigenste Strategie des Unternehmens, um den Markt systematisch zu beeinflussen und ihm Impulse zu geben.

Diese **Strategie** unterscheidet sich von der **Nachfragestrategie** oder der **Anpassungspolitik**. Diese Methode gibt keinen Trend oder Richtung im Markt an, sondern sucht sich dem Marktführer und dem Trend anzupassen. Die Abhebung zum Wettbewerb verflacht dadurch.

Marketingmix

Der Marketingmix gliedert sich in folgende Punkte auf:

- **Produktpolitik**
- **Preispolitik**
- **Vertriebspolitik**
- **Betriebspolitische Instrumente**
- **Kommunikationspolitik**
  - **Persönlicher Verkauf**
  - **Werbung**
  - **Verkaufsförderung (sales promotion)**
  - **Öffentlichkeitsarbeit (public realations)**

Dem **Marketingmix** kommt innerhalb der Marketingkonzeption die Aufgabe zu, die entwickelte Marketingstrategie umzusetzen. Das Marketingmix ist eine Zusammensetzung von absatzpolitischen Instrumenten zu einem bestimmten Zeitpunkt, wobei die Entscheidungen über den Einsatz der einzelnen Instrumente abgestimmt werden muß.

Produktpolitik als Instrument im Marketingmix

Ziel der **Produktpolitik** ist es, das Produkt Neuentwicklungen zuzulassen, sowie das Produkt ständig zu verbessern. So können auch neue Produkte an den Markt gebracht oder bestehende Produkte aus dem Markt genommen werden. Ziel der produktpolitischen Instrumente ist es, sich einen Wettbewerbsvorteil zu verschaffen und sich von der Konkurrenz abzuheben.

Produktpolitische Instrumente können zum Beispiel sein, die Werbung neu zu gestalten, die Besucheraktivität zu erhöhen. Beim Ausbau von Mietwohnungen können Marmor anstatt Fliesen oder Parkett als Ersatz für Teppichboden zu gleichen Bedingungen angeboten werden.

Preispolitik als Instrument

Die **Preispolitik** ist im Marketingmix eines der geeignetsten Mittel am Markt sich zu behaupten und seine Absatzmöglichkeiten zu erhöhen. Die Preispolitik bietet für den Verbraucher die Möglichkeit zwischen konkurrierenden Preisangeboten auszuwählen. Voraussetzung dafür ist jedoch ein Markt mit alternativen Preisen.

Die **Preispolitik** ist in der Wohnungswirtschaft durchaus nachvollziehbar, da Angebote bei Eigentumswohnungen über den Quadratmeterpreis bei den Kunden verglichen werden können. Sicher ist der Quadratmeterpreis nicht die alleinige Entscheidungsgröße, sondern sie gibt einen Anhaltspunkt um aus dem Angebot die verschiedenen Varianten in der Ausstattung zu vergleichen.

Bei diesem reinen ökonomischen Preisvergleich, der durch die Preispolitik induziert ist, ist die Lage des Objekts und seiner Umgebung ebenfalls in Betracht zu ziehen.

Zur Preispolitik gehört auch die psychologische Preispräsentation. Sie geht davon aus, daß Käufer neben der Ausstattung und der Lage des Objekts durch den Preis zum Kauf angeregt werden. So sind Wohnungen mit einer gewissen Ausstattung ab einer Größenordnung von DM 500.000,00 zum Beispiel in Stuttgart schwer veräußerbar. Bei Einfamilienhäuser liegt die Schwelle bei DM 1.000.000,00. Es erweist sich als zweckmäßig einen gebrochenen Preis zum Beispiel von DM 495.000,00 oder bei Häusern von DM 980.000,00 zu nennen. Solche Preise erwecken auch bei dem Käufer den Eindruck, daß dem Objekt auch eine genaue Kalkulation zu Grunde liegt.

Die Preispolitik kann auch in den Zahlungsbedingungen sowie in der Finanzierung des Objekts oder des Grundstückes liegen. So kann zwischen Käufer und Verkäufer vereinbart werden, daß die Wohnung in mehreren Zahlungsabschnitten bezahlt wird oder daß der Kaufpreis des Grundstücks erst dann beglichen wird, wenn die Baugenehmigung vorliegt.

Die Bedingungen können vielfältig sein, von Zahlungszielen, Abschlagszahlungen nach Baufortschritt bis hin zu Zinskonditionen, die ein Kreditinstitut gewährt, aufgrund der guten Bausubstanz, Lage und Bonität des Käufers.

Vertriebspolitik als Instrument

Aufgabe der Vertriebspolitik ist es die Absatzwege oder die Distribution des Produkts festzulegen.

Dabei können die Absatzwege über den eigenen Vertrieb mit Hilfe von außenstehenden Organisationen wie Banken, Versicherungen durchgeführt werden. Oder es besteht auch die Möglichkeit, sich geschäftlich verbundener Immobilienmakler zu bedienen.

Je nach Art und Intensität dieser Distributionsvermittler kann der Erfolg des Unternehmens abhängen. Aufgabe des Unternehmens ist daher Kontrollmechanismen einzubauen um das anvisierte Absatzziel zu erreichen. Will das Unternehmen einen langfristigen Erfolg, so hängen dafür einige Bedingungen von dem Vertrieb und den Absatzkanälen ab

Die Wahl des Absatzweges hat Einfluß auf die Stückzahl des Verkaufs so auch die kommunikative Ansprache beim Kunden.

Da es sich bei Immobilien um langfristige Wirtschaftsgüter handelt, die einer längeren Überlegung bedürfen, kommt der professionellen Beratung durch die Absatzvermittler eine besondere Bedeutung zu.
Der Verkauf einer Immobilien ist nicht beim notariellen Kaufvertrag beendet, sondern erstreckt sich auch noch darüberhinaus auch um eventuelle Reparaturen, Wartungsaufträge oder die Installation von ganzen Anlagen durch eingeschaltete Handwerksunternehmen beheben zu lassen. Der Vermittler soll für einen störungsfreien Ablauf sorgen. Nicht nur allein das Produkt muß am Markt zu verkaufen sein, sondern auch die Wahl der Absatzkanäle, beeinflussen die Werthaltigkeit sowie den Preis für das Objekt.

Vertriebspolitische Instrumente

Viele Immobilienunternehmen gehen davon aus, daß aufgrund ihres Bekanntheitsgrades Werbemaßnahmen nicht notwendig sind. Obwohl sie teilweise Woche für Woche in Zeitungen und Fachzeitschriften werben, machen sie wenig Aussagen über sich selbst.

So kann die **Öffentlichkeitsarbeit** im Rahmen eines Firmenjubiläums genutzt werden sein Unternehmen vorzustellen oder auch der Anlaß, daß eine runde Zahl an zu verwaltenden Wohneinheiten erreicht wurde.

Die Unterstützung durch **Sponsoring** kann als Gruppenansprache ebenfalls genutzt werden. Diese kann durch den Hinweis bei Sportveranstaltungen geschehen, etwa mit dem Vermerk im Programmheft auf die Hausverwaltung als Sponsor. Zur überregionalen Ausweitung eignen sich Sport- oder Kulturveranstaltungen, in denen die Hausverwaltung einen kleinen interessierten Kundenkreis anspricht.

Voraussetzung ist bei allen Aktivitäten, daß das Immobilienunternehmen eine ausgezeichnete Dienstleistung für ihre Eigentümern und Mieter erbringt. Das Handeln aller Mitarbeiter der Hausverwaltung muß von dem Gedanken geprägt sein, den besten und kundenfreundlichsten Service anzubieten, damit dieser auch außerhalb des Unternehmens als solcher empfunden wird.

Die Immobilienunternehmen können ihr Interesse an öffentlichen Aufgaben dadurch unterstreichen, daß sie Mitglied in den Vereinen werden, die Meinungsmacher für ihre Zielgruppe darstellen. Dazu gehören Anläse wie Eröffnung von einem Gewerbe- und Verwaltungsgebäude, Parteiveranstaltungen oder sonstige Gelegenheiten, die der Kontaktpflege dienen.

Für Immobilienunternehmen ist es deshalb wichtig, eine offensive Informationspolitik zu betreiben, und sich nicht darauf beschränken, bei Unstimmigkeiten oder aufgetretenen Problemen bei Eigentümern Schadensbegrenzung zu betreiben.

Kommunikationspolitik als Instrument

Die Kommunikationspolitik bezieht sich auf die Übermittlung von Informationen, Meinungen und Entscheidungen, die ein Unternehmen auf die bestehende, die zu werbende oder auch potentielle Käuferschicht richtet. Dazu bedient sich das Unternehmen bestimmter Medien, um die Botschaft zur systematischen Käuferbeeinflussung zu nutzen.

In der Kommunikationspolitik findet man folgende Instrumente vor:

1. Der **persönliche Verkauf** ist ein wichtiges Merkmal. Es ermöglicht für den Verkäufer die direkte Ansprache auf das Produkt. Durch die direkte Kommunikation ist die größte Einflußmöglichkeit auf den Kunden geschaffen. Der Verkäufer hat die Möglichkeit im Kundengespräch sofort alle Reaktionen (Feedback) seines Gesprächspartners aufzunehmen, eventuelle Mißverständnisse auszuräumen und somit zu einem erfolgreichen Abschluß zu kommen.

Gerade in der Immobilienwirtschaft, bei der es um erklärungsbedürftige Produkte und Dienstleistungen geht, muß der Verkäufer teilweise enorme Überzeugungsarbeit leisten.

Die persönliche Ansprache ist die effektivste, aber auch die teuerste Art der Kommunikation. Deswegen hat eine Münchner Psychologengruppe bereits in den 80er Jahren mit verschiedenen Gesprächsstrategien experimentiert. Das Ziel war es, wirkungsvolle Verhaltensweisen und Instruktionen beim Verkauf von Wohnungen von weniger wirkungsvollen zu unterscheiden.

Das überraschende Ergebnis war, daß weniger bestimmte Formulierungen, Argumente oder andere verbale Elemente den Kaufentschluß beeinflussen, sondern vielmehr der Ablauf des Begehungsrituals in der zu verkaufenden Wohnung. Nach psychologischer Erkenntnis sind die folgenden Einzelheiten zu beachten:

Der Kunde muß die Wohnung **selber** aufschließen dürfen. Sehr negativ wirkt sich aus, wenn die Wohnung bereits offensteht. Jedenfalls ist es auch nicht günstig, wenn der Verkäufer selber die Tür aufschließt. Die Psychologen raten daher: Überreichen Sie dem Kaufinteressenten den Schlüssel und wenden sich ihm erst dann wieder zu, wenn die Tür geöffnet ist.

Der Kunde muß den jeweils größten Raum der Wohnung auf dem kürzesten Wege erreichen. Dort muß er dazu bewegt werden, den Raum vom Fenster aus zu betrachten. Empfohlen wird daher, den Käufer zum Fenster zu bitten. Dann stellt sich der Verkäufer mit dem Rücken zum Fenster und fordert den Kunden auf, jetzt mit ihm den Raumschnitt zu beurteilen. Aus dieser Blickposition fällt nämlich das Urteil stets besonders günstig aus.

Lassen Sie den Kunden die kleineren Räume der Wohnung selbständig erobern. **Fragen** Sie ihn, wie er diesen oder jenen Raum benutzen möchte. Machen Sie ihm dazu auf keinen Fall Vorschläge à la „Und hier das Kinderzimmer....“ u.a.m.

Verlassen Sie die Wohnung in der gleichen Art wie Sie sie betreten haben..Lassen Sie sich vom Kaufinteressenten zur Tür hinaus bitten, lassen Sie ihn wieder abschließen.

Nennen Sie erst **nach** der Begehung Preise und Konditionen. Preisgespräche während der Begehung führen stets zu unbewußten Abwertungen der wahrgenommenen baulichen Details.

Offensichtlich ist diese Vorgehensweise einerseits erfolgreichen Verkäufern bestens vertraut. Andererseits ist sie aber auch außerordentlich gewöhnungsbedürftig für Anfänger und weniger Erfahrene. Es wird daher immer sinnvoll sein, die Begehung ausführlich zu trainieren und durch Rollenspiele das erforderliche einzuüben.

2. Die **Werbung** ist ein **Instrument** der planmäßigen Beeinflussung auf die Kaufentscheidung des Käufers. Die Werbung vermittelt eine Botschaft, welche die umworbene Kundschaft aufnehmen beziehungsweise empfangen soll. Die Werbung eines Immobilienunternehmens ist einesteils die konzeptionelle Darstellung eines Unternehmens nach außen hin, die zu ihrem Erscheinungsbild und somit zum Image gehört. Anderenteils wird auf diese Weise auch die Absatzpolitik der Firma unterstützt und gestärkt.

Werbeträger und Werbemittel in der Kommunikationspolitik sind:

a) Die Vertreibung kann durch Werbeträger wie Radio, Fernsehen, Zeitschriften oder Zeitungen durchgeführt werden.

b) Die durch Bild und Ton übermittelten Werbesendungen sind sehr aufwendig und für überregionale Produkte geeignet.

c) Bei Werbemitteln für Text, also Zeitungen, Zeitschriften oder Prospekte und Informationsschriften, kann der Kunde durch gezielte Inserate oder Textanzeigen angesprochen werden. Die Gestaltung hat dabei ebenso Einfluß auf die Aufmerksamkeit wie die textliche Verarbeitung und die Aussagekraft. Streuverluste sind dabei ebenfalls zu berücksichtigen

3. Die **Verkaufsförderung,** auch Sales promotion genannt, hat die Aufgabe, die Verkaufswerbung zu unterstützen und die Absatzergebnisse der Verkäufer zu erhöhen.

Die Absatzvermittler bedienen sich daher Verkaufshilfen zur Unterstützung bei der Benutzung des Produkts. Dies kann in Form von Musterwohnungen oder Probewohnen übers Wochenende sein. Auch die Werbung auf der Baustelle durch ein geeignetes Bauschild gehört ebenfalls zu den verkaufsfördernden Maßnahmen

4. Die **Öffentlichkeitsarbeit** ist dazu da, um Meinungen und Handlungen der potentiellen Käufer zu beeinflussen. Die **Public-Relations** wie die Öffentlichkeitsarbeit auch genannt wird, wirbt um **öffentliches Vertrauen** beim Kunden. Darüberhinaus hat sie zur Aufgabe, **Verständnis in der Öffentlichkeit** für die Marketingmaßnahmen zu schaffen.

Um die **Unternehmensziele** zu erreichen wird ein **Firmenimage** geschaffen, damit der Zugang der Käufer zum Unternehmen positiv beeinflußt wird. Als Zielgruppen sind unter anderen Kunden, Lieferanten, Kreditgeber und Verbände denkbar.

Da die verschiedenen Kommunikationsinstrumente nicht gleichwertig sind, müssen sie, um erfolgreich am Markt zu sein, mit den Absatz und der Produktion abgestimmt sein.

Immobilienmarketing

Das Immobilien- und Grundstücksgeschäft ist wissenschaftlich als Teil des Investitionsgüter - Marketing in Deutschland vernachlässigt. Die Immobilie als Wirtschaftsgut sowie der Grundstücks- und Wohnungsmarkt findet bei der Anwendung theoretischer Konzepte teilweise dieselbe Anwendung, wie im Konsumbereich.

Beim Immobilienmarkt liegen lt. Pepels die nachfolgenden Eigenschaften vor:

- Gebundenheit an den Standort durch räumliche Teilmärkte
- Dauerhaftigkeit der Investition
- hohe Investitionsvolumina
- hohe Transaktionskosten (Formvorschriften und Sicherheiten)
- beschränkte Teilbarkeit
- beschränkte Substituierbarkeit
- geringe Markttransparenz
- Abhängigkeit von anderen Märkten
  - Zinsmarkt
  - Steuerliche Aspekte
- geringe Anpassungselastizität an Marktveränderungen

Der Immobilienmarkt ist eine vieldimensionale Betrachtung und macht daher eine gründliche Auseinandersetzung erforderlich.

Aufgrund der immensen jährlichen Bauleistung und Investitionsvolumen von Wohnimmobilien von rund DM 200 Milliarden und von rund DM 100 Milliarden an Gewerbeimmobilien (IFO - Institut 1996), ist diesem Teilmarkt eine besondere Hinwendung teil werden zu lassen.

Wieviel Platz brauchen Sie?

	Größe (m^2)	zur Zeit	Wunsch
Wohnzimmer			
Elternschlafzimmer			
Kinderzimmer			
für			
für			
für			
Gästezimmer			
Arbeitszimmer			
Eßzimmer			
Küche			
Vorratsraum			
Bad			
WC			
zweites Bad/Gäste-WC			
Diele/Flur			
Abstellraum			
Vorratskeller			
Waschküche			
Hobbyraum			
Fitneßraum/Sauna			
Dachboden			
Balkon/Terrasse			
Wintergarten			
Garage(n)/Stellplätze			
Garten			

Gewerbeimmobilien in Form von Büro und Verwaltungsgebäuden sind für die gewerbliche Wirtschaft zur Nutzung vorgesehen. Dieser Immobilientyp sind von der Herstellung her, als technische Gebäude zu betrachten.

Die Wohnimmobilie ist ein Grundbedürfnis für jeden einzelnen Menschen. Die Zunahme von Wohnraum pro Kopf der Bevölkerung hat in den vergangenen Jahren zugenommen Eine genaue Aufstellung des Raumbedarfs sollte deshalb vor jeder Kaufentscheidung sorgfältig durchdacht und analysiert werden. Es sollte dabei überlegt werden, daß sich die Bedürfnisse verändern und diese nicht mit denen identisch sind, die unter Umständen einige Jahre später erforderlich sein können. So wächst vielleicht die Familie durch Kinder, die nach dem Schulabschluß bedingt durch Ausbildungsende und/oder Berufsaufnahme das Elternhaus verlassen. Es kann durchaus auch vorkommen, daß sich die Ansprüche ändern durch Hobbys, die eigenen Raum brauchen. Aus diesen Gründen sollten das Haus beziehungsweise die Wohnung den Wünschen des jeweiligen Interessenten angepaßt sein.

Auf der vorhergehenden Seite findet sich eine entsprechende Checkliste der Deutschen Bank AG, Frankfurt, 1998.

Die Steigerung des Wohnflächenbedarfs, sowie die Veränderung am Immobilienmarkt durch Zu- oder Abwanderung von Bevölkerungsschichten bringt den Markt in veränderte Dimensionen.

1.1.4.6 Marketingkontrolle
Funktion und Aufgabe der Marketingkontrolle

Die **Marketingkontrolle** kann sich auf die Gesamtheit des Marketings oder auf einzelne Bereiche, wie zum Beispiel die Akquisition beziehen. Das Hauptziel der Marketingkontrolle ist, die eingeschlagenen Wege und Funktionen zu prüfen, und ob mit den eingesetzten Mitteln das Unternehmensziel erreicht werden kann.

Die Marketingkontrolle wird als die systematische, unbeeinflußte Beurteilung zur Verwirklichung der Ziele in einem Unternehmen gesehen. Die Marketingkontrolle gibt Aufschluß über etwaige Korrekturen und Anpassungen für das Gesamtunternehmen.

Die Funktionen der Marketingkontrollen ergeben sich aus den erstellten Marketingplänen, die bei der Verwirklichung oder Umsetzung am Markt veraltet sind. Der Umfang der Kontrolle und das Zusammenfügen der Kontrollergebnisse sind von eminent wichtiger Bedeutung. Die Schlußfolgerungen aus den Kontrollergebnissen müssen dem Unternehmen neue Erkenntnisse oder eine Bestätigung des bisher eingeschlagenen Weges vermitteln. Die Marketingkontrolle darf daher kein Selbstzweck sein, sondern hat langfristig gesehen für das Unternehmen substantiellen und existentiellen Charakter.

Die Ergebnisse der Kontrollfunktion können aus mehreren Abläufen gewonnen werden:

Ergebnisse aus der Planungsdurchführung: Die Werte, die sich daraus ergeben, nennt man auch **Ist-Werte**. Das gewonnene Zahlenmaterial kann mit den Planzahlen exakt verglichen werden.

Die Definition der Kontrollfelder legt fest, bei welchen Großzielen des Marketings die Kennzahlen ermittelt werden sollen: Sie können sich dabei auf den Umsatz, den Gewinn, die Werbung oder den Marktanteil beziehen. Es ist wichtig, daß zunächst nur einige Kontrollfelder ausgewählt und untersucht werden. Die Resultate daraus werden in das globale Kontrollfeld bei der Gesamtschau einbezogen. Bei einer Einzelbetrachtung können die Konturen des Unternehmens verwischt werden und als Folge zu nicht korrekten Ergebnissen führen.

Nach der Ermittlung der **Ist-Werte** schließt sich der Vergleich mit den Sollwerten und den daraus resultierenden Abweichungen an. Der **Soll-Ist-Vergleich** ist das eindeutigste Instrumentarium, mit dem die Prognose der

Wirklichkeit gegenübergestellt wird. Dabei werden die Zahlen miteinander zunächst verglichen.

Die Bestimmung der Toleranz und den Bandbreiten, in der die Istzahlen Schwankungen mit den tatsächlichen geplanten Sollgrößen unterliegen, ist bei der Kontrollfunktion nicht von Bedeutung. Weichen jedoch die Vorgaben von den Ergebnissen ab, sei es in absoluten Zahlen oder in Prozentzahlen, sind Korrekturmaßnahmen seitens des Unternehmens unvermeidlich.

Die Erkenntnisse, die sich aus der Kontrollfunktion ergeben, sind in Korrekturen umzusetzen, um die entstandenen Störungen zu beseitigen. Dies kann dazu führen, daß die Maßnahmen durch eine Korrektur wieder auf das vorangegangene Niveau eingerichtet werden, oder die aufgetretene Abweichung macht es notwendig, Entscheidungen zu treffen, die das ganze Marketing oder die Marketingstrategie betreffen. Die Störfelder können sein: Veränderung im Käuferverhalten, Änderung der Gesetzgebung für Immobilien oder auch Veränderung des Wettbewerbs.

Die Marketingkontrolle als kontinuierlicher Prozeß ist eine Unternehmensaufgabe. Die Effizienz und die Ergebnisse des Unternehmens hängen von der permanent aufrechterhaltenen Prüfung des Marketings ab. Nur so können aufgetretene Abweichungen vom Marketingziel reguliert werden.

1.1.5 Rechnungswesen

Informationstechnologie und Informationsmanagement

Die immer neu entwickelten **Technologien** machen **Informationen** überall verfügbar. Nachrichten, wie Texte, Bilder und Sprache können auf digitale Signalformen reduziert werden, um den anschwellenden Informationsfluß zu verarbeiten.

Informationen können somit in der globalisierten Welt in Sekundenschnelle weltweit versandt und abgerufen werden. Industrienationen können sich dieser „informatisierten Industriegesellschaft" nicht mehr entziehen. Durch den Einsatz der elektronischen Datenverarbeitung (EDV) hat die Information eine neue Qualität erhalten.

Die neuen Techniken haben nicht nur das Informations- und Kommunikationsverhalten von Industrie und Staat verändert, sondern auch die computergesteuerte Überwachung menschlicher Verhaltensweisen ermöglicht. Die technische Möglichkeit, durch anonyme Überwachung, die menschliche Struktur und Entscheidungen zu beeinflussen beziehungsweise zu verändern, kann zu einer Lähmung im Wirtschaftsprozeß führen. Überwachungstechniken mit computergestützten Netzen sind dort angebracht, wo es um Wirtschaftskriminalität geht. Mit Hilfe von Datenübermittlungen können kriminelle Aktivitäten aufgeklärt werden.

Die Fülle der Mittel zur Informationsgewinnung ermöglicht einen erheblichen Zuwachs an Wissen und damit an Macht für das Management oder jenen Stellen, die sich der Mittel bedienen können.

Informationsgewinn ist deshalb nicht nur ein positives Gut, sondern bedeutet auch ein enormes Gefahrenpotential, wenn die erhaltenen Informationen mißbraucht werden.

Informationen sind die Basis für unternehmerische Entscheidungen. Deshalb gehört die Information zu den elementaren Bedürfnissen der Menschen. Die Mitarbeiter und das Management müssen freien Zugang zu möglichst verschiedenen Quellen haben, um das eigene Wissen zu stärken.

Betriebliches Rechnungswesen als Informationssystem

Unter dem Begriff **Rechnungswesen** versteht man die Erfassung, Verarbeitung und Abgabe von Informationen über das Unternehmen. Diese Informationen aus dem Rechnungswesen dienen dem Unternehmen der Unterstützung bei der Unternehmenssteuerung.

Das **Rechnungswesen** hat sich heute, durch die Veränderungen des wirtschaftlichen Umfeldes, zum Controlling weiterentwickelt. Controlling steht für die zukunftsorientierte Planung und Steuerung des betrieblichen Geschehens.

Das Rechnungswesen umfaßt **vier Informationsbereiche**:

Buchführung
Kostenrechnung und Leistungsrechnung
Statistik
Planungsrechnung

Die **Buchführung** dient dazu, alle Geschäftsvorfälle aufzuzeigen und in Zahlen festzuhalten. Alle Veränderungen der Umsatzzahlen, des Kapitals und des Vermögens werden zeitlich und sachlich auf den einzelnen Konten erfaßt und zugeordnet.

Die **Buchführung** ist die zentrale Stelle im Unternehmen, an der alle Informationen zusammenlaufen und festgehalten werden.

Die Kosten- und Leistungsrechnung erfaßt alle wirtschaftlichen Vorgänge in Form von Verkaufsergebnissen und der Herstellung von Produkten.

Die Kosten- und Leistungsrechnung erfaßt somit den **Werteverbrauch,** also die Kosten und den **Wertezuwachs** in Form von Leistung.

Die Statistik befaßt sich mit der Aufbereitung und Auswertung des Zahlenmaterials, das in der Buchführung und in der Kosten- und Leistungsrechnung ermittelt wird. Die Statistik liefert dazu graphische und tabellarische Übersichten.

Die Planungsrechnung basiert auf Ergebnissen der Buchführung, der Kosten- und Leistungsrechnung und der Statistik. Aufgabe der Planungsrechnung ist es, die Berechnung der zukünftigen betrieblichen Entwicklung vorzunehmen.

Die vier Informationssysteme des Rechnungswesens sind durch ihr spezielles Aufgabenspektrum und das Zusammenführen der einzelnen Aufgabenbereiche eng miteinander verflochten.

Controlling als Informationssystem

Controlling ist die zukunftsorientierte Maßnahme zur Planung und Steuerung des betrieblichen Geschehens. In Bezug auf das Gesamtunternehmen hat es die Aufgabe, Informationen aus dem Rechnungswesen zur Unterstützung der Unternehmenssteuerung bereitzustellen.

Der Controller stellt dazu **Informationssysteme** über die Planung und Steuerung für das Management bereit. Zu den Informationssystemen gehören:
- **Berichtswesen**
- **Budget**
- **Umsatzzahlen**
- **Verkaufszahlen**

Diese Zahlen finden Niederschlag im **Erlös- und Kostencontrolling und im Finanzcontrolling.**

Die Informationen über die einzelnen Bereiche wie Verkauf und Einkauf fließen in die gesamtunternehmerischen Informations- und Berichtssysteme ein.

Durch diese Vorgehensweise werden alle Mitarbeiter mit dem Informationssystem konfrontiert und unterstützen das Management mit betriebsrelevanten Kennzahlen zur Unternehmenszielsetzung. Controlling deckt damit alle kostenorientierten und ertragsorientierten Abläufe in einem Unternehmen ab.

Datensicherung, Datenschutz
Risiken der Informationstechnologie
Verarbeitung von personenbezogenen Daten
Datensicherung

Der Mensch erzeugt Daten als **aktiv Beteiligter**, in dem er das System benutzt, oder **passiv** durch die Benutzung dieses Systems durch andere. Die gewonnenen Daten und verschiedenen Kombinationen untereinander ergeben eine Vielzahl von Aussagen über den einzelnen Menschen. **Datenschutzgesetze** verwenden in diesem Zusammenhang den Ausdruck „personenbezogene“ Daten.

Die Speicherung von Arbeitnehmerdaten kombiniert mit Prozeßakten und **Einwohnermeldedaten** machen die Risiken der Informationen deutlich.

Die zunehmende **Erkundung** des Menschen mit Hilfe der Datenverarbeitung machen ihn zum **„gläsernen Menschen“.** Die Datenbestände über sein Verhalten am Arbeitsplatz und seine betrieblichen Leistungen bieten Chancen, aber auch Risiken.

Es hängt im Einzelfall immer davon ab, wie mit den gewonnenen Daten umgegangen wird. Die Erfahrung lehrt, daß die **Verfügbarkeit** von Daten über Menschen, eine Art „**Verführung**" beinhaltet, der die Nutzer nur schwerlich widerstehen können.

Datenerfassung
Personalinformation

Die meisten Unternehmen arbeiten heute unter dem Einsatz der EDV, um Informationen zu verbreiten oder zu speichern. Zu den Informationsträgern gehören die EDV Anlage, sowie Telefax und Telefon.

Mit Hilfe der **Personalinformationssysteme (PIS)** nimmt die Transparenz des Mitarbeiters ständig zu. Diese Systeme ermöglichen:

Die Überwachung des Arbeitnehmers
Den Vergleich mit anderen Arbeitnehmern

Die Personalinformationen dienen der **Personalverwaltung** und sind unerläßlich für die **Personalsteuerung und Personalplanung**. Sie dienen dazu, Arbeitsplatzanforderungen mit der Arbeitsfähigkeit von Mitarbeitern zu vergleichen.

Dieser **Datenkranz** kann Merkmale wie Alter des Mitarbeiters, Leistung in verschiedenen Positionen, **Fehlzeiten** und **Krankheitsmeldungen** beinhalten. Die Erkenntnis aus solchen Daten kann dazu führen, den Mitarbeiter mit einer adäquaten Aufgabe zu betrauen.

Die Information über persönliche Daten, wie auch das Verschweigen derselben, bilden eine wesentliche menschliche Seite. Daten, die zum Ziel den durchsichtigen und **überwachten Menschen** haben, zerstören jegliche Individualität.

Die Grenzen zwischen der Selektion für den Arbeitsplatz sowie der Manipulation sind im Einzelfall schwierig zu erkunden.

Betriebsdatenerfassung

Aufgabe der **Betriebsdatenerfassung** ist es, den betrieblichen Ablauf zu digitalisieren und so der Datenverarbeitung zugänglich zu machen.

Die Betriebsdatenerfassung beginnt mit dem Betreten des Bürogebäudes und Durchschreitens des Fabriktores und zeichnet alle Komponenten bis zur Qualitätskontrolle auf.

Diese Systeme zeigen eine nahtlose Überwachung von Leistung und Verhalten der Arbeitnehmer auf. Ziel ist es, die einzelnen Informationsinseln zu einem komplexen Informationssystem zusammenzufügen. Damit kann das Unternehmen den Ablauf und den Arbeitseinsatz genauer und schneller optimieren.

Datenschutz und Datenschutzrecht

Datenschutzrecht ist in Deutschland ein Persönlichkeitsschutzrecht, das im **Grundgesetz** (Artikel 2, Absatz 1 Grundgesetz GG) seinen Niederschlag findet.

Dieses Grundrecht gibt dem Bürger das Recht zur freien persönlichen Entfaltung und den Schutz der Menschenwürde.

Der **Bundesgerichtshof (BGH)** entwickelte 1954 das Persönlichkeitsrecht. Dieses Recht ist in § 823 Absatz 1 BGB verankert und gesteht im Falle der Verletzung dem Geschädigten einen Schadensersatzanspruch zu.

Als Folge von Entscheidungen des **Bundesverfassungsgerichts** über das **Persönlichkeitsrecht** erging auch das sogenannte Volkszählungsurteil.

Unter Aufgabe von sogenannten **Schutzsphären** (Geheim-, Privat- und Individualsphäre des einzelnen), spricht das Gericht mit Blick auf die modernen **Informations- und Kommunikationstechnologien** von einem informellen **Selbstbestimmungsrecht**. Die gesetzliche Konkretisierung dieses Rechts ist das **Datenschutzrecht.**

1.1.5.1 Spezielle Fragen des Rechnungswesens in der Immobilienwirtschaft Immobilienbewirtschaftung

Die **Immobilienbewirtschaftung** ist eine der Führungsaufgaben im Unternehmen. Die Analyse eines Objekts, der Kauf, die Planung und die Bewirtschaftung sind die entscheidenden Schritte. Die Tätigkeiten müssen koordiniert und entsprechend umgesetzt werden. Um die einzelnen Entscheidungen zu treffen, bedarf es einer Fülle von Informationen. Diese Quellen von Informationen kommen aus dem Rechnungswesen eines Unternehmens. Das **Rechnungswesen** beinhaltet die technischen und wirtschaftlichen Daten und Informationen für die Kosten und Leistungsrechnung der Immobilienwirtschaft.

Diese speziellen **Einflußgrößen** stellen die Bestandsveränderungen innerhalb eines bestimmten Zeitraums fest. So zum Beispiel der Kauf oder Verkauf von Immobilien, die Höhe des Aufwands für die Immobilien oder den Ertrag aus den Mieteinnahmen.

Die **Strömungsgrößen** sind somit Zahlungs- beziehungsweise Leistungsvorgänge innerhalb einer bestimmten Zeitspanne. Diese Strömungsgrößen führen zu einer Veränderung von **Bestandsgrößen** durch Einzahlung, Ertrag und Leistung (Bau von Wohnungen), also die „positiven“ Strömungsgrößen, oder durch Auszahlung, Aufwand und Kosten, die sogenannten „negativen“ Größen. Die Differenz zwischen diesen beiden Strömungsgrößen einer Periode stellt die Veränderung (Erhöhung oder Verminderung) des Bestandes in einem Unternehmen während des Erhebungszeitraums dar.

Neben diesen internen Aufgaben hat das Rechnungswesen auch Aufgaben von externem Charakter. Das Rechnungswesen hat auch zur Aufgabe, die gesetzlichen Pflichten der Gesellschaft zu erfüllen: Aufstellung der Bilanz und Gewinn- und Verlustrechnung für die Gesellschafter, Kreditgeber und für die Finanzbehörden. Außerdem können Informationen an die Wirtschaftspresse und für die Öffentlichkeit gegeben werden. Die Angaben für die breite Öffentlichkeit werden oft in verkürzter Form herausgegeben. So werden oft nur Angaben über die Bauvorhaben gemacht oder Informationen über die Abschlüsse von Mietverträgen oder der vermieteten Fläche. Dienstleistungsunternehmen machen Angaben über die Prämienaufkommen in einem bestimmten Zeitraum.

Der **Aufbau** und die **Organisation** des Rechnungswesen sind von den spezifischen Gegebenheiten eines Betriebes abhängig. So von der Größe des Betriebes, der Rechtsform und des Wirtschaftszweigs. Das Rechnungswesen in einem Maklerunternehmen hat einen anderen Aufbau als bei einem Unternehmen, das sich mit der Projektierung von Objekten befaßt.

Die Aufgabe des Rechnungswesens wird heute durch die EDV zunehmend erleichtert. Die verschiedenen Programme für den PC machen es möglich mit geringem zeitlichen Aufwand die Kosten für ein Objekt zu erstellen oder den Stand der Verkäufe aufzulisten.

Erwerb und Bebauung von Grundstücken des Anlagevermögens

Der **Erwerb von Gründstücken** die zum Anlagevermögen gehören, führen beim Wohungsunternehmen zu Bestandsveränderungen. Die vorgesehenen Konten für Grundstücke können in bebaute und unbebaute Grundstücke unterschieden werden.

Zu den **bebauten Grundstücken** gehören Bauten auf den eigenen Grundstücken beziehungsweise auf Erbbaurechtsgrundstücken, die selbst erstellt wurden. Wohnanlagen oder Mietshäuser, die gekauft wurden, gehören ebenfalls dazu. Die gewerblichen Objekte, wie Bürohäuser und Verwaltungsgebäude gehören gleichfalls zu dieser Gruppierung. Es ist jedoch dienlich die Wohnungen und die Bürohäuser in einer getrennten Kontengruppe aufzuführen.

Die **unbebauten Grundstücke** und Erbbaurechte für Wohnungen und Bürohäuser, die im Bestand verbleiben sollen, werden unter der Rubrik "nicht bebaute Grundstücke" erfaßt. Über den Zeitpunkt der Aufnahme eines Objekts in die Bilanz entscheidet die wirtschaftliche Zugehörigkeit zum Immobilienunternehmen. Die Zugehörigkeit ist dann gegeben, wenn der künftige Eigentümer frei über den Gegenstand verfügen kann.

So gehören zum **wirtschaftlichen Vermögen** eines Unternehmens Grundstücke vom Zeitpunkt der notariellen Beurkundung an. Der rechtliche Übergang ist somit mit dem wirtschaftlichen Eigentumsübergang nicht immer unbedingt identisch. In einem Grundstückskaufvertrag kann vereinbart sein, daß der wirtschaftliche Übergang früher oder später vollzoen wird als der rechtliche Übergang – die Auflassung im Grundbuch. Mit dem **wirtschaftlichen Eigentumsübergang** sind die erworbenen Grundstücke zu den **Anschaffungskosten** in der Bilanz zu aktivieren.

Zu den Anschaffungskosten bebauter oder unbebauter Grundstücke gehören:

- **Der Kaufpreis für das Grundstück**
- **Notarkosten**
- **Gerichtskosten**
- **Grunderwerbsteuer**
- **Maklerprovision**
- **Gebühren für amtliche Genehmigungen**

Nachträgliche Anschaffungskosten sind:

- **Kosten für Entwässerung und Versorgung**
- **Entschädigungen für Mieter zum Beispiel bei Sanierung**
- **Abgaben, die einmalig zu entrichten sind**
- **Kosten für die Baufertigmachung des Grundstücks**

Erwerb, Bebauung und Verkauf von Grundstücken des Umlaufvermögens

Grundstücke gehören dann zum **Umlaufvermögen,** wenn sie nicht im dauerhaften Eigentum des Unternehmens verbleiben sollen. Grundsätzlich kann man sagen, daß Grundstücke gekauft und für einen fremden Eigentümer gebaut oder nach dem Bau wieder veräußert werden.

Der Erwerb von Grundstücken des **Umlaufvermögens** führt in der Bilanz zu folgenden Veränderungen:

Grundstücke und grundstücksgleiche Rechte ohne Bauten noch nicht erschlossen. Hierbei sind die Anschaffungskosten zu erfassen, unabhängig davon, ob sie in unbebautem Zustand veräußert oder bebaut werden sollen.

Grundstücke und grundstücksgleiche Rechte ohne Bauten selbst erschlossen. Diese sind nur bei Unternehmen vorzufinden, die selbst entsprechende Erschließungsmaßnahmen durchführen.

Grundstücke und grundstücksgleiche Rechte mit fertigen Bauten. In dieser Position sind alle Grundstücke erfaßt, die verkauft werden sollen. Auch fertiggestellte Wohnungen werden hier einbezogen.

Bebauung der Grundstücke

In der Phase der **Bebauung** und **Baubetreuung** werden die Bauten im **Umlaufvermögen** erfaßt. Die zu erbringende Leistung besteht darin, daß die Grundstücke bebaut und nach der Erstellung verkauft werden sollen, Sie gehören also nicht in das Anlagevermögen.

Verkauf von Grundstücken

Der Verkauf von Grundstücken kann in zwei Phasen erfolgen:

- **Verkauf von unbebauten Grundstücken**
- **Verkauf von bebauten Grundstücken**

Der **Verkauf von unbebauten Grundstücken** erfolgt dadurch, daß das Grundstück ohne Aufbauten an einen Interessenten verkauft wird. Beim Eigentumsübergang stehen den Forderungen aus dem Verkauf der Grundstücke den Umsatzerlösen aus dem Verkauf von unbebauten Grundstücken gegenüber.

Beim **Verkauf von bebauten Grundstücken** werden die Grundstücke zunächst aktiviert und beim Verkauf als Bestandsminderung ausgebucht. Falls jedoch die errichteten Gebäude im Jahr der Fertigstellung verkauft werden ist eine Bestandsminderung nicht erforderlich, da auch keine entsprechende Bestandserhöhung vorgenommen wurde.

Werden beim Kauf **Anzahlungen** vereinbart, so werden diese Beträge auf dem Konto "Anzahlungen auf Verkaufsgrundstücke" erfaßt. Die Finanzierung des Verkaufspreises erfolgt dann, indem die Anzahlung verrechnet wird – eventuell auch die anteilige Übernahme von Hypotheken in Anrechnung auf den Kaufpreis oder die Tilgung der Restschuld durch Bezahlung durch den Käufer.

Baubetreuung

Bei den Leistungen aus der **Baubetreuung,** insbesondere aus Betreuungsverträgen und Erschließungsleistungen, wird im Gegensatz zur Behandlung der Generalübernehmerleistung das Unternehmen im eigenen Namen und für eigene Rechnung tätig. Bei einem Generalübernehmervertrag wird das Unternehmen in fremdem Namen für fremde Rechnung tätig. Verauslagte Baukosten sind daher unter den Forderungen aus Betreuung, ohne Berührung der Gewinn- und Verlustrechnung, zu erfassen. Nur die eigenen angefallenen Kosten der Leistungserbringung, das sind in der Regel die Personal- und Verwaltungskosten, werden unter den unfertigen Leistungen angesetzt.

Abschreibungen nach Handels- und Steuerrecht

Die **Abschreibungen** sind die Wertminderungen der Anlagegüter, die durch Nutzung, wie Verschleiß, technischen Fortschritt, wirtschaftliche Entwertung oder durch außergewöhnliche Ereignisse verursacht werden. Die **Abschreibung** ist also die buchhalterische Erfassung eines Wertverzehrs.

Im **Steuerrecht** werden sie **Absetzung für Abnutzung (AfA)** genannt. Sie führen einerseits zu einer Verringerung des Buchwerts des Anlageguts und belasten andererseits als Aufwand die Erfolgsrechnung.

Im **Handelsrecht** wird für die Abschreibung keine bestimmte Methode vorgeschrieben. Die gewählte Abschreibungsmethode muß in erster Linie den Grundsätzen ordnungsmäßiger Buchführung entsprechen.

Für die Abschreibung in der **Steuerbilanz** schränkt das Steuerrecht die Anwendung bestimmter Methoden jedoch ein und erkennt nur bestimmte Methoden an.

Die Nutzungsdauer für die Anlagegüter werden in den sogenannten **AfA Tabellen** festgehalten. Die Finanzverwaltung erstellt für die einzelnen Anlagegüter die betriebsgewöhnlichen Nutzungsdauern, die jedoch nur zur Berechnung der steuerlichen Abschreibung bindend sind.

Nach Abschnitt 44 (5) Einkommensteuerrecht kann der Steuerpflichtige bei beweglichen Wirtschaftsgütern des Anlagevermögens, die **Abschreibung linear**, also in gleichen Jahresbeträgen oder **degressiv** in fallenden Jahresbeträgen bemessen.

Bei der **linearen Abschreibung** wird der Anschaffungswert in jährlich gleichbleibenden Abschreibungsbeträgen als Aufwand auf die wirtschaftliche Nutzungsdauer verteilt. Nach der Abschreibungszeit ist das Anlagegut voll abgeschrieben.

Bei der **degressiven Abschreibung** wird der Anschaffungswert in jährlich fallenden Abschreibungsbeträgen als Aufwand auf die wirtschaftliche Nutzungsdauer verteilt. Am ende der Abschreibung bleibt häufig ein kleiner Wert noch übrig. Der Vorteil liegt darin, daß zu Anfang gleich hohe Beträge gewinnmindernd angesetzt werden können.

Verwaltungskosten

Die **Verwaltungskosten** können aus der Eigenverwaltung oder aus der Fremdverwaltungs resultieren. Eigenverwaltung liegt bei privaten Hauseigentümern vor. Die Fremdverwaltung erfolgt auftragsgemäß für Rechnung Dritter.

Die Verwaltungskosten beschränken sich nicht nur auf den Abschluß von Mietverträgen, sondern auf die Durchführung der Wohnungsbewirtschaftung und die Organisation des Betriebs der Wohnungen sowie der Instandhaltung und Instandsetzungsarbeiten nach betriebswirtschaftlichen Gesichtspunkten. Sie teilt sich auf in wirtschaftliche und technische und soziale Bereiche.

Die **Kosten für die Verwaltung** schlagen sich unter der Position Aufwendungen für bezogene Leistungen in der Gewinn- und Verlustrechnung ausgewiesen.

Dauerfinanzierungsmittel

Die **Dauerfinanzierungsmittel** sind Zahlungen, die an Wohnungsunternehmen zur mittelfristigen und langfristigen Finanzierung gegeben werden.
Die **Zahlungen** können **zu 100 Prozent** oder aber **unter 100 Prozent** mit einem Abschlag erfolgen. Der Abschlag oder das **Damnum** bedingt, daß je höher das Damnum ist um so niedriger ist die Auszahlung und umsoniedriger der Zinssatz. Je niedriger das Damnum, umso höher ist die Auszahlung.und umso höher der Zinssatz.

In der Buchführung wird ein Darlehen mit DM 100.000 und einem Damnum von DM 5.000 so gebucht. Die ausgezahlten DM 95.000 sind der Ausgabe oder Verfügungsbetrag. An die Bank sind jedoch DM 100.000 zurückzuzahlen. Unter wirtschaftlichen Gesichtspunkten ist dies so zu verstehen, als wenn die Bank DM 100.000 ausbezahlt hätte und das Unternehmen sofort wieder DM 5.000 an die Bank als zusätzliches Entgelt für die Kapitalnutzung neben den eigentlichen Zinsen zurückbezahlt. Das Damnum ist also als zusätzlicher Zinsaufwand zu verstehen.

Rückstellungen

Die **Rückstellungen** stehen auf der Passivseite der Bilanz. Es sind **Aufwendungen,** die zwar wirtschaftlich in das laufende Geschäftsjahr gehören, deren Höhe und/oder Fälligkeit jedoch erst im folgenden Jahr genau festgestellt sind. Diese Beträge werden in der Bilanz zum Stichtag des Geschäftsjahrs abgegrenzt oder passiviert. **Rückstellungen** beruhen daher auf einem Vorziehen von Aufwand.

Für die folgenden Positionen besteht in der Bilanz eine Rückstellungspflicht:

- drohende Verluste aus schwebenden Geschäften
- ungewisse Verbindlichkeiten
- unterlassene Instandhaltungsaufwendungen
- Gewährleistungen ohne rechtliche Verpflichtungen
- für Steuerzahlungen
- für Pensionen

Die **Bildung einer Rückstellung** für gewisse Verbindlichkeiten gegenüber Dritten bedarf der **vernünftigen kaufmännischen Beurteilung**, um die Risiken, mit denen das Unternehmen voraussichtlich in Anspruch genommen wird, abzudecken. Die Beurteilung schließt das Prinzip der kaufmännischen Vorsicht, also den Gläubigerschutz mit ein. Demzufolge können **keine Rückstellungen** gebildet werden, ohne jegliche wirtschaftliche vertretbare Begründung.

Die **Auflösung der Rückstellung** kann nur erfolgen, wenn der Grund dafür entfallen ist.

Unter den **Rückstellungen für Pensionen** sind solche Beträge zu verstehen, die für laufende Pensionen und Anwartschaften vorgesehen sind. Die Bildung von **Pensionsrückstellungen** basieren auf versicherungsmathematischen Berechnungen

Steuerrückstellungen sind die noch zu erwartenden Schlußzahlungen für noch nicht durch Steuerbescheide veranlagte Steuern. Zu dieser Position gehören auch die noch zu erwartenden Nachzahlungen, soweit die jeweiligen Bescheide bis zur Bilanzerstellung noch nicht vorliegen. .

Rückstellungen für Instandhaltung sind gegeben, wenn Sondermaßnahmen wie die Sanierung eines Flachdachs vorgesehen sind und die Durchführung erst in der kommenden Abrechnungsperiode durchgeführt wird.

Rücklagen

Für die Wohnungswirtschaft sind die Bildung von **Rücklagen** von besonderer Bedeutung. Die **Bildung von Rücklagen**, die erst bei der Auflösung zu versteuern sind, und die Vornahme steuerlicher Sonderabschreibungen werden in den Vorschriften des Steuerrechts mit wenigen Ausnahmen davon abhängig gemacht, daß diese Maßnahmen auch in der Handelsbilanz festgehalten werden.

Rücklagen sind zusätzliches Eigenkapital. Bei Aktiengesellschaften ist die Bildung von Rücklagen gesetzlich nach § 150 Absatz 1 und 2 AktG vorgeschrieben, sie beträgt mit der Kapitalrücklage 10 Prozent des Grundkapitals. Solange dieser Prozentsatz nicht erreicht ist, müssen 5 Prozent des Jahresüberschusses in die gesetzliche Rücklage der Bilanz eingestellt werden.

So haben Gebäude, die verkauft oder übertragen werden oft, in der Bilanz noch einen Bruchteil der ursprünglichen Herstellungskosten. Die beim Verkauf aufgedeckten **stillen Reserven** sind demzufolge zu versteuern. Um jedoch dieser Besteuerung auszuweichen, können diese Beträge den Rücklagen nach § 6 B EStG zugeführt werden. Dieses Rücklagen können bei einem Kauf von Immobilien wieder benutzt werden. Falls innerhalb von zwei Jahren keine neuen Investitionen in Form von Immobilienkäufen getätigt werden, müssen diese Rücklagen aufgelöst und versteuert werden. Ist jedoch im Jahr der Auflösung kein steuerpflichtiges Einkommen oder sind sogar Verluste vorhanden, so können diese Verluste mit den aufgelösten Rücklagen saldiert werden.

Rechnungsabgrenzungsposten

Passive **Rechnungsabgrenzungsposten** basieren auf Einnahmen zum Beispiel Mieteinnahmen, die sich auf einen bestimmten Zeitraum nach dem Bilanzstichtag erstrecken. Der Rechnungsabgrenzungsposten beruht also auf einer Ertragsverschiebung in die Zukunft.

1.1.5.2 Handelsrechtliche Vorschriften für die Aufstellung des Jahresabschlusses

Ansatzvorschriften

Der Immobilienfachwirt hat zu Beginn seines Handelsgewerbes und zum Schluß des Geschäftsjahres einen **Jahresabschluß** festzustellen und dabei die **Ansatzvorschriften** für die Buchhaltung zu beachten. Das **Handelsgesetzbuch (HGB) in § 242** formuliert, daß der Kaufmann für den Beginn und für den Schluß des Geschäftsjahres einen Abschluß aufzustellen hat, der das Verhältnis seines Vermögens und seiner Schulden darstellt. Kaufleute und Personenhandelsgesellschaften (OHG, KG) erstellen nur die Bilanz und die Gewinn- und Verlustrechnung. Kapitalgesellschaften müssen neben der Bilanz und der Gewinn- und Verlustrechnung den Anhang erstellen. Größere Kapitalgesellschaften sind verpflichtet einen Lagebericht zu erstellen.

Nach den rechtlichen Vorschriften ist es erforderlich den Jahresabschluß nach den **Grundsätzen ordnungsmäßiger Buchführung (GoB)** durchzuführen. Die wichtigsten materiellen GoB sind u.a.:

Realisationsprinzip
Imparitätsprinzip
Stichtagsprinzip
Nominalprinzip

Das **Realisationsprinzip**, erfordert, daß die am Bilanzstichtag realisierten, durch den Umsatzprozeß erzielten Gewinne auszuweisen sind.

Das **Imparitätsprinzip** erfordert, daß eine kaufmännische Vorsicht zu walten hat, das heißt, daß noch nicht realisierte, aber vorhersehbare Risiken und Verluste, die bis zum Bilanzstichtag entstanden sind, berücksichtigt werden müssen.

Das **Stichtagsprinzip** bedeutet, daß die am Bilanzstichtag vorliegenden Verhältnisse maßgeblich sind. Zum Bilanzstichtag gegebene und bei der Bilanzerstellung bekanntgewordene Tatsachen sind zu berücksichtigen. (werterhellende Tatsachen).

Das **Nominalprinzip** bedeutet, daß Geldwertveränderungen ohne Berücksichtigung bleiben. Die gesetzliche Fixierung der Anschaffungs- oder Herstellungskosten als Wertobergrenze sind Ausdruck des Nominalprinzips. Über den Anschaffungs- oder Herstellungskosten liegende Zeitwerte können in der Bilanz nicht zum Ansatz kommen.

Durch die Beachtung der Grundsätze ordnungsmäßiger Buchführung wird in vielen Fällen eine eingeschränkte Aussagefähigkeit des Jahresabschlusses vermittelt.

Gliederung des Jahresabschlusses

Nach § 247 Absatz des HGB gelten für alle Kaufleute dieselben **Gliederungsvorschriften** in der Bilanz. So sind das Anlage- und das Umlaufvermögen des Eigenkapitals, die Schulden sowie die Rechnungsabgrenzungsposten gesondert auszuweisen und aufzugliedern.

Für **Kapitalgesellschaften** wird sie durch ergänzende Vorschriften präzisiert. In § 265 HGB sind allgemeine Grundsätze für die Gliederung normiert. In § 266 wird ein Gliederungsschema für die Bilanz, in § 275 für die GuV vorgeschrieben. Die Bilanz ist in der **Kontoform**, die Gewinn- und Verlustrechnung in der **Staffelform** aufzustellen. **Kleine Kapitalgesellschaften** im Sinne des HGB brauchen nur eine verkürzte Bilanz aufzustellen, kleine und mittelgroße Kapitalgesellschaften dürfen bestimmte Posten unter der Bezeichnung „Rohergebnis“ zusammenfassen.

Erfordert der Geschäftszweig eine von § 266 HGB abweichende Gliederung des Jahresabschlusses, so gibt der Gesetzgeber für Kapitalgesellschaften **Formblätter** oder andere Vorschriften für die Gliederung des Jahresabschlusses vor, den Inhalt des Anhangs oder des Lageberichts zu erlassen. Von dieser Ermächtigung hat die Wohnungswirtschaft Gebrauch gemacht und **Formblätter** für die Wohnungswirtschaft vorgeschrieben. Die wohnungswirtschaftlichen Formblätter bestimmen für die Bilanz und für die Gewinn- und Verlustrechnung, welche Posten gesondert auszuweisen sind.

*Wie eine Gliederung und der Inhalt der Gewinn- und Verlustrechnung von Wohnungsunternehmen aussehen können, zeigt folgendes Beispiel aus **H. W. Jenkis**, Kompendium der Wohnungswirtschaft 3. Auflage 1996, München/Wien.*

Gliederung und Inhalt der Bilanz von Wohnungsunternehmen

Das der Formblatt-Verordnung vom 6. März 1987 beigegebene **Formblatt-Muster** schreibt für die **Gliederung der Bilanz** die nachstehend bezeichneten Posten in der aufgeführten Reihenfolge vor:

Aktivseite

A. Anlagevermögen

I. Immaterielle Vermögensgegenstände

II. Sachanlagen

1. Grundstücke und grundstücksgleiche Rechte mit Wohnbauten
2. Grundstücke und grundstücksgleiche Rechte mit Geschäfts- und anderen Bauten
3. Grundstücke und grundstücksgleiche Rechte ohne Bauten
4. Grundstücke mit Erbbaurechten Dritter
5. Bauten auf fremden Grundstücken
6. technische Anlagen und Maschinen
7. andere Anlagen, Betriebs- und Geschäftsausstattung
8. Anlagen im Bau
9. Bauvorbereitungskosten
10. geleistete Anzahlungen

III. Finanzanlagen
1. Anteile an verbundenen Unternehmen
2. Ausleihungen an verbundene Unternehmen
3. Beteiligungen
4. Ausleihungen an Unternehmen, mit denen ein Beteiligungsverhältnis besteht
5. Wertpapiere des Anlagevermögens
6. sonstige Ausleihungen

B. Umlaufvermögen

I. Zum Verkauf bestimmte Grundstücke und andere Vorräte
1. Grundstücke und grundstücksgleiche Rechte ohne Bauten
2. Bauvorbereitungskosten
3. Grundstücke und grundstücksgleiche Rechte mit unfertigen Bauten
4. Grundstücke und grundstücksgleiche Rechte mit fertigen Bauten
5. unfertige Leistungen
6. andere Vorräte
7. geleistete Anzahlungen

II. Forderungen und sonstige Vermögensgegenstände
1. Forderungen aus Vermietung
2. Forderungen aus Grundstücksverkäufen
3. Forderungen aus Betreuungstätigkeit
4. Forderungen aus anderen Lieferungen und Leistungen
5. Forderungen gegen verbundene Unternehmen
6. Forderungen gegen Unternehmen, mit denen ein Beteiligungsverhältnis besteht
7. sonstige Vermögensgegenstände

III. Wertpapiere
1. Anteile an verbundenen Unternehmen
2. eigene Anteile
3. sonstige Wertpapiere

IV. Flüssige Mittel und Bausparguthaben
1. Schecks, Kassenbestand, Bundesbank- und Postbankguthaben, Guthaben bei Kreditinstituten
2. Bausparguthaben

C. Rechnungsabgrenzungsposten

Passivseite

A. Eigenkapital

I. Gezeichnetes Kapital
II. Kapitalrücklage
III. Gewinnrücklagen
1. gesetzliche Rücklage
2. Rücklage für eigene Anteile
3. satzungsmäßige Rücklage
4. Bauerneuerungsrücklage
5. andere Gewinnrücklagen

IV. Gewinnvortrag/Verlustvortrag
V. Jahresüberschuß/Jahresfehlbetrag

B. Rückstellungen

1. Rückstellungen für Pensionen und ähnliche Verpflichtungen
2. Steuerrückstellungen
3. Rückstellungen für Bauinstandhaltung
4. sonstige Rückstellungen

C. Verbindlichkeiten

1. Anleihen
   davon konvertibel
2. Verbindlichkeiten gegenüber Kreditinstituten
3. Verbindlichkeiten gegenüber anderen Kreditgebern
4. erhaltene Anzahlungen
5. Verbindlichkeiten aus Lieferungen und Leistungen
6. Verbindlichkeiten aus der Annahme gezogener Wechsel und der Ausstellung eigener Wechsel
7. Verbindlichkeiten gegenüber verbundenen Unternehmen
8. Verbindlichkeiten gegenüber Unternehmen, mit denen ein Beteiligungsverhältnis besteht
9. sonstige Verbindlichkeiten
   davon aus Steuern
   davon im Rahmen der sozialen Sicherheit

D. Rechnungsabgrenzungsposten

Die Verordnung über **Formblätter** für die Gliederung des Jahresabschlusses von **Wohnungsunternehmen** ersetzt im allgemeinen die Gliederungsvorschriften für die Bilanz voll und ganz. In der Gewinn- und Verlustrechnung sind lediglich die Positionen Umsatzerlöse, Bestandsveränderung und Aufwendungen für bezogene Lieferungen und Leistungen abweichend vom Gliederungsschema in § 275 HGB aufzuführen, wie die *nachfolgede Tabelle aus H. W. Jenkis, Wohnungswirtschaft zeigt.*

Im übrigen gelten die allgemeinen Vorschriften des Handelsgesetzbuches, des Aktiengesetztes und des GmbH Gesetzes, die Grundsätze ordnungsmäßiger Buchführung und Bilanzierung sowie Bilanzierungsvorschriften anderer Gesetze.

Gliederung und Inhalt der Gewinn- und Verlustrechnung von Wohnungsunternehmen

Die wohnungswirtschaftliche Gewinn- und Verlustrechnung nach dem **Gesamtkostenverfahren** (auf das Umsatzkostenverfahren soll im Rahmen dieser Abhandlung wegen der geringen praktischen Bedeutung für die Wohnungswirtschaft nicht eingegangen werden) ist wie folgt aufzugliedern:

1. Umsatzerlöse
   a) aus der Hausbewirtschaftung
   b) aus Verkauf von Grundstücken
   c) aus Betreuungstätigkeit
   d) aus anderen Lieferungen und Leistungen
2. Erhöhung oder Verminderung des Bestands an zum Verkauf bestimmten Grundstücken mit fertigen oder unfertigen Bauten sowie unfertigen Leistungen
3. andere aktivierte Eigenleistungen
4. sonstige betriebliche Erträge
5. Aufwendungen für bezogene Lieferungen und Leistungen
   a) Aufwendungen für Hausbewirtschaftung
   b) Aufwendungen für Verkaufsgrundstücke
   c) Aufwendungen für andere Lieferungen und Leistungen
6. Personalaufwand:
   a) Löhne und Gehälter
   b) soziale Abgaben und Aufwendungen für Altersversorgung und für Unterstützung,
      davon für Altersversorgung
7. Abschreibungen:
   a) auf immaterielle Vermögensgegenstände des Anlagevermögens und Sachanlagen sowie auf aktivierte Aufwendungen für die Ingangsetzung und Erweiterung des Geschäftsbetriebs
   b) auf Vermögensgegenstände des Umlaufvermögens, soweit diese die in der Kapitalgesellschaft üblichen Abschreibungen überschreiten
8. sonstige betriebliche Aufwendungen
9. Erträge aus Beteiligungen,
   davon aus verbundenen Unternehmen
10. Erträge aus anderen Wertpapieren und Ausleihungen des Finanzanlagevermögens,
    davon aus verbundenen Unternehmen
11. sonstige Zinsen und ähnliche Erträge,
    davon aus verbundenen Unternehmen
12. Abschreibungen auf Finanzanlagen und auf Wertpapiere des Umlaufvermögens
13. Zinsen und ähnliche Aufwendungen,
    davon an verbundene Unternehmen
14. **Ergebnis der gewöhnlichen Geschäftstätigkeit**
15. außerordentliche Erträge
16. außerordentliche Aufwendungen
17. **außerordentliches Ergebnis**
18. Steuern vom Einkommen und vom Ertrag
19. sonstige Steuern
20. **Jahresüberschuß/Jahresfehlbetrag**

Bewertungsvorschriften

Unternehmen, die zum Abschluß einer Bilanz verpflichtet sind, unterliegen der **Einheitlichkeit der Bewertung**. Der **Bewertungsvorgang** im Unternehmen unterliegt einer Vielzahl rechtlicher Reglementierungen. Das Bilanzrecht sieht verschiedene Wertkategorien vor, die für die Handels- und die Steuerbilanz zum Teil eigenständig zuständig sind, zum Teil aber auch für beide Bilanzen gemeinsam gelten. Zwischen der Handels- und der Steuerbilanz besteht also auch ein Zusammenhang. Das Steuerrecht sieht keine besonderen Bewertungsnormen vor, in §§ 6 und 7 EStG sind gewisse Bewertungsregeln aufgezeichnet.

Daraus kann man den Schluß ziehen, **daß das Handelsrecht für die Steuerbilanz immer dann gilt, wenn im Steuerrecht keine zwingend abweichenden Regelungen enthalten sind**.

Grundsätzlich ist die Erstellung der Steuerbilanz an die Handelsbilanz gebunden. Es kommt jedoch immer wieder vor, daß manche Unternehmen zuerst die Steuerbilanz erstellen und darauf basierend die Handelsbilanz. Kleinere Unternehmen erstellen nur die Steuerbilanz. Zu den Bewertungen gehört das Prinzip der Vorsicht, dabei sind besonders zu nennen das **gemilderte Niederstwertprinzip** zur Bewertung des Anlagevermögens und das **strenge Niederstwertprinzip** beim Umlaufvermögens sowie das **Höchstwertprinzip** bei der Bewertung von Schulden.

Ist der **Stichtagswert** oder **Marktwert** niedriger als die der historische Anschaffungswert oder auch Herstellungsbetrag, muß der **niedrigere Wert zwingend** angesetzt werden.

Zusammengefaßt gibt es folgende Bewertungsvorschriften:

1. **Anschaffungs-** und **Herstellungskosten** bilden die **Wertobergrenze.**
2. **Strenges Niederstwertprinzip** gilt für das Umlaufvermögen.
3. **Gemildertes Niederstwertprinzip** gilt für das Anlagevermögen.

1.1.5.3 Teile des Jahresabschlusses

Bilanz

Im Mittelpunkt des Jahresabschlusses steht die Erstellung der **Bilanz**. Die Bilanz ist eine Gegenüberstellung der Aktiva und der Passiva.

Auf der **Aktivseite** steht das Vermögen des Unternehmens, während auf der **Passivseite** das zur Finanzierung der Vermögenswerte notwendige Kapital aufgeführt ist. Die **Passivseite** zeigt die Herkunft der zur Verfügung gestellten Mittel, die **Aktivseite** dokumentiert deren Verwendung.

Auf der **Aktivseite** steht das **Vermögen** des Unternehmens, das aus zwei Teilen besteht: – zum einen aus dem **Anlagevermögen** und zum anderen aus dem **Umlaufvermögen**. Das Anlagevermögen sind alle Teile, die dem Unternehmen nachhaltig bleiben, wie Gebäude und Anlagen. Im Umlaufvermögen stehen nur die Werte, die vorübergehend im Unternehmen verbleiben, wie zum Verkauf bestimmte Grundstücke oder auch Vorräte.

Die **Passivseite** unterteilt sich nach **Eigenkapital** und nach **Fremdkapital**. Das Eigenkapital wird von der Rechtsform beeinflußt, das Fremdkapital besteht aus Rücklagen und Verbindlichkeiten, die nach der Fristigkeit in langfristige und kurzfristige Verbindlichkeiten unterteilt werden.

Aktivierungsfähig sind alle **Vermögensgegenstände**, das sind alle Sachen und Rechte. Die **Werthaltigkeit** und die **Einzelveräußerbarkeit** sind damit die wichtigsten Merkmale eines Vermögensgegenstandes. Es ist dabei gleichgültig, ob der Vermögensgegenstand gekauft oder selbst hergestellt ist. Neben den **Sachen und Rechten** kann zum Beispiel auch selbst hergesellte Software für die Wohungsverwaltung zu den Vermögensgegenständen gehören.

Passivierungsfähig sind alle Schulden, das sind einerseits die sicheren Verbindlichkeiten und andererseits die Rückstellungen. Zieht man den

Saldo zwischen dem aktivierungsfähigen Vermögen und den passivierungsfähigen Schulden, so ergibt die Differenz das Eigenkapital des Unternehmens.

Die Gewinn- und Verlustrechnung

Die **Gewinn- und Verlustrechnung (GuV)** ermittelt durch Abschluß der Buchführung den Erfolg eines Unternehmens zum Stichtag. Die **GuV** ermittelt den Erfolg durch Saldierung von Aufwendungen und Erträgen während einer bestimmten Periode (meist dem Geschäftsjahr von 12 Monaten). Ähnlich wie in einer Bilanz werden hier Vermögensteile wie das **Umlaufvermögen** dem **Anlagevermögen** gegenüber gestellt. Die Erfolgsrechnung ergänzt also die Bilanz, indem sie über den Einblick in die Vermögenslage und die rechnerische Ermittlung des Erfolgsaldos hinaus detaillierte Einblicke in die Zusammensetzung und die Quellen des Erfolgs erlaubt.

Der Lagebericht

Kapitalgesellschaften haben zusammen mit dem Jahresabschluß einen **Lagebericht** zu erstellen. Im **Lagebericht** sind nach § 289 HGB der Geschäftsverlauf und die Lage der Kapitalgesellschaft so darzustellen, daß sie den tatsächlichen Verhältnissen entsprechen. Es ist **Aufgabe des Lageberichts** über den Jahresabschluß hinaus Informationen zu liefern, die ein entsprechendes Bild der wirtschaftlichen Lage der Kapitalgesellschaft zu vermitteln.

Der Inhalt des Lageberichts stellt sich wie folgt dar:

- **Geschäftsverlauf und Lage**
- **Vorgänge von besonderer Bedeutung**
- **Zukunftsorientierung**

Die Ausführungen über den **Geschäftsverlauf** und die **Lage** der Immobiliengesellschaft erfordert Aussagen über die Grundstücksbevorratung, die Bautätigkeit, die Verkaufstätigkeit, Bewirtschaftungstätigkeit und die sonstigen Tätigkeiten. Dazu gehören auch Sanierungen und Entwicklungsmaßnahmen.

Bei dem Bericht über **Vorgänge von besonderer Bedeutung**, die nach Abschluß des Geschäftsjahres auftreten, sind alle Vorgänge von wirtschaftlicher Bedeutung mitzuteilen. Dies können Verschlechterungen des Mietbestandes durch Konjunkturveränderungen sein, zum Beispiel wenn ein Großmieter zahlungsunfähig geworden ist und dadurch ein großer Mietausfall entsteht. Die Ausführungen sind insofern wichtig, da die Gesellschafter bei der Gewinnverwendung erforderliche Maßnahmen einleiten können.

Die **Zukunftsorientierung des Lageberichts** wird durch die Berichterstattung über die voraussichtliche Entwicklung des Unternehmens dokumentiert. Es soll ersichtlich werden, in welche Richtung sich das Unternehmen in Zukunft bewegt, ob es sich zum Beispiel mehr der Entwicklung oder der Sanierung von Gebäuden widmet. Interessant sind auch Berichte über das geplante Bauvolumen, die Finanzierung und den Abverkauf von Wohnungen, sowie die generelle Umsatzvorschau für das kommende Geschäftsjahr.

Anhang

Der **Anhang** bildet mit der Bilanz und der Gewinn- und Verlustrechnung eine Einheit, er ist Bestandteil des Jahresabschlusses. Durch den umfassenden Informationszweck des Jahresabschlusses schließt der Jahresabschluß von Kapitalgesellschaften einen **Anhang** ein. Aufgabe des Anhangs ist die Vermittlung von Informationen über die Vermögens-, Finanz- und Ertragslage neben und zusätzlich zur Bilanz und Gewinn- und Verlustrechnung. Insbesondere sollte der **Anhang** die Gewinn- und Verlustrechnung und die Bilanz entlasten. Es empfiehlt sich den **Anlagen-**

spiegel mit der Aufstellung der Grundstücke und Gebäude nicht in der Bilanz, sondern in den Anhang aufzunehmen.

Eine bestimmte Art und Weise der Ausfertigung ist für den Anhang nicht vorgegeben. Die gewählte Struktur des Anhangs sollte jedoch beibehalten werden, denn es gilt der Grundsatz der Stetigkeit der Darstellung.

In der Praxis haben sich die folgenden Darstellungsformen durchgesetzt:

- **Angaben über die Bewertung der Bilanzierung**
- **Erläuterungen zu Positionen der Bilanz**
- **Erläuterungen zu Positionen der Gewinn- und Verlustrechnung**

Der Umfang der Berichterstattung richtet sich nach dem Umfang der Tätigkeit des Immobilienunternehmens. Die Berichte können sein:

Über **Investitionsvorhaben**, die eine Bautätigkeit vorsehen. Das sind Bauaufträge, die bis zum Bilanzstichtag vergeben wurden oder werden müssen und somit zu zukünftigen Zahlungen verpflichten.

Modernisierungen und **Großreparaturen,** die für die Finanzlage von Bedeutung sind

Verpflichtungen aus Grundstückskäufen, sofern ein notarieller Kaufvertrag abgeschlossen ist und die Zahlung noch aussteht.

1.1.5.4 Bilanzpolitik

Nach dem Handelsrecht sowie nach dem Steuerrecht fällt die Verantwortung für den Jahresabschlusses und die **Bilanzpolitik** der Geschäftsleitung zu. Zu den Aufgaben der Bilanzpolitik gehört es, Entscheidungen zu treffen, ob eine **gläubigerorientierte**, also eine nach dem Kapitalgeber gerichtete Politik oder eine **aktionärsorientierte** Bilanzpolitik, eine **passive**

Informationspolitik oder eine **aktive** Publizitätspolitik durchgeführt werden soll. Diese Grundsatzentscheidungen gehören zu den Managementaufgaben eines Unternehmens.

Die Unternehmen versuchen daher die verschieden Richtungen je nach Rechtsart des Unternehmens zu verfolgen. Oberstes Ziel ist es daher eine **optimale Bilanzpolitik** ins Auge zu fassen. Unter **optimaler Steuerbilanzpolitik** versteht man das zielbewußte Ausnutzen von Ansatz und Bewertungswahlrechten in der Bilanz. Die Optimierung hängt von der Rechtsform des Unternehmens als auch von Zielen des Unternehmens ab.

Aus dem unternehmerischen Gesamtziel lassen sich folgende Einzelziele systematisieren:

- **Dividendenpolitik**
- **Maximierung des Privatvermögens**
- **Maximierung des Unternehmensvermögens**

Soll eine **konstante Dividendenpolitik** betrieben werden, so müssen die Gewinne über einen möglichst langen Zeitraum gleichgehalten werden, um die jährliche Dividende keinen Schwankungen zu unterziehen und dem Anleger dauerhafte, eventuell steigende Dividenden zu garantieren.

Soll das **Privatvermögen** der Anteilseigner **maximiert** werden, dann empfiehlt es sich, die Summe der abgezinsten Nettogewinne – also den Nettokapitalwert – zu maximieren. Aus bilanzpolitischen Gründen wird man gewinnreduzierende Vorfälle möglichst zeitlich verlagern.

Soll das **Unternehmensvermögen maximiert** werden, wird man aus bilanzpolitischen Gründen stille Reserven mit Hilfe von Bewertungswahlrechten schaffen, damit die Gewinne möglichst in eine spätere Zeit verlagert werden. Somit minimiert man auch die Steuerzahlungen und erreicht somit einen konstanten **Vermögenszuwachs** und maximiert auf diese Weise das Vermögens des Unternehmens.

Die **Instrumente der Bilanzpolitik** liegen im Bereich der Geschäftsleitungsebene des Unternehmens. Das Ergebnis wird in der Bilanz nachvollziebar dargestellt. So kann während des Geschäftsjahres eine optimale Gestaltung wirtschaftlicher Tatbestände erreicht werden. Unternehmen können die Verkäufe von Wohnungen, die meist zum Ende des Jahres erzielt werden, in den Jahresabschluß (zum Beispiel auf den 31. März des Folgejahres) verlagern. Somit erreicht man eine optimale Liquidität und hat nur eine geringe Anzahl unverkaufter Wohnungen im Bestand.

1.1.5.5 Bilanzanalyse

Ziel der **Bilanzanalyse** ist die Gewinnung von Informationen als Grundlage einer unternehmerischen Beurteilung. Der Stellenwert der **Bilanzanalyse** wird erhöht, wenn man **mehrere Bilanzabschlüsse** der gleichen Branche und von mehreren **aufeinanderfolgenden Jahren** miteinander vergleicht.

Bei der Bilanzanalyse geht in man in mehreren Schritten vor, indem man die benötigten Daten aufbereitet und anschließend diese **verdichtet** um daraus **Kennzahlen** zu bilden.

Die **Datenaufbereitung** ermittelt einzelne Positionen der Bilanz und der-Gewinn- und Verlustrechnung. So ist die Auflösung oder Bildung stiller Rücklagen zu eliminieren, damit keine Über- oder Unterbewertung der Bilanz möglich ist.

Bei der **Kennzahlenbildung** geht es darum, die Angaben im Jahresabschluß durch Bildung von Kennzahlen zu verdichten. So ist der Jahresüberschuß eines Unternehmens wichtig, aber für den Anteilsinhaber ist es viel interessanter zu wissen, wie der Gewinn pro Anteilaktie ausgefallen ist.

Die **Kennzahlenauswertung** ist die Beurteilung eines Unternehmens im

Vergleich zu anderen Unternehmen oder zu den Vorjahren. Hat ein Unternehmen eine Umsatzrentabilität von 9 Prozent, so sagt diese abstrakte Zahl noch nicht viel über das Unternehmen aus. Aussagefähig ist die Zahl erst dann, wenn man sie mit den Vorjahren des Unternehmens vergleicht oder einen Branchenvergleich vornimmt, also mit gleich gearteten Unternehmen in Bezug setzt.

Bilanzkennzahlen

	12/2000 in Mio. DM	1/2000 in Mio. DM	Veränderung in %
Bilanzsumme	519,7	503,3	+ 3,3
Bauvolumen	351,1	349,6	+ 0,4
Fertige Bauten	103,1	102,0	+1,1
Unfertige Bauten	248,0	247,6	+ 0,2
Eigenkapital	12,8	12,4	+ 2.7

Die **finanzwirtschaftliche Bilanzanalyse** richtet sich an die Gläubiger des Unternehmens. Darin sind Kennzahlen zu den Positionen Vermögen, Schulden und Liquidität aufgezeichnet. Die **erfolgswirtschaftliche Bilanzanalyse** liefert Zahlen zu Daten wie Jahresgewinn und Rentabilität. Hier könnte man noch einige Kennzahlen anfügen, die schon an anderer Stelle dargestellt wurden.

1.1.5.6 Kostenrechnung Grundbegriffe

Aufgabe der **Kostenrechnung** ist die Erfassung, Verteilung und Zurechnung der Kosten, die bei der betrieblichen Leistungserstellung entstehen.

Der Vergleich der Kosten mit der erstellten Leistung und somit der Feststellung des Resultates ist eine Möglichkeit der Erfolgskontrolle. Auf der Grundlage der ermittelten Selbstkosten kann das Unternehmen die Kalkulation des Preises ermitteln – und somit auch die Preisuntergrenze, an welche sie beispielsweise beim Verkauf einer Eigentumswohnung gehen kann.

Innerhalb der Kostenrechnung unterscheidet man folgende Prinzipien der Zurechnung:

nach **Kostenverursachung**
nach **Kostentragfähigkeit**

Das **Kostenverursachungsprinzip** sagt aus, daß jeder Kostenträger und jede Kostenstelle mit dem Betrag zu belasten ist, den er/sie verursacht hat

Das **Kostentragfähigkeitsprinzip** sagt aus, daß fixe Kosten als vom Beschäftigungsgrad unabhängige anfallende Kosten nicht nach dem Verursachungsprinzip zugerechnet werden können. Sie werden in der Regel nach dem Deckungsprinzip verteilt, das heißt im proportionalen Verhältnis zu den Deckungsbeiträgen oder den Absatzpreisen der Kostenträger.

,

Die **einzelnen Teile der Kostenrechnung** sind:

die **Betriebsabrechnung**
die **Selbstkostenrechnung**

Die **Betriebsabrechnung** ist eine Periodenrechnung. Sie ermittelt als **Kostenartenrechnung**, welche Arten von Kosten im Betrieb angefallen sind zum Beispiel Personalkosten, Materialkosten, Abschreibungen und Zinsen und verteilt als **Kostenstellenrechnung** die Kostenarten auf die einzelnen Kostenbereiche, zum Beispiel Kosten für die Beschaffung, Fertigung, Verwaltung und den Vertrieb

Die **Selbstkostenrechnung** führt als Kostenträger Stückrechnung, die Zurechnung der Kosten auf die einzelne Leistung, durch, das heißt sie ermittelt die Selbstkosten und schafft die Grundlage für die Kalkulation des Angebotspreises.

Die Kostenrechnung kann sich verschiedener Abrechnungssysteme bedienen. Die **Ist-Kosten-Rechnung** liegt vor, wenn die tatsächlichen angefallenen Werte ohne Eliminierung von Zufälligkeiten, zum Beispiel Preisschwankungen oder Störungen im Produktionsablauf und im Bauverlauf verrechnet werden.

Von **Normalkosten** spricht man dann, wenn bestimmte Kosten nicht mit ihren tatsächlichen, sondern mit durchschnittlichen Mengen und Preisen angesetzt werden.

Eine **Plankostenrechnung** liegt dann vor, wenn auf Grund detaillierter Berechnungen und Messungen unter Einfluß zukünftiger Erwartungen der Kostenanfall vorausgeplant wird und die Kosten für die einzelnen Kostenstellen und Kostenträger vorgegeben werden. Die Plankostenrechnung ist somit eine auf die Zukunft ausgerichtete Aufstellung.

Die zwischen den verschiedenen Normalkosten oder Plankosten einerseits und den Ist-Kosten andererseits sich ergebenden Differenzen werden gesondert erfaßt und stellen ein wichtiges Instrument der **Kostenkontrolle** dar.

Die Auswertung der Betriebsabrechnung

Werden die Kostenarten nach der Art der verbrauchten **Kostengüter** eingeteilt, so ergibt sich in der **Betriebsabrechnung** folgende Gliederung der Kostenarten:

Personalkosten, zum Beispiel Löhne, Gehälter, Provisionen, Tantiemen

Sachkosten, zum Beispiel, Rohstoffe, Hilfsstoffe, Betriebsstoffe, Abschreibungen auf Gebäude, Maschinen und Werkzeuge.

Kapitalkosten, zum Beispiel kalkulatorische Zinsen

Kosten für Dienstleistungen Dritter, zum Beispiel Transportkosten, Rechts- und Beratungskosten, Kosten für Strom, Gas und Wasser

Kosten für Steuern, Gebühren und Abgaben.

Die **Kostenarten** lassen sich weiterhin nach den wichtigsten betrieblichen Funktionen gliedern in:

Kosten der Beschaffung
Kosten der Lagerhaltung
Kosten der Fertigung
Kosten der Verwaltung
Kosten des Vertriebs

Nach der Art der Verrechnung auf die Leistungseinheiten lassen sich **Einzelkosten** und **Gemeinkosten** unterscheiden.

Einzelkosten werden unmittelbar den Kostenträgern zum Beispiel einer bestimmten Leistung oder einem bestimmten Auftrag zugerechnet, da sie genau erfaßt werden können.

Gemeinkosten dagegen lassen sich nicht direkt einer Leistung zurechnen, da sie für mehrere oder alle Leistungen der Kostenbereiche entstanden sind, zum Beispiel Abschreibungen, Versicherungen Transportlöhne, Gehälter.

Nach dem Verhalten der Kosten bei Beschäftigungsänderungen lassen sich die Kostenarten unterscheiden in:

Fixe Kosten, die unabhängig von der Höhe der Ausbringung immer in gleicher Höhe anfallen, zum Beispiel Abschreibungen auf Gebäude, die nicht nach Inanspruchnahme des Gebäudes sondern nach der Kalenderzeit berechnet werden.

Variable Kosten sind Kosten, die sich mit der Änderung der Ausbringung oder des Ausstoßes im gleichen Verhältnis ändern.

Zielkostenrechnung
Target Costing

Unter **Target Costing** oder **Zielkosten** versteht man eine marktpreisorientierte Kostenpolitik. Mit dieser Politik können Unternehmen auf Käufermärkten mit enormen Wettbewerb eine frühzeitige Kostenbeeinflussung erkennen und Strategien entwickeln.

Zielkosten kann man in zweifacher Weise aufspalten. Zum einen auf die **Leistungsfunktion** und zum anderen auf die Teile, die diese **Funktion erfüllen**. Unternehmen sind somit gezwungen, Produkte anzubieten, welche die von den Kunden gewünschten Eigenschaften aufweisen und deren Kosten den marktüblichen Preis nicht übersteigen. Bei der Produktentwicklung geht es um die Frage, **was darf ein Produkt kosten** und **nicht, was wird das Produkt kosten?**

Ausgangspunkt des Target Costing ist die Erstellung einer Marktstudie. Mit dieser Analyse wird der voraussichtliche Preis, der am Markt zu erzielen ist, mit den gewünschten Produktmerkmalen ermittelt.

Bei einem Zielpreis von beispielsweise 3.000 Euro pro Quadratmeter wird eine Gewinnspanne von 10 % in Abzug gebracht. Der Zielpreis abzüglich der Kosten **Allowable Costs** in Höhe von 300 Euro ergibt den Zielpreis von 2.700 Euro und bildet somit die langfristige Preisuntergrenze.

Den Allowable Costs werden die **Drifting Costs** gegenübergestellt. Drifting Costs sind Kosten, die unter Aufrechterhaltung vorhandener Technologiestandards im Unternehmen zu erreichen sind. Die Drifting Costs betragen 3.300 Euro und sind von bereits existierenden Produkten oder denen der Mitbewerber abgeleitet werden.

Die **Target Costs** ergeben sich aus der Gegenüberstellung der Allowable Costs von 2.700 Euro und den Drifting Costs von 3.300. Jetzt wird für die Zielkosten ein Wert bestimmt, der zwischen den Allowable und den Drifting Costs liegt, zum Beispiel 2.750 Euro. Die noch bestehende Lücke zwischen den anfänglichen Zielkosten 2.700 Euro und den Allowable Costs von 50 Euro ist nach der Markteinführung des Produkts durch weitere Kostenreduzierung zu schließen.

Marktorientierung

Die Mitbewerber am Markt können die Target Costs nicht selten mit beeinflussen. Gibt es einen Marktführer, so geht von diesem oft eine Preisgestaltung aus. Das Haus oder die Eigentumswohnung, die vermarktet werden sollen, müssen sich dann am **Marktpreis orientieren**. **Marktorientierung** heißt somit, den Marktpreis als Ausgangsgröße für das Unternehmen verwenden.

So macht es wenig Sinn ein Produkt auf den Markt zu bringen, das weit über dem üblichen Marktpreis liegt. So kann zum Beispiel eine Eigentumswohnung oder ein Einfamilienhaus nicht über den üblichen Quadratmeterpreis verkauft werden, wenn gegenüber ein anderer Anbieter Wohnungen mit einem Preis anbietet, der viel attraktiver ist als der des eigenen Unternehmens.

Daher gibt es die Orientierung hinsichtlich von

- **Kunden**
- **Markt**

Die **Kundenorientierung** bedeutet im Unternehmen Leistungen zu erstellen, die sich am Kunden orientieren.

Die **Marktorientierung** heißt die Preise in Augenschein zu nehmen und Funktionen, Bauausführung, Technik und Architektur einer Immobilie zu betrachten, für die ein Kunde bereit ist einen entsprechenden Preis zu bezahlen. Der Markt entscheidet über die Kundenwünsche und den Marktpreis.

Daß dabei je nach Ausrichtung der Zielgruppe unterschiedliche Zielkosten berücksichtigt werden müssen, belegen folgende Grafiken aus A. Burger, Kostenmangement, 3. Auflage 1999, München/Wien

1) Mitbewerberorientierte Zielkostenfestlegung

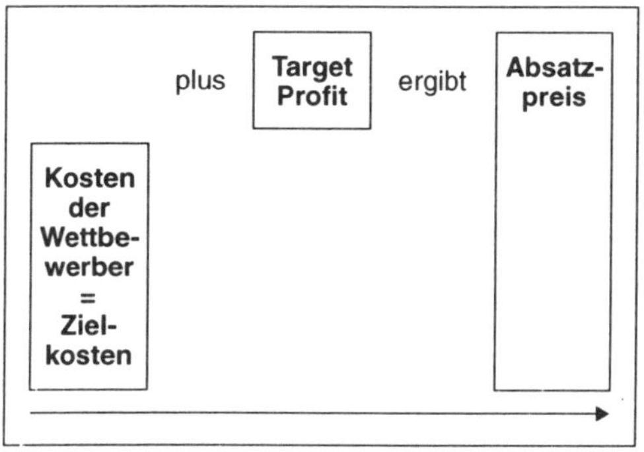

2) Kundenorientierte Zielkostenfestlegung

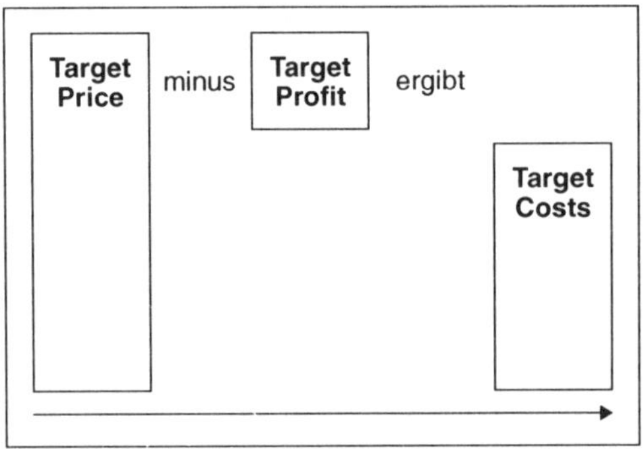

1.1.5.7 Sicherung der Wirtschaftlichkeit Wirtschaftsplan

Der **Wirtschaftsplan** basiert auf den Ergebnissen der Buchführung der Kosten und Leistungsrechnung und den statistischen Unterlagen. Der Wirtschaftsplan ist eine vorausschauende Planung um die Entwicklung des Unternehmens vorauszuberechnen. Der Wirtschaftsplan, den man auch Gesamtplan nennen kann, hat zur Aufgabe das gesamte **Zahlenwerk** des Unternehmens zusammenzutragen. Der Wirtschaftsplan ist die Grundlage für die Unternehmensführung.

Die einzelnen **Teilpläne** wie Produktion, Absatz und Finanzplan werden zusammengefügt um eine Gesamtrechnung zu erstellen. Produktionsabläufe, Materialkosten, Löhne und Gehälter sowie die Finanzierung des Betriebes machen als selbständige Teile den **Wirtschaftsplan** aus.

Der **Wirtschaftsplan** unterliegt natürlich der **Kontrolle der Unternehmensführung**. So müssen Abweichungen nach oben oder nach unten, das heißt bei Nichterfüllung der Planzahl, korrigiert und die tatsächlichen Werte eingesetzt werden. Die Sollzahlen sind mit den wirklichen Zahlen (Ist-Zahlen) zu vergleichen und die Ursachen für eine mögliche differenz festzustellen, damit der Wirtschaftsplan zu einem Planungs- und Führungsinstrument wird.

Finanzplan

Der **Finanzplan** ist die tabellarische Darstellung und Auswertung der Finanzplanung. Der **Finanzplan** ist die Zusammenführung aller Teilpläne in einem Unternehmen und stellt den Umfang und die Beanspruchung des Finanzierungspotentials dar.

Der Finanzplan hat folgenden Inhalt:
Vollständigkeit bedeutet, daß alle Zahlungsströme in der gesamten Planungszeit erfaßt sind.

Zeitpunktgenauigkeit bedeutet, daß die Planungsansätze in der Planungszeit genau determiniert sein müssen.

Eine andere Einteilung geht auf die Fristigkeit der Finanzpläne zurück, man unterscheidet in

kurzfristige Finanzpläne, die einen Zeitraum von drei bis zu sechs Monaten umfassen
mittelfristige Finanzpläne, die einen Zeitraum von 6 Monaten bis zu 3 Jahren umfassen
langfristige Finanzpläne, die einen Zeitraum von 3 Jahren bis zu 10 Jahren umfassen.

Wie jede Planung, so muß sich auch der **Finanzplan** einer Kontrolle, also dem **Soll/Ist-Vergleich** unterziehen. Die angelaufenen Pläne müssen per EDV immer überwacht und eventuell korrigiert werden, sei es daß Finanzströme zu spät ankommen oder daß Kredite nicht in der vorgesehenen Höhe verlängert werden.

1.1.6 Statistik

1.1.6.1 Begriff und Aufgaben der Statistik

Die Statistik ist eine bestimmte Art der Information. Statistiken entstehen durch **Zählen, Messen und Aufbereiten von Zahlen und Phänomenen**, die wiederholt auftreten. Statistik ist demzufolge eine Form der **Informationsgewinnung**.

Die Statistik kann als Ergebnis des Zählens und Messens definiert werden. Um zu einem Ergebnis oder einer Aussage zu kommen, werden Zahlen und Aussageprotokolle aneinander gereiht und ein gesamtheitliches Ergebnis festgestellt. Man spricht dabei von den **Resultaten der Erhebung**.

Die Durchführung von Erhebungen und deren Darstellung erfolgt durch statistische Ämter, staatliche Behörden, aber auch Industrie- und Handelskammern, Berufsverbände, Marktforschungsinstitute und wissenschaftliche Institute. Die Statistiken findet man in den statistischen Jahrbüchern und anderen Veröffentlichungen, wie Fachzeitschriften oder Tageszeitungen.

Dort werden dann Umsatzzahlen, Außenhandelsergebnisse, Miete pro Quadratmeter oder Eigenheimpreise sowie andere Meßergebnisse veröffentlicht. Um die Aussagekraft und Plausibilität solcher Zahlen zu erhöhen, werden sie graphisch dargestellt.

Aufgabe der Statistik ist es, das Gezählte und Vermessene aufzubereiten und zu verarbeiten. Nimmt man die Bevölkerungszahl eines Landes und setzt sie in Beziehung zur Bodenfläche, so erhält man als sogenannte Beziehungszahl die Bevölkerungsdichte, zum Beispiel 630 Einwohner pro Quadratkilometer für dieses Land oder für diesen Staat. Diese einfachen Beziehungs- oder Relationszahlen sind statistische Zahlen.

Kennzahlen, die aufgrund von Auswahlverfahren (Stichproben) erhoben werden, wie zum Beispiel Preisindizes für Wohnungsmieten, Preise für Eigentumswohnungen oder Durchschnittsausgaben der Privathaushalte für Konsumgüter, sind ebenfalls statistische Angaben.

Es führt jedoch nicht jeder Meß- oder Zählvorgang zu einer Statistik. Für die Zusammenstellung oder Erhebung einer Statistik ist die **Masse** entscheidend. Dazu ist folgende Bemerkung signifikant:

Gibt es einen Verkehrsunfall, ist es ein Malheur; gibt es 100 Verkehrsunfälle, ist es eine Katastrophe und gibt es 1000 Unfälle, dann ist es eine Statistik.

Die statistische Information ist also eine andere als die Information über einen einmaligen Vorgang. Wo sich wegen ihrer Wiederholung oder Massenhaftigkeit die Ereignisse der Einzelbeschreibung und dem Überblick entziehen, beginnt die Statistik.

Die Statistik hält die Massen zunächst zahlenmäßig fest. Danach ermittelt sie das typisch beachtenswerte Merkmal und filtert schließlich die Regelmäßigkeiten und Zusammenhänge heraus.

Typische Fragen der Statistik sind:

Mit welcher Wachstumsrate des Bruttosozialproduktes ist im nächsten Jahr zu rechnen?
Mit welchen Bevölkerungszuwächsen ist im nächsten Jahr zu rechnen?
Wie wächst das Durchschnittseinkommen von Arbeitnehmern?

1.1.6.2 Die betriebswirtschaftliche Statistik

Statistische Erkenntnisse und Informationen dienen der Orientierung bei unternehmerischen Entscheidungen sowie der Erfassung **wirtschaftlicher Zusammenhänge.**

Wirtschafts- und Sozialgesetzmäßigkeiten zeichnen sich durch die Komplexität, die Vielschichtigkeit und die Vieldeutigkeit aus.

Um zum Beispiel den Bevölkerungszuwachs, die Süd-Nord Bewegungen oder Konjunkturerwartungen zu messen, muß die Statistik bei wirtschaftlichen Zusammenhängen zuerst ein Gebilde aus meßbaren Größen zusammensetzen, das heißt, es muß die zu erklärende Theorie in eine Hilfskonstruktion aus statistisch meßbaren Variablen überführt werden.

Aufgabe ist es, aus der unübersehbaren Vielzahl von Variablen mit einer Hilfskonstruktion diese den zu vermessenden Phänomenen zuzuordnen. Das eigentliche Phänomen kann oft nur begrenzt herausgearbeitet werden.

Der Wohnungsstil in einem bestimmten Zeitraum läßt sich nicht nur an der Größe der Wohnung, der Anzahl der Zimmer und der Größe des Grundstücks ermessen. Die gesellschaftliche Stellung der Bewohner in dem jeweiligen Objekt ist ebenfalls von Bedeutung, jedoch für diesen Zweck nicht meßbar.

Viele wirtschaftliche und soziale Fragestellungen sind komplexe Phänomene. Ohne Kenntnis dieser Phänomene und deren Zusammenhänge mit anderen wirtschaftlichen Subjekten wird die Statistik verfälscht und falsch interpretiert.

Eine weitere Besonderheit liegt darin, daß viele Daten, die sich auf wirtschaftliche und soziale Erscheinungen beziehen, durch Befragung oder Gespräche eingeholt werden. Dies ist anders bei Erhebungen aus der

Buchhaltung oder dem Rechnungswesen, wo Zahlen und Gegenüberstellungen von Zahlenkolonnen zu vergleichen sind. Daher sind bei der Konstruktion des **„Bildes"** oder bei der Auswahl der Variablen und der Interpretation der Daten in den Statistiken auf dem Gebiet von Wirtschaft und Sozialem oft schwierige Themen zu lösen.

Die betriebswirtschaftliche Statistik ist also einmal eine systematische Tätigkeit, die unter Anwendung spezifischer Methoden betriebliche und gesellschaftliche Erscheinungen erfaßt und darstellt, zum anderen das Ergebnis der Tätigkeit, das im üblichen Sprachgebrauch als „die Statistik" im Sinne einer tabellarischen oder graphischen Darstellung bezeichnet wird.

Die Statistik erfaßt nicht nur betriebliches Zahlenmaterial, sondern verarbeitet auch Erkenntnisse, die für die Betriebsführung und -kontrolle von Bedeutung sind, so zum Beispiel:

Preisentwicklungen
Verkaufszahlen
Bilanzzahlen
Entwicklung der Branche
Entwicklung des Bedarfs (Wohnfläche, Grund und Boden)

Die Methoden der betriebswirtschaftlichen Statistik stimmen mit denen der allgemeinen Statistik überein.

1.1.6.3 Statistisches Zahlenmaterial Die Beschaffung und Bearbeitung des statistischen Zahlenmaterials

Die betriebswirtschaftliche Statistik unterscheidet zwei Arten des Zahlenmaterials, das sie benötigt, um den Betrieb zu führen, zu planen und zu kontrollieren:

Primäres Zahlenmaterial
Sekundäres Zahlenmaterial

Das **primäre Zahlenmaterial** besteht aus eigenen Erhebungen, zum Beispiel aus der Erfassung der Neu- oder Altkunden oder der getätigten Abschlüsse in einem bestimmten Zeitraum (Monat / Jahr).

Beim **sekundären Zahlenmaterial** verwendet das Unternehmen die zahlenmäßigen Aufzeichnungen von außen, um diese mit dem eigenen Zahlenmaterial zu vergleichen.

Bearbeitung der Zahlen

Gewöhnlich liefern die einzelnen **Betriebsabteilungen dem Betriebsstatistiker die Zahlen**, der diese bearbeitet und entsprechend aufgliedert.

Der Statistiker muß deshalb dafür Sorge tragen, daß vor allem das Zahlenmaterial der Verkaufsabteilung, der Buchhaltung inklusive der Kostenrechnung möglichst so gegliedert ist, daß es ohne Rückfragen und Bemerkungen in das Gesamtzahlenwerk einfließen kann. Oft ist in kleinen und mittleren Betrieben die Statistik einer anderen Abteilung, zum Beispiel der Organisation, zugeordnet.

Im Interesse der Wirtschaftlichkeit müssen sämtliche Teilbereiche des Unternehmens, die statistisches Zahlenmaterial liefern, gewisse Vorarbeiten leisten, damit keine Sonderleistungen oder Sondererhebungen zusätzlich durchgeführt werden müssen.

Es empfiehlt sich daher, von der Statistik geeignete Formulare entwerfen zu lassen, die dann von der Statistikabteilung aufgearbeitet werden können. So erstellt die Marketingabteilung die Verkaufs- und Umsatzzahlen sowie die Kundenprofile. Das Rechnungswesen macht die Bilanz, die Erfolgs- und Finanzbuchhaltung.

Häufig findet man in Betrieben eine Mischform vor, das heißt, die statistischen Zahlen werden sowohl zentralisiert als auch dezentralisiert erstellt. Ein Teil der statistischen Aufgaben wird in den einzelnen Betriebsabteilungen erledigt, ein anderer Teil zentral erfaßt.

In der statistischen Zentrale erfolgt dann vor allem die Verarbeitung des statistischen Zahlenmaterials zu Tabellen, die Berechnung von Betriebskennzahlen und die Aufbereitung der graphischen Darstellungen.

Sind Verkaufsumsätze über die Datenverarbeitung zu lokalisieren, können diese zentral erfaßt werden und mit den Buchhaltungszahlen zusammengeführt werden. Sie ergeben ein Gesamtbild über die tatsächliche Höhe oder den tatsächlichen wert- oder mengenmäßigen Umfang des Unternehmens.

Diese Zahlen sind meistens absolute Zahlen und werden vom Statistiker in Diagramme und graphische Darstellungen umgesetzt, um sie für das Unternehmen anschaulicher zu machen.

Der Vorteil der absoluten Zahlen liegt darin, daß sie eine genaue Vorstellung von der tatsächlichen Größenordnung geben.

Zum Beispiel:
Der Provisionsumsatz für vermietete Wohnungen liegt im Monat September bei DM 450.000,00, der Umsatz im Monat Oktober bei DM 585.000,00. Daraus erfolgt eine Umsatzsteigerung zum Vormonat um DM 135,000,00. Diese Zahl von DM 135.000,00 stellt die absolute Größe oder absolute Zahl dar. Will man diesen Vorgang mit einer Verhältniszahl ausdrücken, ergibt sich eine Steigerung von 30%.

Der Nachteil besteht darin, daß das mengenmäßige Zahlenmaterial oft unübersichtlich wird. Insbesondere dann, wenn viele absolute Zahlen in einer Tabelle nebeneinander stehen und nach verschiedenen Gesichtspunkten ausgewertet werden sollen.

Oft kommt es für eine unternehmerische Entscheidung, die anhand statistischer Unterlagen getroffen werden soll, weniger auf die absoluten Zahlen, als vielmehr auf die Beziehungen zwischen den einzelnen Größen an.

1.1.6.4 Die Erfassung von statistischen Daten

Das **zahlenmäßige Erfassen** in der betrieblichen Statistik ist das Erfassen betrieblicher Erscheinungen in Form von Zahlenreihen, Tabellen oder graphischen Darstellungen.

Das betriebliche Zahlenmaterial sowie außerbetriebliche Erscheinungen sind für die Unternehmensführung und -kontrolle von Bedeutung. So bildet zum Beispiel die Datenmasse der Preise, die die Bevölkerung für Güter und Dienstleistungen bezahlt bzw. ausgibt. das jeweilige Preisniveau. Die zu messenden Phänomene werden in einem **Warenkorb** zusammengeführt, der den durchschnittlichen Haushalt einer Volkswirtschaft repräsentiert.

Die Erhebung erstreckt sich meistens über einen Quartals- oder Jahreszeitraum. Da man nicht nur Arbeiter oder Beamte befragen darf, was sie in einem Erhebungszeitraum kaufen, sondern eine breite, repräsentative Bevölkerungsschicht auswählen muß, kommt der richtigen Auswahl der Konsumenten eine wichtige Bedeutung zu.

Eine richtige Auswahl ist dann getroffen, wenn man eine für die Gesamtheit aller Konsumenten repräsentative Stichprobe an Konsumenten vorliegen hat und wenn die zur Stichprobe gehörenden Konsumenten richtige, das heißt zuverlässige Aufzeichnungen abliefern.

Zufallsstichprobe

Um eine Stichprobe zu erhalten, kann man verschiedene Verfahren wählen. Es besteht die Möglichkeit, aus der Gesamtbevölkerung eine **Zufallsstichprobe** zu ziehen, in dem man aus der Gesamtzahl der Haushalte eine begrenzte, willkürliche Auswahl trifft.

Die Zufallsstichprobe ist ein viel verwendetes Instrument. Sie ist dadurch gekennzeichnet, daß sie einen gewissen Unsicherheitsfaktor der statistisch ermittelten Zahlen beinhaltet.

Einerseits können bei der Zufallsstichprobe Antworten verweigert werden, andererseits Nachlässigkeiten bei der Aufzeichnung auftauchen. Außerdem ist bei der Erhebung von privaten Haushalten unvermeidlich, daß auch Informationen über Einkommen und Steuern aufgezeichnet werden. Es kommt daher häufig vor, daß von den bei einer Zufallsstichprobe gezogenen Haushalten bestenfalls ein Drittel des interviewten Personenkreises einverstanden ist, in dem vorgegebenen Befragungszeitraum alle Ein- und Ausgaben aufzuschreiben und für die Befragung öffentlich zu machen.

Quotenverfahren

Die zweite Erhebungsart ist das **Quotenverfahren.** Beim Quotenverfahren werden im Gegensatz zur Zufallsstichprobe die Haushalte entsprechend dem Durchschnitt der Bevölkerung ausgewählt. Man geht dabei von einer Vollerhebung wie bei einer Volkszählung aus.

Dieses Bild zeigt die Zusammensetzung der Bevölkerung hinsichtlich Einkommen, Haushaltsgröße, Größe der Wohnung, Wohnort, Land oder Stadt. Man trifft anhand dieser Liste von Haushalten, die sich aufgrund eines Aufrufs zur Aufzeichnung ihrer Verbrauchsdaten bereit erklärt haben, eine Auswahl, die in ihrer Struktur möglichst genau der Struktur der Gesamtbevölkerung entspricht.

Durch diese Erfassung führt das Quotenverfahren zu einer sogenannten **Repräsentativauswahl**. Mit dieser Auswahl dürften die Aufzeichnungen über Wohnungs- und Konsumverhalten zuverlässiger sein, als bei einer Stichprobenauswahl.

Beim Quotenverfahren ist das Vorliegen von Kenntnissen über die Struktur der Gesamtheit der Bevölkerung von Bedeutung. Das Quotenverfahren setzt auch voraus, daß sich genügend Haushalte aus allen Bevölkerungsschichten melden, die bereit sind, ihre Ausgaben systematisch aufzuzeichnen.

Auch dieses Verfahren ist nicht ganz vollkommen, da Untersuchungen gezeigt haben, daß sich beobachtete Personen in ihrem Verhalten verändern. Zum Beispiel werden Angaben über Genußmittel, wie Alkohol oder Zigarettenkonsum, gerne geschönt. Dieses Verhalten nennt man auch **Hawthorne-Effekt.** Die Statistik muß dann die Angaben der Haushalte „aufbessern". Dazu verwendet man dann die Umsatzzahlen des Einzelhandels und die Verbraucherstatistiken.

Die Erfassung des **Warenkorbs** erfolgt durch möglichst genaue Angaben. Es genügt zum Beispiel nicht, die Ausgaben für Fleisch festzuhalten, sondern es muß zusätzlich nach Fleischsorten unterschieden werden. Entsprechend wird bei Wohnungen nicht nur nach der Anzahl der Zimmer gefragt, sondern auch nach der Ausstattung hinsichtlich des Bades, des Balkons wie auch nach den verwendeten Baumaterialien.

Nachdem der **Warenkorb** definiert ist, müssen ebenfalls die zu veranschlagenden Preise berücksichtigt werden. Es gibt Discountpreise, Schluß- und Ausverkaufspreise. Man sollte versuchen, grundsätzlich die Preise zu nennen, die der Kunde im Kaufmoment bezahlt.

1.1.7 Die Darstellung des statistischen Zahlenmaterials

1.1.7.1 Die Tabellenform

Damit aus dem **statistischen Zahlenmaterial** Erkenntnisse gewonnen werden können, werden die gesammelten Daten zu Tabellen zusammengefaßt oder durch graphische Darstellungen ergänzt. Mit diesen Hilfsmitteln ist es möglich, die Ergebnisse statistisch darzustellen und sie betrieblich zu verwerten.

Schema einer Tabelle:

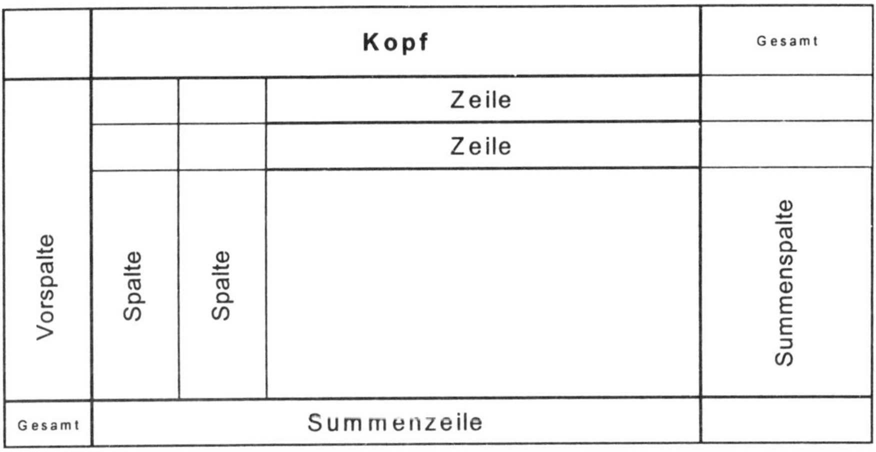

Die Tabelle setzt sich aus einem Textteil und einem Zahlenteil zusammen. Der Textteil besteht aus einer Überschrift, dem Kopf und der Vorspalte. Die Tabelle wird durch senkrechte Striche in Spalten und durch waagrechte Striche in Zeilen zerlegt.

Enthält eine Tabelle nur eine Zahlenreihe oder Zahlenreihen einer Art, so bezeichnet man sie als einfache oder **eingliedrige Tabelle.** Die Reihen haben gleichen sachlichen Inhalt und beschränken sich auf eine Rechnungsrichtung wie den monatlichen Vergleich des Gesamtumsatzes, des Umsatzes einzelner Niederlassungen, der Vertriebskosten usw.

Das folgende Beispiel zeigt eine eingliedrige Tabelle mit monatlichem Umsatz im Vergleich zum Vorjahr und Quartal:

Eingliedrige Tabelle:

Umsatzstatistik für das 1. Quartal 2001		
	1. Quartal 2001	1. Quartal 2000
Monat	**Umsatz in DM**	**Umsatz in DM**
Januar	48 500	46 300
Februar	51 600	48 100
März	53 800	49 800
1. Quartal	**153 900**	**144 200**

Gewöhnlich werden in einer statistischen Tabelle mehrere Gliederungsmöglichkeiten miteinander verbunden. Dabei muß man entscheiden, welches Gliederungsprinzip horizontal und welches vertikal angeordnet werden soll. In der Regel wird man es vorziehen, die kompliziertere Gruppierung in horizontaler Richtung vorzunehmen.

Eine **mehrgliedrige Tabelle** liegt beispielsweise dann vor, wenn der Gesamtumsatz nicht nur auf die einzelnen Monate, sondern auch auf die einzelnen Niederlassungen aufgeteilt wird. Dann stehen mehrere statistische Reihen nebeneinander.

Die statistische Masse (Umsatz des Jahres 1997) wird nach einem zeitlichen Merkmal, wie Monat und einem sachlichen Merkmal Spartenart, gegliedert. Es können aber in einer Tabelle noch weitere Merkmale berücksichtigt werden. So kann der Umsatz wert- und mengenmäßig angegeben oder nach räumlichen Gesichtspunkten in Inlands- oder Auslandumsatz aufgeteilt werden.

Mehrgliedrige Tabelle:

Umsatzstatistik für das 1. Quartal 2001							
	Verkauf ETW		Vermietungen		im Bau		Gesamt
	TDM	Abschl	TDM	Stk.	TDM	Stk.	TDM
Januar							
Inland	250	50	260	26	165	11	675
Ausland	85	17	340	34			425
Gesamt	335	67	600	60	165	11	1 100
Februar							
Inland	260	52	240	24	210	14	710
Ausland	95	19	380	38			475
Gesamt	355	71	620	62	210	14	1 185
März							
Inland	255	51	270	27	240	16	765
Ausland	110	22	390	39			500
Gesamt	365	73	660	66	240	16	1 265
1.Quartal	1 055	211	1 880	188	615	41	3 550

Von einer **kumulativen Tabelle** spricht man dann, wenn der Betrag oder die Summe einer Zeile jeweils mit der entsprechenden Summe der vorhergehenden Zeile zusammengezogen wird.

Kumulative Tabelle:

Umsatzstatistik für das 1. Quartal 2001		
Monat	**Umsatz in DM**	**Summe seit Beginn des Jahres**
Januar	48 500	48 500
Februar	51 600	100 100
März	53 800	153 900

Der tabellarischen Darstellung des statistischen Zahlenmaterials sind gewisse Grenzen gesetzt. Je größer die Anzahl der Merkmale ist, die in einer Tabelle berücksichtigt werden sollen, desto unübersichtlicher wird die Tabelle.

Wenn es bei der statistischen Darstellung betrieblicher Zahlen nicht in erster Linie auf die absoluten Zahlenwerte, sondern auf die Größenbeziehungen oder die Entwicklungsrichtung ankommt, wird die Verwendung von Schaubildern in der Regel die Übersichtlichkeit der Darstellung fördern.

1.1.7.2 Graphische Darstellungen

Durch die **graphische Darstellung** können die statistischen Größen bildlich veranschaulicht werden. Es wird eine bessere Einsicht in den Verlauf einer Zahlenreihe und in die Beziehungen mehrerer Zahlenreihen zueinander vermittelt. Graphische Darstellungen sind übersichtlicher als Zahlenreihen und haften besser im Gedächtnis.

Zahlenwerte einer statistischen Tabelle können durch Linien, Kurven, Flächen oder Körper dargestellt werden. Man unterscheidet zwischen Diagrammen, die Zahlen in geometrischer Form veranschaulichen und Kartogrammen, die sich geographischer Karten bedienen. Die in Betrieben am häufigsten verwendeten sind **Linien-, Kurven- und Flächendiagramme**.

Liniendiagramme

Bei den **Liniendiagrammen** werden die statistischen Zahlen durch Linien verschiedener Länge, die eine gemeinsame Grundlinie haben, dargestellt. Man nennt diese Art von Diagrammen auch Strichdiagramme. Zeichnet man statt der Striche Streifen, so entstehen Rechtecke gleicher Breite, aber unterschiedlicher Höhe. Man spricht dann von Stab-, Streifen- oder Säulendiagrammen.

Liniendiagramme lassen sich zur Darstellung von betrieblichen Größen sowohl zu einem Zeitpunkt, wie zum Beispiel dem Verhältnis der Bilanzpositionen zueinander, als auch zu verschiedenen Zeitpunkten, wie dem Umsatz mehrerer aufeinanderfolgender Jahre, verwenden.

Bilanzpositionen:

Aktiva	**Bilanz zum 31.12.1996**		**Passiva**
Grundstücke	50 000	Grundkapital	150 000
Gebäude	100 000	Rücklagen	110 000
Maschinen	190 000	Wertberichtigungen	80 000
Wertpapiere	40 000	Rückstellungen	40 000
	380 000		380 000

Liniendiagramm:

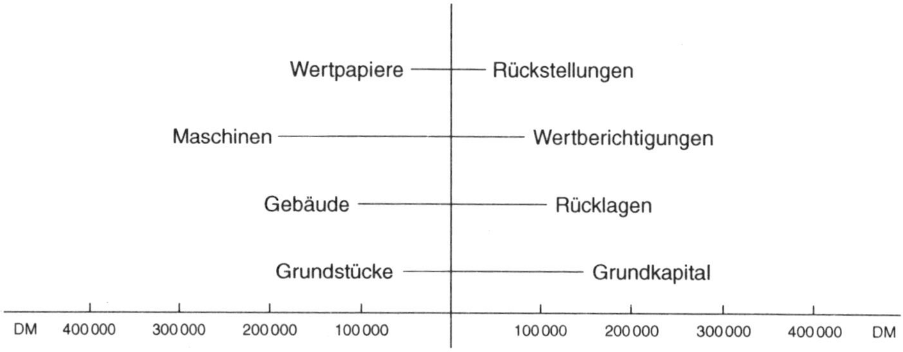

Kurvendiagramme

Kurvendiagramme werden in der betriebswirtschaftlichen Statistik für graphische Darstellungen am häufigsten verwendet, da sie besonders geeignet sind, den zeitlichen Verlauf zu verdeutlichen.

Kurvendiagramme werden in der Regel so gebildet, daß auf der Abszisse in gleichen Abständen die Zeiträume (Monat, Jahr) und auf der Ordinate die statistischen Zahlen, wie zum Beispiel Umsätze aufgetragen werden. Verbindet man die Schnittpunkte zwischen Abszissen- und Ordinatenwerten, was der Verbindung der Endpunkte eines Strichdiagramms gleichkommt, so erhält man das Kurvendiagramm.

Die Kurve eignet sich überall dort, wo statistische Zahlen als eine Funktion der Zeit aufgefaßt werden, wo also eine Bewegung einer Größe im zeitlichen Ablauf erfaßt werden soll. In einem Kurvendiagramm lassen sich mehrere Zahlenreihen, die miteinander im Zusammenhang stehen, in ihrem zeitlichen Verlauf darstellen.

Von besonderer Bedeutung ist bei den Kurvendiagrammen die Wahl des richtigen Verhältnisses zwischen den beiden Maßstäben, die bei den Koordinatenachsen verwendet werden. Die statistische Kurve kann in ihrer Gestaltung willkürlich beeinflußt werden, wenn das Verhältnis zwischen den Maßstäben beider Achsen so gewählt wird, daß das Bild der Bewegung nicht mehr in richtiger Weise wiedergegeben wird.

Das folgende Beispiel zeigt die Entwicklung des Gesamtumsatzes über mehrere Jahre und die Aufteilung dieses Umsatzes in Inlands- und Auslandsumsatz.

Kurvendiagramm:

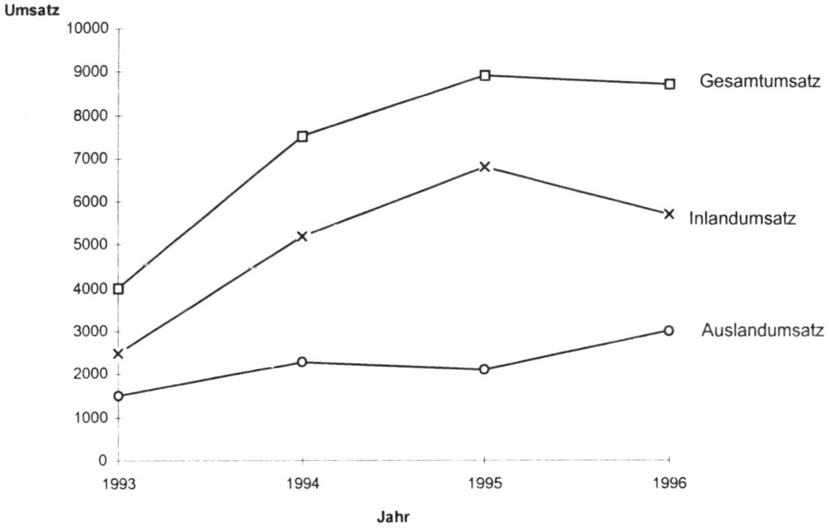

Flächendiagramm

Flächendiagramme sind graphische Darstellungen in Form von Rechtecken, Quadraten, Dreiecken und Kreisen. Sie werden in der betriebswirtschaftlichen Statistik häufig zur graphischen Darstellung von Gliederungszahlen verwendet.

Umsatzzahlen:

	1993	**1994**	**1995**	**1996**
Inlandsumsatz	2500	5200	6800	5700
Auslandsumsatz	1500	2300	2100	3000
Gesamtumsatz	4000	7500	8900	8700

Säulendiagramm:

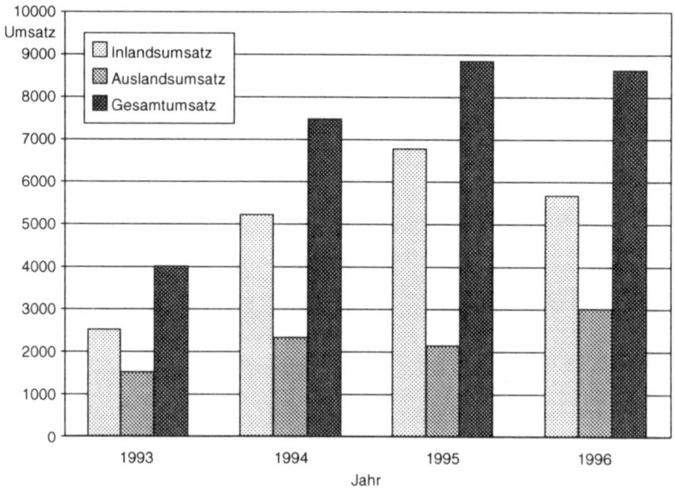

Flächendiagramm

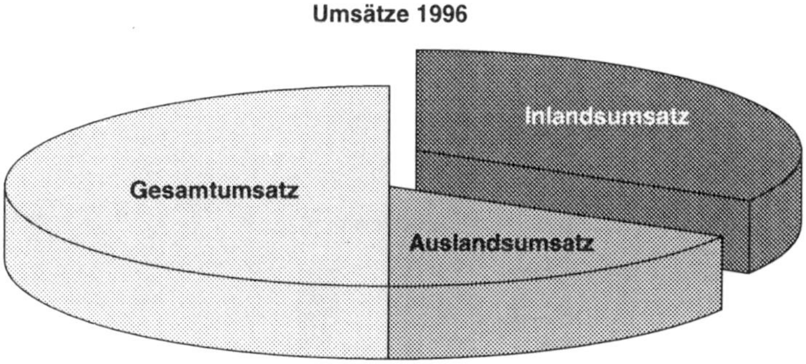

Kartogramme

Kartogramme sollen die geographische Lage bestimmter statistisch erfaßter Tatbestände veranschaulichen. Man verwendet dazu Landkarten mit aufgesetzten Diagrammen. Auf den Landkarten werden bestimmte statistische Ergebnisse durch Diagramme in ihrer geographischen Lage ersichtlich gemacht. Kartogramme werden in der Betriebsstatistik zur Darstellung der Größe des Absatzes eines Betriebes in den einzelnen Städten Provinzen, Ländern, Staaten oder Vertreterbezirken angefertigt.

Umsatz nach Produktarten		
Produkt A	30 000,00 DM	20%
Produkt B	45 000,00 DM	30%
Produkt C	75 000,00 DM	50%
Gesamt	150 000,00 DM	100%

Absatzzahlen nach einzelnen Städten geordnet in einem Kartogramm:

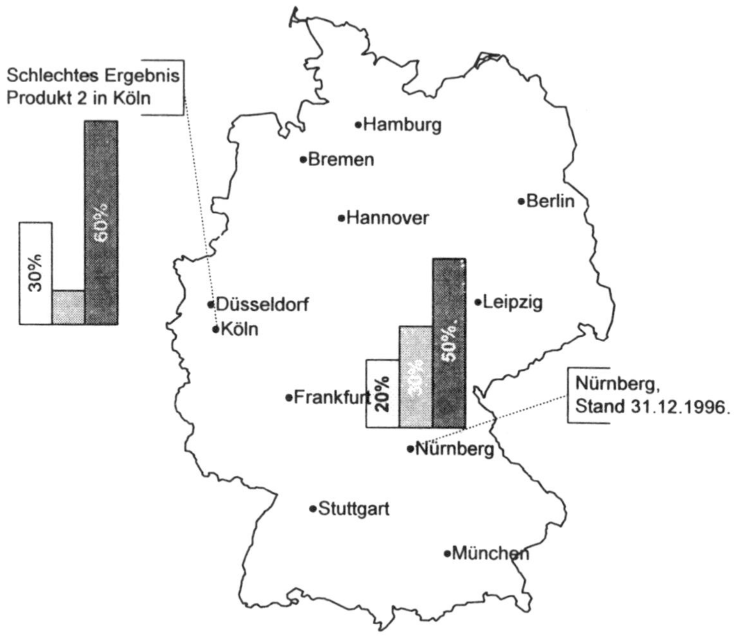

1.1.8 Statistische Maßzahlen

1.1.8.1 Mittelwerte - Durchschnittszahlen

Mittelwerte sind für Vergleichszwecke von Bedeutung, zum Beispiel beim zwischenbetrieblichen Vergleich. In der Praxis werden Mittelwerte auch als **Durchschnittszahlen** bezeichnet. Aufgabe der Mittelwerte ist es, eine statistische Reihe ungleicher Größen, die die Glieder dieser Reihen bilden, durch einen einzigen zahlenmäßigen Ausdruck zu charakterisieren.

Der Wert der Durchschnittszahlen darf allerdings im Unternehmen nicht überschätzt werden, da Mittelwerte nicht in allen Fällen zur Grundlage betrieblicher Disposition gemacht werden können.

Das trifft zum Beispiel für die Lagerdisposition von Betrieben der Baustoffindustrie zu, die starken saisonalen Schwankungen unterliegen. Würde man hier den durchschnittlichen Lagerbestand einer längeren Zeitspanne ermitteln, um ihn in Zukunft zur Grundlage der Lager- und Einkaufspolitik zu machen, so wäre die Folge, daß in den Saisonspitzen der Lagerbestand zu niedrig ist und damit möglicher Absatz verlorengeht, während in schlechten Zeiten der Lagerbestand zu hoch ist und damit unnötige Lagerkosten verursacht werden.

Bei den Mittelwerten unterscheidet man zwischen:

Berechneten Mittelwerten
Gewählten Mittelwerten

Die berechneten Mittelwerte unterteilen sich in **arithmetische und geometrische Mittel**. Sie sind fiktive Rechnungsgrößen, die von der Größe des Wertes jedes Reihengliedes beeinflußt und nur zufälligerweise mit einer empirischen Zahl zusammenfallen werden. Infolge des Einflusses extremer Zahlen können untypische Durchschnitte entstehen. Einzelne Werte können stark abseits liegen und den Durchschnitt wesentlich beeinflussen.

Nehmen wir an, ein Immobilienbetrieb hat 100 Mitarbeiter, von denen 10 einen Stundenlohn von DM 20,00, 70 einen Stundenlohn von DM 30,00 und 20 einen Stundenlohn von DM 70,00 erhalten. Der errechnete Durchschnittslohn je Mitarbeiter beträgt DM 37,00. Dieser Mittelwert ist eine fiktive Größe, denn kein einziger Mitarbeiter erhält tatsächlich einen Stundenlohn von DM 37,00. Der Mittelwert ist außerdem untypisch infolge des Extremwertes von DM 70,00.

Das arithmetische Mittel

Das einfache **arithmetische Mittel** wird im allgemeinen Sprachgebrauch auch als Durchschnitt bezeichnet und ist gleich der Summe einer statistischen Reihe, dividiert durch die Zahl der Reihenmitglieder.

Das arithmetische Mittel
Durchschnittlicher Umsatz

Umsatz:	Januar:	DM 160000 = x
	Februar:	DM 180000 = y
	März:	DM 140000 = z

$$\frac{x + y + z}{3} = \text{Durchschnittlicher Umsatz}$$

$$\frac{160000 + 180000 + 140000}{3} = 160000$$

Der durchschnittliche Umsatz oder der arithmetische Mittelwert beträgt also DM 160.000,00.

Sind Mengen und Größen nicht von gleicher Bedeutung, so muß man, um zu einem richtigen Durchschnitt zu kommen, das **gewogene arithmetische Mittel** berechnen, das heißt bei der Berechnung des Durchschnitts auch die Mengen einbeziehen.

Gewogenes arithmetisches Mittel:

Menge	Preis/Einheit	Gesamtbetrag
11000	11,00	121000
4000	11,80	47000
7000	12,30	86100
22000		254300

Gewogenes arithmetisches Mittel: 254 300 : 22 000 = 11,56
Einfaches arithmetisches Mittel: (11,00 + 11,80 + 12,30) : 3 = 11,70

Das gewogene arithmetische Mittel ergibt sich, indem man die Menge mit dem Preis pro Mengeneinheit multipliziert und die Summe der Gesamtkosten aller drei Mengen durch die insgesamt bezogene Stückzahl dividiert.

Der häufigste Wert ist der in einer Reihe von Einzelwerten am meisten vorkommende Wert. Seine Bedeutung liegt darin, daß er in vielen Fällen der geeignetste Mittelwert ist, um die normale oder typische Größe zum Ausdruck zu bringen, denn er hat, als ein besonders häufig auftretender Wert, typischen Charakter. Er kommt daher besonders bei Schätzungen zur Anwendung.

Das geometrische Mittel

Das **geometrische Mittel** wird vielfach benutzt, um steigende oder fallende Entwicklungstendenzen zu charakterisieren. Wie das arithmetische Mittel wird auch das geometrische Mittel durch die Änderung jedes einzelnen Wertes beeinflußt.

Aufgrund der mathematischen Definition haben jedoch **beim geometrischen Mittel Extremwerte einen geringeren Einfluß** auf den Durchschnittswert als beim arithmetischen Mittel.

1.1.8.2 Streuungsmaße

Statistisch dienen die **Streuungsmaße** der vollständigeren Beschreibung einer Verteilung, als dies bei der Angabe eines Mittelwertes möglich ist. Das Streuungsmaß ist eine Ergänzung zum Mittelwert.

Durch die Streuungskennzahl wird gewissermaßen noch mitgeteilt, welche Qualität der Mittelwert als Kennzahl der Verteilung hat. Denn ob die Werte einer Verteilung zum Beispiel bis zu 0,03 cm oder bis zu 0,9 cm vom Mittelwert abweichen, bedeutet eine ganz unterschiedliche Aussagekraft des Mittelwertes als Kennzahl.

Darstellung eines Streuungsmaßes innerhalb eines Kreises:

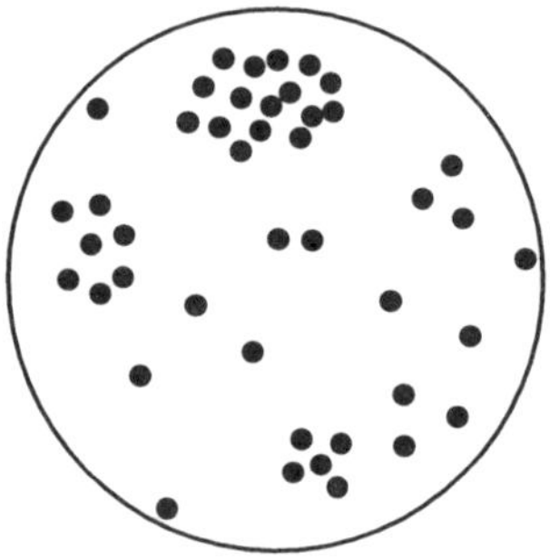

Spannweite

Die einfachste Kennzeichnung einer Streuung wird durch die Angabe der **Spannweite** angegeben. Die Spannweite ist die Differenz zwischen den beiden Extremwerten einer statistischen Variablen. Die Spannweite findet speziell bei Gliederungs- und Beziehungszahlen Anwendung. Der Maximal- und der Minimalwert sind dabei wesentlicher, als die aus ihnen berechnete Differenz.

Die Spannweite kann man graphisch durch eine Strecke darstellen, zum Beispiel in einem Baubetrieb mit offenen Lohnklassen, die durch Stundenlöhne festgelegt sind. So kann in der unteren Lohnklasse ein Minimallohn von DM 22,70 und in der oberen Lohnklasse 36,40 gezahlt werden. Die Spannweite beträgt hier 36,40 DM - 22,70 DM = 13,70 DM.

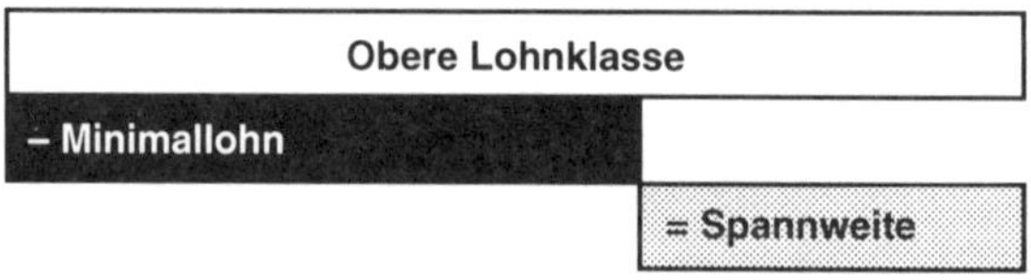

Die Spannweite, das einfachste Streuungsmaß, ist die Differenz zwischen dem größten und dem kleinsten zu untersuchenden Merkmalswert.

1.1.8.3 Verhältniszahlen

Verhältniszahlen werden gewonnen, indem zwei oder mehrere statistische Größen zueinander in Beziehung gesetzt werden. Sie gestatten eine leichtere Erfassung und Vergleichbarkeit des Zahlenmaterials und geben eine schnellere Übersicht als absolute Zahlen,

Allerdings haben sie den Nachteil, daß die tatsächlichen absoluten Zahlen, die hinter den durch Verhältniszahlen ausgedrückten Größenbeziehungen stehen und aus denen die Verhältniszahlen berechnet worden sind, nicht zu erkennen sind. So kann die Aussage, daß der Umsatz des Betriebes um 25 % gestiegen ist, zum Beispiel eine absolute Steigerung von DM 500,00, aber auch von DM 1.500.000,00 bedeuten.

Daher muß bei der Auswertung der Verhältniszahlen für die betriebliche Planung und die Betriebskontrolle, die hinter den Verhältniszahlen stehende absolute Zahl beachtet werden.

1.1.8.4 Indexzahlen

Indexzahlen beziehen gleichartige Massen auf eine an einem bestimmten Zeitpunkt gegebene gleiche Masse, wobei diese zum Beispiel gleich 100 gesetzt wird.

Man nimmt zum Beispiel die Mietpreise verschiedener Jahre bezogen auf den Mietpreis des Jahres 1990: Der absolute Preis des Jahres 1990 ist dabei uninteressant, er wird auf 100 gesetzt. Beträgt der Mietpreis des Jahres 1997 = 135, so zeigt diese Indexzahl eine Steigerung von 35 % an.

Indexzahlen zeigen also die zeitliche Entwicklung bestimmter betrieblicher Daten. Sie messen nur relative Veränderungen, lassen jedoch keinen Rückschluß auf das Niveau zu, das den Ausgangspunkt bildet. Die Bedeutung der Indexzahlen liegt vor allem darin, daß sie Bewegungsvorgänge, wie Umsatz- oder Preisentwicklungen, zeigen.

1.1.9 Anwendungsgebiete der betriebswirtschaftlichen Statistik

Da sämtliche betrieblichen Vorgänge und Tatbestände zahlenmäßig erfaßt werden, sind die Anwendungsmöglichkeiten der **Statistik in der Betriebswirtschaft** praktisch unbegrenzt.

Dabei gilt, wie bei allen betrieblichen Einrichtungen, daß der Aufwand und der Ertrag in einem angemessenen Verhältnis zueinander stehen. Es soll von der Betriebsstatistik nur das Zahlenmaterial erarbeitet und statistisch ausgewertet werden, das zu Erkenntnissen führt, die für die Überwachung des Betriebes und die Entscheidungen der Unternehmensführung notwendig sind.

Statistik als Entscheidungshilfe

Die Statistik ist eine der Entscheidungshilfen im wirtschaftlichen Prozeß. Durch die aus der Statistik sich ergebenden Erkenntnisse können Entscheidungen im Betrieb sicherer getroffen werden.

Die wesentlichen Anwendungsgebiete in der **betriebswirtschaftlichen Statistik sind:**

Umsatzstatistik
Beschaffungsstatistik
Personalstatistik
Arbeitszeitstatistik
Bilanz- und Erfolgsstatistik

Die Umsatzstatistik ist die am weitesten verbreitete Betriebsstatistik. Sie ist unerläßlich für jeden Betrieb, denn sie bildet die Grundlage für wichtige betriebliche Entscheidungen.

Werden Umsatzschwankungen festgestellt, so müssen ihre Ursachen analysiert werden. Sie können durch den Unternehmenszweig bedingt und völlig normal sein, zum Beispiel durch Konsumenten, steuerliche Veränderungen oder Verordnungen. Sie können aber auch ein Zeichen veränderter Käufergewohnheiten und Mieterverhaltensweisen sein.

Sie lösen dann entsprechende Nachfrageverschiebungen aus, die wiederum betriebliche Veränderungen und Anpassungen bedingen, wie die Umstellung der Produktion bei Baufertigteilen oder Fertighausprogrammen, oder Veränderungen der Werbemaßnahmen auf dem Vertriebssektor.

Der Umsatz muß nach vielen Merkmalen aufgegliedert werden, damit aus einer Umsatzstatistik möglichst viele Erkenntnisse gewonnen werden können. Die Gliederung kann zum Beispiel nach Vertriebsarten (Eigenvertrieb, Makler) und Absatzgebieten (Stadt, Land) vorgenommen werden. In allen Fällen kann der Umsatz wert- und mengenmäßig angegeben werden.

Zur Umsatzstatistik gehören ferner die Statistik der Vertriebskosten, die Umsätze pro Verkäufer, die Werbestatistik, also die Werbewirksamkeit pro eingesetzter Werbemittel, sowie die Statistik über die Entwicklung der erzielten Verkaufspreise.

Die **Beschaffungsstatistik** dient zum Einkauf der Grundstücke und erstellten Objekte. Die Einkaufsstatistik dient sowohl der Kontrolle der Einkaufsabteilung, zu deren Aufgaben es gehört, die günstigsten Einkaufsmöglichkeiten zu erarbeiten, als auch der Einhaltung der Liefer- und Fertigstellungstermine von Wohn- und Gewerbeobjekten.

Dazu ist eine genaue Auftragsstatistik erforderlich, aus der ersichtlich wird, welche Aufträge hinsichtlich der Größe, der Qualität und der Liefertermine gegeben werden. Die Einkaufsstatistik verfolgt außerdem die Bewegungen der Preise für Grundstücke und Immobilien.

Die **Personalstatistik** gibt Aufschluß über die Mitarbeiterstruktur. Dazu gehören die Zusammensetzung der Vertriebsmitarbeiter zu den Mitarbeitern im Innendienst, das Verhältnis von männlichen zu weiblichen Arbeitskräften und Unterschiede des Alters, des Familienstands und der Ausbildung.

Zur Personalstatistik zählt ferner die Lohn- und Gehaltsstatistik, in der Löhne und Gehälter nach betrieblichen Abteilungen und Lohnformen, wie Zeitlohn, Prämien und Provisionen, aufgegliedert sind.

Die Personalstatistik soll auch über die Sozialleistungen des Unternehmens informieren und ist aufgegliedert nach Aufwendungen für Gratifikationen, Altersversorgung, Unterstützung, Urlaubsgelder und Wohnungen für Mitarbeiter.

Die **Arbeitszeitstatistik** gibt Aufschluß über die Zahl der geleisteten Normalarbeitsstunden, Überstunden und Stunden, die an Samstagen oder Sonntagen geleistet werden. Die gesamte Arbeitszeit kann aufgegliedert werden nach Innen- und Außendienst, nach kaufmännischem und technischem Betrieb. Das Verhältnis der Ist-Arbeitsstunden zu den Soll-Arbeitsstunden ist eine Kennziffer für den Beschäftigungsgrad.

Die **Bilanz- und Erfolgsstatistik** hat die Aufgabe, die Auswertung der Bilanz und der Erfolgsrechnung darzustellen. Zu diesem Zweck werden beide Aufstellungen aufbereitet und die einzelnen Positionen zu Gruppen zusammengefaßt, um durch Bildung von Kennzahlen Aufschlüsse über die Rentabilität des Kapitaleinsatzes, über die Liquiditätslage, über die Art der Finanzierung, über das Verhältnis von Anlagevermögen zu Umlaufvermögen und von Eigenkapital zu Fremdkapital zu erhalten.

Die **Geldstatistik**, als Teil der Erfolgsstatistik, erfaßt den betrieblichen Zahlungsverkehr, den Geldbestand, Geldeingang und Geldausgang. Sie entwickelt durch eine nach der Liquidität gestufte Aufstellung des zukünftigen Zahlungsmittelbedarfs und Zahlungsmitteleingangs den Finanzplan.

1.1.9.1 Statistik als Teilgebiet des Rechnungswesens Arten, Aufgaben und Kontrolle der Statistik

Die **Statistik innerhalb des Rechnungswesens** dient der Gewinnung von Unterlagen über die Betriebsführung und der Kontrolle des Unternehmens. Dazu bedient man sich des Betriebsvergleichs. Darunter versteht man den Vergleich betrieblicher Vorgänge, Entwicklungen und Zustände innerhalb eines Zeitraumes oder in verschiedenen Betrieben.

Grundsätzlich kann man betriebliche Vorgänge und Größen vergleichen, praktisch beschränkt sich der Betriebsvergleich auf Faktoren, die einen bestimmten Aussagewert haben. Die zu vergleichenden Daten werden in absoluten oder relativen Zahlen, betrieblichen Kennzahlen oder statistischen Mittelwerten ausgedrückt.

Innerhalb des Rechnungswesens kennt man folgende statistische Werte und Vergleiche:

Soll-Ist-Vergleich
Verfahrensvergleich
Vergleich von Wirtschaftszweigen

Beim **Soll-Ist-Vergleich** werden die betrieblichen Faktoren zu einem Zeitpunkt gegenübergestellt. Kommt es zu Abweichungen, werden die Ursachen und die Verantwortlichen Auskunft über die Abweichungen geben. Dazu ist es erforderlich, die durch den Soll-Ist-Vergleich ermittelten Abweichungen in Preisabweichungen, zum Beispiel durch schwankende Verkaufspreise bei Eigentumswohnungen, aufzuspalten.

Der Verfahrensvergleich vergleicht betriebliche Verfahren im gleichen Zeitpunkt. Er ermöglicht innerhalb des Rechnungswesen einen Kontrollvergleich beispielsweise der Transportkosten für Bausteine, die sowohl mit großen als auch mit kleinen Lastkraftwagen befördert werden.

Im Beschaffungssektor von Fertigbauteilen können verschiedene Fertigungsverfahren, Lagerhaltung oder Vertriebsmethoden miteinander verglichen und statistisch erfaßt werden.

Beim **Vergleich desselben Wirtschaftszweiges** werden verschiedene Betriebe zum gleichen Zeitpunkt gegenübergestellt, zum Beispiel der Umsatz pro Verkäufer oder die Herstellungskosten der verschiedenen Betriebe.

Die oberste Aufgabe ist ein geordnetes Rechnungswesen, damit die Statistik auch als Kontrollinstrument eingesetzt werden kann. Die Beachtung des Prinzips der Klarheit der Buchhaltung, Bilanz- und Kostenrechnung, sowie Beachtung der Gliederungsvorschriften sind hierbei von besonderer Bedeutung. Die Statistik hat innerhalb des Rechnungswesens die Aufgabe, die Betriebskontrolle, einzelner Teile des Unternehmens oder des Gesamtunternehmens durchzuführen.

Kapitel 2

Ausgewählte Bereiche der Volkswirtschaft

1.2 Volkswirtschaft

1.2.1 Allgemeine Wirtschaftspolitik

Unter **Wirtschaftspolitik** versteht man allgemein die Anstrengungen und Aktivitäten des Staates und anderer öffentlicher Institutionen zur Förderung der Volkswirtschaft. Der Staat hat die Aufgabe für das Gemeinwohl zu sorgen. Er repräsentiert die Wirtschaftspolitik eines Landes, die auch einen Teil seiner politischen Ziesetzung ist.

Die Wirtschaftspolitik teilt man in die **praktische** und die **theoretische** Wirtschaftspolitik ein.

Die **praktische** Wirtschaftspolitik, wie sie in den einzelnen Staaten betrieben wird, wird meistens von wissenschaftlichen Erkenntnissen unterstützt und von bestimmten Wertvorstellungen geleitet, wie man sie aus den Programmen der politischen Parteien kennt. Dabei können bestimmte Ziele hervortreten, die man mit der praktischen Wirtschaftspolitik erreichen will um damit Wählerschichten zu gewinnen.

Die **theoretische** Wirtschaftspolitik ist die wissenschaftliche Lehre von der Wirtschaftspolitik. Sie stützt sich systematisch auf die Erkenntnisse der Volkswirtschaftstheorie und stellt die Ergebnisse von Handlungsalternativen dar. Zu beachten ist, daß die theoretische Wirtschaftspolitik ein System von Aussagen anstrebt, die rein informatorischen Charakter haben.

Die theoretische Wirtschaftspolitik informiert über die möglichen Mittel für bestimmte Ziele und über ihre Nebenwirkungen, fordert aber nicht dazu auf, bestimmte Ziele beziehungsweise Mittel zu billigen oder zu mißbilligen.

In Ermangelung empirisch gesicherter Erkenntnisse wird häufig mit **Plausibilitäten** argumentiert, die sich im nachhinein als unzutreffend erweisen, insbesondere weil sich die getroffenen Annahmen als unrealistisch herausstellen, so zum Beispiel das Investitions- oder das Konsumverhalten in der Bevölkerung.

1.2.1.1 Ziele der Wirtschaftspolitik

Die **Wirtschaftspolitik** setzt sich **Ziele**, die es zu verwirklichen gilt. Politik ist zielgerichtetes Handeln. Die verantwortliche Politiker benötigen Ziele um entsprechende Maßnahmen ergreifen zu können. Da es in einer Volkswirtschaft immer zu Konjunkturschwankungen in Form von Stärken und Schwächen kommt, hat der Staat ein großes Interesse, daß die Stabilisierung erhalten bleibt.

Die **Wirtschaftspolitik** setzt wie die Politik im allgemeinen **Ziele.** Die Zielbündelung der vier Ziele der Stabilitätspolitik verschiedener Richtungen bezeichnet man auch als **magisches Viereck**. Die wirtschaftspolitischen Ziele sind:

-Vollbeschäftigung
- Preisniveaustabilität
- Wachstum
- außerwirtschaftliches Gleichgewicht

Vollbeschäftigung bedeutet einen hohen Beschäftigungsgrad sowie eine weitgehend stabile Beschäftigungslage. Arbeitslosigkeit beziehungsweise Unterbeschäftigung soll möglichst vermieden oder gegebenenfalls behoben werden. Die Arbeitslosigkeit kann konjunkturell bedingt sein, strukturell oder auch saisonal, wie bei witterungsabhängigen Betrieben. Diese Arbeitslosigkeitsschwankungen müssen einnivelliert werden, damit der Wachstumsprozeß fortgeführt werden kann.

Ist die Vollbeschäftigung erreicht, so ist bei konstanter Technik keine Steigerung des Realeinkommens mehr möglich. Da sich jedoch in einigen Dienstleistungsbranchen die Technik weiterentwickelt, ist dort eine Erhöhung des Realeinkommens erzielbar.

Die **Preisniveaustabilität** sagt aus, daß der binnenwirtschaftliche Wert des Geldes stabil bleibt. Somit kann eine Preissteigerung vermiedern werden und die Preise bleiben demzufolge stabil.

Anhaltende Preissteigerungen und der damit verbundene Kaufkraftschwund führen regelmäßig zu Lohnforderungen der Gewerkschaften und zu Lohnzugeständnissen von Seiten der Unternehmer. Ändert sich die vom Unternehmer erwartete Preisniveaustabilität, dann verändern sich auch dessen Zukunftsaussichten. Somit werden sein Handeln und der Einsatz seiner Mittel zunächst verändert. Dies kann sich sogar wachstumsdämpfend auswirken. Dies beeinflußt das Handeln und bewirkt im Augenblick des Mitteleinsatzes eine Wachstumsdämpfung.

Das **Wirtschaftswachstum** ist die stetige Vergrößerung des Sozialprodukts. Das Wachsen des Sozialprodukts läßt sich durch die Mobilisierung der Produktionsfaktoren erreichen. Die Investitionen werden gesteigert durch den Einsatz aller Arbeitskräfte. Der Staat kann diesen Wachstumsprozeß unterstützen, indem er die Investitionsgüterindustrie subventioniert, sei es durch Krediterleichterung in Form von günstigen Zinsen für Investitionen oder durch günstige Abschreibungsmöglichkeiten.

Sind die Arbeitskräfte am heimischen Arbeitsmarkt erschöpft, können ausländische Arbeitskräfte durch entsprechende Regelungen wie der **Green Card** mit beschränkter Aufenthaltsgenehmigung angeworben werden. Dies ist besonders dann für den Staat wünschenswert, wenn der eigene Markt die von den Unternehmen geforderten Arbeitskräfte mit spezieller Qualifikation benötigt. Die USA als Einwanderungsland suchen für ausgesuchte spezielle Aufgaben Mitarbeiter mit bestimmten beruflichen Qualifikationen wie Physiker, Softwarespezialisten oder Chemiker. Durch den Einsatz dieser hochqualifizierten Arbeitskräfte kann das Wirtschaftswachstum gesteigert werden. Die Unternehmen haben damit die

Chance durch die Weiterentwicklung ihrer Produkte und Dienstleistungsangebote im internationalen und globalen Markt wettbewerbsfähig zu bleiben. Solche Maßnahmen können den Wohlstand einer Volkswirtschaft mehren.

Das **außenwirtschaftliche Gleichgewicht** bezieht sich auf den Austausch von Waren mit dem Ausland. Die Exporte der Bundesrepublik Deutschland machen jeweils ein Drittel des Bruttosozialproduktes aus, wobei der Hauptmarkt der europäische Wirtschaftsraum ist. Das bedeutet auch, daß die Importe und Exporte mit dem Ausland unbeeinflußt vom Staat stattfinden können, d.h. ohne daß der Staat durch behördliche Reglementierungen in den grenzüberschreitenden Güter- und Austauschverkehr eingreift, der **freie Handel** soll nicht gestört werden.

1.2.1.2 Zielkonflikte der Wirtschaftspolitik

Die vorgenannten wirtschaftlichen Globalziele, die gebündelt die Maximierung des gesellschaftlichen Wohlstandes ausmachen, beinhalten auch **Zielkonflikte** in sich. Das **magische Viereck**, also die vier Ziele, **Vollbeschäftigung, Preisniveaustabilität, Wachstum** und **außerwirtschaftliches Gleichgewicht**, beinhalten den Konflikt in sich, daß es nirgendwo gelingt, alle diese Ziele gleichzeitig zu verwirklichen. Trotzdem muß der Staat versuchen, die Ziele zu optimieren und eine weitgehende Erreichung zu bewerkstelligen.

Diese vier Ziele sind in Deutschland im **Gesetz zur Förderung der Stabilität und des Wachstums der Wirtschaft** am 8.6.1967 verabschiedet und zum Tragen gekommen. Unter dem Begriff "Das magische Viereck" symbolisieren sie die entscheidenden Kräfte im Wechselspiel der ausschlaggebenden Faktoren der Volkswirtschaft.

Das magische Viereck

Die Problematik besteht darin, daß sich nur zwei Ziele zu Lasten des dritten oder vierten Ziels erreichen lassen.

Zum Beispiel:

Vollbeschäftigung und Stabilität des Preisniveaus gehen oft zu Lasten des außenwirtschaftlichen Gleichgewichts

oder

Preisstabilität und außenwirtschaftliches Gleichgewicht gehen zu Lasten der Vollbeschäftigung und Preisniveaustabilität.

Auch auf einen anderen Zielkonflikt soll hier hingewiesen werden:

Ist das Preisniveau stark gestiegen, zum Beispiel lohninduziert, führen die Mittel, die eine Preissenkung zum Ziel haben, zu einer weniger optimistischen, unter Umständen pessimistischen Zukunftshaltung der Unternehmer. So werden beabsichtigte Produktionserweiterungen, Investitionen und Einstellungen von weiteren Mitarbeitern um so mehr unterbleiben, je stärker die Mittel des Staates wirken. Unter Umständen erfolgen sogar Produktionseinschränkungen und Entlassungen von Arbeitskräften.

Die Folgen können sein, daß das Sozialprodukt abnimmt und das Wachstum nicht erreicht oder sogar vermindert wird. Der Grad der Beschäftigung sinkt und die Vollbeschäftigung geht zurück.

1.2.1.3 Ordnungspolitik- und Ablaufpolitik

Die **Ordnung** und der **Ablauf der Wirtschaftspolitik** ist gegeben, wenn der Staat so wenig wie möglich in das Wirtschaftsleben eingreifen muß. Solange sich nämlich die Einnahmen und Ausgaben im Wirtschaftsverkehr mit dem Ausland die Waage halten, hat der Staat keine Veranlassung die Transaktionen behördlich zu reglementieren. Ist dieses **Zahlungsgleichgewicht** vorhanden, spricht man von einem außenwirtschaftlichen Gleichgewicht. Bei Zahlungsgleichgewicht hat der Staat auch keine Veranlassung seine Devisenreserven zu verändern und unerwünschten Devisenzuflüssen mit entsprechenden Maßnahmen zu begegnen.

Der Staat kann und soll auch durch seine Wirtschaftspolitik zum außenwirtschaftlichen Gleichgewicht beitragen. Der Staat hat dazu gesetzliche Grundlagen wie:

- das **Außenwirtschaftsgesetz**
- das **Bundesbankgesetz**
- das **Stabilitäts- und Wachstumsgesetz**

Im **Außenwirtschaftsgesetz** ist das Prinzip des freien Handelns festgeschrieben. Enschränkungen sind nur für Ausnahmefälle vorgesehen.

Das **Bundsbankgesetz** enthält Bestimmungen zur Devisenpolitik durch die Bundesbank sowie den Ankauf und Verkauf von Auslandswährungen.

Im **Stabilitäts und Wachstumsgesetz** ist die Außenwirtschaftspolitik festgeschrieben. Das bedeutet, daß die staatliche Wirtschaftspolitik zum außenwirtschaftlichen Gleichgewicht beitragen soll.

Im Bereich der Außenwirtschaftspolitik sind internationale Abkommen von großer Bedeutung.

So das **Allgemeine Zoll- und Handelsabkommen (GATT)** von 1947. Grundlage für die Währungsordnung ist das **Abkommen über den Internationalen Währungsfonds (IWF)** aus dem Jahre 1944.

Der Vertrag über das **Vorhaben EG 92** soll der Europäische Wirtschaftsraum zum 1. Januar 1993 zu einem Wirtschaftsraum ohne Binnengrenzen weiterentwickelt werden, indem der freie Verkehr von Personen, Waren, Dienstleistungen und Kapital gewährleistet ist.

Im **Vertrag über das europäische Währungssystem (EWS)** von 1979 sind für die Währungen der beteiligten Länder feste Wechselkurse mit geringen Bandbreiten vereinbart.

Durch die Regierungsvereinbarungen von **Maastricht 1991** entwickelten sich die Mitgliedsstaaten der Europäischen Gemeinschaft zu einer **Wirtschafts- und Währungsunion**.

Seit dem Jahr 1999 sind die nationalen Währungen durch definitive Wechselkurse zum **Euro** fest vereinbart. Durch die gemeinsame Währung des Euro über die einzelnen Nationalbanken die Währungshoheit an die **Europäische Zentralbank** in Frankfurt a.M.

1.2.1.4 Träger der Wirtschaftspolitik

Die **Träger der Wirtschaftspolitik** sind der Staat, also der Bund, Länder und Gemeinden mit ihren Regierungen, Parlamenten und Politikern. Der wirtschaftspolitische Einfluß geschieht hauptsächlich über den Bund, durch seine gesetzgeberische Arbeit. Die Länder haben die Möglichkeit solche Gesetze zu blockieren. Sie sind jedoch in der Lage Wirtschaftspolitik und Ansiedlungspolitik von Betrieben in den eigenen Ländern voranzubringen und teilweise umzusetzen. Mit strukturellen Maßnahmen, wie zum Beispiel dem Abbau der Subventionen bei Kohle und Stahl in Nordrhein-Westfalen in den 70er Jahren, können die einzelnen Bundesländer den Wandel der Unternehmen von der Industrie hin zu modernen High Tech-Betrieben fördern.

Das **Parlament** hat die Aufgabe, die von Bund und Ländern gemeinsam getragenen Gesetze zu beschließen, um damit der Wirtschaft langfristige Rahmenbedingungen vorzugeben.

Die **Bundesbank** und zunehmend die **Europäische Zentralbank** ist beauftragt die Wirtschaftspolitik der einzelnen Regierungen zu unterstützen, sie ist jedoch nicht weisungsgebunden, sondern in ihren Entscheidungen autonom. Weisungsgebundene Träger in der staatlichen Wirtschaftspolitik sind vor allem die **öffentlich-rechtlichen Institutionen** wie die Bundesanstalt für Arbeit, das Bundeskartellamt und die Landesarbeitsämter.

Bestimmte wirtschaftspolitische Aufgaben im Ausbildungs-, Weiterbildungs-, Prüfungs- und Schlichtungswesen wurden zur Entlastung der staatlichen Verwaltung auf öffentlich-rechtliche Selbstverwaltungsorgane der Wirtschaft, wie die Industrie- und Handelskammern und Handwerkskammern übertragen. Sie vertreten als autonome Entscheidungsträger zum einen die Interessen ihrer Mitglieder und andererseits versuchen sie die wirtschaftspolitische Willensbildung zu beeinflussen.

Die **Träger staatlicher Wirtschaftspolitik** sind in ihrer Entscheidungsfindung fortwährend der Einflußnahme ausgesetzt. Im innerstaatlichen Bereich sind dies insbesondere Parteien, Gewerkschaften, Arbeitgeberverbände, Großunternehmen, Medien, Wissenschaft, Kirchen und sonstige

Verbände. Sie alle versuchen durch ihre Lobbyarbeit Einfluß auf Entscheidungen zu nehmen, die von der **Bürokratie** umgesetzt werden.

Die **Bürokratie** unterliegt keinem wirtschaftlichen Konkurrenzdruck. Die Beamten unterliegen nicht dem wirtschaftlichen Zwang, denn sie schaffen neue Stellen, stellen weitere Staatsdiener ein und heben somit ihr eigenes Image. Außerdem erhöhen sie ihr Einkommen, erringen Macht und Prestige. Dieses Phänomen hat schon **Parkinson** erkannt, der in seinem **Parkinsonschen Gesetz** festgestellt hat, daß die Bürokratie mit einer angeblich bestimmten Wachstumsrate wächst – unabhängig davon, ob der Arbeitsanfall oder die Aufgaben zunehmen, abnehmen oder sogar ganz wegfallen. Die Folgen sind, daß die Staatsquote zunimmt, ohne daß dadurch gesamtwirtschaftliche Ziele erreicht werden. Hinzu kommt, daß ein zunehmender Teil der Staatsausgaben von der Bürokratie selbst in Anspruch genommen wird.

1.2.1.5 Konjunkturpolitik

Die **Konjunkturpolitik** hat die Aufgabe gewisse Marktwirkungen entstehen zu lassen oder sie zu dämpfen. Es bilden sich sogenannte Konjunkturschwankungen oder Konjunkturzyklen. Normalerweise hat jeder Konjunkturzyklus seine eigene Besonderheit, aber es läßt sich doch ein gewisses System ausmachen, das durch folgende vier Phasen gekennzeichnet ist:

- **Aufschwung (Expansion)**
- **Hochkonjunktur (Boom)**
- **Abschwung (Rezession)**
- **Krise (Depression)**

Der **Aufschwung (Expansion)** ist gekennzeichnet durch eine Zunahme der Produktion und des Absatzes, die Beschäftigung nimmt zu, die Arbeitslosigkeit geht zurück, die Investitionsbereitschaft der Unternehmer wächst ständig, die Banken geben hohe Kredite, die Aktienkurse beginnen zu klettern, Preise, Löhne und Zinsen steigen, die Investitionsgüterpreise ziehen stärker an als die Konsumgüterpreise, die Stimmung in der Bevölkerung und bei den Unternehmern ist optimistisch.

In der **Hochkonjunktur (Boom)** läuft die Produktion auf vollen Touren, die Wachstumsrate kann, da die Kapazitäten voll ausgelastet sind, nicht mehr so hoch wie im Aufschwung sein, es herrscht Vollbeschäftigung, Mitarbeiter sind Mangelware. In den im Aufschwung übermäßig vergrößerten Investitionsgüterindustrien machen sich Absatzschwierigkeiten bemerkbar. Die Investitionsbereitschaft der Unternehmer geht etwas zurück, die Banken nähern sich der Grenze ihrer Kreditschöpfungsmöglichkeiten. Die Preise, Löhne und Zinssätze sind hoch und steigen weiter. Die Kurse der Aktien und Wertpapiere steigen im Durchschnitt noch an, die Stimmung in der Volkswirtschaft ist gedämpft zuversichtlich, teilweise kommt Mißtrauen bei den Beteiligten auf, ob die Konjunktur weiter so heißlaufen kann.

In der **Abschwungphase (Rezession)** gehen Produktion und Absatz stark zurück. Die Arbeitslosigkeit breitet sich aus. Die Banken geben keine Kredite mehr und rufen gewährte Kredite zurück. Die Unternehmer investieren nicht mehr, die Aktienkurse fallen, Preise und Löhne sinken, es gibt keine Lohnsteigerungen mehr, die Warenlager wachsen an. Unternehmer und auch Privathaushalte geraten immer mehr in Zahlungsschwierigkeiten. Es kommt zu Vergleichen und Konkursen. Die Zinsen gehen zurück und die Stimmung ist pessimistisch.

In der **Krise (Depression)** sind Produktion und Absatz auf einem tiefen Stand. Es herrscht große Arbeitslosigkeit. Die Unternehmer haben keine oder nur geringe Gewinnerwartungen und wagen keine größeren Investitionen. Die Aktienkurse verharren auf einem tiefen Niveau. Die Preise und die Löhne sind auf einem niedrigen Niveau. Die Produktion ist niedrig und die Kapazitäten werden nicht ausgelastet. Der Zinssatz ist sehr niedrig, die Stimmung ist weiterhin recht pessimistisch, die Sorge um die Zukunft macht sich breit und läßt Konsumenten zurückhaltend sein. Nach einiger Zeit können sich die Erwartungen allmählich verbessern und einen neuen Aufschwung auslösen.

Über die Länge solcher Konjunkturzyklen gibt es unterschiedliche Auffassungen. Meistens werden Zeiten von sieben bis zehn Jahren genannt, wie schon von dem Franzosen Clément Juglar, der bereits im Jahre 1860 die Länge der Konjunkturschwankungen erkannte. Die Meinung jedoch, daß sich Konjunkturschwankungen in ganz bestimmten zeitlichen Abständen wiederholen, ist nicht unbedingt haltbar.

Nach **Joseph Alois Schumpeter** (Theorie der wirtschaftlichen Entwicklung, 1911/12) ist der dynamische Unternehmer die Triebfeder für den Konjunkturverlauf. Technologische Neuerungen werden von risikofreudigen Unternehmern in ein marktfähiges Produkt umgesetzt und auf den Markt gebracht. Durch diese Auffassung wird deutlich, daß die Konjunktur kein Selbstläufer ist, sondern von dynamischen unverbrauchten Unternehmern und technologischen Neuentwicklungen abhängt. So hat Ende der 80iger Jahre und Anfang der 90iger Jahre der PC einen Aufschwung gebracht, danach kam Mitte der 90er Jahre eine Krise und erst zur Jahrtausendwende kommt durch die Internet-Branche ein erneuter wirtschaftlicher Aufschwung.

1.2.1.6 Wachstumspolitik und Strukturpolitik

Bei der **Wachstumspolitik** geht es nicht nur um eine zielgerichtete Weichenstellung des Staates in die Wirtschaft, um die eigentlichen Konjunkturschwankungen auszuschalten. Es geht vielmehr um die Sicherung eines stetigen Wachstums. Eine zukunftsorientierte Wachstumspolitik muß eine dynamische Stabilität der Volkswirtschaft verwirklichen helfen. Das bedeutet eine ständige Vergrößerung des Sozialprodukts ohne Rückschläge durch Krisen und Depressionen. Eine Marktwirtschaft ist nicht aus sich selbst heraus stabil und sichert auch nicht automatisch ein langfristiges Wirtschaftswachstum. Wachstumspolitik kann demzufolge nur bedeuten:

Die langfristige Entwicklung des technischen Fortschritts und deren effiziente Ausnutzung wird flankiert von staatlichen Maßnahmen.

Maßnahmen zur Beeinflussung des technischen Fortschritts können auf eine Verbesserung der Faktorqualitäten und Faktororganisation schließen lassen.

Was die **Faktorqualität** betrifft, so dienen Investitionen in die Infrastruktur, in die Ausbildung und in die Mobilität der Arbeitskräfte der Verbesserung der Qualität der Steigerung von Kapital und Arbeit.

Die **Struktur** einer Volkswirtschaft ist einem andauernden Wandlungsprozeß unterworfen. Auf der **Angebotsseite** entstehen durch Forschung, Erfindungen und Weiterentwicklungen ständig neue Produktionstechniken. Auf der **Nachfrageseite** ändern sich permanent die Bedürfnisse. Die langfristige Wachstumsrate eines Landes ist um so höher, je reibungsloser es gelingt, die sich wandelnden Produktionstechniken und die sich wandelnden Bedürfnisstrukturen aufeinander abzustimmen. Ein Wirtschaftssystem muß daher in der Lage sein, die besten Produktionstechniken zum Einsatz zu bringen um Produkte herzustellen, welche die Konsumenten auch kaufen wollen.

1.2.1.7 Ökologisches Wachstum

Wirtschaftliches Wachstum wird häufig mit einer Steigerung des Wohlstandes gleichgesetzt. Daher gibt es einige Hersteller, die besonderen Wert auf das **ökologische Wachstum** legen. Dazu können folgende Punkte vorgebracht werden:

Unter den **Wachstumsfaktoren** finden sich auch negative Nebenwirkungen, die vom **Produktionsprozeß** herrühren, wie **Umweltverschmutzung,** Lärm, enormer Rohstoffverbrauch. Ein weiteres Argument gegen die **Wachstumsmaximierung** lautet, daß durch andauerndes Wachstum die **Ressourcen** erschöpft und die natürlichen Lebensgrundlagen des Menschen dadurch zerstört werden. Eine unkontrollierte Entwicklung hin zu einem **globalen Zusammenbruch** muß daher verhindert werden. Diese Diskussion wurde auch durch eine Studie vom Club of Rome entfacht. Diese erwartet spätestens im Jahre 2050 eine Kollabierung, wenn sich die Weltwirtschaft und die Bevölkerung so wie bisher in unkontrollierter Weise weiter entwickeln.

Die Ressourcen sind kein immerwährender Vorrat. Ob eine Reserve abbauwürdig ist, hängt aber stark vom Preis des gewonnenen Rohstoffs ab. Positiv ist, daß ein Teil der Materialien wieder verwendet werden kann. Die Rückgewinnung durch Recycling von Rohstoffen aus Abfall ist auch preisabhängig. Ist das Recycling teuerer als die Neugewinnung von Rohstoffen, so wird dem Abbau der Vorzug gegeben.

1.2.1.8 Arbeitsmarktpolitik

Unter der **Arbeitsmarktpolitik** versteht man alle Maßnahmen durch Arbeitskraft Wachstum zu schaffen. Je höher die Wachstumsrate ausfällt, um so günstiger ist dies für die Entwicklung am Arbeitsmarkt. Bei zu niedrigem Wachstum werden Arbeitsplätze vernichtet, genau wie durch Arbeitszeitverkürzung. Die Ideologie der Gewerkschaften, daß durch Arbeitszeitverkürzung Arbeitsplätze geschaffen werden, ist nicht tauglich. Vielmehr wird der Mangel an rentabler Beschäftigung lediglich umverteilt oder sogar vernichtet.

1.2.1.9 Einkommens und Vermögenspolitik

Die **Vermögenspolitik** versucht die Vermögensbildung bei den Arbeitnehmern zu gestalten. Dadurch soll diesem Personenkreis eine weitere **Einkommensquelle** geschaffen werden. Außerdem soll das angesammelte Vermögen eine zusätzliche Sicherheit für Notfälle geben und durch die Selbstverantwortung mehr eigenen Spielraum ermöglichen.

Durch die Vermögensbildung soll der Arbeitnehmer am Produktivkapital beteiligt werden. Die Formen können tarifvertraglich oder gesetzlich gestaltet sein oder aber auf freiwilliger Basis. Wenn auch in der Vergangenheit die Akzeptanz der Arbeitnehmer nicht sehr hoch war, Aktien oder Anteilsscheine von dem Unternehmen zu erwerben, in dem sie arbeiten, hat sich gerade bei den jungen Unternehmen dieser Trend in Richtung Vermögensbildung und Beteiligung verstärkt.

Viele der jungen Unternehmen beteiligen ihre Mitarbeiter am Unternehmen durch Ausgabe von Aktien. Bei Neuemissionen geschieht dies häufig über das **"Friends and Family Programm"**. Bei dieser Maßnahme werden die Mitarbeiter und deren Familien mit Vorzugsaktien versorgt, die einen niedrigeren Bezugskurs als den offiziellen Ausgabekurs haben.

1.2.2 Geldpolitik
Geldmarkt und Kapitalmarkt

Geldpolitik ist ein Teil der allgemeinen Wirtschaftspolitik, oder anders ausgedrückt, **Geldpolitik** ist ein funktionaler Bereich der Wirtschaftspolitik.

Innerhalb der Auffassung über die Geldpolitik gibt es nach heutiger Auffassung die Meinung, daß der Wirtschaftsprozeß mit Hilfe der Geldpolitik zu steuern ist, während die realen Vertreter darauf abzielen der Lenkung des Wirtschaftsprozesses eine subsidiäre Rolle beizumessen.

Wenn man nicht allzu große Erwartungen an die Geldpolitik stellt, kommt man zu folgenden Erkenntnissen:

Eine **Verknappung des Geldes** vermag Preissteigerungen abzuwehren, die durch eine zu hohe Nachfrage verursacht sind. Sie kann einen wirtschaftlichen Aufschwung bremsen oder gar eine Stagnation bewirken.

Erleichterungen in der Kreditgewährung sind allein nicht ausreichend, die Wirtschaft aus dem Zustand der Depression oder Stagnation herauszuführen; als mithelfender Faktor sind sie jedoch unentbehrlich.

Die Erfahrung zeigt, daß Unternehmer oder Konsumenten auch bei niedrigen Zinsen von der Kreditaufnahme keinen Gebrauch machen, wenn sie dadurch keinen wirtschaftlichen Vorteil oder Erfolg haben. Daran ist auch zu erkennen wie fragwürdig es ist, allein über die Geldpolitik die Wirtschaft anzukurbeln ist.

Der Bundesbank fällt die Aufgabe der **Geldpolitik** zu. Die Maßnahmen sind im einzelnen:

- die **Diskontpolitik**
- die **Offenmarktpolitik**
- die **Rediskontpolitik**
- die **Mindestreservepolitik**

Die **Diskontpolitik**

Der Weg, auf dem die Geschäftsbanken sich Zentralbankgeld verschaffen, ist der Weiterverkauf von Wechseln an die Bundesbank. Sie lassen sich die Wechsel **rediskontieren**. Den Zinssatz, zu dem der Wechsel diskontiert wird, legt ebenfalls die Bundesbank fest. Der **Diskontsatz** wird bei der Berechnung des von der Wechselsumme abzuziehenden Diskontbetrages zugrunde gelegt. Bei einem niedrigen Diskontsatz ist das Geld der Bundesbank günstig. Steigt der Diskontsatz, dann wird die Geldbeschaffung teuer.

Bei steigendem Zinssatz können die Geschäftsbanken nur teuere Kredite anbieten. Die Folge ist, daß die Bankkunden dann weniger Kredite in Anspruch nehmen. Umgekehrt verhält es sich bei einer Verminderung des Zinssatzes.

Die Diskontpolitik ist nur dann nicht wirksam, wenn die Geschäftsbanken ausreichend mit Zentralbankgeld versorgt und auf die Beschaffung über rediskontierte Wechsel nicht angewiesen sind. In diesem Fall kann die Bundesbank eine Verminderung des Geldumlaufs durch die Mindestreservepolitik erreichen.

Ein Beispiel dafür: Die Zinssätze der Deutschen Bundesbank, Monatsbericht September 2000, auf der folgenden Seite.

VI. Zinssätze

1. EZB-Zinssätze

% p.a.

Gültig ab	Einlagefazilität	Hauptrefinanzierungsgeschäfte 1)	Spitzenrefinanzierungsfazilität
1999 1. Jan.	2,00	3,00	4,50
4. Jan. 2)	2,75	3,00	3,25
22. Jan.	2,00	3,00	4,50
9. April	1,50	2,50	3,50
5. Nov.	2,00	3,00	4,00
2000 4. Febr.	2,25	3,25	4,25
17. März	2,50	3,50	4,50
28. April	2,75	3,75	4,75
9. Juni	3,25	4,25	5,25
1. Sept.	3,50	4,50	5,50

2. Diskont- und Lombardsatz der Deutschen Bundesbank

% p.a.

Gültig ab	Diskontsatz	Lombardsatz 3) 4)
1994 18. Febr.	5 1/4	6 3/4
15. April	5	6 1/2
13. Mai	4 1/2	6
1995 31. März	4	6
25. Aug.	3 1/2	5 1/2
15. Dez.	3	5
1996 19. April bis 1998 31. Dez.	2 1/2	4 1/2

3. Basiszinssatz gemäß DÜG

% p.a.

Gültig ab	Basiszinssatz 5)
1999 1. Jan.	2,50
1. Mai	1,95
2000 1. Jan.	2,68
1. Mai	3,42
1. Sept.	4,26

1 Bis 21. Juni 2000 Mengentender, ab 28. Juni 2000 Zinstender zum Mindestbietungssatz. — **2** Am 22. Dezember 1998 kündigte die Europäische Zentralbank (EZB) an, dass zwischen dem 4. und dem 21. Januar 1999 ausnahmsweise ein enger Korridor von 50 Basispunkten zwischen den Zinssätzen für die Spitzenrefinanzierungsfazilität und die Einlagefazilität angewandt wird. Damit sollte den Marktteilnehmern der Übergang zu dem neuen System erleichtert werden. — **3** Ab 1. August 1990 bis 31. Dezember 1993 zugleich Zinssatz für Kassenkredite; ab 1. Januar 1994 wurden keine Kassenkredite mehr gewährt. Wird in einem Gesetz auf den Zinssatz für Kassenkredite des Bundes Bezug genommen, tritt gemäß Diskontsatz-Überleitungs-Gesetz (DÜG) an dessen Stelle der um 1,5 Prozentpunkte erhöhte Basiszinssatz (s. Anmerkung **5**). — **4** Gemäß DÜG i.V. mit der Lombardsatz-Überleitungs-Verordnung wird ab 1. Januar 1999 der Lombardsatz, soweit er als Bezugsgröße für Zinsen und andere Leistungen verwendet wird, durch den Zinssatz der EZB für die Spitzenrefinanzierungsfazilität (SRF-Satz) ersetzt. — **5** Er ersetzt gemäß Diskontsatz-Überleitungs-Gesetz (DÜG) i.V. mit der Basiszinssatz-Bezugsgrößen-Verordnung ab 1. Januar 1999 den Diskontsatz, soweit dieser in Verträgen und Vorschriften als Bezugsgröße für Zinsen und andere Leistungen verwendet wird. Dieser Basiszinssatz ist der am 31. Dezember 1998 geltende Diskontsatz der Deutschen Bundesbank. Er verändert sich mit Beginn des 1. Januar, 1. Mai und 1. September eines jeden Jahres, erstmals mit Beginn des 1. Mai 1999, und zwar dann, wenn sich der Zinssatz der EZB für längerfristige Refinanzierungsgeschäfte (marginaler LRG-Satz) um mindestens 0,5 Prozentpunkte verändert hat.

Die Offenmarktpolitik

Die Bundesbank kann durch die **Offenmarktpolitik** den Geldumlauf beeinflussen. Dabei kauft oder verkauft die Bundesbank Wertpapiere sowohl über den **Geldmarkt** als auch über den **Kapitalmarkt.** Die Ankäufe und Verkäufe erfolgen auf eigene Rechnung der Bundesbank. Die Kapitalmarktpapiere sind vor allem Staatsanleihen, Industrieobligationen, Kommunalobligationen und Pfandbriefe.

Kauft die Bundesbank Wertpapiere, so fließt **Geld in den Markt**, verkauft sie, so entzieht sie dem Markt das Geld. Die Bundesbank kann beim Verkauf ihrer Papiere den Banken einen besonderen Anreiz bieten, indem sie mehr oder weniger hohe Abschläge gewährt, so daß die Papiere dann bei Fälligkeit oder Weiterverkauf einen entsprechenden Ertrag abwerfen. Niedrige **Abgabesätze** lassen es den Banken nicht sehr interessant erscheinen, der Bundesbank Papiere abzukaufen. Anders verhält es sich bei hohen Abgabesätzen. Die Banken werden von der rentablen Geldanlage gerne Gebrauch machen und damit Geld an die Zentralbank abführen.

Bekanntlich ist die Bundesbank nicht dem Wettbewerb ausgesetzt und auf eine **Gewinnerzielung** nicht angewiesen. Trotzdem erreicht sie hohe Gewinne, die sie zu einem großen Teil an den Staat abführt, um das Defizit im Bundeshaushalt auszugleichen. Die Bundesbank kann daher die **Diskont- und Geldmarktsätze** so festsetzen, daß die Geschäftsbanken über gerade so viel Geld verfügen, wie es im Hinblick auf den Umfang der damit gemachten Kreditgewährung volkswirtschaftlich wünschenswert erscheint.

Die Rediskontpolitik

Die Bundesbank bestimmt für jede Geschäftsbank die **Rediskontkontigente**. Die Bundesbank ist bis zu dieser Höhe bereit Wechsel zu rediskontieren. Die Bundesbank ermittelt das Kontingent mit Hilfe der Bankbilanz, die die Geschäftsbanken monatlich bei der Bundesbank einreichen müssen. Die Bemessungsgrundlage sind Eigenkapital und ausgegebene Kredite. Mit einer Erhöhung des Eigenkapitals wird auch das Rediskontkontigent vergrößert.

Die Bundesbank kann die **Rediskontkontigente** kürzen oder erhöhen. Von einer Kürzung macht sie besonders dann Gebrauch, wenn Diskontpolitik und Offenmarktpolitik nicht wirksam genug sind. Die Bundesbank kann aber auch eine Auswahl treffen, indem sie Wechsel bestimmter Herkunft nicht kauft, andere dagegen vorzugsweise hereinnimmt und vielleicht nicht einmal auf die Rediskontkontigente anrechnet. Sie kann das zum Beispiel zur Erleichterung der Finanzierung von Exportgeschäften tun. Eine solche selektive Rediskontpolitik fällt aus dem Rahmen der **marktkonformen** Maßnahmen, sie ist ein Mittel der **Wirtschaftslenkung** und hat dirigistische Züge.

Die Mindestreservepolitik

Jede Geschäftsbank ist verpflichtet, bei der Bundesbank ein **Mindestguthaben** zu unterhalten. Die Höhe dieser sogenannten **Mindestreserve** richtet sich nach den Einlagen der Kundschaft dieser Bank. Die **Bemessungsgrundlage** sind der Gesamtbetrag und die Fälligkeit dieser Einlagen. Je länger die Einlagen bei der Bank festgelegt sind, desto niedriger ist der Mindestreservesatz. Die Mindestreserve soll dauernd stilliegen, allerdings braucht sie nur im Durchschnitt des ganzen Monats auf der vorgeschriebenen Höhe gehalten werden. Jede Unterschreitung dieser Höhe für einige Tage muß durch eine entsprechende Auffüllung über die Mindesthöhe hinaus entsprechend werden. Auf diese Weise kann dann im jeweiligen Monatsdurchschnitt die vorgeschriebene und notwendige Reservehöhe erreicht werden.

Jede Geschäftsbank ist gezwungen, bei der Bundesbank ein Guthaben in Bundesbankgeld zu unterhalten, über das sie nicht frei verfügen kann und das ihr keine Zinsen bringt. Zweck dieser Vorschrift ist es, die Geldschöpfung der Banken – das bedeutet den Spielraum ihrer Kreditgewährung – der Kontrolle der Bundesbank zu unterwerfen.

Durch die **Mindestreservepolitik** wird den Geschäftsbanken viel Bundesbankgeld entzogen. Damit werden ihre Möglichkeiten, Buchgeld für die Unternehmen zu schaffen, erheblich eingeschränkt. Die Bundesbank kann die Mindestreservesätze verändern. Eine Erhöhung bedeutet eine zusätzliche Beschränkung in der Kreditgewährung der Geschäftsbanken. Diese Maßnahme ist dann gegeben, wenn eine Diskontsatzerhöhung ihre Wirkung verfehlt, weil die Banken über genügend Zentralbankgeld verfügen. Zusammen mit einer Heraufsetzung der Mindestreserve kann eine restriktive Diskontpolitik wirksam werden.

Eine **Senkung der Mindestreservesätze** bedeutet für die Geschäftsbanken eine Erweiterung ihres Spielraums bei der Kreditgewährung.

Eine **Erhöhung der Mindestreserve** trifft die Geschäftsbanken sehr hart, ihre Gewinne werden dadurch geschmälert. Deshalb wird die Bundesbank diese Mittel nur in unbedingt notwendigem Maß anwenden.

Auswirkungen der Geldpolitik auf die Geld- und Kapitalmärkte

Seit dem Jahre 1987 benutzt die Deutsche Bundesbank neben den vorgenannten vier Instrumenten eine weitere geldpolitische Steuergröße. Zielformulierung und Kontrollmechanismus ist die **Geldmenge M 2**. Sie beinhaltet die Summe des Bargeldumlaufs und der mindestreservepflichtigen Bankverbindlichkeiten, ebenso die Befristung von Sichteinlagen unter 4 Jahren, Termineinlagen und Spareinlagen.

Im Jahre 1988 wurde die Zielgröße **M 2** auf die **Geldmenge M 3** vergrößert. Diese beinhaltet die Parameter von M 2 plus Spareinlagen mit vereinbarter Kündigungsfrist unter 4 Jahren sowie Sparbriefen mit Laufzeiten unter 4 Jahren.

In den USA wird das **Federal Reserve System** seit 1913 als Steuer- und Zielgröße angewandt. Das Zentralbankensystem teilt sich in den USA in 12 Distrikte auf, wobei der Notenbank die Leitung inne hat. Die Führung der Notenbank obliegt dem durch den Präsidenten der USA ernannten **Board of Governors.**

Ein Beispiel für Geldmarktsätze an den wichtigsten Auslands-Finanzmarktplätzen und im Euro-Dollar-Raum findet sich auf den folgenden beiden Seiten mit dem Monatsbericht September 2000 der Deutschen Bundesbank.

Eine **Kombination** der vier Instrumente der **Geldpolitik** und eine richtige Dosierung der Maßnahmen sind die Aufgabe der Bundesbank, um die Konjunktur anzukurbeln und durch Maßnahmen nicht zu überhitzen. Eine richtige **Konjunkturpolitik** durch die Bundesbank ist ein wichtiger Bestandteil der Wirtschaft.

Die Einnahmen und Ausgaben des Staates sind Aufgabe der **Steuer- und Fiskalpolitik**. Erhöhungen oder Senkungen des Steuersatzes haben Einfluß auf die verfügbare **Geldmenge** und auf die Volkswirtschaft insgesamt. Die Steuereinnahmen vermehren die Geldmenge in der Hand des Staates, vermindern aber zugleich die Kaufkraft in den Händen der Konsumenten. Durch eine geeignete Steuerpolitik und eine zweckdienliche Steuerstruktur kann die Finanzpolitik das verfügbare Einkommen der Haushalte erheblich verändern und eine gleichmäßigere Einkommensverteilung erzielen.

9. Geldmarktsätze im Ausland

Monats- bzw. Wochendurchschnitte aus täglichen Angaben 1)
% p.a.

Monat bzw. Woche	London		New York		Tokio		Zürich
	Tagesgeld 2)	Schatzwechsel (3 Monate) Emissionssatz 3)	Federal Funds 4)	Schatzwechsel (3 Monate) Emissionssatz 3)	Tagesgeld	Gensaki Rate (3 Monate)	Dreimonatsgeld 5)
1998 Juli	7,29	7,22	5,54	4,96	0,41	0,29	1,31
Aug.	7,37	7,19	5,55	4,94	0,43	0,29	1,00
Sept.	7,44	6,95	5,51	4,74	0,32	0,18	0,84
Okt.	7,44	6,54	5,07	4,08	0,24	0,11	0,50
Nov.	6,55	6,31	4,83	4,44	0,20	0,11	0,94
Dez.	6,21	5,71	4,68	4,42	0,25	0,11	0,69
1999 Jan.	5,87	5,28	4,63	4,34	0,23	0,14	0,56
Febr.	5,63	5,08	4,76	4,45	0,18	0,13	0,56
März	5,43	5,07	4,81	4,48	0,04	0,08	0,56
April	5,38	4,90	4,74	4,28	0,03	0,06	0,38
Mai	5,29	4,93	4,74	4,51	0,03	0,05	0,44
Juni	5,05	4,76	4,76	4,59	0,03	0,04	0,50
Juli	4,92	4,76	4,99	4,60	0,03	0,03	0,51
Aug.	4,84	4,85	5,07	4,76	0,03	0,03	0,51
Sept.	4,89	5,08	5,22	4,73	0,03	0,02	1,14
Okt.	5,01	5,24	5,20	4,88	0,02	0,02	1,38
Nov.	5,18	5,24	5,42	5,07	0,03	0,02	1,34
Dez.	5,01	5,46	5,30	5,23	0,02	0,04	1,24
2000 Jan.	5,28	5,78	5,45	5,34	0,02	0,03	1,38
Febr.	5,77	5,92	5,73	5,57	0,03	0,03	1,78
März	5,69	5,93	5,85	5,72	0,02	0,03	2,26
April	5,82	6,01	6,02	5,67	0,02	0,03	2,76
Mai	5,87	6,00	6,27	5,92	0,02	0,02	2,55
Juni	5,88	5,95	6,53	5,74	0,02	0,03	3,05
Juli	5,85	5,92	6,54	5,92	0,02	0,04	3,04
Aug. p)	5,81	5,90	6,50	6,11	0,16	0,23	3,12
Woche endend p)							
2000 Aug. 4.	5,73	5,90	6,49	6,09	0,02	0,04	3,04
11.	5,75	5,94	6,45	6,10	0,02	0,04	.
18.	5,93	5,86	6,53	6,09	0,21	0,16	.
25.	5,80	5,90	6,46	6,11	0,24	0,22	3,12

1 Soweit nicht anders vermerkt. — **2** Overnight money am Interbankenmarkt. — **3** Monate: Durchschnitt aus den bei den wöchentlichen Schatzwechselauktionen erzielten Emissionssätzen; Wochen: Durchschnitt aus den am Ausgabetag erzielten Emissionssätzen. — **4** Wochendurchschnitt: jeweils Donnerstag bis Mittwoch. — **5** Dreimonatsdepot bei Großbanken in Zürich; Monate: Durchschnitt der Ultimowerte. Wert in der vierten Woche jeweils Stichtag Ultimo. — **6** Hongkong-Dollar Interbank Offered Rates (HIBOR). — **7** Von der Hongkong Monetary Authority regelmäßig emittierte Geldmarkt-

Hongkong		Euro-Dollar-Markt			Nachrichtlich: Swap-Sätze am freien Markt 10)	
Tagesgeld 6)	Exchange Fund Bills 7)	Tagesgeld 8)	Monatsgeld 9)	Dreimonatsgeld 9)	US-$/DM Euro/US-$	£/DM Euro/£
5,78	7,86	5,58	5,59	5,63	– 2,14	– 4,13
9,84	9,78	5,56	5,59	5,63	– 2,14	– 4,11
5,83	8,37	5,58	5,52	5,45	– 2,00	– 3,89
4,52	6,33	5,30	5,27	5,22	– 1,69	– 3,52
4,61	5,60	5,13	5,20	5,28	– 1,67	– 3,21
4,23	5,22	4,95	5,54	5,20	– 1,89	– 3,04
3,96	5,64	4,79	4,98	5,00	+ 1,85	+ 2,61
4,96	5,63	4,74	4,94	5,00	+ 1,87	+ 2,27
4,50	5,28	4,83	4,94	5,01	+ 1,95	+ 2,24
4,44	4,92	4,75	4,92	5,00	+ 2,29	+ 2,52
4,47	4,82	4,78	4,91	5,02	+ 2,47	+ 2,69
5,21	5,13	4,88	5,04	5,18	+ 2,60	+ 2,50
5,51	5,47	5,05	5,18	5,31	+ 2,67	+ 2,39
5,55	5,80	5,12	5,29	5,45	+ 2,82	+ 2,47
5,12	5,68	5,29	5,38	5,57	+ 2,85	+ 2,60
5,37	5,49	5,25	5,41	6,18	+ 2,86	+ 2,55
5,01	5,11	5,40	5,56	6,10	+ 2,68	+ 2,34
3,58	4,65	5,45	6,40	6,13	+ 2,75	+ 2,48
3,33	5,18	5,55	5,81	6,04	+ 2,70	+ 2,66
5,37	5,64	5,73	5,89	6,10	+ 2,54	+ 2,54
5,41	5,65	5,87	6,05	6,20	+ 2,47	+ 2,36
6,32	6,06	6,03	6,15	6,31	+ 2,42	+ 2,22
6,04	6,63	6,30	6,55	6,76	+ 2,44	+ 1,83
5,95	6,36	6,55	6,65	6,79	+ 2,31	+ 1,60
5,86	6,12	6,55	6,63	6,73	+ 2,17	+ 1,48
5,49	5,76	6,47	6,62	6,69	+ 1,92	+ 1,33
5,39	5,87	6,52	6,62	6,72	+ 2,11	+ 1,49
4,97	5,63	6,41	6,62	6,69	+ 2,03	+ 1,43
5,24	5,75	6,48	6,62	6,69	+ 1,86	+ 1,26
6,26	5,77	6,46	6,62	6,69	+ 1,82	+ 1,25

papiere; Laufzeit 91 Tage. — **8** Ab Januar 1999 Sätze für overnight deposits. — **9** Ab Januar 1999 US-Dollar London Interbank Offered Rates (LIBOR). Vorher basierten die Sätze auf Angaben vom Frankfurter und Luxemburger Bankplatz. — **10** Sätze für Kontrakte mit dreimonatiger Laufzeit. Infolge der Mengennotierung wird seit Januar 1999 der Terminswapsatz Euro/Fremdwährung für den Rückkaufstag des Swapgeschäfts in der Fremdwährung errechnet; vorher lautete die Rechnung auf DM. Dadurch verändert sich der bisherige Deport (–) in einen Report (+).

Das Drehen an der Steuerschraube hat somit starke **Auswirkungen auf den Geld- und Kapitalmarkt.** Nehmen die Steuereinnahmen ab, so sieht sich der Staat veranlaßt am Kapitalmarkt aktiv zu werden und Kredite aufzunehmen beziehungsweise Staatsanleihen zu plazieren. Andererseits sind auch die Unternehmer durch die das vermehrte Steueraufkommen gezwungen, Kredite aufzunehmen. Die Konsumenten nehmen ebenfalls einen Kredit auf um ihren Verpflichtungen nachzukommen. Die Banken ihrerseits werden die Zinsen erhöhen, da die Nachfrage nach Krediten auf der ganzen Breite der Volkswirtschaft steigt. Dieses Drehen an den Zinssätzen geht so weit, daß diese eine Höhe erreichen, die wirtschaftlich am Markt nicht mehr durchzusetzen sind. Weder Investor noch Unternehmer noch Konsument fragen dann nach Krediten nach.

Globalisierte Märkte

Die **globalisierten** oder auch **internationalen Märkte** unterscheiden sich von nationalen Märkten insbesondere dadurch, daß sie keiner administrativen Kontrolle und Beeinflussung durch staatliche Eingriffe unterliegen. Die globalisierten Märkte bestehen aus **Geldmarktgeschäften,** die in Währungen durchgeführt werden, die weder die nationale Währung des Anbieters noch die des Nachfragers ist.

Zuerst hat sich der Begriff des **Eurodollarmarktes** eingebürgert, resultierend aus den Geldmarktoperationen zwischen Europa und dem US Dollar -Raum. Danach haben sich die europäischen Währungen in den Weltmärkten etabliert, wie die Deutsche Mark, der französische Franc, das britische Pfund, der Schweizer Franken, die italienische Lira, daraus wurde der **Euro-Geldmarkt** kreiert.

Im Laufe der Zeit entwickelten sich die wichtigsten Finanzplätze in Europa wie London, Mailand, Frankfurt, Paris und Zürich. Im asiatischen Markt mit dem **Asien-Dollar** wurden unter anderen die Finanzplätze Tokio, Hongkong und Singapur geschaffen. Schließlich kam ein **globaler Geldmarkt** mit den **Offshore-Finanzplätzen** zustande und zwar in Ländern wie Bahamas, Bermuda, Caiman-Inseln, Neue Hybriden, Libanon, Liberia, niederländische Antillen, Panama, Hongkong und Singapur.

Alle diese Länder besitzen keine **Kapitalverkehrskontrollen** und unterliegen auch keiner administrativen Kontrolle auf ihren Finanzmärkten. Da an diesen globalen Plätzen nicht nur internationale Geldmärkte, sondern auch internationale Kapitalmärkte, Kreditmärkte und Aktienemissionen bestehen, nennt man diese Finanzmärkte meistens **Euro-Dollar Märkte** oder **Offshore Märkte** oder aber auch **Xeno-Märkte**.

Auf den internationalen Kapitalmärkten werden Anleihen, Aktien und Bankkredite in **internationaler Währung** gehandelt. Die Aktien jedoch, die an verschiedene Börsenplätzen der Welt gehandelt werden, müssen in dem jeweiligen Land die Zulassung dafür erhalten, daß sie an der Börse notiert werden. Sie werden dann wie die nationalen Aktien auf dem Kurszettel notiert.

Durch die **Globalisierung der Märkte** können demzufolge **Geld, Kapital und Kredite** innerhalb kurzer Zeit von einem Ort der Welt an einen anderen transferiert werden. Diese Transaktionen finden ohne jegliche Reglementierung von Kontrolleuren statt. Die Globalisierung ist die Folge der währungspolitischen Liberalisierung der internationalen Handelsbeziehungen, der Perfektionierung der Kommunikationssysteme und der Verflechtung der Unternehmen untereinander.

Die Finanzplätze sind somit rund um die Uhr geöffnet. Beginnend von Tokio über Hongkong, Singapur, nach Frankfurt, Paris, London, nach New York und dann wieder in Tokio. Somit kann von jedem Finanzzentrum der Welt aus 24 Stunden lang eine der wichtigsten Börsen erreicht werden.

Großunternehmen haben ein besonderes Interesse ihre Aktien an den wichtigsten Weltbörsen zu plazieren. Sie schaffen damit die höchste **Produktivität** für das Unternehmen. Das Kapital als **Produktionsfaktor** kann somit ohne Störungen an die wichtigsten Finanzplätze der Welt fließen. Auf der anderen Seite lösen politische oder wirtschaftliche Unsicherheiten eine schlechte Performance des Geldes aus und führen zu einem Kapitalabzug in dem jeweiligen Land.

Geld und Kapital ist scheu wie ein Reh, bei dem kleinsten Geräusch oder bei der geringsten Unsicherheit springt es davon.

In den vergangenen Jahren haben Brasilien und Argentinien (1982), Mexiko (1995) und verschiedene Regionen in Asien (1987 und 1998) sen Kapitalabfluß sehr deutlich zu spüren bekommen

Ausgewählte Notenbankzinsen im Ausland am Beispiel des Monatsberichts der Deutschen Bundesbank vom September 2000 auf der gegenüberliegenden Seite.

VI. Zinssätze

8. Ausgewählte Notenbankzinsen im Ausland

Land/Zinssatz	Neuer Satz % p.a.	Neuer Satz gültig ab	Vorheriger Satz % p.a.	Vorheriger Satz gültig ab
1. EU-Länder 1)				
Dänemark				
Diskontsatz	4 1/2	31. 8.00	4 1/4	08. 6.00
Repo-/CD-Abgabesatz	5,00	5. 9.00	5,10	29. 8.00
Griechenland				
Lombardsatz	8 1/4	6. 9.00	9	28. 6.00
14–Tage-Einlagen 2)	7 1/2	6. 9.00	8 1/4	28. 6.00
Großbritannien				
Repo-Satz 3)	6	10. 2.00	5 3/4	13. 1.00
Schweden				
Einlagenzins	2 3/4	17. 2.99	3 1/4	12.11.98
Repo-Satz	3 3/4	4. 2.00	3 1/4	17.11.99
Lombardsatz	4 1/4	17. 2.99	4 3/4	12.11.98
2. Schweiz				
3–Monats-Libor-Zielband	3 – 4	15. 6.00	2 1/2 – 3 1/2	23. 3.00

Land/Zinssatz	Neuer Satz % p.a.	Neuer Satz gültig ab	Vorheriger Satz % p.a.	Vorheriger Satz gültig ab
3. Außereuropäische Länder				
Japan				
Diskontsatz	1/2	8. 9.95	1	14. 4.95
Kanada 4)				
Diskontsatz	6	17. 5.00	5 1/2	22. 3.00
Vereinigte Staaten				
Federal Funds Ziel 5)	6 1/2	16. 5.00	6	21. 3.00

1 Nur die vorerst nicht an der Euro-Währung beteiligten Mitgliedstaaten. — **2** Hauptrefinanzierungsoperationen (14 Tage) der Bank von Griechenland. — **3** Leitzins der Bank of England. — **4** Obergrenze des Zinsbandes der Bank of Canada für Call-Geld. — **5** Für den Interbankenhandel mit Zentralbankgeld angesteuerter Satz.

1.2.2.1 Geldbegriff
Die Entstehung des Geldes

Ursprünglich tauschte man Ware gegen Ware, Dienstleistung gegen Dienstleistung oder Ware gegen Dienstleistung und umgekehrt. Dabei waren Wert und Gegenwert immer unmittelbar zum Konsum bestimmt. Dieser sogenannte Naturaltausch war mit zwei schwerwiegenden Nachteilen verbunden:

1. Es war nicht immer einfach einen geeigneten Tauschpartner für die Ware zu finden.

2. Es fehlte ein allgemeiner Wertmesser, der Mengen und Qualitäten der auszutauschenden Güter vergleichbar machte.

Mit zunehmender Entwicklung der Arbeitsteilung bildeten sich die ersten Märkte, auf denen sich Angebot und Nachfrage trafen. Jede Leistung, die man gegen Geld tauscht, eröffnet die Chance, später gegen jede andere eingetauscht zu werden.

Erst das Geld zerlegte den Tauschvorgang in Kauf und Verkauf.

Mit dem Geld gewann man einen brauchbaren Wertmesser, der den Vergleich von Mengen und Qualitäten verschiedener Güter und Leistungen erleichterte.

Als besondere Form von Warengeld bewährten sich Edelmetalle, das waren Eisenstücke, Zinnstücke bei den Chinesen und Malayen, Silberstücke in Kleinasien. Der Zahlungsverkehr bereitete aber auch mit diesen Zahlungsmitteln Schwierigkeiten, da sie nachgewogen und auf die Reinheit geprüft werden mußten. Daher entstand im 7. Jahrhundert vor Christus bei den Lydern eine Münze. Der lydische König Krösus prägte auf diese

Münze aus Gold und Silber sein Siegel – damit waren Gewicht und Inhalt und somit der Wert der Münze als Tauschmittel festgelegt.

Um aber das mit dem Transport von Edelmetallen verbundene Risiko zu mindern, gaben italienische Banken im 16. Jahrhundert den Kaufleuten für eingezahltes **Münzgeld** Quittungen in Form von **Depotscheinen**, die bald im Vertrauen auf die vorhandene Deckung und Einlösbarkeit an Stelle der Münzen die Tauschmittelfunktion erfüllten. Diese waren damit selbst zu **Geld** geworden, zu **Papiergeld** in Form von Banknoten.

Funktion des Geldes

Das Geld wird durch seine **Funktion** definiert. Die volkswirtschaftliche Aufgabe des Geldes ist seine Funktion als

- **Tauschmittel**
- **Wertmesser**
- **Aufbewahrungsmittel**
- **gesetzliches Zahlungsmittel**

Geld als **Tauschmittel** wird von jedermann im Vertrauen darauf angenommen, es jederzeit wieder gegen jede andere Leistung eintauschen zu können. In dieser Eigenschaft als mittelbares Gut allgemeiner Brauchbarkeit ist das Geld Beleg für einen geleisteten Beitrag zum Sozialprodukt und zugleich Anweisung auf einen entsprechenden anderen Teil des gesamtwirtschaftlichen Produktionsergebnisses.

Geld ist **anerkannter Wertmesser und Rechenmittel**. Früher war jeder Tauschvorgang etwas Einmaliges. Erst das Geld macht eine allgemeine Preisbildung möglich und der Tauschvorgang "Geld gegen Ware oder Dienstleistung" kann vielfach wiederholt werden. Seither bewertet und rechnet man mit Geldeinheiten. Man kann für 1 Euro oder 1 US Dollar eine bestimmte Güter- oder Dienstleistungsmenge kaufen.

Geld als **Wertaufbewahrungsmittel:** Nach dem Tauschvorgang wird ein Teil des nicht verbrauchten Geldes nicht weiter eingelöst, sondern er wird zum Sparen verwendet. Das Geld ermöglicht somit eine **Wertsicherung** und eine Rücklage für zukünftige Tauschvorgänge.

Geld als **Zahlungsmittel** erfüllt somit die volkswirtschaftlichen Aufgaben. Der Staat erklärt es zum gesetzlichen Zahlungsmittel. Er verpflichtet seine Bürger durch Gesetz, das Geld als Gegenwert einer Leistung immer dann anzunehmen, wenn vertraglich nichts anderes vereinbart ist.

Obwohl der bargeldlose Verkehr immer noch wächst, hat das **Bargeld** in Form von **Münzen, Noten (Geldscheinen)** seine Bedeutung nicht verloren. Bargeld diente vor allem dazu die Löhne und Gehälter am Monatsende auszuzahlen.

Dieser Vorgang wäre heute in dieser Form nicht mehr denkbar. Die Mitarbeiter werden heute alle **bargeldlos** für ihre Leistungen bezahlt. Im täglichen Zahlungsverkehr, zum Beispiel im Einzelhandel, ist das Bargeld unverzichtbar. Die Bargeldmenge ist in den vergangenen Jahren stabil geblieben und beträgt Euro 130,9 Milliarden in Deutschland, im Eurogebiet Euro 373,9 Milliarden – laut. EZB Monatsbericht August 2000. *(Die Auflistung dafür findet sich auf der folgen Seite)*

Neben dem Bargeld hat das **Giralgeld**, auch **Buchgeld** oder **Depositengeld** genannt, eine enorme Entwicklung genommen. **Giralgeld** besteht aus Sichtguthaben, aus Termingeldern bei Banken, die im bargeldlosen Zahlungsverkehr per Überweisung, Scheck oder Wechsel verwendet werden.

Bargeldumlauf und Einlagen im EZB-Raum
EZB Monatsbericht August 2000

		Bargeld-umlauf	Einlagen von Ansässigen im Euro-Währungs-gebiet	MFIs	Zentral-staaten	Sonstige öffentliche Haushalte/ sonstige Ansässige im Euro-Wäh-rungsgebiet	Geldmarkt-papiere	Begebene Schuldver-schreibungen
		1	2	3	4	5	6	7
1997		354,9	147,0	91,9	51,7	3,4	13,4	14,8
1998	Q3	341,5	211,8	140,2	66,4	5,2	11,9	12,0
	Q4	359,1	152,0	94,2	54,4	3,5	8,5	5,3
1999	Q1	348,3	549,5	486,6	54,4	8,5	4,9	5,3
	Q2	355,8	724,3	672,3	43,1	8,9	4,9	5,3
1999	Juli	363,6	682,7	620,6	55,5	6,6	4,9	5,3
	Aug.	358,6	463,7	403,2	53,8	6,6	4,9	5,3
	Sept.	359,4	390,5	332,9	50,1	7,6	3,3	5,3
	Okt.	361,2	500,6	440,8	50,2	9,5	3,3	5,3
	Nov.	362,9	443,0	368,3	64,1	10,6	3,3	4,6
	Dez.	393,0	339,3	277,1	53,4	8,8	3,3	4,6
2000	Jan.	365,9	387,5	332,0	47,1	8,4	3,3	4,6
	Febr.	363,5	311,8	246,7	56,7	8,4	3,3	4,6
	März	365,9	372,0	319,6	43,3	9,1	1,7	4,6
	April	372,3	388,3	334,5	43,4	10,3	1,7	4,6
	Mai	371,4	390,7	345,1	34,1	11,5	1,7	4,6
	Juni	374,0	498,4	432,8	53,1	12,5	1,7	4,6
	Juli (p)	377,3	415,0	354,7	49,8	10,5	1,7	4,6

Quelle: EZB.

1.2.2.2 Geldschöpfung und Geldvernichtung

In Deutschland und im europäischen Raum sowie in den USA ist die **Geldschöpfung** der Kreditbanken gesetzlich festgelegt. Die Banken sind verpflichtet einen bestimmten Prozentsatz ihrer Sichtverbindlichkeiten und langfristigen Verpflichtungen zu einem bestimmten niedrigen Prozentsatz der Bundesbank beziehungsweise der Europäischen Zentralbank (EZB) zur Verfügung zu stellen. Dieses Guthaben ist die **Mindestreserve**. Die Bank kann somit nur über den Teil Geld verfügen der die **Mindestreserve** übersteigt. Diesen Bestand nennt man auch **Überschußreserve**, sie begrenzt den **Kreditspielraum** der Bank.

Auf der Grundlage der **Überschußreserve** schöpft die Kreditbank weiteres Geld, indem sie Kredite gewährt. Sie ist dazu in der Lage, weil sie dank ihrer Überschußreserve der Forderung nach Umwandlung des geschaffenen **Giralgeldes** in **Zentralgeld** nachkommen kann. Entscheidend ist nun, in welcher Weise die Kreditnehmer die eingeräumten Kredite in Anspruch nehmen.

Beanspruchen sie die Kredite bargeldlos, indem sie nur Überweisungen auf Konten bei derselben Bank vornehmen, dann könnte die Bank so lange Kredite gewähren, bis die gesamte Überschußreserve zur Mindestreserve geworden ist. Denn mit jeder Überweisung entsteht eine Einlage, für die die entsprechende Mindestreserve an die Bundesbank oder die EZB abzuführen ist. Wäre der Mindestreservesatz 12,5 Prozent, dann hätte die Kreditbank am Ende des Prozesses achtmal soviel **Geld geschöpft** oder **Giralgeld** geschaffen wie ihr Zentralbankgeld von der Bundesbank zugeflossen ist.

Wird ein Teil der gewährten Kredites in Bargeld in Anspruch genommen, das nicht ins Bankensystem zurückfließt, so verringern sich die Kreditschöpfungsmöglichkeiten des gesamten Kreditbankensystems relativ stark, Die **Geldvernichtung** tritt dann ein, wenn Kunden von ihren Konten Bargeld abheben, um es als Urlaubsgeld in andere Länder zu bringen oder wenn sie das Geld auf Konten im Ausland (zum Beispiel Luxemburg oder Liechtenstein) bar einzahlen.

Am **Euro Kreditmarkt** sind es die Euro-Banken die eine Geldschöpfung betreiben. Als Basis dazu dienen die Sichteinlagen bei diesen Kreditinstituten. Die Höhe wird jedoch unterschiedlich beurteilt. der Amerikaner Milton Friedman hält den Kreditschöpfungs-Multiplikator auf dem Euro-Markt für zu hoch, weil diesem die Mindestreservepolitik fehlt. Das Gegenteil nennt F. H. Kopstock (Princeton University, USA), daß der Kreditschöpfungs-Multiplikator auf den Euro Märkten zu niedrig liegt. Damit werde nämlich ein sehr geringer Teil der von den Banken bei anderen Euro-Banken getätigten Einlagen für zusätzliche Euro-Kredite verwendet und daher sei die **Vernichtung** oder **Versickerung** des Euro Geldes sehr groß.

Administration und zu starke Eingriffe der nationalen Zentralbanken und der **Europäischen Zentralbank (EZB)** würden den Ablauf und die Funktionsfähigkeit beeinträchtigen und auch Geld **vernichten**. Jedoch gibt es auch kritische Bemerkungen, die eine verbesserte Bankenaufsicht wollen um die **Länderrisiken** besser beurteilen zu können. Zu dieser Einschätzung gehören konsolidierte Bilanzen, die auch risikohafte Geldgeschäfte mit einschließen. Aus diesem Grund haben die Zentralbankgouverneure folgendes vereinbart:

Die Entwicklung der internationalen Bankkredite muß anhand der von der Bank für Internationalen Zahlungsausgleich (BIZ), Basel, gesammelten Daten halbjährlich zu überprüfen und nötigenfalls abgestimmte Maßnahmen vorzuschlagen sowie ein umfassendes Berichtssystem über die Fristentransformation im internationalen Bankgeschäft auf Basis nationaler Meldungen aufzubauen.

1.2.2.3 Aufgaben und Instrumente der Europäischen Zentralbank

Die **Europäische Zentralbank (EZB)** hat am 1. Januar 1999 die Arbeit mit Sitz in Frankfurt aufgenommen. Sie übernimmt die Aufgaben der bisherigen Nationalbanken Belgien, Deutschland, Spanien, Frankreich, Irland, Italien, Luxemburg, Niederlande, Österreich, Portugal und Finnland. Griechenland ist am 1.1.2000 beigetreten. Die EZB ist Organ der **Europäischen Union**, vollkommen unabhängig und ein Grundpfeiler der Wirtschafts- und Währungsunion.

Der Wechselkurs betrug DM 1,97632 zu einem Euro am 1.1.1999. Dieser Wechselkurs wurde unwiderruflich festgelegt. Festgelegt wurde auch folgender Ablauf: Die nationalen Parallelwährungen laufen bis zum 1.7.2002. Der Euro wird zunächst als **Giralgeld** eingeführt und auf Rechnungen und auch bei Preisauszeichnungen aufgeführt.

Für die Einführung von **Euro Noten** und **Euro Münzen**, die in allen EWU Mitgliedstaaten ausgegeben werden, ist der 1.1.2002 der Stichtag. Der 1.7.2002 bedeutet die endgültige Ablösung der nationalen Währungen in den einzelnen Ländern. Somit verlieren die **Deutsche Mark** und alle anderen Währungen im Euro-Geltungsbereich ihre Gültigkeit.

Die **Deutsche Bundesbank** verliert damit die bisherigen Aufgaben als Hüterin der Währung. Die Deutsche Bundesbank, wie die anderen Nationalbanken werden aber nicht abgeschafft und ihre Arbeit nicht eingestellt, sondern sie fungieren als Niederlassungen der EZB, sie werden alle Teil des Europäischen Zentralbanksystems (EZBS).

Die Aufnahme in das **Europäische Währungssystem** und die Einführung des **Euro** waren an verschiedene Voraussetzungen geknüpft, an die sogenannten **Qualifikationskriterien**:

- Das **Haushaltsdefizit** des Staates soll nicht über einen längeren Zeitraum mehr als 3 Prozent des Bruttoinlandsprodukts und die Gesamtverschuldung nicht mehr als 60 Prozent des Bruttoinlandsprodukts betragen.

- Die **Inflationsrate** sollte im Jahr nicht mehr als 1,5 Prozent über der Inflationsrate der drei Länder mit den niedrigsten Inflationsraten liegen.

- Der **durchschnittliche Nominalzins** langfristiger Staatsanleihen darf ein Jahr lang höchstens 2 Prozentpunkte über jenem der drei EG Staaten mit der niedrigsten Inflationsrate liegen.

- Die **nationale Währung** muß ohne Abwertung gegenüber anderen EU-Währungen mindestens zwei Jahre im engen 2,25 Prozent-Band des europäischen Wechselkursmechanismus liegen.

1.2.2.4 Aufgaben der EZB

Wie die zwölf nationalen **Zentralbanken (NZB)** der Teilnehmerstaaten ist die EZB teil des **Europäischen Systems der Zentralbanken (ESZB),** deren Satzung die Aufrechterhaltung der Preisstabilität als oberstes Ziel festlegt. Zu den **grundlegenden Aufgaben** der ESZB gehören die **Festlegung, Sicherung und Umsetzung der Geldpolitik** für die Eurozone, die Ausführung von Devisentransaktionen und die Haltung und Verwaltung der offiziellen Auslandsreserven der Mitgliedstaaten. Außerdem muß sie das reibungslose Funktionieren von Zahlungssystemen fördern und den einschlägigen nationalen Behörden bei der Aufsicht von Kreditinstituten und der Stabilität des Finanzsystems zur Seite stehen.

Die Entscheidungsorgane der **Europäischen Zentralbank** sind:

Das **Direktorium,** dem der EZB-Präsident, der Vizepräsident und vier weitere Mitglieder angehören. Das Direktorium ist für die laufenden Geschäfte der EZB zuständig und führt die Geldpolitik gemäß den Leitlinien und Entscheidungen des EZB-Rates aus. Es erteilt hierzu den nationalen Zentralbanken die erforderlichen Weisungen.

Bei der Gründung der EZB zum 1.1.1999 wurden ernannt: zum Präsidenten Wim Duisenberg, Christian Noyer zum Vizepräsidenten und als weitere vier Mitglieder des Direktoriums Eugenio Domingo Solans, Sirkka Hämäläinen, Otmar Issing und Tommaso Padoa-Schioppa.

Zusammensetzung des EZB - Rates, Jahresbericht 1998 LZB Bayern

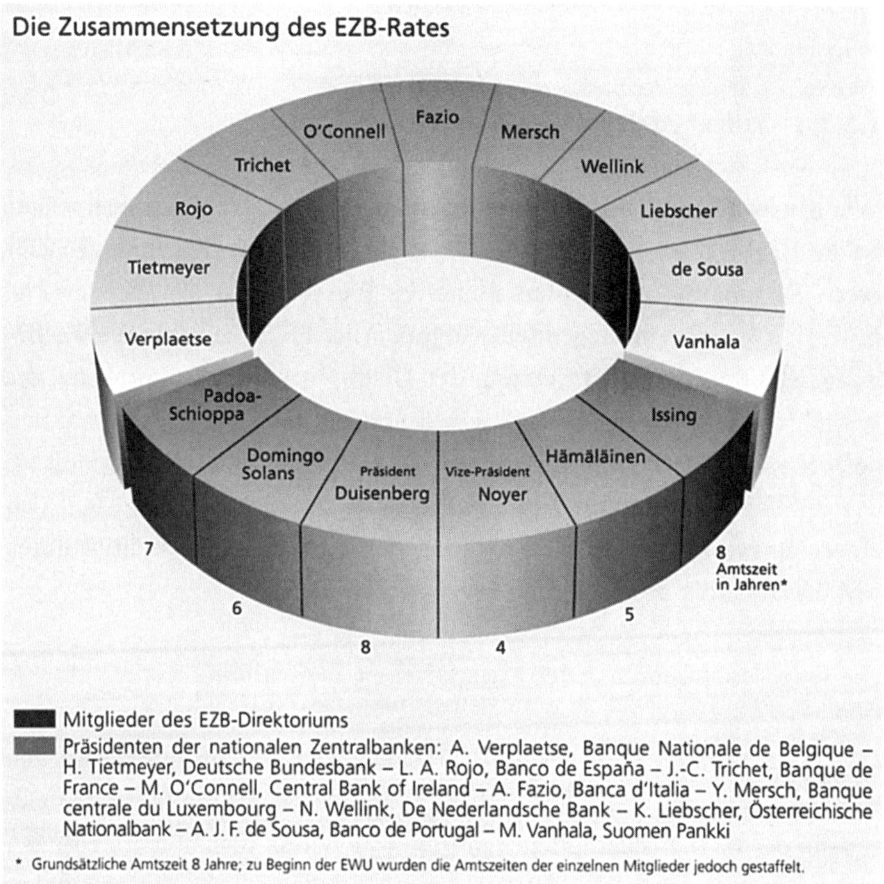

Das zentrale Beschlußorgan des Eurosystems ist der **EZB-Rat,** der zweimal monatlich zusammenkommt und der aus dem Direktorium und den 12 Präsidenten der nationalen Zentralbanken besteht. Den Vorsitz in dem EZB-Rat als auch im Direktorium führt der EZB-Präsident, der außerdem die EZB nach außen hin vertritt. Die Beschlüsse des EZB-Rates werden mit einfacher Mehrheit der anwesenden Mitglieder gefaßt. Eine Ausnahme bilden Entscheidungen über das EZB Kapital, über die Weitergabe der

Währungsreserven der nationalen Zentralbanken an die EZB sowie über Fragen der Gewinnverteilung. Dabei wird im wesentlichen nach den (voll einbezahlten) Kapitalanteilen abgestimmt, die die einzelnen Nationalbanken an der EZB halten.

Dem **erweiterten Rat**, der seltener zusammenkommt als der **EZB-Rat, gehören neben de**n EZB-Präsidenten und -Vizepräsidenten auch die Präsidenten der Nationalzentralbanken (NZB) aller Mitgliedsstaaten der EU an, auch derjenigen, die nicht an der Gemeinschaftswährung Euro teilnehmen.

Das sechsköpfige Direktorium der EZB wird auf **acht Jahre** bestellt, eine Wiederwahl ist nicht zulässig, somit haben Politiker kein Druckmittel für eine Vertragsverlängerung.

Das **Kapital der EZB** besteht aus 5 Milliarden Euro (Stand 2000) und kann durch Beschluß des EZB Rates erhöht werden. Die Einzahlungsquoten des Kapitals der einzelnen Mitgliedsstaaten berechnen sich zu 50 % aus dem Bevölkerungsanteil jedes Staates an der Gesamtbevölkerung der EU und zu 50 % aus dem Anteil des Bruttoinlandsprodukts (BIP-Anteil) jedes Staates am gesamten BIP-Aufkommen der EU. Die EZB erhält von den nationalen Zentralbanken **Währungsreserven** in Höhe von insgesamt 50 Milliarden Euro. Zusätzlich dazu gibt es einen Reservefonds, der aus Gewinnanteilen der EZB gespeist wird. Bis zu 20 % des halben Gewinns, den die EZB im jeweiligen Jahr erzielt hat, werden diesem Reservefonds bis zu einer Obergrenze von 100 % des Kapitals zugeführt.

Beispiel für die prozentuale Anteile der Nationalbanken an der EZB im Jahr1998 auf der Folgeseite.

EUROPÄISCHE ZENTRALBANK

Prozentuale Anteile der nationalen Zentralbanken am Schlüssel für die Zeichnung des Kapitals der EZB

(wie vom EZB-Rat am 9. Juni 1998 beschlossen)

Banque Nationale de Belgique	2,8885 %
Danmarks Nationalbank	1,6573 %
Deutsche Bundesbank	24,4096 %
Bank of Greece	2,0585 %
Banco de España	8,8300 %
Banque de France	16,8703 %
Central Bank of Ireland	0,8384 %
Banca d'Italia	14,9616 %
Banque centrale du Luxembourg	0,1469 %
De Nederlandsche Bank	4,2796 %
Oesterreichische Nationalbank	2,3663 %
Banco de Portugal	1,9250 %
Suomen Pankki	1,3991 %
Sveriges Riksbank	2,6580 %
Bank of England	14,7109 %

Die Instrumente der EZB sind:

Das **Hauptrefinanzierungsinstrument**

Beim **Hauptrefinanzierungsinstrument** handelt es sich um liquiditätsbereitstellende, befristete Transaktionen, die in den meisten Mitgliedstaaten die **Wertpapierpensionsgeschäfte** ersetzen, so auch in Deutschland. Die Finanzierungsgeschäfte werden wöchentlich mit einer Laufzeit von 14 Tagen im Tenderverfahren, also im Wege der Versteigerung, abgeschlossen. Auf diese Geschäftsart entfällt ein Großteil des Refinanzierungsvolumens.

Längerfristige Refinanzierungsgeschäfte

Mit diesem Mittel wird ein begrenzter Teil der **Refinanzierung** zur Verfügung gestellt. Dies sind drei Monats-Kredite, die ebenfalls im Tenderverfahren ausgeschrieben und in monatlichen Abständen angeboten werden. Was die Fristigkeit angeht, ersetzen die längerfristigen Refinanzierungsgeschäfte in Deutschland den bisherigen **Diskontkredit** des Bundesbanksystems.

Feinsteuerungsoperationen

Feinsteuerungsoperationen werden von Fall zu Fall zur Steuerung der Marktliquidität und der Zinssätze durchgeführt und zwar insbesondere, um die Auswirkungen unerwarteter marktmäßiger Liquiditätsschwankungen auf die Zinssätze auszugleichen. Es können Devisenswaps, definitive Käufe und Verkäufe von Geld- und Kapitalmarktgeschäften sein. Feinsteuerungsoperationen werden üblicherweise von den nationalen Zentralbanken über Schnelltender oder bilaterale Geschäfte durchgeführt.

Ständige Fazilitäten

Die **ständigen Fazilitäten** dienen dazu, **Übernachtliquidität** bereitzustellen oder zu absorbieren. Sie setzen Signale bezüglich des allgemeinen Kurses der **Geldpolitik** und stecken Ober- und Untergrenze der Geldmarktsätze für Tagesgelder ab. Die zugelassenen Geschäftspartner können zwei ständige Fazilitäten auf eigene Initiative in Anspruch nehmen, sofern sie gewisse operationale Zugangskriterien erfüllen.

Die **Geschäftspartner** können die **Spitzenrefinanzierungsfazilität** nutzen, um sich von den nationalen Zentralbanken **Übernachtliquidität** zu einem vorgegebenen Zinssatz gegen refinanzierungsfähige Sicherheiten zu beschaffen.

Die **Geschäftspartner** können die Einlagefazilität nutzen, um bei den nationalen Zentralbanken Guthaben bis zum nächsten Geschäftstag anzulegen.

Die **ständigen Fazilitäten** werden dezentral von den nationalen Zentralbanken werwaltet.

Mindestreserve

Das **Mindestreservesystem** des ESZB (Europäisches System der Zentralbanken) gilt für Kreditinstitute im Euro-Währungsraum. Es dient in erster Linie dazu, die Geldmarktzinsen zu stabilisieren und keine strukturelle Liquiditätsknappheit herbeizuführen. Die Reservepflicht des einzelnen Instituts wird anhand bestimmter Positionen seiner Bilanz festgelegt. Die Mindestreserveguthaben der Institute werden zum Satz der ESZB **Hauptfinanzierungsgeschäfte** verzinst.

Mindestreserve Erfüllung
Monatsbericht der EZB August 2000

1. Mindestreservebasis der reservepflichtigen Kreditinstitute [1) 2)]

(Mrd €; Stand am Ende des Berichtszeitraums)

Reservebasis per:		Insgesamt	Verbindlichkeiten mit einem Reservesatz von 2 %		
			Einlagen (täglich fällig, mit vereinbarter Laufzeit und Kündigungsfrist von bis zu 2 Jahren)	Schuldverschreibungen mit vereinbarter Laufzeit von bis zu 2 Jahren	Geldmarktpapiere
		1	2	3	4
1999	Juli	8 848,9	4 895,7	109,2	155,5
	Aug.	8 856,3	4 893,0	113,2	165,4
	Sept.	8 969,1	4 912,7	120,6	170,0
	Okt.	9 083,7	4 967,3	129,0	178,5
	Nov.	9 295,2	5 079,6	135,9	202,9
	Dez.	9 187,4	5 123,4	113,5	169,3
2000	Jan.	9 265,7	5 164,6	108,0	156,8
	Febr.	9 338,9	5 189,6	114,5	164,5
	März	9 490,8	5 306,7	117,1	174,9
	April	9 629,4	5 411,5	116,7	174,7
	Mai	9 641,5	5 390,3	118,4	188,4
	Juni	9 539,4	5 316,9	120,4	184,7
	Juli (p)	9 584,2	5 348,8	119,8	191,9

Quelle: EZB.

Strukturelle Operationen

Die einzelnen Liquiditätspositionen der Banken gegenüber dem ESZB kann durch **strukturelle Operationen** wie Emissionen von Schuldverschreibungen erzielt werden. Outrightgeschäfte dienen auch dazu die Refinanzierungsabhängigkeit zu erhöhen oder wieder herzustellen.

Die Europäische Währungsunion hat die zentrale Mission einer **konvergenten wirtschaftlichen- Entwicklung** mit einer niedrigen Inflationsrate herbeizuführen. Voraussetzung ist dafür die absolute Einhaltung der Stabilitätskriterien entsprechend dem Inhalt und dem Geist des Stabilitäts-

und Wachstumspaketes von Amsterdam. Einen entscheidenden Beitrag muß auch die EZB leisten, indem sie durch die Geldpolitik das Vertrauen der internationalen Finanzmärkte in ihre Stabilitätspolitik und somit in ihre Währung für einen **starken Euro** schafft. Die EU-Staaten selbst müssen ebenfalls auf die Einhaltung der Stabilitätskriterien Rücksicht nehmen und notfalls die Sparziele hart einfordern.

Darüberhinaus kann der ESZB **strukturelle Operationen** über die Emission von Schuldverschreibungen, befristete Transanktionen und definitive Käufe beziehungsweise Verkäufe durchführen. Diese Operationen werden genutzt, wenn die EZB die strukturelle Liquiditätsposition des Finanzsektors gegenüber dem ESZB anpassen will. Strukturelle Operationen in Form von befristeten Transaktionen oder im Wege der Emission von Schuldtiteln werden von den nationalen Zentralbanken über Standardtender durchgeführt. Strukturelle Operationen mittels definitiver Käufe beziehungsweise Verkäufe erfolgen im Wege bilateraler Geschäfte.

Im **Wirtschaftsraum Europa** – gemessen an der Bevölkerung und am Bruttoinlandsprodukt der Mitgliedsstaaten – wird der Euro neben dem US-Dollar zu den wichtigsten Währungen in der Welt gehören. Währungsschwankungen wird es immer aufgrund der Finanzpolitik der Fiskalpolitik und der Wirtschaftspolitik der einzelnen Ländern geben. Die Staaten im Eurowährungsbereich werden, auch wenn sie nur einen Anteil an dem gesamten wirtschaftlichen Geschehen ausmachen, **Einfluß auf die Stärke oder die Schwäche des Euro** haben.

Eine weitere Voraussetzung für ein reibungsloses Funktionieren der **Wirtschafts- und Währungsunion (WWU)** ist die gute Zusammenarbeit zwischen den verschiedenen EU-Institutionen.

Das **Europäische Parlament** trägt im Rahmen der Entscheidungsfindung der WWU die Hauptverantwortung für die demokratische Prüfung der

Europäischen Zentralbank (EZB), deren Unabhängigkeit vertraglich garantiert wird. Das Parlament wird bei der Ernennung des Präsidenten angehört.

Der Präsident der EZB berichtet dem Ausschuß viermal pro Jahr über die Währungspolitik der Bank. Neben seinen regelmäßigen Debatten über die Wirtschafts- und Finanzlage beteiligt sich das Parlament auch an der Annahme von Gesetzen in bezug auf die WWU und wird vom Rat angehört, wenn dieser entscheiden muß, ob ein weiterer Mitgliedstaat für die Teilnahme an der Eurozone in Betracht kommt.

Der Rat fungiert als eine Art Führungsorgan der WWU und besteht, in dieser Funktion, meist aus den Wirtschafts- und Finanzministern der Mitgliedsstaaten, er ist auch als **ECOFIN-Rat** bekannt.

Die **Staats- und Regierungschefs** tagen jedoch als offizieller Rat, wenn sie entscheiden, ob ein Mitgliedstaat neu aufgenommen werden kann. Bei ihren halbjährlichen Zusammenkünften im Europäischen Rat geben sie auch Orientierungen für die WWU **Wirtschaftspolitik** vor. Besonders wichtig sind die Schlußfolgerungen, die der Europäische Rat jeweils im Juni zu den allgemeinen wirtschaftpolitischen Orientierungen auf der Basis von Empfehlungen der Kommission zieht. Diese sind von den Mitgliedsstaaten zu befolgen. Sie sind die Maßgabe, an der gemessen wird, ob deren Politik den gemeinsam festgelegten Zielen entspricht.

Der Rat ist auch für andere Aspekte der Wirtschaftspolitik zuständig. Nach Erhalt der Stellungnahme der Kommission muß der ECOFIN-Rat entscheiden, ob die jährlich von den Mitgliedsstaaten in der **Eurozone** vorgelegten **Stabilitätsprogramme** mit der Disziplin des **Stabilitäts- und Wachstumspolitik** übereinstimmen und er muß Sanktionen verhängen, wenn ein Mitgliedstaat diese Disziplin nicht beachtet.

Der Rat behält auch den Wechselkurs des Euro im Auge und kann die Orientierungen oder den allgemeinen Ansatz zur **Wechselkurspolitik** festlegen. Der Großteil seiner Arbeit wird vom Wirtschafts- und Finanzausschuß vorbereitet, der sich aus zwei Vertretern der Kommission und Beamten der **Europäischen Zentralbank** sowie der **Finanzministerien** und **Zentralbanken** der Mitgliedstaaten zusammensetzt.

1.2.2.5 Grundzüge der Inflationstheorie

Inflation ist die zunehmende Geldentwertung beziehungsweise der Kaufkraftverlust einer Währung. Aber nicht jede Preiserhöhung für ein bestimmtes Gut ist gleichzeitig ein Anstieg des Preisniveaus und damit Inflation.

In der volkswirtschaftlichen Realität unterscheiden sich verschiedene Erscheinungsformen wie:

- **offene Inflation**
- **verdeckte Inflation**
- **schleichende Inflation**
- **galoppierende Inflation**
- **temporäre Inflation**
- **permanente Inflation**

Von einer **offenen Inflation** wird dann gesprochen, wenn sie für alle durch die stetigen Preiserhöhungen sichbar ist.

Die **verdeckte Inflation** führt nicht automatisch zu einer offiziellen Preiserhöhung. Die Preise werden staatlich verordnet und nicht erhöht, sondern gestoppt und die Güter werden über Kontingentierungen verteilt. Es bildet sich ein **Schwarzmarkt,** wenn die Nachfrage höher ist als das Angebot, auf dem die **Schwarzmarktpreise** offen zu Tage treten.

Die **schleichende Inflation** erkennt man erst sehr langsam. Die Preise steigen fast unbemerkt an und gehören für Industrieländer zum wirtschaftlichen Prozeß. Erst im Rückblick erkennt man die Inflation durch den **Kaufkraftschwund.** Die Furcht bei der Bevölkerung jedoch bleibt, dass die schleichende in eine galoppierende Inflation übergehen könnte.

Die **galoppierende Inflation** oder **Hyperinflation** ist durch fortwährende Preissteigerungen gekennzeichnet. Der **Kaufkraftverlust** ist enorm und der Staat greift zu drastischen Maßnahmen wie **Preisstop und Lohnstop**. Der Nachfrageüberhang wird auf dem schwarzen Markt geregelt, meistens wird in ausländischer Währung, vorzugsweise in US Dollar, bezahlt.

Die **temporäre Inflation** ist dann festzustellen, wenn sie in einem kurzen zeitlich befristeten Rahmen auftritt, zum Beispiel eine Preiserhöhung beim Öl, die zu einer kurzen Inflation führen kann.

Die **permanente Inflation** ist dann gegeben, wenn der Zeitraum der Preissteigerungen länger anhält und die Kaufkraft permanent abnimmt. Die Lebenskosten steigen an, ebenfalls erhöhen sich die Löhne, die Kaufkraftdifferenz jedoch bleibt gleich oder wird geringer.

Die Grenzen, wann eine Inflation schleichend oder galoppierend ist, ist von der Höhe her fließend. So spricht man bei einer Steigerung von bis zu 10 Prozent von einer **schleichenden Inflation**. Die **galoppierende Inflation** ist dann gegeben, wenn die monatlichen Preissteigerungen bei 30 Prozent liegen.

Nach dem II. Weltkrieg, vor der Währungsreform, sagten die Leute. "Früher gingen wir in die Läden mit Geld in den Taschen und kamen mit Nahrungsmitteln in den Körben wieder heraus. Heute gehen wir mit Geld in den Körben in die Läden und kommen mit Lebensmittel in den Taschen zurück". In der galoppierenden Inflation ist alles knapp, außer Geld.

1.2.2.6 Inflationsbekämpfung

Inflationen in jeglicher Form sind negativ für die wirtschaftliche Entwicklung eines Landes, daher sind Wirtschaft und Staat aufgefordert die **Inflation zu bekämpfen**. Die Inflation nimmt Einfluß auf Einkommen, Vermögen und Wohlstand, auf Wirtschaftswachstum und Beschäftigung. Die Besitzer von Sparguthaben sind ebenfalls benachteiligt, wenn die Inflation höher ist als die Zinserträge.

Besitzer von Sachvermögen, wie Häusern, Grundstücken Aktien und Unternehmen, haben sind von der Inflation nicht so sehr benachteiligt. Vielmehr steigt in der Inflation auch der Wert der Sachanlage. Tritt eine Inflation auf, beginnt die Umschichtung von Geldvermögen in Sachvermögen, **es beginnt die Flucht in das "Betongeld", also in die Sachwerte**.

Zur **Inflationsbekämpfung** gehört als wichtigste Erkenntnis, daß die **Preise im Durchschnitt stabil bleiben**. Da sich die Produktion dank des Bevölkerungswachstums, der Kapitalbildung und des technischen Fortschritts langfristig erhöht, nehmen auch die Gesamtausgaben zu. Im Rahmen dieses langfristigen Produktivitätsfortschritts sollen mit den Real- auch die Geldlöhne nur durchschnittlich minimal oder leicht steigen. Eine Nullinflation kann auch leicht zu einer **Deflation** führen, was ein allgemeines Absinken des Preisniveaus zur Folge hätte. Die Gläubiger bekommen, wenn die Preise zwischen den Zeitpunkt der Kreditvergabe und den der Rückzahlung fallen, mehr Kaufkraft zurück als sie verliehen haben.

1.2.3 Zahlungsbilanz

1.2.3.1 Aufbau der Zahlungsbilanz

Die **Zahlungsbilanz** ist die systematische Aufzeichnung der wirtschaftlichen Beziehungen zwischen dem Inland und Ausland. Die Zahlungsbilanz setzt sich aus folgenden Teilbilanzen zusammen:

+ **Handelsbilanz**
+ **Dienstleistungsbilanz**
+ **Übertragungsbilanz**
= **Leistungsbilanz**
+ **Kapitalbilanz**
+ **Restposten**
+ **Devisenbilanz**
= **Zahlungsbilanz**

Die Teilbilanzen

In der **Handelsbilanz** werden die **Importe und Exporte von Waren** oder Gütern festgehalten. Die Handelsbilanz kann somit einen Überschuß oder ein Defizit aufweisen.

In der **Dienstleistungsbilanz** werden die Importe und Exporte von **Dienstleistungen** aufgenommen. Hierzu zählen Transportleistungen, Versicherungen, Kapitalerträge und auch der Reiseverkehr.

Die **Übertragungsbilanz** nimmt unentgeltliche Leistungen vom Ausland und an das Ausland auf. Das sind geschenkte Warenlieferungen oder Geldzahlungen. Erhalten Ausländer unentgeltliche Warenlieferungen, so erscheint der Posten auf der Aktivseite der Handelsbilanz, die Gegenbuchung auf der Passivseite der Übertragungsbilanz.

Die drei **Teilbilanzen Außenhandelsbilanz, Dienstleistungsbilanz und Übertragungsbilanz** bilden zusammen die Leistungsbilanz.

Die **Kapitalbilanz** enthält die gesamten Kapitalströme zwischen dem Inland und dem Ausland. Es sind dies kurzfristige und langfristige Kredite, Rentenpapiere und Aktien ausländischer Unternehmen.

Die **Restpostenbilanz** stellt den Teil der Bilanzen da, die keine statistische Ermittlung erfahren haben. In diese Position fallen lückenhafte Transaktionen und Ermittlungsfehler. Sie ist prozentual zu den übrigen Bilanzen gering und fast nicht von Bedeutung.

Letzter Bestandteil der Zahlungsbilanz ist die **Devisenbilanz**. Sie ist wie die Kapitalbilanz eine Gegenüberstellung von Bestandsveränderungen und erfaßt die **Zugänge** und **Abgänge der Forderungen** oder Verbindlichkeiten der Notenbank gegenüber dem Ausland. Die mit Devisen bezahlten Exporte stellen eine Zunahme des Forderungsbestandes der Bundesbank dar, wenn der Exporteur seine Devisen zum Beispiel einer inländischen Bank verkauft, die dann ihr so erworbenes Guthaben bei einer ausländischen Bank an die Notenbank ihre Landes weiterverkauft.

Eine solche Bilanz ist eigentlich nur ein in sich geschlossenes System doppelter Buchführung, das ausgeglichen sein muß. Wenn man trotzdem so viel vom **Zahlungsbilanzsaldo** und den Problemen seines Ausgleichs spricht, dann meint man meist den Saldo der **Devisenbilanz**. Differenzen, die auf statistisch nicht erfaßbare Posten und Ermittlungsfehler zurückzuführen sind, werden von einem Restposten-Konto aufgenommen.

aus: EZB Monatsbericht August 2000

Leistungsbilanz und Vermögensübertragungen

(Mrd € (Mrd ECU bis Ende 1998); Salden)

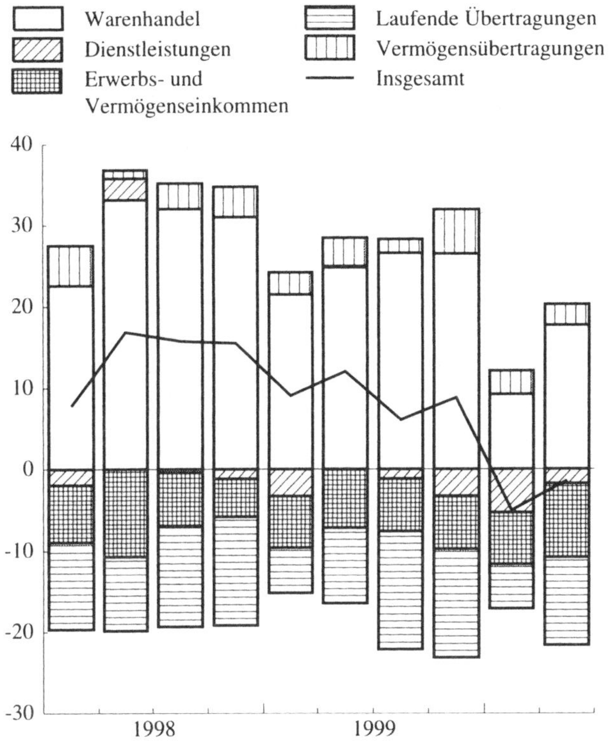

Quelle: EZB.

1.2.3.2 Wechselkurse und Devisenmarkt

Der **Wechselkurs** beantwortet die Frage, wieviel Einheiten der Auslandswährung erhält oder zahlt man für einen Euro. Die Angabe des **Wechselkurses** wird als Mengennotierung für Auslandswährungen bezeichnet. Die reziproke Beziehung zum Wechselkurs ist der **Devisenkurs** oder die Preisnotierung. Als **Geldkurs** bezeichnet man den Ankaufskurs für ausländische Währungen, als **Briefkurs** den Verkaufspreis. (*DM Wechselkurse, Monatsbericht Deutsche Bundesbank September 2000, auf Folgeseite)*

Deutsche
Bundesbank
Monatsbericht
September 2000

X. Außenwirtschaft

11. DM-Wechselkurse für die nationalen Währungen der EWU-Länder und DM-Wert der ECU *) sowie Euro-Umrechnungskurse

Durchschnitt im Jahr bzw. im Monat	Frankreich 100 FRF	Italien 1 000 ITL	Niederlande 100 NLG	Belgien/ Luxemburg 100 BEF/LUF	Österreich 100 ATS	Spanien 100 ESP	Finnland 100 FIM	Irland 1 IEP	Portugal 100 PTE	ECU-Werte 1) 1 ECU = ... DM
	Kassa-Mittelkurse an der Frankfurter Börse in DM									
1991	29,409	1,3377	88,742	4,857	14,211	1,597	41,087	2,671	1,149	2,05076
1992	29,500	1,2720	88,814	4,857	14,211	1,529	34,963	2,656	1,157	2,02031
1993	29,189	1,0526	89,017	4,785	14,214	1,303	28,915	2,423	1,031	1,93639
1994	29,238	1,0056	89,171	4,8530	14,214	1,2112	31,108	2,4254	0,9774	1,92452
1995	28,718	0,8814	89,272	4,8604	14,214	1,1499	32,832	2,2980	0,9555	1,87375
1996	29,406	0,9751	89,243	4,8592	14,214	1,1880	32,766	2,4070	0,9754	1,90954
1997	29,705	1,0184	88,857	4,8464	14,210	1,1843	33,414	2,6297	0,9894	1,96438
1998	29,829	1,0132	88,714	4,8476	14,213	1,1779	32,920	2,5049	0,9763	1,96913
1998 Sept.	29,823	1,0122	88,650	4,8476	14,212	1,1776	32,858	2,5035	0,9756	1,96381
Okt.	29,824	1,0108	88,677	4,8472	14,213	1,1767	32,868	2,4942	0,9751	1,95626
Nov.	29,823	1,0105	88,693	4,8478	14,214	1,1760	32,890	2,4870	0,9751	1,95791
Dez.	29,820	1,0099	88,734	4,8482	14,214	1,1754	32,895	2,4838	0,9753	1,95733
	Unwiderrufliche Euro-Umrechnungskurse (1 EUR = ... WE) 2)									
	6,55957	1936,27	2,20371	40,3399	13,7603	166,386	5,94573	0,787564	200,482	3) 1,95583

* Errechnet aus täglichen Notierungen. — **1** Nach Mitteilungen der Europäischen Kommission. — **2** Gültig ab 1.1.99. — **3** Umrechnungskurs der D-Mark.

In einem Währungssystem **flexibler Wechselkurse** bildet sich der Wechselkurs durch Angebot und Nachfrage. Eine Erhöhung des Angebots ausländischer Währung führt zu einer Abwertung der betreffenden Währung. Eine Erhöhung der Nachfrage wirkt sich als eine Aufwertung der Währung aus. Wie auf jedem Markt, so gibt es auch auf dem **Devisenmarkt** eine Nachfrage und ein Angebot. Die Nachfrage auf dem Devisenmarkt stammt aus den Passivpositionen der Zahlungsbilanz und das Angebot stammt aus den Aktivpositionen der Zahlungsbilanz. Für Importe von Gütern und damit verbundenen **Kapitalexporten** werden Devisen benötigt. Dieses Positionen der Zahlungsbilanz bedeuten also am Devisenmarkt eine Nachfrage. Analog zur Nachfrage nach Devisen ergibt sich auf der Angebotsseite des Devisenmarktes ein Angebot an Devisen, wenn Güterexporte und Kapitalimporte stattfinden. Die Forderung nach dem Ausgleich der Zahlungsbilanz wird durch den **Wechselkurs** geregelt.

Je billiger der Dollar ist, desto mehr Dollar werden für Güterimporte und Kapitalexporte nachgefragt und desto weniger Dollar werden aus Güterexporten und Kapitalimporten angeboten. Umgekehrt werden um so weniger Dollar nachgefragt und um so mehr Dollar angeboten, je teurer der Dollar ist.

Der Handel mit Devisen findet am **Devisenmarkt** statt. Hier werden die Wechselkurse durch Transaktionen an den internationalen Finanzmärkten von Banken und Nichtbanken gehandelt und die **Devisenkurse** fixiert. Mit hohem technischem Aufwand durch Telefon, Telefax und Computersysteme werden an den Devisenmärkten die Währungen gehandelt.

Die Kurse werden täglich an den **Devisenbörsen** festgestellt, dies sind in Deutschland Frankfurt, als der hier größte und führende Handelsplatz, Düsseldorf, München, Berlin und Hamburg, in der Schweiz in Zürich, Basel und Genf. Der Deutschen Bundesbank und der Europäischen Zentralbank kommt die **Interventionsaufgabe** für den **Devisenhandel** zu. Das heißt, sie greift dann ein, wenn eine Währung zur **Abwertung** tendiert. Dann kauft sie vermehrt diese Währung auf um den Kurs zu stabilisieren. Umgekehrt verkauft sie die Währung, wenn der Kurs im Aufwärtstrend sich bewegt und eine **Aufwertung** zu befürchten ist.

1.2.3.3 Wechselkurse und Wechselkurspolitik

Die **Börsennotierung** wird von vereidigten **Devisenmaklern** im Devisenhandel vorgenommen um die **Wechselkurse** zu bestimmen. Die **Devisenhändler** der Banken geben den Devisenmaklern Aufträge von Kunden in beliebiger Stückzahl zum Verkauf oder Kauf. Die Devisenmakler geben diese Aufträge der Devisenhändler in den Computer ein und errechnen auf dieser Grundlage den **Wechselkurs** für die jeweilige Währung.

Die Devisenmakler stellen dann die **Geldkurse,** die **Briefkurse** und den **Mittelkurs** am Devisenmarkt für die jeweilige Währung fest.

Der **Geldkurs** gibt die Anzahl von Währungseinheiten an, die für eine bestimmte Anzahl von Währungseinheiten einer anderen Währung zu bezahlen sind. Der **Briefkurs** bezeichnet die Anzahl von Währungseinheiten, für die eine bestimmte Anzahl von Währungseinheiten einer anderen Währung verkauft werden. Den rechnerischen Mittelwert aus Geldkurs und Briefkurs bezeichnet man als **Mittelkurs**.

Es kann durchaus vorkommen, daß zu einem Kurs nicht alle **Devisenenaufträge** ausgeführt werden können. Dann kommt es zu **Repartierungen** und nur ein Teil der Aufträge wird ausgeführt. Bei einem neu gebildeten Kurs, der darüber oder darunter liegt, kann dann der Rest der Aufträge ausgeführt werden. Dies ist besonders dann der Fall, wenn die Aufträge von den Devisenhändlern an die Devisenmakler mit **limitierten Aufträgen** verbunden sind.

Devisenkurse laut Börsenzeitung vom 14.04.2000

Devisenkurse

Referenzkurse (Euro-FX)					14.04.00		13.04.00	
Land	Leitzins	in %	(gültig ab)	Einheit	Geld	Brief	Geld	Brief
USA	Diskontsatz	5,50	21.03.2000	1 EUR	0,9506	0,9566	0,9532	0,9592
Japan	Diskontsatz	0,50	08.09.1999	1 EUR	100,61	101,09	100,92	101,40
Großbritannien	Basissatz	6,00	10.02.2000	1 EUR	0,6004	0,6044	0,6000	0,6040
Schweiz	Diskontsatz	0,50	08.04.1999	1 EUR	1,5719	1,5759	1,5738	1,5778
Kanada	Diskontsatz	5,50	22.03.2000	1 EUR	1,3968	1,4088	1,3924	1,4044
Schweden	Pensionssatz	3,75	04.02.2000	1 EUR	8,2824	8,3304	8,2701	8,3181
Norwegen	Tagesgeldsatz	5,25	14.04.2000	1 EUR	8,1226	8,1706	8,1276	8,1756
Dänemark	Diskontsatz	3,50	16.03.2000	1 EUR	7,4301	7,4701	7,4296	7,4696
sonst. Devisenk. (BHF-Bank)								
Griechenland	Diskontsatz	9,25	08.03.2000	1 EUR	331,73	338,33	331,71	338,31
Hongkong				1 EUR	7,3251	7,5251	7,3440	7,5440
Singapur				1 EUR	1,6090	1,6490	1,6251	1,6651
Malaysia				1 EUR	3,6209	3,6249	3,6331	3,6371
Australien				1 EUR	1,5760	1,6160	1,5750	1,6150
Neuseeland				1 EUR	1,8970	1,9370	1,8990	1,9390
Südafrika				1 EUR	6,2105	6,3505	6,2230	6,3630

Zinssätze von Bundestiteln

Finanzierungsschätze des Bundes 3,52 % (Rendite 1 J. 3,65 %) 3,95 % (Rendite 2 J. 3,95 %) (ab 04.01.2000)

Bundesschatzbriefe 2000 3(A)u. 4(B)01.04.gzj. (ab 03.04.2000)	3,50 (3,50/3,50) 6,25 (4,88/4,95)	4,25 (3,87/3,87) 6,50 (5,12/5,20)	5,00 (4,23/4,25) 6,50 (-/5,39)	5,75 (4,58/4,62)

Bundesobligationen Serie 135 2000/2005 20.05. gzj. (ab 11.04.2000) Zins 5,00 % Ausgabekurs 101,50 Rendite 4,65 %

Durchschnitts-Rendite Öffentliche Anleihen (Quelle: Deutsche Bundesbank)							14.04.2000
Höchst/am	Tiefst/am	Gesamt-Rendite	über 3 – 5 Jahre	über 5 – 8 Jahre	über 8 – 15 Jahre	über 15 – 30 Jahre	über 9 – 10 Jahre
9,21/26.09.1990	3,46/25.01.1999	5,10 (5,10)	4,84 (4,83)	5,09 (5,09)	5,18 (5,19)	5,57 (5,58)	5,19 (5,20)

Libor-Sätze						**Zinsswaps gegen 6-Monats-Libor**					
Monate	1	3	6	9	12	Laufzeit	2	3	5	7	10 Jahre
EUR	3,75750	3,92000	4,06313	4,23000	4,34000	EUR	4,70/4,78	4,91/4,99	5,21/5,29	5,44/5,52	5,65/5,73
USD	6,13000	6,28125	6,51125	6,73000	6,85875						

14.04.2000

Neben diesen Wechselkursen haben sich auf den internationalen Finanzmärkten die **Finance Contracting,** wie in London und New York, gebildet. Die sogenannten **Financel Futures** sind die standardisierten Finanzgeschäfte, in denen insbesondere die internationalen Finanz Terminbörsen abgewickelt werden. Ebenso erfolgt ein Handel mit Optionen an **Optionsbörsen** wie in Amsterdam, die Zinsoptionen, Devisenoptionen, Optionen auf den Aktienindex oder Optionen auf Währungsfutures durchführen.

Die **Finanzterminmärkte** bestehen einesteils aus Sicherheitsüberlegungen und andererseits in kurzfristigen Gewinnen also in der Spekulation. Die Kontrahenten sind die **Hedger**, die eine Kurssicherung anstreben und auf der anderen Seite die **Trader**, die zu risikofreudigem Geschäft streben und spekulativ arbeiten, sie profitieren von den Kursschwankungen. Die Hedger arbeiten also nach einem differenzierten Anlagenansatz, der Hedger versucht verstärkt, hohe Renditen zu erzielen.

Die **Wechselkurspolitik** besteht auch insbesondere darin Währungsrisiken zu vermeiden. Um Währungsrisiken auszuschalten, kommt für die am Devisenhandel beteiligten Banken die kurzfristige Kurssicherung in Betracht, eine Kombination von Devisenkassa- und Devisenterminhandel, der **Swap**. Die langfristige Absicherung und Risikominimierung von Positionen geschieht durch das **Finanzhedging**.

1.2.4 Vermögenstheorie Grundlagen des Immobilien Portfolio Management

Immobilien werden mehr und mehr **professionell gemanagt**. Früher reichte es durchaus aus, daß Immobilien gekauft wurden und in den **Vermögensbestand** aufgenommen und dort gehalten wurden. Man wuchs in die Rendite hinein und Wertsteigerungen blieben fast unberücksichtigt. Anfang des Jahres 2001 betrug laut Bundesamt für Statistik das Immobilienvermögen in Deutschland circa 7,6 Billionen DM, das Geldvermögen in Sparguthaben, Aktien und Wertpapieren DM 7,1 Billionen DM.

Investoren gehen jedoch dazu über den Immobilienbestand nach **Portfoliokriterien** zu durchleuchten. Dazu werden die Erkenntnisse über Vermögensanlagen von Wertpapieren herangezogen.

Professionelle Berater heben immer wieder hervor: Vor Anlageverlusten in genereller Hinsicht gibt es keinen Schutz. Jedoch kann man sich generell als Anleger dadurch schützen, daß man sich ein ausgewogenes, breit gestreutes Portfolio zulegt, das zunehmend auch internationalen Kriterien standhalten sollte. Dies erfordert ausgezeichnete Marktkenntnis und die Verfolgung des Marktes, sowie die Einschätzung der Risiken und der Chancen des jeweiligen Anlagemarktes.

Um diese Informationen auch zielgerecht umzusetzen, bedarf es eines speziellen Know-hows, das oft auf langjähriger Erfahrung und einem erfolgsorientiertem Management basiert.

Für eine professionelle Beratung sollte der Anlageberater umfassend über die jeweilige Vermögenssituation unterrichtet und informiert sein. Auf dieser Basis kann dann eine Anlagestrategie aufgebaut und maßgeschneidert angefertigt werden.

Oft scheitern Vermögensanlagen dadurch, daß der Berater sich nicht genügend über die jeweilige Situation unterrichtet, oder daß der Anleger seinen Berater nicht ausreichend über seine Ziele sowie über seine Vermögensverhältnisse informiert.

Wird eine Anlage zu langfristig festgelegt und der Kunde möchte zwischenzeitlich aus dieser Vermögensanlage aussteigen, weil er dringend Liquidität benötigt, so ist das oft mit erheblichen Vermögensverlusten verbunden. Oder der Kunde hat sich auf einen Wert konzentriert, der nicht genügend Sicherheit bietet und somit ein erhebliches Anlagerisiko beinhaltet.

1.2.4.1 Anlagekriterien Grundlagen der Portfoliotheorie Anlageziele, Rendite und Anlagerisiko

Die **Anleger** verfolgen mit der **Vermögensanlage** im wesentlichen drei Ziele. Das eingesetzte Kapital soll dabei die nachfolgenden Kriterien erfüllen:

1. Sicherheit
2. Rentabilität
3. Liquidität

Unter **Sicherheit** versteht man im weitesten Sinn die Erhaltung des angelegten Vermögens. Eine Erhöhung der Sicherheit kann man dadurch erreichen, daß man eine ausgewogene Aufteilung des Vermögens vornimmt. Eine solche Vermögensstreuung oder Diversifikation kann in Immobilien oder Geldanlagen erfolgen.

Die **Rentabilität** einer Anlage bestimmt sich aus dem Ertrag. Zu den Erträgen zählen die laufenden Mieten abzüglich der monatlichen Kosten und die Instandhaltungsrücklage. Bei Wertpapieren sind dies Zins- und Dividendenzahlungen und sonstige Ausschüttungen.

Rendite ist das Verhältnis des jährlichen Ertrages in Bezug auf den Kapitaleinsatz.

Anleger sehen die Rendite insbesondere in der Betrachtung des ausmachenden Betrages nach **Steuern**. Bekanntlich sind Kapital und Zinseinkünfte einkommensteuerpflichtig.

Die **Liquidität** einer Vermögensanlage hängt davon ab, in welcher Zeit der investierte Betrag wieder in Bargeld umgewandelt werden kann. Um Grundstücke, Wohnungen oder Mietshäuser zu verkaufen, muß eine bestimmte Form eingehalten werden. Wertpapiere können über die Börse veräußert werden.

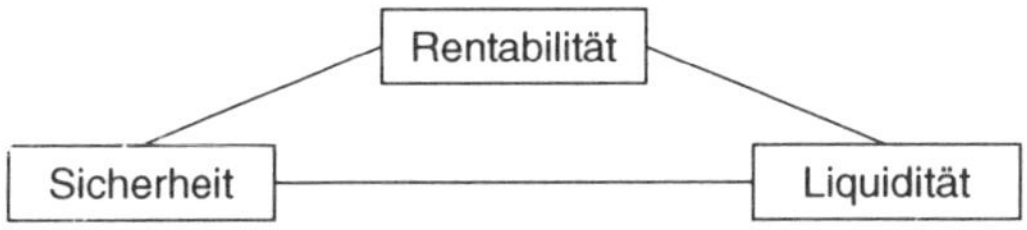

Zwischen diesen drei Kriterien

Rentabilität, Sicherheit und Liquidität

sind Konflikte zu vermeiden. Es besteht ein Spannungsverhältnis zwischen **Sicherheit und Rendite**. Denn zur Erzielung einer hohen Rendite muß ein überhöhtes Risiko in Kauf genommen werden. Bei hohem Sicherheitsbedürfnis ist oft die Rendite sehr gering.

Zwischen **Rentabilität und Liquidität** besteht oft ein Konflikt. Mittel, die in liquide Vermögensanlagen angelegt sind, haben oft Nachteile im Hinblick auf die Rendite.

Aufgabe ist es daher zwischen diesen drei Kriterien die Optimierung zu finden. Es müssen Präferenzen nach den **individuellen Anlagestrategien** gesetzt werden.

Abgeleitet vom magischen Viereck in der Volkswirtschaftslehre – Vollbeschäftigung, Preisstabilität, stetiges Wachstum und außenwirtschaftliches Gleichgewicht – könnte man diese Vermögensanlage auch **magisches Dreieck** –Rentabilität, Liquidität und Sicherheit – nennen.

Im Immobilien- wie auch im Wertpapierbereich muß man die **Chancen** nutzen, aber gleichzeitig die **Risiken** erkennen und sie **begrenzen**.

Es gibt daher eine ausgewogene Beratung um die entscheidende Vermögensstruktur nach den Bedürfnissen und der Anlagementalität durchzuführen. Es ist daher zwingend notwendig, die finanziellen Verhältnisse überschaubar und transparent zu halten.

Durch die einheitliche Währung, den **Euro**, werden die Märkte in Europa zusammenwachsen. Deutsche Unternehmen werden dann mehr als bisher schon nicht nur Immobilien in Deutschland kaufen, sondern durch den Wegfall des Kursrisikos, verstärkt auch im Ausland. Dies gilt auch für private Investoren, die nicht nur Ferienimmobilien sondern auch Bestandsimmobilien erwerben.

Immobilien Management ist demzufolge die rendite- und risikoorientierte Steuerung eines Immobilienbestandes.

1.2.4.2 Renditeaspekte

Immobilien werden einesteils nach Steuervorteilen, aber heutzutage vermehrt insbesondere nach **Renditeaspekten** beurteilt. Bedingt durch diese Tatsache steigt die Nachfrage nach professionellem Management bei Immobilien.

Der Anleger kann seine Immobilien selbst bewirtschaften oder professionellen Dienstleistern übertragen. Diese Unternehmen gehen in der Regel so vor, daß die **Anlagestrategie** des Vermögens eingehend besprochen wird. Nach der Zielformulierung können folgende Kriterien herausgearbeitet und in folgendem Katalog formuliert werden:

- **Immobilien**
- **festverzinsliche Wertpapiere**
- **Aktien**
- **Festgeld oder Sparbuch**

Bei Immobilien wird man entscheiden, ob man in **Gewerbe- oder Wohnimmobilien** investieren möchte. Sucht man Innenstadtlagen oder Stadtrandgebiete? Erwartet man eine hohe Ausschüttung bei Wertpapieren oder erwartet man Wertzuwachs?

Wesentliches Kriterium ist die Mindestrendite oder auch **Minimum Return on Invest** genannt. Dabei sollte man Schuldverschreibungen mit einer Laufzeit von 10 bis 15 Jahren heranziehen oder die Nettomieteingänge ohne Instandhaltungskosten im Vergleich zu den Hypothekenzinsen heranziehen.

Professionelle Anleger vergleichen in der Regel **jährlich die Rendite ihrer Immobilien**. Erzielen diese über einen Zeitraum von einigen Jahren nicht die zu zahlenden Hypothekenzinsen oder erreichen nicht die Zinserträge von festverzinslichen Wertpapieren, so werden sie in aller Regel verkauft.

Die frühere statische Betrachtung wird durch die dynamische Analyse ersetzt. Aufgabe des Portfolio Management ist es,

Rendite und Risiko gleichzeitig zu optimieren.

Der **Portfoliomanager** muß daher die Einzelobjekte und die gesamte Vermögensanlage analysieren. Dabei reicht sein Aufgabengebiet von vollständiger Handlungsfreiheit, wie in Eigentümerfunktion, nach festgelegten Kriterien bis hin zum Abruf von Einzelleistungen.

Für diese Aufgaben wird der **Immobilien Portfolio Manager** entlohnt. Er erhält eine Managementgebühr oder **Management Fee**, die laufend bezahlt wird. Daneben kann auch eine ertragsabhängige Honorierung erfolgen.

Pensionsfonds

Im Rahmen der **Altersvorsorge** sind die **Portfoliomanager** und die **Immobilienfachwirte** zunehmend gefragt, um die Beträge für die Altersvorsorge optimal und gewinnbringend anzulegen. Die Berater müssen daher neben den Vorteilen von Immobilien auch die Anlagestrategien an den Finanzmärkten für Aktien und festverzinsliche Anleihen und andere Wertpapierarten kennen. Die Mischung der Anlageformen ist für die Altersvorsorge zunehmend in das Bewußtsein breiterer Bevölkerungsschichten gerückt.

Die Pensionsfonds sind **Teil der betrieblichen Altersvorsorge** und unterstreichen deren Bedeutung. Pensionsfonds konzentrieren sich im Gegensatz zu Investmentfonds nicht nur auf ein **bestimmtes Anlagegebiet**, beispielsweise deutsche Aktien, sondern auf ein festgelegtes Anlageziel – die Altersvorsorge.

Die **Pensionsfonds** investieren **51 % ihres Vermögens in Substanzwerte**, wie Wohn- und Gewerbeimmobilien und/oder Aktien. Um die Risiken zu begrenzen, dürfen auch nicht mehr als 75 % des Vermögens in Aktien oder stille Beteiligungen investiert werden. Spekulative Geschäfte wie **Derivate** sind nicht zulässig.

Die **Pensionsfonds** laufen über eine **Mindestdauer** von 18 Jahren und die Auszahlung an den Anleger soll im 60. Lebensjahr erfolgen.

Die **Pensionsfonds haben den Vorteil,** daß die betriebliche Altersvorsorge vom Arbeitgeber getrennt werden kann. **Falls der Arbeitnehmer seinen Arbeitgeber wechselt**, verliert er nicht sein angespartes Geld, wie bei der Pensionsrückstellung im Unternehmen, sondern er nimmt sein Sparkapital zum neuen Arbeitgeber mit.

Die **Altersvorsorge ist somit unabhängig vom Arbeitgeber**, da der Pensionsfonds eigenständig in Anlagewerte investiert.

Für den Anleger könnte nachteilig sein, daß er keinen festen Rückzahlungspreis kennt, wie bei einer Kapital-Lebensversicherung. Der Rückzahlungs- oder Erstattungsbetrag richtet sich beim Pensionsfonds nach der Renditeentwicklung der Anlagewerte.

Die **Pensionsfonds** haben somit größere **Wachstums- und Gewinnchancen** als die Lebensversicherungsauszahlungen. Ein Großteil der Versicherungen investiert konservativ in Rentenpapiere, die zwar eine konstante Ausschüttung, aber kaum Gewinnchancen haben.

Die **Pensionsfonds** legen das Geld in **Immobilien, Aktien, stille Beteiligungen** und einen Teil in **festverzinsliche Wertpapiere an.** Das in Aktien investierte Kapital kommt somit auch der Wirtschaft zu gute, da diesen Unternehmen durch die Aktienkäufe der Pensionsfonds, Kapital zufließt.

Der Immobilienfachwirt kennt somit die folgenden Begriffe und deren Bedeutung, da er sie seinen Kunden die Anlagegesprächen erläutern muß.

Verzinsliche Wertpapiere

Unter **verzinslichen Wertpapieren** versteht man **Anleihen, Renten, Obligationen** oder auch **Bonds**, die mit einer festen oder variablen Verzinsung ausgestattet sind. Die Laufzeit sowie die Rückzahlung der Papiere sind dem Anleger bekannt. *(Beispiele für Investment-Zertifikate, ausgestellt von der Deutschen Bank AG, auf den Folgeseiten)*

Der Anleger, der sein Geld in festverzinsliche Wertpapiere anlegt, ist somit Gläubiger und der Herausgeber ist Schuldner.

Anleihen können zum Nennwert zu pari = 100 % oder unter pari ausgegeben werden. Als Vermögensanlage können Anleihen prinzipiell auf zwei Arten Ertrag bringen. Einmal in Form von Zinszahlungen oder in Form von Kurssteigerungen.

Deutsche Gesellschaft für Wertpapiersparen m.b.H.
10 ANTEILE
AKKUMULA
MUSTER
ZERTIFIKAT ÜBER ZEHN ANTEILE
(INVESTA SPEZIAL)
DWS
DEUTSCHE GESELLSCHAFT FÜR WERTPAPIERSPAREN MBH

INVESTA
DWS DEUTSCHE GESELLSCHAFT FÜR WERTPAPIERSPAREN MBH
DWS
INVESTA
ZERTIFIKAT ÜBER ZEHN ANTEILE
MUSTER
DIE GESCHÄFTSFÜHRUNG
MIT BESCHRÄNKTER HAFTUNG
FÜR DEN AUFSICHTSRAT
VORSITZENDER
Wir haben das Amt als Depotbank gemäß den jeweils gültigen Vertragsbedingungen und dem Gesetz über Kapitalanlagegesellschaften übernommen.
Deutsche Bank
Aktiengesellschaft
INVESTA

Anleihen

Die **Anleihe** hat bestimmte Merkmale, die in den Emissionsbedingungen aufgeführt sind. In diesen Bedingungen werden die Beziehungen zwischen dem **Herausgeber** der Anleihe (**Emittenten**) und dem **Anleger** festgehalten.

Die wichtigsten Merkmale sind:

1. Die **Laufzeit**
2. Die **Verzinsung**
3. Die **Tilgung**
4. Die **Währung**
5. Die **Zahlungsunfähigkeit des Schuldners**

Die **Laufzeit** von Anleihen wird unterteilt in:

- kurzfristige Anleihen bis 4 Jahre Laufzeit
- mittelfristige Anleihen zwischen 4 und 8 Jahren Laufzeit
- langfristige Anleihen mit mehr als 8 Jahren Laufzeit.

Die **Verzinsung** für die Anleihe ist in den Anlagebedingungen geregelt und enthält Merkmale von der **klassischen Festverzinsung** bis zur **Nullkupon-Anleihe**

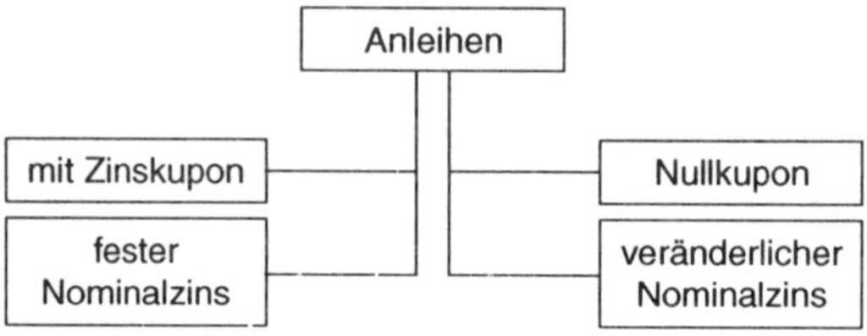

Euroanleihen im Vergleich, Deutsche Bank Januar 2000

Der Euroland-Staatsanleihemarkt (in Mrd Euro, Ende 1998)	Staatsanleihen (ohne T-Bills*)	Staatsanleihen (mit T-Bills)	Mittlere Laufzeit (Jahre)	Ausländische Investoren (%)
Deutschland	951,7 (31%)	961,9 (28%)	7	51
Italien	822,6 (27%)	1042,3 (30%)	3,7	19
Frankreich	561,0 (18%)	616,0 (18%)	6,3	16
Spanien	185,7 (6%)	280,2 (8%)	4,9	15
Niederlande	181,6 (6%)	185,6 (5%)	6,8	25
Belgien	143,0 (5%)	183,0 (5%)	4,8	6
Österreich	68,6 (2%)	74,5 (2%)	4,3	17
Portugal	58,1 (2%)	59,5 (2%)	4,3	29
Finnland	41,0 (1%)	43,6 (1%)	4,8	6
Irland	21,7 (1%)	21,7 (1%)	–	27
Gesamt	**3035 (100%)**	**3468,3 (100%)**	–	–

Unternehmensanleihen im monatlichen Vergleich, ebenda

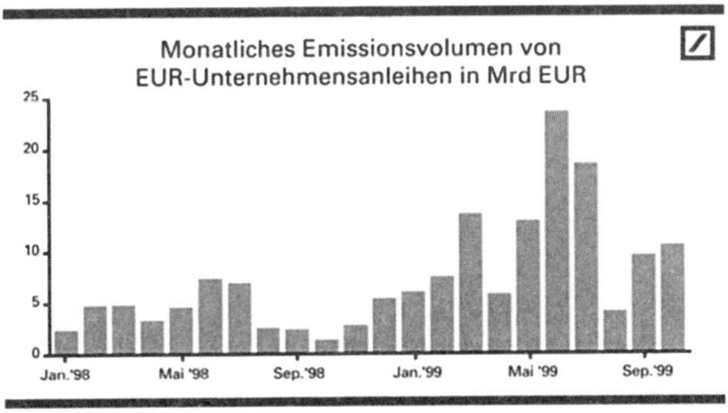

Quelle: Anlage-Strategie Privatkunden; Bloomberg; Reuters

Festzinsanleihe

Die **Festzinsanleihe** hat einen **festen Nominalzins** (Verzinsung) für die Laufzeit der Anleihe. Der Anleihe ist ein Zinsschein (Kupon) beigefügt, der den Zinsanspruch beinhaltet.

Der Zins wird jährlich bezahlt, normalerweise am Ende eines Jahres. Bei ausländischen Anleihen gibt es auch eine halbjährliche Verzinsung. Die Festzinsanleihen nennt man auch **Straight Bonds**.

Variable Zinsanleihe

Die **variable Zinsanleihe** ist mit einem variablen Zinssatz ausgestattet. Man nennt die Anleihen mit **veränderlichem Nominalzins** auch **Floating Rate Notes** oder auch **Floater**.

Die Laufzeit der Zinszahlungen ist bei diesen Anleihen kurz, sie liegt zwischen 3, 6 oder 12 Monaten. Am Ende dieser Laufzeit zahlt der Emittent die Zinsen und gibt gleichzeitig den Zinssatz für die nächste Zinsperiode bekannt.

Die Laufzeit der Anleihe beträgt meistens nur 3 bis 4 Jahre. Der gezahlte Zinssatz richtet sich in der Regel nach den Geldmarktsätzen wie dem

FIBOR = **F**rankfurt **I**nter**b**ank **O**ffered **R**ate, oder dem
LIBOR = **L**ondon **I**nter**b**ank **O**ffered **R**ate.

Der **FIBOR** und der **LIBOR** sind die Zinssätze, zu dem Banken in Frankfurt beziehungsweise London Gelder bei anderen Banken kurzfristig anlegen. Der FIBOR und der LIBOR werden täglich an den Devisenmärkten ermittelt und in den Tageszeitungen veröffentlicht. Auf diese Zinssätze wird vom Emittenten noch ein Aufschlag oder Abschlag gerechnet, den man auch **Spread** nennt.

Die Anleihe mit **veränderlichem Zins** ist mit **Festgeld** oder **Termingeld** vergleichbar, da bei dieser Geldanlage der Zinssatz nach Ablauf der Zinsperiode neu festgelegt wird.

Sonderformen der variablen Zinsanleihe

Die Sonderformen der **variablen, verzinslichen Anleihen** sind
- Anleihen mit Mindestverzinsung auch **Floor-Floater** genannt
- Anleihen mit Maximalverzinsung, die auch **Cap Floater** heißen.

Die **Floor Floater** sind variabel verzinsliche Anleihen mit einer **Mindestmarkierung** im Zinssatz. Falls der Zinssatz zuzüglich des Spreads diese Marke unterschreitet, wird dem Kunden dieser **Mindestsatz garantiert**.

Die **Cap Floater** sind variabel verzinsliche Anleihen mit einer **Höchstmarkierung** im Zinssatz. Falls der Zinssatz zuzüglich des Spreads diese Marke überschreitet, wird dem Kunden nur dieser **Höchstzinssatz** vergütet.

Eine besondere Variante sind die **Mini Max Floater**, eine Kombination der beiden Formen von **Floor Floater** und **Cap Floater**. Besonderes Merkmal ist, daß die Verzinsung während der Laufzeit durch einen Rahmen begrenzt ist, der an Mindest- und Höchstzinssatz gekoppelt ist.

Die **Nullkupon-Anleihe,** auch **Zero Bonds** genannt, ist nicht mit Zinskupons ausgestattet. Bei diesem Anleihetyp werden keine Zinszahlungen während der Laufzeit gezahlt, daher auch Zero Bonds. **(Zero = Null)** Der Zinsertrag wird aus dem Ausgabekurs und dem Rückzahlungskurs ermittelt. Der Anleger erhält daher seinen Zinsertrag beim Verkauf bei Fälligkeit der Anleihe.

Zero Bonds werden mit einem hohen **Disagio (Abschlag)** ausgegeben und im Tilgungszeitpunkt zu pari, also 100 %, zurückgenommen.

Zero Bonds haben demnach einen **einmaligen festen Ertrag** in der Zukunft und **keinen periodischen** wie die anderen Anleihen. Dies ist der entscheidende Unterschied dieser Anlageform. Bei einem Verkauf der Bonds vor Ablauf des Tilgungszeitraumes wird die Differenz zwischen dem Emissionspreis und dem Verkaufskurs in Zinsertrag und Wertsteigerung aufgeschlüsselt.

Tilgung der Anleihen

Die Tilgung von Anleihen kann über die

1. **planmäßige Beendigung**
2. **außerplanmäßige Beendigung**

der Laufzeit des Papiers erfolgen.

Die **planmäßige Rückzahlung** bedeutet, daß die Tilgung oder die Rückzahlung in einem festgelegten Rahmen erfolgen. Die planmäßige Rückzahlung kann aus den drei folgenden Möglichkeiten bestehen:

1. Die **gesamtfällige Rückzahlung**
2. Die **annuitätische Rückzahlung**
3. Die **Auslosung der Rückzahlung**

Bei der gesamtfälligen Rückzahlung erhält der Kunde den Nennwert am Ende der Laufzeit in einer Summe zurückgezahlt. Bei dieser Form liegt der Rückzahlungstermin seitens des Schuldners (Emittenten) von vorne weg fest.

Die **annuitätische Rückzahlung** erfolgt in gleichbleibenden Jahresraten. Die Rückzahlung erfolgt meist nach einem tilgungsfreien Zeitraum von 3 bis 5 Jahren.

Die **Auslosung der Rückzahlung.** Bei diesem Anleihetyp erfolgt die Rückzahlung nach dem Zufallsprinzip. Als Anleger weiß man nicht, zu welchem Zeitpunkt die Anleihe fällig wird. In einem Auslosungsverfahren ermittelt der Emittent nach einigen tilgungsfreien Jahren die Wertpapiere, die zum nächsten Termin zurückgezahlt werden. Die Auslosung geschieht in der Regel nach Endnummern, Serien oder Gruppen. Die Ergebnisse der Auslosung werden veröffentlicht und dem Kunden direkt mitgeteilt.

Die **außerplanmäßige Rückzahlung** erfolgt in der Regel vom Schuldner der Anleihe. Der Emittent kann sich in den **Anleihebedingungen** eine außerplanmäßige Kündigung der Anleihe vorbehalten. Diese vorzeitige Kündigung geschieht meist unter Einhaltung einiger kündigungsfreier Jahre. Es kann aber auch der Kunde, wenn dies in den Anleihebedingungen vereinbart ist, vorzeitig kündigen und sich die Anleihe zurückzahlen lassen.

Die Währung

Der Kunde kann bei Anleihen auch **verschiedene Währungen** wählen, in welchen er seine Anleihe zeichnen will. So kann er Anleihen kaufen in Schweizer Franken, Österreichische Schilling, Euro oder US Dollar.

Dem Kunden sollte bewußt sein, daß er bei Währungsanleihen einem **Währungsrisiko** unterliegt. So kann es durchaus vorkommen, daß eine gezeichnete Anleihe in US Dollar zu einem Kurs von DM 1,95 erworben wurde. Am Ende der Laufzeit der Anleihe kann der Währungskurs möglicherweise DM 1,82 lauten. Der Anleger erleidet dann einen Währungsverlust.

Kauft der Anleger eine US Anleihe zu einem Kurs von DM 1,63 und veräußert diese am Ende der Laufzeit zum einem Kurs von DM 1,87, so erzielt er einen erheblichen **Kursgewinn**.

Eine besondere Form ist die **Doppelwährungsanleihe**. Bei dieser Form kann die Kapitalrückzahlung und die Zinszahlung in verschiedenen Währungen erfolgen. Der Anleger unterliegt dabei einem erhöhten Währungsrisiko.

Zur Begrenzung des Währungsrisikos sind die Varianten der Kauf- oder **Call-Option** und der Verkaufs- oder **Put-Option** am Markt gängig.

Bei der **Call Option** ist der Emittent zu einer vorzeitigen Tilgung berechtigt.

Mit der **Put Option** hat der Kunde das Recht, eine vorzeitige Rückzahlung zu einem vorher festgelegten Preis zu verlangen.

Deutsche Bank Januar 2000

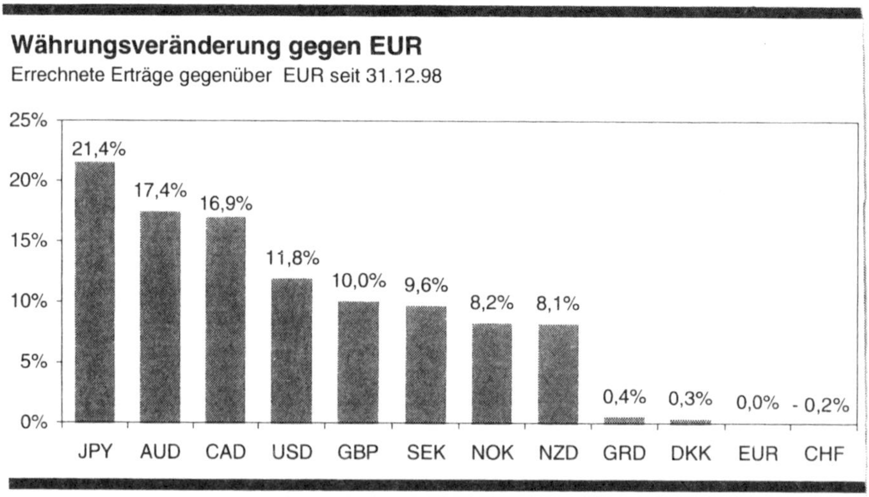

Zahlungsunfähigkeit des Anleihe-Schuldners

Im Falle des **Konkurses oder der Liquidation** des Schuldners unterscheidet man zwischen:

- **vorrangigen**
- **gleichrangigen**
- **nachrangigen**

Anleihen.

Es kommt darauf an, ob die Ansprüche des Kunden im Verhältnis zu sonstigen Gläubigern bevorzugt, gleichberechtigt oder nachrangig bedient werden.

Sonderformen von Anleihen

Bei den Anleihe als festverzinsliches Wertpapier haben einige Formen an Bedeutung gewonnen. Diese Varianten haben **besondere Rechte** oder beziehen sich auch auf **Bezugsgrößen**.

Die am weitesten verbreiteten Arten sind:

1. Die **Wandelanleihe**
2. Die **Anleihe mit Bezugsrecht**
3. Die **Indexanleihe**

Die Wandelanleihe

Die **Wandelanleihe** wird häufig von Aktiengesellschaften ausgegeben und ist ein festverzinsliches Wertpapier.

Merkmal der Wandelanleihe ist das Recht des Inhabers, innerhalb eines bestimmten Zeitraums **diese Anleihe** in einem festgelegten Verhältnis **in Aktien** umzutauschen, sie also zu wandeln.

Macht der Inhaber von dem Wandlungsrecht keinen Gebrauch, so behalten die Anleihen das Merkmal von **festverzinslichen Wertpapieren**. Die Rückzahlung der Anleihe erfolgt dann am Ende der Laufzeit.

Kennzeichnend für die Wandelanleihe ist auch, daß sie gegenüber anderen Anleihen eine **niedrigere** Verzinsung aufweist.

Die Anleihe mit Bezugsrecht

Die **Anleihe mit Bezugsrecht** wird auch **Optionsanleihe** genannt.

Merkmal dieser Anleiheform ist das Recht zum **Bezug von Aktien** – **zusätzlich zur Anleihe und nicht alternativ**.

Die Optionsanleihe wird dabei selbst nicht umgetauscht sondern bleibt bis zur Rückzahlung als solche bestehen.

Die **zusätzlichen Aktien** lassen sich gegen **Hergabe des Optionsscheins** zu im voraus festgelegten Konditionen beziehen. Der Optionsschein ist abtrennbar an der Anleihe verbrieft und berechtigt den Eigentümer zum Erwerb von Aktien.

Die Indexanleihe

Bei **Indexanleihen** sind die Höhe der **Zinszahlungen** und der **Rückzahlungsbetrag** nicht von vorne herein festgelegt, sondern sie ist an eine bestimmte Bezugsgröße wie den **Aktienindex** oder den Branchenindex, zum Beispiel Automobile, Banken oder Versicherungen, gebunden.

Die Indexanleihen kommen wegen des hohen Risikos für eine Anleihe selten vor.

Die öffentliche Anleihe
– Staatsanleihe

Die bekanntesten und vom Volumen her größten Anleihen sind die **öffentlichen Anleihen, Staatsanleihen** oder auch Anleihen der **öffentlichen Hand** genannt.

Die **öffentliche Hand** bedient sich zur Finanzierung ihres Kapitalbedarfs der Ausgabe von öffentlichen Anleihen.

Zu den **öffentlichen Anleihen** gehören Anleihen des Bundes, der Länder, der Städte und Gemeinden.

– Bundesanleihen

Die bekanntesten Emissionen des Bundes sind:

1. Die **Bundesanleihe**
2. Die **Bundesobligationen**
3. Die **Bundesschatzbriefe**
4. Die **Finanzierungsschätze**

Die **Bundesanleihe** ist eine börsennotierte, langfristige Schuldverschreibung des Bundes mit einer Laufzeit zwischen 10 und 30 Jahren und einem festen Zinssatz.

Die **Bundesobligation** ist ebenfalls eine börsennotierte, aber mittelfristige, Schuldverschreibung des Bundes mit einer Laufzeit von 5 Jahren. Der Zinssatz ist über die Laufzeit festgeschrieben.

Beispiel für eine öffentliche Anleihe, Amtliches Kursblatt der Bayerischen Börse, 10. 11. 1999

Öffentliche Anleihen mit fortlaufenden Notierungen (SKF 194)

Bundesrepublik Deutschland

Stückelung in €	Zinstermin	Tilgung bzw. Fälligkeit	Wertpapier-Kenn-Nr.	Zinsfuß	EDV-Kürzel	Emission	Erster Kurs	**Fortl. Not. Mindbetr. 1 Mio. €**	Letzter Kurs nach dem Einheitskurs	**Einheitskurs von heute**	Einheitskurs vom Börsenvortag	Tagesrendite
€ 0,01	20.12.	20.12.99 (99)	113475	$7\frac{1}{8}$	BA75	**v.89 (99)**	—			**100,413 G**	100,425 G	3,10
€ 0,01	20.1.	20.1.00 (00)	113476	$7\frac{1}{4}$	BA76	**v.90 (00)**	—			**100,76**	100,77	3,08
€ 0,01	21.2.	21.2.00 (00)	113477	$7\frac{3}{4}$	BA77	**v.90 (00)**	—			**101,22 G**	101,23 G	3,14
€ 0,01	6.1.vj.	6.4.00 (95)	113478	var.	BA78	**v.90 (00)** (2,975 % v.6.10.99-5.1.00)	—			**99,935 G**	99,935	
€ 0,01	22.5.	22.5.00 (00)	113479	$8\frac{3}{4}$	BA79	**v.90 (00)**	—			**102,75**	102,75 G	3,34
€ 0,01	21.8.	21.8.00 (00)	113480	$8\frac{1}{2}$	BA80	**v.90 (00)**	—			**103,75**	103,76 G	3,48
€ 0,01	20.10.	20.10.00 (00)	113481	9	BA81	**v.90 (00)**	—			**104,95**	104,975	3,55
€ 0,01	20.12.	20.12.00 (00)	113482	$8\frac{7}{8}$	BA82	**v.90 (00)**	—			**105,64 G**	105,665	3,57
€ 0,01	22.1.	22.1.01 (01)	113483	9	BA83	**v.91 (01)**	—			**106,15**	106,167	3,63
€ 0,01	21.5.	21.5.01 (01)	113484	$8\frac{3}{8}$	BA84	**v.91 (01)**	—			**106,67 G**	106,71 G	3,76
€ 0,01	20.9.	20.9.01 (01)	113485	$8\frac{1}{4}$	BA85	**v.91 (01)**	—			**107,73 G**	107,785 G	3,84
€ 0,01	22.7.	22.7.02 (02)	113486	8	BA86	**v.92 (02)**	—			**109,56**	109,66	4,16
€ 0,01	21.10.	21.10.02 (02)	113487	$7\frac{1}{4}$	BA87	**v.92 (02)**	—			**108,245**	108,32	4,21
€ 0,01	20.12.	20.12.02 (02)	113488	$7\frac{1}{8}$	BA88	**v.92 (02)**	—			**108,125**	108,21 G	4,27
€ 0,01	22.4.	22.4.03 (03)	113489	$6\frac{3}{4}$	BA89	**v.93 (03)**	—			**107,50 G**	107,625 G	4,34
€ 0,01	15.7.	15.7.03 (03)	113490	$6\frac{1}{2}$	BA90	**v.93 (03)**	—			**107,–**	107,16 G	4,38
€ 0,01	15.9.	15.9.03 (03)	113491	6	BA91	**v.93 (03)**	—			**105,63 G**	105,84	4,37
€ 0,01	15.7.	15.7.04 (04)	113493	$6\frac{3}{4}$	BA93	**v.94 (04)**	—			**109,22 G**	109,37 G	4,51
€ 0,01	20.9.vj.	20.9.04 (04)	113494	var.	BA94	**v.94 (04)** (2,44 % v.20.9.-19.12.99)	—			**99,37 G**	99,375	
€ 0,01	11.11.	11.11.04 (04)	113495	$7\frac{1}{2}$	BA95	**v.94 (04)**	—			**112,77**	112,89 G	4,58
€ 0,01	3.1.	3.1.05 (05)	113496	$7\frac{3}{8}$	BA96	**v.95 (05)**	—			**112,25 G**	112,50	4,64
€ 0,01	12.5.	12.5.05 (05)	113497	$6\frac{7}{8}$	BA97	**v.95 (05)**	—			**110,35 G**	110,58 G	4,68
€ 0,01	14.10.	14.10.05 (05)	113498	$6\frac{1}{2}$	BA98	**v.95 (05)**	—			**109,09 G**	109,32	4,70

Die **Bundesschatzbriefe** sind mittelfristige Schuldverschreibungen des Bundes, die mit einem Festzins ausgestattet sind, der während der Anlagezeit ansteigt.

Dabei unterscheidet man folgende Anlagetypen:

Beim **Typ A** sind der **Ausgabewert und der Rückzahlungsbetrag** bei einer Laufzeit von 6 Jahren gleich groß, zum Beispiel: 100. Die Zinsen werden jährlich nachträglich gezahlt.

Beim **Typ B** werden die Briefe zum **Ausgabewert oder Nennwert gegeben.** Die **jährlichen angefallenen Zinsen werden aber nicht ausgeschüttet**, sondern **angesammelt** und zusammen mit dem Kapitalwert **am Ende der 7 jährigen Laufzeit** ausbezahlt.

Die **Finanzierungsschätze** sind kurzfristige Schuldverschreibungen des Bundes. Die Besonderheit liegt darin, daß sie mit einem **Disagio**, also mit einem Abzug vom Nennwert ausgegeben werden. Nach Ende der Laufzeit, meistens 1 oder 2 Jahre, werden sie dann mit 100 % (pari) zurückbezahlt. Die Finanzierungsschätze sind mit den **Zero Bonds** vergleichbar.

Zu beachten ist bei den **Bundesschatzbriefen** und den **Finanzierungsschätzen**, daß sie **nicht an der Börse gehandelt** werden. **Besonderes Merkmal** ist auch, daß es keine effektiven Wertpapierurkunden gibt. Die Schuldverschreibungen des Bundes werden daher in das **Bundesschuldenbuch** eingetragen und als sogenannte **Werterechte** herausgegeben.

Die Bankschuldverschreibungen

Unter **Bankschuldverschreibungen** versteht man alle Schuldverschreibungen von Kreditinstituten, die sich in **„gedeckte"** und **„sonstige"** Bankschuldverschreibungen unterscheiden, die Schuldverschreibungen werden auch **Pfandbriefe** genannt.

Als **gedeckte Bankschuldverschreibungen** bezeichnet man solche, die von Hypothekenbanken, Landesbanken/Girozentralen, öffentlich-rechtlichen Kreditanstalten, sowie Spezialkreditinstituten emittiert werden.

Pfandbriefe, die nach den Vorschriften des Hypothekenbankgesetzes beziehungsweise des Öffentlichen Pfandbriefgesetzes begeben werden, müssen in voller Höhe durch Grundpfandrechte – meistens erstrangige – besichert sein. Gleichgestellt zu diesen erstrangigen Besicherungen sind auch Kredite an öffentliche Schuldner.

Die **sonstigen Bankschuldverschreibungen** werden vor allem von den privaten Geschäftsbanken, Sparkassen, Bausparkassen und Kreditgenossenschaften herausgegeben. Die sonstigen Bankschuldverschreibungen umfassen ein großes Angebot an börsenfähigen und nicht börsenfähigen Schuldverschreibungen.

Beispiel für inländische Emissionen, "Jumbo Anleihen", aus dem Amtlichen Kursblatt Bayerische Börse, 10.11.1999

Stückelung in DM	Zinstermin	Tilgung bzw. Fälligkeit	Wertpapier-Nr.	Zinsfuß	Emission	Kurs von heute	Kurs vom Vortag	Tagesrendite
Inländische Emissionen "Jumbo-Anleihen"								
Bayerische Landesbank Girozentrale - Öffentliche Pfandbriefe								
€ 0,01	6.4.	6.4.04 (04)	213103	$4\frac{1}{2}$	R.3	**99,18**	99,32	4,70
€ 0,01	2.8.	2.8.01 (01)	213102	$5\frac{1}{4}$	R.2	**102,15 G**	102,20 G	3,91
€ 0,01	3.8.	3.8.05 (05)	213101	$6\frac{3}{4}$	R.1	**108,70 G**	108,90 G	4,96
Bayerische Handelsbank AG - Öffentliche Pfandbriefe								
€ 1000	24.7.	24.7.00 (00)	218396	$2\frac{1}{4}$	R.1200	**99,09 G**	99,10 G	3,55
€ 0,01	16.11.	16.11.04 (04)	209270	$4\frac{3}{4}$	R.1069	**99,65**	99,83	4,83
€ 0,01	14.8.	14.8.02 (02)	204333	$6\frac{1}{2}$	R.933	**105,52 G**	105,60 G	4,32
Bayerische Hypo- und Vereinsbank AG (fr. Bayer. Hypotheken- und Wechsel- Bank AG) Pfandbriefe								
€ 0,01	17.12.	17.12.07 (07)	223939	$5\frac{1}{2}$	R.103166	**101,68 G**	102,09	5,24
€ 0,01	13.9.	13.9.00 (00)	203998	6	R.87	**101,90 G**	101,95 G	3,63
Öffentliche Pfandbriefe								
€ 0,01	10.12.	10.12.02 (02)	223737	5	R.34	**101,65**	101,73	4,41
€ 0,01	6.11.	6.11.01 (01)	223546	$5\frac{3}{4}$	R.46	**103,22**	103,24	4,03

Stückelung in DM	Zinstermin	Tilgung bzw. Fälligkeit	Wertpapier-Nr.	Zinsfuß	Emission	Kurs von heute	Kurs vom Vortag	Tagesrendite
Bayerische Hypo- und Vereinsbank AG (fr. Bayerische Vereinsbank AG) **Pfandbriefe**								
€ 0,01	27.10.	27.10.03 (03)	232541	$3\frac{3}{4}$	S.780	**97,03**	97,10	4,59
€ 1000	29.6.	29.6.06 (06)	251481	4	S.863	**93,94 G**	94,05 G	5,09
€ 0,01	10.6.	10.6.03 (03)	222053	$4\frac{1}{2}$	S.723	**99,75**	99,97	4,56
€ 0,01	19.9.	19.9.07 (07)	222047	$4\frac{3}{4}$	S.717	**97,22**	97,42	5,19
€ 0,01	28.7.	28.7.04 (04)	207561	5	S.661	**100,99**	101,05 G	4,75
€ 0,01	2.4.	2.4.08 (08)	222057	5	S.727	**98,03 G**	98,25 G	5,29
€ 0,01	24.11.	24.11.05 (05)	222015	$5\frac{1}{2}$	S.685	**102,75 G**	102,83	4,96
€ 0,01	7.8.	7.8.00 (00)	207411	6	S.511	**101,68 G**	101,75 G	3,61
Öffentliche Pfandbriefe								
€ 0,01	9.12.	9.12.03 (03)	222036	$4\frac{1}{2}$	S.706	**99,48**	99,76	4,64
€ 0,01	17.5.	17.5.01 (01)	207483	$5\frac{1}{4}$	S.583	**101,96 G**	101,97	3,86
€ 0,01	12.9.	12.9.01 (01)	207498	$5\frac{1}{4}$	S.598	**102,21 G**	102,18	3,96
€ 0,01	15.1.	15.1.08 (08)	222008	$5\frac{1}{2}$	S.678	**101,55**	101,85 G	5,26
€ 0,01	23.1.	23.1.06 (06)	207451	6	S.551	**105,13**	105,30 G	5,01
€ 0,01	6.6.	6.6.05 (05)	207395	$6\frac{1}{2}$	S.495	**107,33 G**	107,55 G	4,95
Münchener Hypothekenbank eG - Öffentliche Pfandbriefe								
€ 1000	28.5.	28.5.01 (01)	215862	$2\frac{3}{4}$	R.562	**98,35 G**	98,40 G	3,85
€ 0,01	11.8.	11.8.03 (03)	215848	$4\frac{1}{4}$	R.548	**98,75 G**	98,90	4,61
€ 1000	19.4.	19.4.11 (11)	215860	$4\frac{1}{4}$	R.560	**89,65 G**	89,95 G	5,48
€ 0,01	1.7.	1.7.04 (04)	215826	5	R.526	**101,06**	101,20	4,73
€ 0,01	2.6.	2.6.08 (08)	215843	5	R.543	**98,06 G**	98,23 G	5,28
€ 1000	4.10.	4.10.06 (06)	215864	5	R.564	**99,45**	99,45 G	5,09
Nürnberger Hypothekenbank AG - Öffentliche Pfandbriefe								
€ 1000	27.10.	27.10.04 (04)	335678	$3\frac{1}{4}$	R.379	**93,19**	93,47	4,82
€ 1000	13.10.	13.10.05 (05)	335677	$3\frac{1}{2}$	R.378	**92,87**	92,95	4,91
€ 0,01	18.8.	18.8.03 (03)	335671	4	R.372	**97,83**	97,98	4,63
€ 0,01	30.11.	30.11.01 (01)	335657	$4\frac{1}{2}$	R.358	**100,82**	100,88	4,07
€ 0,01	11.2.	11.2.08 (08)	335667	$5\frac{1}{4}$	R.368	**99,82 G**	100,05 G	5,27
€ 0,01	8.3.	8.3.02 (02)	335655	6	R.356	**103,90 G**	103,95 G	4,18
€ 0,01	23.1.	23.1.06 (06)	335656	6	R.357	**105,07 G**	105,25 G	5,02
Süddeutsche Bodencreditbank AG - Öffentliche Pfandbriefe								
€ 0,01	23.9.	23.9.03 (03)	321120	$3\frac{3}{4}$	R.K 501	**97,20**	97,36	4,55
€ 1000	20.4.	20.4.09 (09)	321152	4	R.K 517	**90,05 G**	90,30 G	5,36
€ 1000	18.10.	18.10.02 (02)	321171	$4\frac{1}{4}$	R.K 522	**99,69**	99,68 G	4,36
€ 0,01	6.11.	6.11.01 (01)	330905	6	R.K 406	**103,57 G**	103,67	4,09

Sicherheit festverzinslicher Wertpapiere

Unter der **Sicherheit bei festverzinslichen Wertpapieren** versteht man die Wahrscheinlichkeit, daß das angelegte Geld auch zurückgezahlt wird. Die Zahlungsfähigkeit unterliegt mehreren Merkmalen:

Bei **öffentlichen Schuldnern** (öffentliche Hand) liegt die Sicherheit in der **Finanzkraft** des Emittenten, also des Bundes des Landes oder der Gemeinde, die die Möglichkeit haben Steuern und Abgaben zu erheben und einzunehmen.

Daneben gibt es noch besondere **Besicherungsformen**. So räumen Emittenten den Anlegern zusätzliche Sicherheiten in Form von **Sicherungshypotheken und Grundschulden** ein, oder sie geben Garantien. So kann zum Beispiel die inländische Muttergesellschaft einer Bank oder Landesbank für eine ausländische Finanzgesellschaft, die Anleihen ausgegeben hat, für deren Rückzahlung garantieren.

Deutsche Bundesbank August 2000

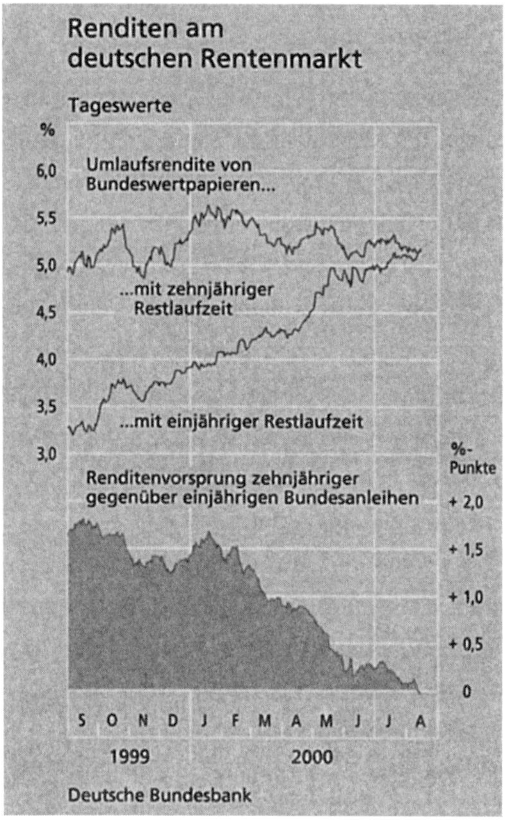

Mündelsicherheit als Merkmal

Ein besonderes **Qualitätsmerkmal** für die Sicherheit ist die **Mündelsicherheit**.

Unter **Mündel** versteht man nach dem bürgerlichen Gesetzbuch (BGB) Personen, die unter der Vormundschaft stehen und deren Vermögenswerte sicher angelegt werden sollen (§§ 1807 ff BGB).

Der Gesetzgeber sieht nur bestimmte Anlageformen vor, die nachfolgend aufgeführt sind:

Mündelsichere Wertpapiere sind **öffentliche Anleihen, Pfandbriefe, Kommunalobligationen und Schuldverschreibungen** des Bundes, Landes und der Kreditinstitute mit Sonderaufgaben, wie der **Kreditanstalt für Wiederaufbau (KfW)** in Frankfurt/Main.

– Industrie-Anleihen (-Obligationen, -Schuldverschreibungen)

Die **Industrie-Anleihe** ist eine festverzinsliche Anleihe, deren Schuldner ein Industrieunternehmen ist. Die Ausgabe dieses Wertpapiers dient dazu, langfristiges Fremdkapital, das für Investitionen benötigt wird, zu beschaffen. Für die Ausgabe dieser Wertpapiere ist die Genehmigung des Bundesfinanzministeriums erforderlich. Die **Besicherung** erfolgt regelmäßig durch **erstrangige Grundschulden** oder **Sicherungshypotheken**. Bei bekannten Unternehmen von zweifelsfreier Bonität können auch **Negativerklärungen** abgegeben werden. Die Industrieanleihen werden an den Börsen meistens amtlich gehandelt und notiert.

Unternehmen machen zunehmend weniger Gebrauch von dieser Möglichkeit, sich am Kapitalmarkt durch Anleihen Geld zu besorgen. Vielmehr neigen sie dazu, sich durch eine Kapialerhöhung Liquidität zu besorgen.

Im Gegensatz zum Aktionär ist der Wertpapierinhaber nicht Anteilseigner sondern Gläubiger des Unternehmens.

Sicherheitsmerkmal verzinslicher Wertpapiere

Zu den Wertpapieren mit besonderem Qualitätsmerkmal zählen auch die nachfolgenden Wertpapiere:

- Lombardfähige Wertpapiere

- Lombardfähige Wertpapiere sind Anleihen mit hoher Bonität. Diese können von Banken bei der Deutschen Bundsbank beliehen werden. Die Deutsche Bundesbank veröffentlicht diese Wertpapiere in einem Lombardverzeichnis.

- Deckungsstockfähigkeit

Zur Besicherung der Ansprüche der Versicherungsnehmer verlangt das Versicherungsaufsichtsgesetz die Bildung eines gesonderten Vermögens, das **Deckungsstockvermögen**.

Dieser **Deckungsstock** ist aus den laufenden Versicherungsprämien zu bilden. Die Versicherungen legen dieses **Deckungsstockgeld** in Sachwerte, also in Immobilien und in mündelsichere Wertpapiere, an.

Staatsanleihen im internationalen Vergleich
Deutsche Bank, Januar 2000

Staatsanleihen	**ASP**		**Konsensus**	
10 Jahre	**Rendite-prognose**	**Erwartete Erträge**	**Rendite-prognose in %**	**Erwartete Erträge**
Euroland	**5,00-5,50**	**3,74%**	**5,40**	**2,85%**
Großbritannien	5,75-6,25	0,30%	5,70	1,58%
Griechenland	5,40-5,90	14,05%		
Dänemark	5,40-5,90	3,84%		
Schweden	5,45-5,95	4,07%	6,00	2,48%
Norwegen	5,75-6,25	5,75%	6,10	5,24%
Schweiz	3,00-3,50	3,96%		
USA	**5,75-6,25**	**7,00%**	**6,10**	**6,49%**
Kanada	6,65-6,15	7,59%	5,90	7,72%
Australien	6,25-6,75	8,24%	6,50	8,33%
Neuseeland	6,95-7,45	7,47%	6,60	10,90%
Japan	2,25-2,75	-3,10%	2,30	-1,57%

Die Aktie

Merkmale der Aktie

Die **Aktie ist eine Urkunde**, welche dem Inhaber ein Mitgliedsrecht als Aktionär an der Aktiengesellschaft in einer Aktienurkunde verbrieft. Der Aktionär ist Teilhaber beziehungsweise Miteigentümer am Aktienkapital und somit am Vermögen der Aktiengesellschaft.

Rechte und Pflichten des Aktionärs

Der **Eigentümer einer Aktie** ist **Mitinhaber des Unternehmens** und nicht, wie bei verzinslichen Wertpapieren, Gläubiger. Er ist Miteigentümer der Gesellschaft, die die Aktien ausgibt. Daher hat der Aktionär auch andere **Rechte und Pflichten** als der Inhaber von festverzinslichen Wertpapieren.

Der Aktionär ist zur **Einlage seines Grundkapitalanteils verpflichtet**, er bezahlt die Aktien, die er erwirbt, sofort.

Er übernimmt wie jeder Unternehmer ein **geschäftliches Risiko.**
Der Aktionär **erhält** normalerweise **eine Dividende.**
Der Aktionär hat **keinen Anspruch auf eine feste Dividende,** da er mit dem Papier an dem Unternehmen beteiligt ist.

Nennwert der Aktie

Der Nennwert der Aktie ist die rechnerische Größe, die die Höhe des Anteils am Grundkapital darstellt. Der Nennwert kann auf DM 5 oder auf ein Vielfaches davon lauten.

Aktie auf 100 Reichsmark aus dem Jahre 1942
Bayerische Motorenwerke Aktiengesellschaft München (BMW)

Die Dividende

Die **Dividende** ist der Teil des Gewinns einer Aktiengesellschaft, der an den Aktionär ausgeschüttet wird. Die Dividende eines Unternehmens ist abhängig vom Bilanzgewinn, der in einem Geschäftsjahr erwirtschaftet wird. Die jährliche Hauptversammlung beschließt, unter entsprechender Berücksichtigung der Satzung und des Aktiengesetzes, die Gewinnverwendung. Der Anteil oder die Dividende richtet sich nach dem Anteil am Gesellschaftskapital, das ein Aktionär besitzt.

Dividendenberechtigung

Wird eine Kapitalerhöhung in einem Unternehmen durchgeführt, kann es zu einer unterschiedlichen **Dividendenberechtigung** kommen. Werden dazu neue (junge Aktien) ausgegeben, so werden diese oft im laufenden Geschäftsjahr mit einer geringeren Dividende ausgestattet als die bereits bestehenden (alte Aktien). Es kann auch vorgesehen sein, daß die jungen Aktien erst im kommenden Geschäftsjahr dividendenberechtigt sind.

Dividendenbesteuerung

Die Dividende ist ein Anteil am Bilanzgewinn des Unternehmens und somit ein Einkommen für den Aktionär. Es ist eine Verzinsung auf sein eingezahltes Kapital. **Die Dividende unterliegt daher der Besteuerung.**

So hat der Aktionär auf die erhaltene Dividende die **Kapitalertragsteuer** und die **Körperschaftssteuer** zu zahlen. Die derzeitige Kapitalertragsteuer beträgt 25 Prozent. Daneben führt die Gesellschaft bei der Dividendenzahlung die Körperschaftsteuer an das Finanzamt ab. Darüber erhält der Aktionär eine Steuergutschrift. Bei einer späteren Einkommensteuererklärung kann der Aktionär, je nach Steueraufkommen, einen Teil der bezahlten Steuern zurückerhalten. Für Einkünfte aus Kapitalvermögen, also auch aus Aktienbesitz, ist die Anlage **KSO** der Einkommensteuererklärung beizufügen. *Ein Muster (KSO) findet sich auf den folgenden Seiten.*

Name und Vorname/Gemeinschaft
Steuernummer

Anlage KSO

Bitte Steuerbescheinigung(en) im Original beifügen!

1999

☐ **zur Einkommensteuererklärung**

☐ **zur Feststellungserklärung**

99	54
89	

Einkünfte aus Kapitalvermögen, Anrechnung von Steuern

Zeile	Inländische Kapitalerträge	Einnahmen (einschließlich freigestellter Einnahmen, anzurechnender/vergüteter Kapitalertragsteuer/Zinsabschlag/Solidaritätszuschlag, Körperschaftsteuer) Steuerpfl. Person Ehemann Gemeinschaft DM	Ehefrau DM	In Spalten 2 und 3 enthaltene Einnahmen ohne Steuerabzug aufgrund von **Freistellungsaufträgen** DM	Anzurechnen sind **inländische:** Kapitalertragsteuer Zinsabschlag lt. beigefügter Steuerbescheinigungen DM | Pf	Körperschaftsteuer DM | Pf
1						
2						
3	**Zinsen und andere Erträge**	2	3	4	5	6
4	aus Guthaben und Einlagen (z. B. Sparguthaben)					
5	aus Bausparguthaben					
6	aus festverzinslichen Wertpapieren, Investmentanteilen (einschließlich Stückzinsen und Zwischengewinne)					
7	aus Tafelgeschäften mit festverzinslichen Wertpapieren					
8	aus sonstigen Kapitalforderungen jeder Art, die dem Zinsabschlag unterliegen (z. B. Kursdifferenzpapiere, Instandhaltungsrücklagen)					
9	aus Aktien und anderen Anteilen (auch bei Tafelgeschäften)					
10	aus Wandelanleihen und Gewinnobligationen					
11	aus Lebensversicherungen, soweit einkommensteuerpflichtig					
12	aus stiller Gesellschaft / bei partiarischen Darlehen					
13	aus Beteiligung (Gemeinschaft, Finanzamt, St.Nr.)					
14	aus sonstigen Kapitalforderungen, die nicht dem Zinsabschlag unterliegen (z. B. Darlehen zwischen Privatpersonen)					
15	Vom Finanzamt erhaltene Zinsen für Steuererstattungen					
16	Summe der Zeilen 4 bis 15	30	31			
17	aus Beteiligung an Verlustzuweisungsgesellschaften / ähnlichen Modellen					
18	**Ausländische Kapitalerträge** Anlage AUS beachten **(Einnahmen einschließlich der anzurechnenden / abzuziehenden ausländischen Quellensteuern, die in den Zeilen 7 bis 29 der Anlage AUS einzutragen sind, soweit sie nicht aus inländischem Sondervermögen stammen.)**					
19	Zinsen aus Sparguthaben, Dividenden ggf. einschl. Avoir fiscal, Erträge aus ausl. Investmentanteilen, Erträge aus Beteiligungen, Hinzurechnungsbetrag nach § 10 AStG u. a.					
20	Bezeichnung	32	33			
21	**Sonstiges** Anzurechnende Kapitalertragsteuer / Zinsabschlag / Körperschaftsteuer aus anderen Einkunftsarten					
22	Summe der Zeilen 4 bis 21				35	34
23	In Zeile 22 Spalte 5 enthaltener Zinsabschlag				40	
24	Summe der anzurechnenden Solidaritätszuschläge zur Kapitalertragsteuer / zum Zinsabschlag				39	
25	Summe der vergüteten Körperschaftsteuer		88 DM | Pf			
26	**Werbungskosten**	Steuerpfl. Person Ehemann Gemeinschaft	Ehefrau			
27	zu den inländischen Kapitalerträgen	12	13	davon gesondert u. einheitl. festgestellt		
28	zu den ausländischen Kapitalerträgen, ggf. einschließlich abzuziehender ausländischer Quellensteuer	18	19	davon gesondert u. einheitl. festgestellt		
29	zu den Beteiligungen an Verlustzuweisungsgesellschaften / ähnlichen Modellen					

	DM	Pf
30		
31		
35		
34		
40		
39		
12		
13		
18		
19		

Anlage KSO für Einkünfte aus Kapitalvermögen und sonstige Einkünfte – Aug. 99 (OFD Nbg./Mchn. – 10.99 – 760 000/1 260 000 – 321)

– 2 –

Sonstige Einkünfte

Zeile	Leibrenten	Steuerpflichtige Person Ehemann		Ehefrau	
	Einnahmen	1. Rente	2. Rente (Angaben zu weiteren Renten bitte auf besonderem Blatt)	1. Rente	2. Rente (Angaben zu weiteren Renten bitte auf besonderem Blatt)
30	Altersrente (Arbeiterrenten- oder Angestellten-Versicherung)	☐	☐	☐	☐
31	Berufs- oder Erwerbsunfähigkeitsrenten (Arbeiterrenten- oder Angest.-Versicherung)	☐	☐	☐	☐
32	Witwen-/Witwerrenten	☐	☐	☐	☐
33	Sonstige Renten (z. B. Bergmannsrenten, Knappschaftsruhegeld)	☐	☐	☐	☐
34	Renten aus Grundstücksveräußerungen	☐	☐	☐	☐
35	Renten aus Versicherungsverträgen	☐	☐	☐	☐
36	Renten aus (bitte angeben)	☐	☐	☐	☐
37	Die Rente läuft seit	Tag Monat Jahr	Tag Monat Jahr	Tag Monat Jahr	Tag Monat Jahr
38	Die Rente erlischt mit dem Tod von				
39	Die Rente erlischt/wird umgewandelt spätest. am	Tag Monat Jahr	Tag Monat Jahr	Tag Monat Jahr	Tag Monat Jahr
40	Rentenbetrag (ohne 1999 zugeflossene Nachzahlungen für mehrere Jahre)	50 DM	54 DM	51 DM	55 DM
41	Falls bekannt: Ertragsanteil der Rente	52 %	56 %	53 %	57 %
42	Werbungskosten (Summe je Person)	48 DM		49 DM	
43	Nachzahlungen für mehrere Jahre (in Zeile 40 nicht enthalten)	42 DM	44 DM	43 DM	45 DM

Zeile	Andere wiederkehrende Bezüge/Unterhaltsleistungen	Steuerpflichtige Person Ehemann DM	Ehefrau DM
44	Einnahmen aus		
45		58	59
46	Unterhaltsleistungen, soweit sie vom Geber als Sonderausgaben abgezogen werden können	46	47
47	Werbungskosten zu den Zeilen 45 und 46	60	61
	Private Veräußerungsgeschäfte		
48			
49	Veräußerungspreis/Differenzausgleich/der durch den Wert einer veränderlichen Bezugsgröße bestimmte Geldbetrag oder Vorteil		
50	Anschaffungs-/Herstellungskosten abzüglich Absetzungen für Abnutzungen, erhöhte Absetzungen und Sonderabschreibungen; Werbungskosten (ggf. Aufstellung beifügen)	–	–
51	Einkünfte	62	63
	Leistungen		
52	Einnahmen		
53	Werbungskosten	–	–
54	Einkünfte	64	65
	Abgeordnetenbezüge		
55	Steuerpflichtige Einnahmen ohne Vergütungen für mehrere Jahre	70	71
56	In Zeile 55 enthaltene Versorgungsbezüge	72	73
57	Vergütungen für mehrere Jahre (in Zeile 55 nicht enthalten) lt. Angaben auf besonderem Blatt (zum Antrag auf ermäßigte Besteuerung vgl. Zeile 45 des Hauptvordrucks)	74	75
58	In Zeile 57 enthaltene Versorgungsbezüge	66	67
	Sonstiges		
59	Anteile an Einkünften aus Verlustzuweisungsgesellschaften / ähnlichen Modellen		
60	☐ Der Rücktrag nicht ausgeglichener negativer Einkünfte 1999 aus den Zeilen 51 und/oder 54 soll lt. **Anlage VA** begrenzt werden.		

99 55
89
50
52 %
54
56 %
48
51
53 %
55
57 %
49
40 Renteneink. § 34
41 Renteneink. § 34
42
44
43
45
58
59
46
47
60
61
62
63
64
65
70
71
72
73
74
75
66
67

Falls der Aktionär bei seiner Bank eine **Freistellungserklärung** auf Kapitaleinkünfte gestellt hat und ein ausreichender Freibetrag vorhanden ist, können die Kapitalertragsteuer und die Körperschaftsteuer zurückbezahlt werden.

Die Dividendenrendite

Die Dividendenrendite errechnet sich aus der ausgeschütteten Dividende und dem jeweiligen Börsenkurs oder dem Anschaffungspreis der Aktie. Beträgt die Dividende DM 15 je Aktie und der Kurs der Aktie DM 300, so ergibt sich eine Dividendenrendite von 5 Prozent.

Formel: 15 x 100 : 300 = 5

Die Attraktivität der Aktie beschränkt sich nicht allein auf die Dividende, sondern der Aktionär nimmt auch an den **Kurssteigerungen** und somit an einer Höherbewertung des Unternehmens teil.

Aktionäre profitieren auch von **Sonderzahlungen**, die neben der Dividende zum Beispiel als Jubiläumsbonus oder bei Berichtigungsaktien bezahlt werden. **Berichtigungsaktien** werden dann von einer Aktiengesellschaft ausgegeben, wenn Rücklagen in Aktienkapital umgewandelt werden. Diese neuen Aktien verschaffen dem Inhaber der Aktie einen höheren Ertrag.

Weitere Rechte des Aktionärs

Der Aktionär ist **Mitinhaber einer Aktiengesellschaft,** ohn dadurch jedoch eine **Geschäftsführungsbefugnis** zu haben. Der Aktionär hat dennoch Rechte, die ihm Einblick in das Unternehmen verschaffen, wie

1. Die **Hauptversammlung**
2. Das **Auskunftsrecht**
3. Das **Stimmrecht**

Die **Hauptversammlung** ist die Versammlung der Aktionäre und findet mindestens einmal jährlich statt.

Aufgaben der Hauptversammlung sind zum Beispiel:
- **die Verwendung des Bilanzgewinns**
- **die Satzungsänderungen**
- **Entlastung von Vorstand und Aufsichtsrat**

Das **Auskunftsrecht** hat jeder Aktionär auf der Hauptversammlung. Er kann sich dabei über die geschäftlichen Angelegenheiten der Gesellschaft orientieren lassen.

Der Vorstand der Aktiengesellschaft ist dem Aktionär zur Auskunft verpflichtet. Die **Rechenschaftslegung des Vorstandes** muß gewissenhaft und wahrheitsgetreu erfolgen. Die Mitglieder der Aktiengesellschaft sind dem Aktionär zur Rechenschaft verpflichtet, soweit die Auskunft zur sachorientierten Beurteilung eines Tagungsordnungspunktes erforderlich ist. Über Betriebsgeheimnisse darf sich der Vorstand nicht äußern.

Das **Stimmrecht** ist ein wichtiges Verwaltungsrecht des Aktionärs. Mit seiner Stimme nimmt er an allen Beschlußfassungen teil. Im Normalfall hat jeder Aktionär pro Aktie eine Stimme.

Die stimmberechtigten Aktien werden als **Stammaktien** bezeichnet. Im Gegensatz zu den **Vorzugsaktien**. Der Inhaber von Vorzugsaktien hat in der Regel kein oder nur ein beschränktes Stimmrecht bei der Hauptversammlung. Dieser Nachteil der eingeschränkten Stimmberechtigung wird damit abgegolten, daß er eine bevorzugte Dividende, also eine Besserstellung der Ausschüttung erhält.

Vollmacht zur Stimmrechtsausübung

Kann ein Aktionär nicht an der Hauptversammlung seiner Gesellschaft teilnehmen, so kann er eine **Vollmacht zur Stimmrechtsausübung** erteilen. Diese Vollmacht kann auf eine andere Person, eine Gesellschaft, eine Institution oder ein Kreditinstitut ausgestellt werden.

Durch die Vollmachtserteilung trägt der Aktionär dafür Sorge, daß seine Stimme nicht verloren geht. Der Aktionär kann in der Vollmacht auch Weisungen für die einzelnen Tagensordnungspunkte erteilen. Der Vollmachtnehmer ist dann verpflichtet in der Hauptversammlung gemäß den erteilten Weisungen abzustimmen.

Als Beispiel auf der folgenden Seite: Ein Auszug aus der Tagesordnung der 2. ordentlichen Hauptversammlung der Firma DaimlerChrysler Aktiengesellschaft am 19. April 2000 in Berlin, im Internationalen Congress Centrum (ICC)

Die Börsen

Die Entwicklung der heutigen **Börsen** geht bis ins 16. Jahrhundert zurück. Damals trafen sich in den bedeutenden Handelszentren in Europa regelmäßig Kaufleute, um ihre Handelsgeschäfte abzuwickeln. An Börsen werden heute Waren, Wertpapiere, Devisen und andere Objekte gehandelt.

Die reinen **Wertpapierbörsen** haben sich jedoch spät entwickelt. Sie wurden erforderlich, als die Emission von Staats- und Kommunalanleihen ein geordnetes öffentliches Schuldenwesen brauchten und der Kapitalbedarf der wachsenden Industrialisierung durch neu gegründete Aktiengesellschaften gerecht werden mußte.

In Deutschland bestehen heute acht Börsen, so in Berlin, Bremen, Düsseldorf, Frankfurt am Main, Hamburg, Hannover, München und Stuttgart.. Die Börsen unterstehen der jeweiligen Landesregierung.

Sehr geehrte Aktionärinnen und Aktionäre,

unsere **2. ordentliche Hauptversammlung** findet **am Mittwoch, dem 19. April 2000, um 10.00 Uhr,** im Internationalen Congress Centrum (ICC), Messedamm 22, 14055 Berlin, statt. Die Einladung wurde im Bundesanzeiger Nr. 43 vom 2. März 2000 veröffentlicht.

Tagesordnung

1. **Vorlage des festgestellten Jahresabschlusses, des Konzernabschlusses sowie der Lageberichte für die DaimlerChrysler AG und den Konzern für das Geschäftsjahr 1999 mit dem Bericht des Aufsichtsrats**

2. **Beschlussfassung über die Verwendung des Bilanzgewinns**

Vorstand und Aufsichtsrat schlagen vor, den Bilanzgewinn von € 2.357.664.297,05 wie folgt zu verwenden:

Ausschüttung von € 2,35 Dividende je dividendenberechtigter Stückaktie	€ 2.357.664.297,05
Einstellung in Gewinnrücklagen	-
Gewinnvortrag	-
Bilanzgewinn	€ 2.357.664.297,05

Die Dividende wird am 20. April 2000 ausgezahlt.

3. **Beschlussfassung über die Entlastung des Vorstands für das Geschäftsjahr 1999**

Vorstand und Aufsichtsrat schlagen vor, die Entlastung zu beschließen.

4. **Beschlussfassung über die Entlastung des Aufsichtsrats für das Geschäftsjahr 1999**

Vorstand und Aufsichtsrat schlagen vor, die Entlastung zu beschließen.

5. **Beschlussfassung über die Bestellung des Abschlussprüfers für das Geschäftsjahr 2000**

Der Aufsichtsrat schlägt vor, die KPMG Deutsche Treuhand-Gesellschaft AG, Wirtschaftsprüfungsgesellschaft, Frankfurt am Main und Berlin, zum Abschlussprüfer für das Geschäftsjahr 2000 zu wählen.

6. **Beschlussfassung über eine Kapitalerhöhung aus Gesellschaftsmitteln und Satzungsänderungen**

Infolge der mit Beschluss der Hauptversammlung der Gesellschaft vom 17.09.1998 vorgenommenen EURO-Umstellung des Grundkapitals besteht derzeit ein gebrochener Anteil je Stückaktie am Grundkapital von (gerundet) € 2,5564594.... Um rechnerische Schwierigkeiten insbesondere bei künftigen Kapitalveränderungen zu vermeiden, soll der auf jede Stückaktie entfallende anteilige Betrag des Grundkapitals aus Gesellschaftsmitteln auf die nächsten vollen 10 EURO-Cent erhöht werden. Auf der Grundlage des Grundkapitals am 31.12.1999 von € 2.564.797.050,36 und der Zahl der bis zum 31.12.1999 ausgegebenen 1.003.261.403 Aktien beträgt der Kapitalerhöhungsbetrag € 43.682.597,44.

a) Vorstand und Aufsichtsrat schlagen vor zu beschließen:

Das Grundkapital wird von € 2.564.797.050,36 um € 43.682.597,44 auf € 2.608.479.647,80 erhöht durch Umwandlung eines Teilbetrages von € 43.682.597,44 der in der Bilanz zum 31.12.1999 ausgewiesenen Kapitalrücklage in Grundkapital. Die Kapitalerhöhung erfolgt ohne Ausgabe neuer Aktien; die Zahl der ausgegebenen Aktien bleibt daher unverändert. Der Kapitalerhöhung wird die vom Vorstand aufgestellte und vom Aufsichtsrat festgestellte Bilanz der Gesellschaft zum 31.12.1999 zugrunde gelegt, die von der Abschlussprüferin, der KPMG Deutsche Treuhand-Gesellschaft Aktiengesellschaft Wirtschaftsprüfungsgesellschaft, Frankfurt am Main und Berlin, geprüft und mit dem uneingeschränkten Bestätigungsvermerk versehen worden ist.

§ 3 Abs. 1 der Satzung (Grundkapital) wird wie folgt neu gefasst:

„Das Grundkapital der Gesellschaft beträgt € 2.608.479.647,80. Es ist eingeteilt in 1.003.261.403 auf den Namen lautende Stückaktien."

Darüber hinaus haben sie sich eine eigene Satzung für die Organisation erlassen. So besteht die Bayerische Börse in München aus:

- Münchener Handelsverein
- Börsenrat
- Zulassungsstelle und Zulassungsausschuß
- Freiverkehrsausschuß
- Kreditinstitute
- Kursmakler und Freimakler
- Geschäftsführung
- Handelsüberwachungsstelle
- Aufsichtsbehörden

Heute hat die **Präsenzbörse** jedoch durch die modernen Technologien viel von der ursprünglichen Marktplatzfunktion und damit auch von ihrem jahrhundertelangen Renommee und Flair verloren. Das Börsenparkett ist durch Online Kommunikation weitgehend ersetzt worden. Ein von allen Börsenteilnehmern eingesetztes **Clearingsystem** garantiert, daß die eingegangenen Verpflichtungen, also Kauf oder Verkauf von Wertpapieren, ausgeführt und abgerechnet werden.

Der Börsenmakler agiert daher mehr und mehr vom Büro aus. Denn er ist nach wie vor Vermittler von Börsengeschäften. Man unterscheidet vereidigte **Kursmakler** für den amtlichen Verkehr und nicht vereidigte Personen, **Freimakler**, die Geschäfte in allen Wertpapieren vermitteln. Beide Typen sind Makler im Sinne des BGB und Handelsmakler im Sinne des HGB. Amtliche Makler werden von der Landesregierung bestellt und sind zur amtlichen Kursfeststellungen, der zum amtlichen Handel zugelassenen Wertpapiere autorisiert. Freimakler werden vom Börsenvorstand oder der Geschäftsführung zugelassen, sie sind jedoch nicht vereidigt und dürfen an der amtlichen Kursfeststellung nicht teilnehmen.

Im Jahre 1993 wurde die **Deutsche Börse AG** mit Sitz in Frankfurt am Main gegründet, die als Holding für die einzelnen Börsen sowie der

Deutschen Wertpapier Zentrale und der Kassenvereine fungiert. Ihre Aufgabe ist es, die Kassageschäfte und die einzelnen Terminkontrakte zusammenzufassen.

Durch die Notierungen der Aktien an der **Börse** ist die Aktie das **fungibelste** Wertpapier. Das bedeutet, daß die Aktie an der Börse jederzeit ohne weitere Formalitäten gekauft und verkauft werden kann. Dadurch sind die Möglichkeiten noch größer als bei den herkömmlichen **Unternehmensbeteiligungen, Immobilien** oder **Immobilienzertifikaten.**

Es empfiehlt sich jedoch nur **langfristig verfügbares Geld** in Aktien anzulegen. Der Zwang, zu einem bestimmten Termin zu verkaufen, kann mit Verlusten verbunden sein. Darauf sollte der Berater bei seinem Kundengespräch achten. Die Fristigkeit, des zur Verfügung gestellten Geldes muß in die Anlagestrategie einbezogen werden.

An der Börse, die den **amtlichen Markt** für Wertpapiere darstellt wurden in 1995 allein 527 deutschen Unternehmen als Aktiengesellschaft mit einem Nominalkapital von DM 84 Milliarden an der Börse gehandelt. Dieser Betrag stellt nur die Hälfte des vorhandenen Grundkapitals aller etwa 3200 Aktiengesellshaften dar. Der **Kurswert** der börsennotierten Aktien betrug in 1995 circa DM 718 Milliarden.

Die Börse, an der Angebot und Nachfrage zusammentreffen, ist von Montag bis Freitag von 9.30 Uhr bis 20 Uhr geöffnet (Stand 2000). Die festgestellten Kurse werden im **Kurszettel** veröffentlicht.

Der Kurszettel enthält die einzelnen Papiere mit dem **Einheitskurs** und dem entsprechenden **Vortageskurs**, oft auch noch mit dem **Eröffnungskurs** und dem **Schlußkurs** des jeweiligen Börsentages. Diese Kurse sind häufig auch mit Zusätzen versehen, die das Verhältnis von Angebot und Nachfrage ausdrücken.
Nachfolgend ein Beispiel mit Einheitskursen inländischer Aktien, Auszug aus dem amtlichen Kursblatt der Bayerischen Börse vom 19.11.1999

Letzte Dividende DM	H.V.bzw. Div.-Abschlag	Geschäftsjahr	Letzter Zw.-Ber. schließt mit	kleinste handelb. Stückel in DM	Inkl. Div.-Sch.	Wertpapier Kenn-Nr.	EDV-Kürzel	SKF		**Einheitskurs von heute**	Einheitskurs vom Vortag	Jahres-Höchst- und Tiefstkurse
0	14.4.99	Okt	3/99	50	49	700700	KUL	193	**Kulmbacher Brauerei AG** (früher: Reichelbräu AG)	**141,– –T**	141,– –T	165/138
3	25.5.99	1	3/98	50	13	654910	MAC	193	**MACROTRON AG für Datenerfassungssyst. Stammaktien**	**690,– –GT**	690,– –GT	690/520
5	25.5.99	1	3/98	50	13	654913	MAC3	193	**dito Vorzugsaktien**	**805,– rtG**	770,– –GT	805/365
4,4	22.4.99	Jan	6/99	5	2	656940	MMV	193	**MagnaMedia Verlag AG** (früher: Markt + Technik)	**24,01 G**	24,01 G	66/17,50
40	22.4.99	Okt	3/99	50	17	662290	MOA	193	**MONACHIA Grundstücks-AG, München**	**2750,– B**	2750,– B	2990/2250
0	29.6.95	Jan	9/95	50	4	675900	NAK	193	**NAK Stoffe AG Stammaktien**	**2,51 bG**	2,58	3,70/0,80
9	28.6.99	Jan	6/99	S	1	675800	NEW	193	**Neckarwerke Stuttgart AG**	**290,– –T**	290,– –T	317/290
0	4.5.99	Okt	6/99	100	37	678100	NIE	193	**Niedermayr Papierwarenfabrik, Rosenheim**	**190,– B**	190,– B	232,50/154
12,-	18.6.99	Jan	6/99	50	64	567800	OBG	193	**OBAG** (fr. Energievers. Ostbayern)	**291,–**	293,–	315/290
34+3,19	22.6.99	Jan	6/99	50	52	503000	PTH	193	**Paulaner-Salvator-Beteiligungs-AG**	**1590,– –GT**	1590,– –GT	1785/1280
0	27.9.93	Jan	6/93	50	48	694200	POW	193	**Porzellanfabrik Waldsassen Bareuther & Co. AG**	**257,– rtG**	250,– rtG	271/41
8	28.6.99	Jan	6/99	100	43	700300	WJR	193	**Rathgeber AG München**	**461,– –T**	461,–	461/350
0	25.11.98	Jul	12/98	S		785000	ZAR	193	**Renk AG** (früher: Zahnräder Renk, Augsburg)	**13,– bG**	13,– bG	72/7,10
13 *)	5.3.99	Okt	3/98	100	56	724000	SCO	193	**SIBRA Beteiligungs-AG** (fr.: DBAG) *) + DM 20,5789 Sonderdividende	**720,– –T**	740,– –GT	1010/360
0	27.7.99	Okt	6/99	50	10	723633	SHU3	193	**Signalbau Huber AG, München Vorzugsaktien**	**102,– bG**	101,–	102/40
26	1.7.99	Jan	6/99	50	13	725090	SPR	193	**Axel Springer Verlag vinkulierte Namensaktien**	**980,– B***	980,– B*	1180/629
0	7.6.99	Jan	6/99	S	21	728200	STU	193	**Otto Stumpf AG, Stammaktien**	**5,80 B**	5,80 –T	8,33/5,80
0	7.6.99	Jan	6/99	S	21	728204	STU4	193	**dito Vorzugsaktien**	**7,80 G**	7,80 G	10,40/7,80
0	1.7.99	Jan	6/99	S	43	756400	UDS	193	**Stürtz-Universitätsdruckerei**	**18,20 –GT**	18,– G	196,80/18
1	21.6.99	Jan	6/99	S	7	749500	TWN	193	**TA Triumph-Adler AG**	**7,80 B**	7,80	7,80/5,90
0	9.7.99	Jan	6/99	S	46	676000	NBH	193	**Textilgruppe Hof AG**	**7,50 bG**	7,40 –BT	14,75/7,20
14	28.6.99	Jan	6/99	S	19	748100	TGA	193	**THÜGA AG, München**	**44,50 –GT**	42,22 bG	419/39

Kurszettel

Neben den Kursen findet der Aktionär auch Bezeichnungen, die ihm mitteilen, wie der Kurs ermittelt wurde. Nachfolgend sind die wichtigsten **Kurszusätze** auf dem **Kurszettel**, gemäß den Richtlinien der Frankfurter und Bayerischen Börse aufgezeichnet:

Kurszusätze:

G = Geldkurs,	Es gibt nur Nachfrage
B = Briefkurs,	Es gibt nur Angebot
b.- bz = bezahlt,	Angebot und Nachfrage sind ausgeglichen. Alle Aufträge sind ausgeführt
bG = bezahlt Geld,	Die limitierten Kaufaufträge sind nicht vollständig ausgeführt worden, es bestand weitere Nachfrage.
bB = bezahlt Brief,	Die limitierten Verkaufsaufträge sind nicht vollständig ausgeführt worden, es bestand weiteres Angebot.

rtG = rationiert Geld	Die zum Kurs und darüber limitierten sowie die unlimitierten Kaufaufträge konnten nur beschränkt ausgeführt werden.
rtB = rationiert Brief	Die zum Kurs und darüber limitierten sowie die unlimitierten Kaufaufträge konnten nur beschränkt ausgeführt werden.
exD = ex Dividende	Erste Kursfeststellung nach der Dividendenzahlung
exBR = ex Bezugsrecht	Erste Kursfestsetzung nach Trennung eines Bezugsrechts
exBA = ex Berichtigungsaktien	Erste Notiz nach Kapitalerhöhung aus Gesellschaftsmitteln
- = gestrichen	Ein Kurs konnte nicht festgestellt werden.
- G = gestrichen Geld	Ein Kurs konnte nicht festgestellt werden, es bestand unlimitierte Nachfrage.

- B = gestrichen Brief	Ein Kurs konnte nicht festgestellt werden, es bestand unlimitiertes Angebot.
- T = gestrichen Taxe	Ein Kurs konnte nicht festgestellt werden, der Preis ist geschätzt (taxiert).
- GT = gestrichen Geld Taxe	Ein Kurs konnte nicht festgestellt werden, da der Preis auf der Nachfrageseite geschätzt ist.
- BT = gestrichen Brief Taxe	Ein Kurs konnte nicht festgestellt werden, da der Preis auf der Angebotsseite geschätzt ist.
*** = Sternchen**	Kleine Beträge konnten ganz oder teilweise nicht gehandelt werden.

Die Aktie als Vermögensanlage

Wer für seine Zukunft Sorge tragen will, sollte sich ein **Aktiendepot** als **Vermögensanlage** aufbauen.

Die Zusammensetzung des Depots kann unter zu Zuhilfenahme von Beratern geschehen.

Grundsatz dabei ist die **Risikominimierung.** Da Aktienkurse auch fallen können, sollte man sich als Anleger nicht entmutigen lassen und planlos verkaufen. Die Aktie ist Anteilspapier am Unternehmen und als Aktionär sollte man sich nicht von Spekulanten beeinflussen lassen.

Bei der Vermögensanlage sollte man auf folgende sieben Merkmale achten, man bezeichnet diese Zusammensetzung auch als das **Strategische Siebeneck.**

Strategische Siebeneck

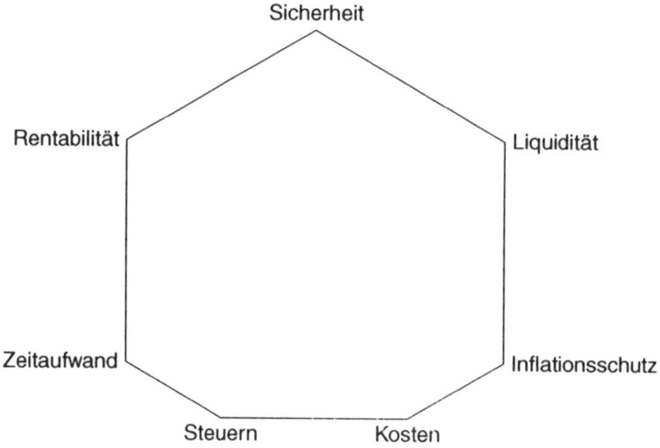

Beim Aufbau des Wertpapierdepots sollte man möglichst Papiere von erstklassigen Unternehmen kaufen, die sogenannten **Blue Chips**. Das sind Aktien großer, international bekannter und solider Unternehmen.

Diese Unternehmen sind im **Deutschen Aktienindex** dem **DAX** aufgeführt. Die DAX Werte sind die führenden 30 Unternehmen, die an deutschen Börsen amtlich gehandelt werden.

Der sogenannte **M - DAX** stellt die nach dem DAX folgenden 70 unternehmenswerte dar.

Darstellung des DAX, Deutsche Bank Januar 2000

Entwicklung - DAX seit 31.12.97

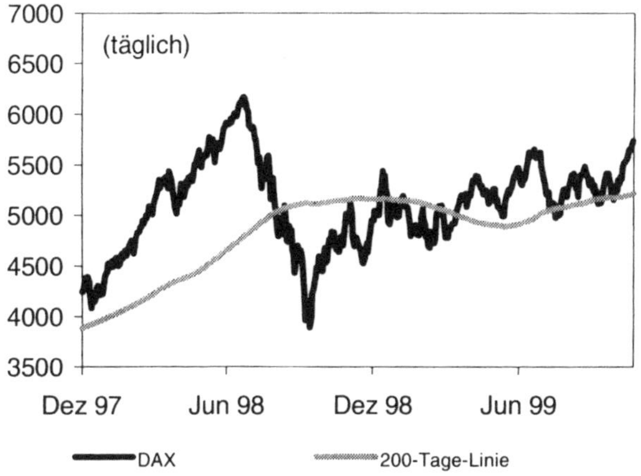

DAX

aktuell am 10/11/99	5742,42
Jahreshoch am 10/11/99	5742,42
Jahrestief am 04/03/99	4678,72
% -Veränderung ggü. 31.12.98	14,79

Bewertung nach DBR

	1998	1999e	2000e
Gewinn je Aktie	201,19	211,09	240,72
Zuwachsraten ggü. Vj. in %	20,23	4,92	14,04
KGV	28,54	27,20	23,85

Der **Composite DAX** umfaßt alle an der Frankfurter Börse gehandelten Aktien.

Der **Neue Markt** setzt sich aus jungen Unternehmen zusammen, die vorwiegend aus dem Software-, dem Medien-, dem Logistik- und dem Biotechnologiebereich kommen, um sich an der Börse neues Geld für Entwicklungen und Investitionen zu holen.

Der **Euro Stoxx-50-Index** repräsentiert 50 europäische Aktien, die mehr als eine Milliarde Euro Umsatz im Jahr erwirtschaften.

Xetra (Exchange Electronic Trading) ist der elektronische Handel. Dieses System ist das integrierte Handelssystem der Börsen mit den Kreditinstituten und Börsenmaklern, das **ganztägig** zur Verfügung steht.

Der Neue Markt

Vorbild für den **Neuen Markt** war die amerikanische Börse **NASDAQ**. Für junge Entrepreneure sollte eine Plattform geschaffen werden, um kleinen, innovativen Unternehmen die Möglichkeit einzuräumen, ihr zukünftiges Wachstum und ihre neuen Produkte durch die Börse zu finanzieren.

Der **Neue Markt** hatte seinen Start am 10..3.1997 und begann mit zwei Unternehmen**, Mobilcom AG** und **Bertrand AG**. Durch die Kursgewinne wurden andere Unternehmen und Investoren angezogen und brachten ebenfalls ihre Unternehmen an die Börse. Ende 1998 waren es dann 63 Unternehmeen, die den Gang an die Börse unternommen hatten. Nach mehr als drei Jahren sind es über 250 Firmen, die auf dem Kurszettel stehen.

Kurs-Chart, Deutsche Bundesbank August 2000

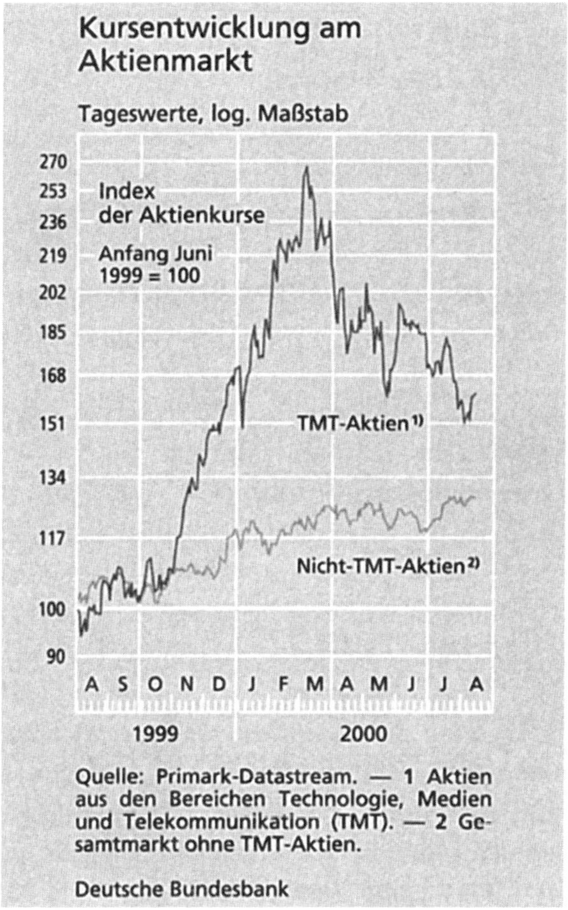

Nemax50

Aufgrund der Emissionsflut von jungen Unternehmen muß die Überschaubarkeit gesichert werden. Mit der Einführung des **Nemax50** gab die Deutsche Börse AG den Investoren am Neuen Markt einen Index als Orientierung für die 50 größten Unternehmen des Neuen Marktes vor – sozusagen die **"Blue Chips" des Neuen Marktes**. Dieser Nemax50 Index ist vergleichbar mit den **DAX Werten.** Durch eine halbjährliche Anpassung des Index soll gewährleistet werden, daß die umsatzgrößten und marktkapitalisiertesten Firmen im Nemax50 vertreten sind. Die 50 größten Unternehmen (von über 200) machen fast die Hälfte der gesamten Marktkapitalisierung aus

Um der großen Zahl von verschiedenen Unternehmen gerecht zu werden und auch eine Transparenz für die Investoren zu schaffen sind die Unternehmen seit Mai 2000 in verschiedene Branchen aufgeteilt. Die Firmen sind zu unterscheiden in **Biotechnologie, Financial Services, Industrial Services, Internet, IT-Services, Media & Entertainment, MedTech & Health Care, Software, Technology und Telecommunications**.

Bei aller Selbständigkeit der Deutschen Börse ist die Leitfigur auf dem internationalen Parkett die amerikanische Börse. Die Leitbörse, die **NASDAQ,** zeigt die zukünftige Entwicklung auf, auch nicht zuletzt deshalb, weil die NASDAQ seit 1970 besteht und somit auf eine relativ lange Zeit zurückblickt und große Erfahrung mit Wachstumswerten hat.. Somit hat der Neue Markt mit dem Nemax50 eine gute Chance das europäische Äquivalent der NASDAQ zu werden.

Ein Zinsanstieg kann auf die Bewertung von jungen Unternehmen einen negativen Einfluß nehmen. Da sie oft noch keine Gewinne erwirtschaften und mit Krediten arbeiten, drücken diese Lasten natürlich weiter auf das Betriebsergebnis und somit auf die zukünftige Ausschüttung einer Dividende. Aktuelle Verluste sind somit kein Kriterium die Aktien nicht zu kaufen, allerdings muß das Erreichen der Gewinnzone absehbar sein. So wirken sich am **Neuen Markt** unerreichte Planzahlen, sei in Form von Umsatz oder Gewinnaussichten, extrem negativ aus das Kursniveau aus.

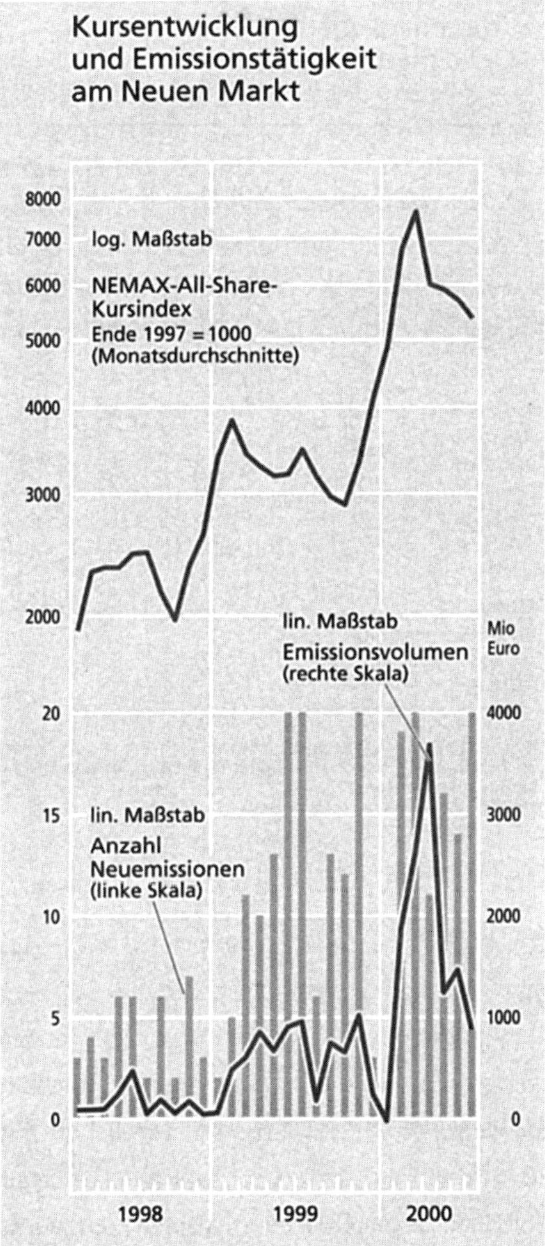

Quelle: Tagesdaten der Deutschen Börse.

Deutsche Bundesbank

Going Public

Der **neue Markt** eignet sich für Unternehmen aus dem Dienstleistungsbereich, den **Financial Services** und der **Immobilienbrache**. Vor dem **Going Public**, also dem Gang an die Börse, muß das Unternehmen seine Vorbereitungen getroffen haben. Zuerst sollte man darüber mit der Hausbank, dem Steuerberater, Wirtschaftsprüfer und Unternehmensberater sprechen. Außerdem muß ein Team aus dem Haus selbst gebildet werden um den Zeitplan für einen Börsengang zu erstellen.

Um das Unternehmen börsenfähig zu machen, müssen die Karten auf den Tisch, das sind im einzelnen:

- **Umsatz**
- **Liquidität**
- **Firmenvermögen**
- **Umsatzrendite**
- **Umsatzerwartung**

Der Umsatz soll mindestens **25 Millionen Euro** betragen und die Bilanzverhältnisse müssen geordnet sein.

Darüberhinaus müssen ein **qualifiziertes Management,** eine gefestigte Marktstellung, überdurchschnittliches Standing in der Branche und eine übersichtliche **Unternehmenstruktur** vorhanden sein. Die Buchhaltung, das Rechnungswesen, **das Controlling** und die steuerlichen Verhältnisse müssen zeitlich nah sein.

Die Kosten der Emission müssen dem jungen Unternehmen ebenfalls bekannt sein. Die Ausgaben betragen in der Regel zwischen 7 und 10 Prozent vom Emissionsvolumen.

Dazu folgendes Beispiel:

Emissionsvolumen	Euro 64 Mio.
Emissionserlös	Euro 58 Mio.
Emissionskosten	Euro 6 Mio

Wenn Ablaufplan, Zeitplan und Kostenplan feststehen, beginnt die eigentliche Arbeit für den Börsengang. Das Unternehmen wird eingehend analysiert und für den Börsengang wird ein **Konzept** entwickelt. Die individuelle Situation des Unternehmens ist Ausgangspunkt für die Erarbeitung des **Emissionskonzepts.**

Das **Plazierungsvolumen** wird festgesetzt. Die Biographie des Unternehmens muß dargestellt werden. Außerdem müssen das richtige **Börsensegment**, also der Umfang der auszugebenden Aktien, und der passende **Börsenplatz** gewählt werden..

Der Börsenplatz Frankfurt ist geradezu ideal für junge innovative Unternehmen zugeschnitten. Der **neue Markt** in **Frankfurt** und seine Partnerbörsen in Paris, Amsterdam und Brüssel sind die Wachstumsbörsen in Europa.

Die Konzeption vor dem Börsengang sollte (lt. Deutsche Börse AG, und BfG Bank) wie folgt gegliedert sein:

1. Unterzeichnung des Emissionsvertrages
2. Rechtliche und wirtschaftliche Unternehmensanalyse (Due Diligence)
3. Erarbeitung des Emissionsprospekts
4. Einleitung des Vorprüfungsverfahrens an der Wertpapierbörse
5. Antragstellung auf Börsenzulassung

6. Erarbeitung der Unternehmenspräsentation für den Zulassungsausschuss Neuer Markt, die Roadshow und die Analystenkonferenz
7. Einladung der Analysten und der Emissionsbanken
8. Festsetzung der Preisspanne für das Bookbuilding
9. Veröffentlichung des Verkaufsangebotes und der Preisspanne
10. Pressekonferenz
11. Roadshow: Präsentation des Unternehmens in den Finanzzentren
12. Plazierungsfrist im Bookbuildingverfahren (kein Festpreis, sondern Preisfindung unter Berücksichtigung von Angebot und Nachfrage)
13. Festlegung des endgültigen Plazierungspreises
14. Aktienzuteilung
15. Veröffentlichung des Plazierungspreises

Diese Zeit nimmt oft dem Unternehmen Arbeitskapazität und dauert bis zu 5 Monaten bis zu dem Tag, an dem der erste Kurs auf der **Anzeigentafel** an der Börse am neuen Markt erscheint.

Aktien-Kauf und Aktien-Verkauf

Die Aktie bietet die Chance am wachsenden Vermögen des Unternehmens teilzunehmen.

Für den Kauf oder Verkauf der Aktien sollte der Anleger bestimmte Regeln kennen, wie

- **Limit**
- **Treppen-Limit**

Will man die Aktien zu einem bestimmten Preis kaufen oder verkaufen, so weist man seinen Berater oder seine Bank an, ein **Limit** zu nennen. Die Order kann dann lauten: „Kaufen Sie die Aktie zum Kurs von Euro 4250“.

Limitierte Aufträge laufen in der Regel einen Monat. Erreicht die Aktie innerhalb dieser Zeit den Wert, dann wird sie durch den Börsenhändler für den Anleger gekauft.

Das **Treppen-Limit** wird bei fallen Kursen eingesetzt. Zum Beispiel lautet dann die Order: „Kaufen Sie 100 Aktien zum Kurs von Euro 27,50, weitere 100 Aktien zu Euro 26,00 und 100 Aktien zu Euro 25,00“. Durch diese Order vermindert sich der durchschnittliche Einkaufskurs auf Euro 26,20.

Die Ausstattung der Aktie

Die Fungibilität der Aktie kann durch bestimmte **Ausstattungsmerkmale** beschränkt sein. Man unterscheidet folgende Formen:

1. **Inhaberaktien**
2. **Namensaktien**
3. **Vinkulierte Namensaktien**

Die **Inhaberaktie** lautet nicht auf einen bestimmten Namen, sondern auf den Inhaber. Bei Inhaberaktien ist ein Eigentumswechsel ohne besondere Formalitäten möglich.

Die **Namensaktien** lauten auf den Namen einer bestimmten natürlichen oder juristischen Person. Der Eigentümer der Aktie wird in das Aktienbuch der Gesellschaft eingetragen, so daß dem Unternehmen der Kreis der Aktionäre bekannt ist.

DJ STOXX-Branchen: Indexgewinne und Bewertungen nach I/B/E/S

DJ STOXX-Kursindex	Kurs per 19.11.99	Index-gewicht	Indexgewinne 1999e	2000e	2001e	KGV 1999	2000	2001
Automobile	241,28	2,43%	18,09	20,69	22,59	13,3	11,7	10,7
Banken	355,01	14,78%	20,03	22,72	25,81	17,7	15,6	13,8
Bau	200,22	1,75%	11,02	12,57	14,34	18,2	15,9	14,0
Chemie	288,82	2,11%	14,76	17,85	20,30	19,6	16,2	14,2
Einzelhandel	274,58	3,09%	9,14	10,49	12,10	30,0	26,2	22,7
Energie	338,98	9,01%	12,43	15,68	17,90	27,3	21,6	18,9
Finanzdienstleistungen	292,70	3,75%	14,66	16,39	18,08	20,0	17,9	16,2
Grundstoffe	235,80	1,82%	11,99	17,02	21,46	19,7	13,9	11,0
Konglomerate	189,97	2,14%	6,79	8,48	9,71	28,0	22,4	19,6
Konsum (nicht zyklisch)	294,50	2,98%	14,08	15,84	17,89	20,9	18,6	16,5
Konsum (zyklisch)	181,40	1,85%	8,86	10,74	12,51	20,5	16,9	14,5
Ind. Güter & Dienstl.	343,38	5,23%	12,83	14,75	17,18	26,8	23,3	20,0
Medien	358,56	2,45%	7,49	9,26	11,72	47,9	38,7	30,6
Nahrung	193,95	3,94%	10,48	11,38	12,54	18,5	17,0	15,5
Pharma	409,63	8,10%	13,23	14,82	16,80	31,0	27,6	24,4
Technologie	659,95	9,04%	13.63	17,73	21,92	48,4	37,2	30,1
Telekommunikation	623,69	13,92%	13,76	16,44	19,58	45,3	37,9	31,8
Versicherungen	366,22	7,58%	14,46	16,38	18,72	25,3	22,4	19,6
Versorger	272,86	4,03%	15,28	15,67	17,07	17,9	17,4	16,0
DJ STOXX	**337,58**	**100,00%**	**13,45**	**15,62**	**17,92**	**25,1**	**21,6**	**18,8**
	Zuwachsraten ggü. Vj. in %		**+ 9,54**	**+ 16,20**	**+ 14,69**			

Quelle: Anlage-Strategie Privatkunden; STOXX Ltd.; I/B/E/S (Stand: 19.11.1999)

Vinkulierte Namensaktien sind Aktien, deren Übertragung auf einen neuen Aktionär zusätzlich an die Zustimmung der Gesellschaft gebunden ist. Für das Unternehmen ist dies von Vorteil, da sie die Übersicht über den Aktionärskreis behält.

Investmentzertifikate Investmentanteile

Investmentzertifikate, oder auch **Investmentanteilscheine** genannt, sind Wertpapiere, die Anteile an einem **Investmentfonds** darstellen.

Der **Investmentfonds** ist eine **Kapitalanlagegesellschaft,** die Gelder mehrerer Anleger in verschiedene Vermögenswerte wie Wertpapiere, Immobilien, stille Beteiligungen an Gesellschaften und in Geldmarktinstrumente (wie Tagesgeld oder Monatsgeld) **anlegt** und professionell **managt.**

Der **Investmentfondsmanager** ist bestrebt das Risiko so gering wie möglich zu halten und die Gelder nach strukturierten Vorgaben einzusetzen beziehungsweise anzulegen.

Die **Pensionsfonds** dagegen konzentrieren sich nicht wie die **Investmentfonds** nur auf dic Anlage in Aktien und Wertpapiere, sondern haben die **Altersvorsorge** als Anlageziel.

Die **Pensionsfonds** sollen vor allem dazu dienen, die betriebliche Altersvorsorge vom Arbeitgeber abzukoppeln. Unternehmen können dann auf die Pensionsrückstellungen verzichten und die Gelder, wie bei einer Direktversicherung, in einen Fonds einzahlen. Ein solcher Sparplan kann dann bei Erreichen der Pensionsgrenze dem Mitarbeiter ausbezahlt werden.

Bei beiden Formen, sei es im **Investment- oder Pensionsfonds,** ist der Anleger am **Fondsvermögen** mit berechtigt. Der Anteil am Vermögen des

Investmentfonds bemißt sich nach der Anzahl der Anteilscheine. Das Fondsvermögen wird auch **Inventarwert** genannt.

Grundsätzlich kann auch jeder Anleger einen **Investmentfonds** zeichnen. Er ist dann Anteilseigner und Vermögensinhaber in einer Person. Im Gegensatz dazu ist beim **Pensionsfonds** nur das Unternehmen berechtigt in den Fonds einzuzahlen – und somit Anteilseigner. Der Mitarbeiter, für den diese Anteile angelegt werden, ist nicht Vermögensinhaber, wohl aber Berechtiger für die Zinsen und die Dividenden aus diesem Vermögen. In den Genuß dieser Berechtigung kommt er zum Zeitpunkt seiner Pensionierung beziehungsweise mit dem Eintritt in den Ruhestand. Das kann ihm eine höhere Rente bescheren, wenn der **Vermögenszuwachs** im Pensionsfonds überproportional gegenüber den Pensionsrückstellungen im eige-nen Unternehmen zugenommen hat.

Somit hat die Beteiligung an einem **Investment- oder Pensionsfonds** den Charakter eines **Wertpapierdepots**, das von Spezialisten gemanagt wird.

Beispiel eines DB Immobilienfonds

DB Immobilienfonds 12 Main-Taunus-Zentrum Wieland KG		
Gesamtinvestition	EUR	136.000.000
Beteiligungskapital	EUR	100.000.000
Fremdkapital	EUR	36.000.000
Mindestbeteiligung	EUR	25.000
Verlustzuweisung	ca. 18% des Beteiligungskapitals in 1999	
Ausschüttung p.a.	4,5% für das Jahr 2000 ansteigend auf 7,75% im Jahr 2019	
Einzahlung	100% zzgl. 3,5% Agio	
Einzahlungstermin	13.12.1999	
Einkunftsart	Vermietung und Verpachtung	

Der Immobilienfonds zeigt das Beteiligungskapital und die Gesamtinvestition des Fonds in Euro auf, der Fonds wird von der Deutschen Bank gemanagt.

Status der Fonds

Investmentgesellschaften haben den **Status von Kreditinstituten**. Das Bundesaufsichtsamt für Kreditwesen, Berlin, überwacht die Einhaltung der gesetzlichen Vorschriften und Bedingungen und erteilt auch die Betriebserlaubnis. Der Geschäftsbetrieb unterliegt dem Gesetz über die **Kapitalanlagegesellschaften** (KAGG).

Die **Kapitalanlagegesellschaften** fungieren meistens in der Rechtsform einer Gesellschaft mit beschränkter Haftung (GmbH) oder auch in Form einer Aktiengesellschaft (AG).

Der **Anleger** wird jedoch kein Gesellschafter der GmbH oder Aktionär bei der AG, sondern seine Einzahlungen werden dem Sondervermögen im Fonds zugeführt und von der Gesellschaft (GmbH oder AG) verwaltet.

Ende 1997 hat laut **Bundesverband Deutscher Investmentgesellschaften** die Investmentbranche 1,025 Billionen DM gemanagt. Der Erfolg eines Investmentfonds wird an seiner **Performance** gemessen. **Performance** ist die Beurteilung der Wertentwicklung einer Kapitalanlage über einen bestimmten Zeitraum.

Bei der Bemessung geht man von einem Kapitalbetrag von 100 aus und bemißt diesen Betrag nach 12 Monaten.

Performance-Graphik

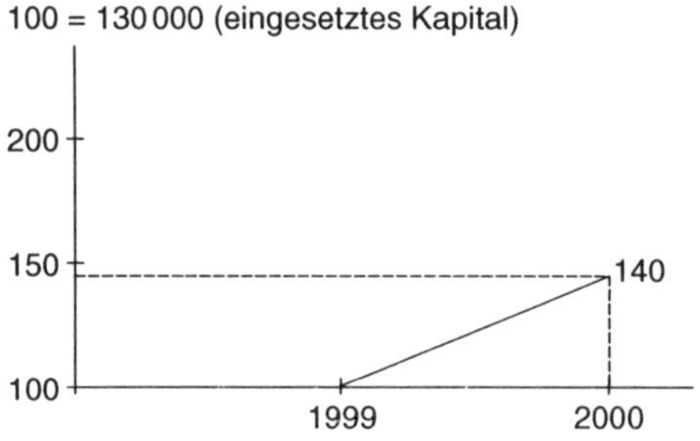

Innerhalb von 12 Monaten hat der Fonds aus anfangs 100 Punkten 140 Punkte erreicht oder aus den Euro 130.000 sind Euro 182.000 geworden.

Diese Performance Statistik zeigt auch die **Managementqualitäten** des jeweiligen geführten Investmentfonds auf.

Die nachfolgende Performance zeigt den Ertrag Dezember bis Juli 2000 und die Entwicklung zwischen dem DAX und den anderen Werten. Während die DAX Werte in diesem Zeitraum sich nur um 2,40 Prozent steigern konnten, stiegen die Werte der EM TOP um 8,10 Prozent.

Performance Aufstellung, Deutsche Bank

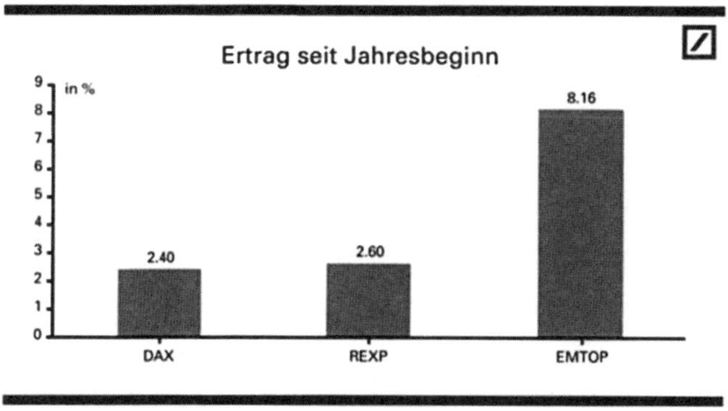

Quelle: Anlage-Strategie Privatkunden; Datastream; Reuters

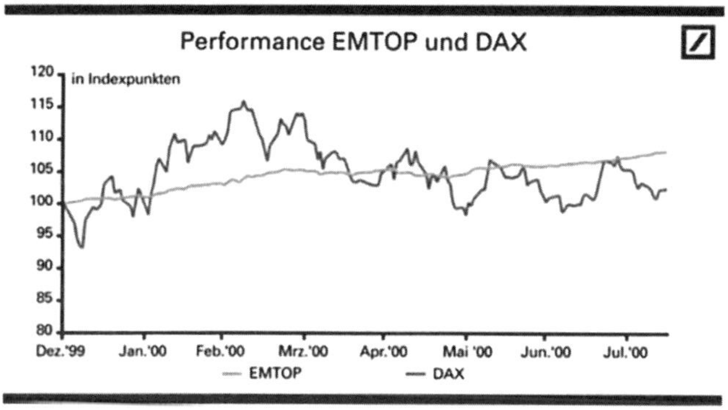

Quelle: Anlage-Strategie Privatkunden; Datastream; Reuters

Der Immobilienfonds

Neben dem Investmentfonds, der in seinem Fondsvermögen Wertpapiere, Geldmarktinstrumente und Immobilien zur Anlage hat, gibt es den reinen klassischen **Immobilienfonds**.

Der Immobilienfonds kennt zwei grundlegende Formen:

1. **Offene Immobilienfonds**
2. **Geschlossene Immobilienfonds**

Der **offene Immobilienfonds** investiert mit dem Geld der Anleger in gewerbliche Gebäude, Grundstücke und Bauprojekte. Daneben hält er noch liquide Geldmittel vor, um anstehende Zahlungen für den Erwerb von Liegenschaften bedienen zu können.

Die Fondsgesellschaften nehmen mehrere Objekte zusammen, die sie dann auch einzeln im **Verkaufsprospekt** aufführen und detailliert beschreiben. Sie zeigen die Lage des Objekts, die Größe des Grundstücks und des Gebäudes auf. Ebenfalls werden die Vermietung dargestellt sowie der Mietertrag pro Quadratmeter auf die vermietete Gewerbefläche.

Offene Immobilienfonds und **offene Wertpapierfonds** unterscheiden sich meistens nur in den Anlageobjekten und in der Bewertung des Sondervermögens. Beim Immobilienfonds erfolgt diese durch einen unabhängigen Sachverständigenausschuß, beim Wertpapierfonds auf Basis der aktuellen Börsen- und Devisenkurse.

Der **geschlossene Immobilienfonds** investiert meistens **in ein gewerbliches Objekt**. Er nimmt für eine bestimmte, **begrenzte Anlagesumme** nur eine **bestimmte Anzahl von Zeichnern** auf. Erreicht der Fonds das geplante Volumen, so wird der Fonds **geschlossen**.

Der **offene** und der **geschlossene Immobilienfonds** sind im Sinne des KAGG keine Investmentfonds. Immobilienfonds werden hauptsächlich aus steuerlichen Gründen konzipiert und sind häufig in der Form der Kommanditgesellschaft anzutreffen.

Immobilienfonds haben den **Vorteil,** daß man sich mit einem Anteilbetrag an großen Immobilien wie Büro- und Verwaltungsgebäuden beteiligen kann.

Der **Nachteil** von Immobilienfonds kann darin liegen, daß sie unter Umständen Leerständen in den Büros und Gewerbeobjekten ausgesetzt sind. Gehen Leerstände über das normale Maß hinaus, und das über einen längeren Zeitraum, können sie die Ertragskraft schmälern und auch zu Ausschüttungskürzungen führen.

Rücknahme von Fondsanteilen

Die **Rücknahme von Anteilscheinen** kann bei Immobilienfonds Beschränkungen unterliegen. So können Rücknahmen beispielsweise für einen Zeitraum von zwei Jahren ausgesetzt werden. Das bedeutet für den Anleger, daß er während dieser Zeit kein Bargeld zurückerhält.

Währungsrisiko

Immobilienfonds investieren häufig auch in Auslandobjekte. Bei solchen Vorhaben hat der Anleger ein zusätzliches **Währungsrisiko**. Der Fonds rechnet den Ertagswert sowie den Verkehrswert des im Ausland befindlichen Objekts in Deutsche Mark oder Euro um. Somit unterliegt der Anleger den Kursschwankungen in den einzelnen Anlageländern außerhalb der Eurozone.

Allgemeine Risiken bei der Vermögensanlage

Jede **Vermögensanlage** birgt gewisse **Risiken** in sich. Neben den enormen Vorteilen der Gewinnsteigerung des Portfolios gibt es natürlich auch Risiken, die in den einzelnen Wertpapieranlageformen zu finden sind. Es kann es durchaus vorkommen, daß mehrere Risiken kumulieren und sich gegenseitig verstärken. Dies kann dazu führen, daß sich das Wertpapierdepot enorm verändert.

Auf der folgenden Seite findet sich ein Beispiel einer Erträgnisaufstellung für Wertpapiere.

Die Kreditinstitute und Vermögens- und Anlageberater haben deshalb die Aufgabe die Kunden auf die Risiken der Geldanlage hinzuweisen. Dies gilt für Wertpapiere wie auch für die Immobilien.

VOLKSBANK [redacted]
-WERTPAPIERABTEILUNG-
RHEINSTR. 132

[redacted]

Einzelnachweis der Kapitalerträge für das Jahr 1998

Blatt: 1

RZBK 05 .00001310

Bank-Nr.	Gp-Nr.	Depot-Nr.
[redacted]	[redacted]	[redacted]

HERRN
[redacted]

[redacted] MUENCHEN

Depotvermerk
K 4

Fil.-Nr.
065
Datum
29.01.1999

Sehr geehrte Kundin, sehr geehrter Kunde,
Ihre Erträgnisaufstellung für das abgelaufene Jahr enthält im ersten Teil den Einzelnachweis für die inländischen und ggfs. auch für die ausländischen Kapitalerträge aus Ihrem Wertpapierdepot. Alle Betragsangaben verstehen sich in DM (bei franz. Aktien der 'Avoir Fiscal' in FF); Fremdwährungszahlungen sind in DM umgerechnet:

Zahlungstag: 12.05.1998 (in Summe KSO Zeile 9 enthalten)
748360 ST 1.500,000 TIPTEL AG AKTIEN

Leistungen, die zur Anrechnung von Körperschaftsteuer berechtigen		600,00
Nach §36c Abs. 1 EStG vergütete Körperschaftsteuer		257,14
Einnahmen aus Kapitalvermögen i.S. des §20 EStG		857,14
Berücksichtigter Freibetrag	857,14	
Vergütete Kapitalertragsteuer	150,00	
Vergüteter Solidaritätszuschlag	8,25	
Nettogutschrift		857,14

Zahlungstag: 22.05.1998 (in Summe KSO Zeile 9 enthalten)
804010 ST 60,000 DEUTSCHE BANK AG AKTIEN

Leistungen, die zur Anrechnung von Körperschaftsteuer berechtigen		108,00
Nach §36c Abs. 1 EStG vergütete Körperschaftsteuer		46,29
Einnahmen aus Kapitalvermögen i.S. des §20 EStG		154,29
Berücksichtigter Freibetrag	154,29	
Vergütete Kapitalertragsteuer	27,00	
Vergüteter Solidaritätszuschlag	1,48	
Nettogutschrift		154,29

Zahlungstag: 28.05.1998 (in Summe KSO Zeile 9 enthalten)
550000 ST 1.500,000 DAIMLER-BENZ AG AKTIEN

Leistungen, die zur Anrechnung von Körperschaftsteuer berechtigen		2.400,00
Anrechenbare Körperschaftsteuer		735,47
Nach §36c Abs. 1 EStG vergütete Körperschaftsteuer		293,10
Einnahmen aus Kapitalvermögen i.S. des §20 EStG		3.428,57
Berücksichtigter Freibetrag	977,00	
Anrechenbare Kapitalertragsteuer		429,03-
Vergütete Kapitalertragsteuer	170,97	
Anrechenbarer Solidaritätszuschlag		23,59-
Vergüteter Solidaritätszuschlag	9,41	
Nettogutschrift		2.240,48

B079 V01 04.98

Die Deutsche Bank 24, Frankfurt nennt daher folgende Risiken:

1. **Konjunkturrisiko**
2. **Inflationsrisiko**
3. **Länderrisiko**
4. **Währungsrisiko**
5. **Liquiditätsrisiko**
6. **Psychologisches Marktrisiko**
7. **Risiko bei kreditfinanzierten Wertpapierkäufen**
8. **Steuerliche Risiken**
9. **Sonstige Basisrisiken**
10. **Einfluß von Nebenkosten auf die Gewinnerwartung**

Unter **Konjunkturrisiko** versteht man, daß Kursverluste entstehen, wenn der Anleger die Konjunkturentwicklung nicht oder nicht richtig einschätzt und dadurch Verluste erleidet. Er kauft zum ungünstigen Zeitpunkt, behält die Aktien während einer schwachen Konjunkturphase zu lange und verkauft sie später am Tiefpunkt.

Das **Inflationsrisiko** ist das Risiko, wenn der Aktionär infolge einer Geldentwertung einen Vermögensschaden erleidet. Daher sollte man auf die Realverzinsung achten. Diese ergibt sich je nach Höhe der Inflationsrate und dem realisierten Ertrag in Form von Dividendeneinnahmen und Kursgewinnen oder Kursverlusten.

Das **Länderrisiko** beschreibt einesteils eine wirtschaftliche und anderenteils eine politische Gefahr. Dabei können aufgrund von Devisenmangel die Dividendenzahlungen ausbleiben. Politische Ereignisse können sich auf die Kapital- und Devisenmärkte auswirken. Krisen, Kriege und Revolutionen können Geldtransfers verhindern.

Aktien oder Anleihen in fremder Währung sind dem **Währungsrisiko** ausgesetzt. Durch die Aufwertung der inländischen Währung Euro, verlieren die in dieser Währung bewerteten ausländischen Vermögenspositionen an Wert. Umgekehrt gilt das Gleiche bei einer Abwertung der Auslandswährung wie in Südamerika. Diese Situation kann sich noch verstärken, wenn gleichzeitig der Kurs fällt.

Das **Liquiditätsrisiko** ist dann gegeben, wenn Wertpapiertransaktionen nicht oder nicht in vollem Umfang durchgeführt werden. Für solche Schwierigkeiten können beim Kauf oder Verkauf von Wertpapieren enge und illiquide Märkte verantwortlich sein. In manchen Ländern, zum Beispiel in Südamerika oder in Südostasien, ist oft nach dem Erwerb ein schneller Verkauf der Wertpapiere nicht möglich.

Die Börse ist oft nicht nachvollziehbaren Faktoren ausgesetzt, dies nennt man das **psychologische Marktrisiko**. Gerüchte, Meinungen und Stimmungen können die Kurse an den Börsen noch oben oder unten treiben, obwohl sich weder das Unternehmen noch die Ertragslage geändert haben.

Kreditfinanzierte Wertpapierkäufe sollten einen bestimmten Teil des Gesamtdepots nicht übersteigen. Damit soll vermieden werden, daß bei fallenden Kursen verkauft werden muß, da eine Deckung des Kredits nicht mehr vorhanden ist.

Depots können unterschiedlich beliehen werden. Aktien werden niedriger beliehen als festverzinsliche Wertpapiere. Banken neigen dazu, als Beleihungsgrenze 60 Prozent bei Aktien und 70 bis 75 Prozent bei festverzinslichen Wertpapieren zugrunde zu legen.

Steuerliche Risiken können darin liegen, daß der Anleger vor Ablauf der Spekualtionsfrist (1999 wurde diese auf 12 Monate festgelegt) die Wertpapiere verkauft und damit auf den erzielten Gewinn Steuern bezahlen muß. Ebenso ist die Doppelbesteuerung zu beachten. Zahlt man als Steuerpflichtiger auf ausländische Wertpapiere Steuern, werden diese Steuerzahlungen im Inland bei der Einkommensteuer nicht oder nicht ganz angerechnet.

Sonstige Risiken können sich ergeben, wenn man aufgrund falscher oder unzureichender Informationen Entscheidungen trifft. Das **Übermittlungsrisiko** gehört ebenfalls dazu, daher sollte der Anleger immer genaue Anweisungen über Kauf oder Verkauf, die Stückzahl und die genaue Bezeichnung des Wertpapiers nennen. Risiken können auch in der Aufbewahrung liegen. Damit Papiere nicht verlustig gehen oder entwendet werden können, entscheidet man sich heute meist für eine Sammelgitoverwahrung.

Beim **Einfluß von Nebenkosten auf die Gewinnerwartung** sind die Kosten des Kaufs und des Verkaufs zu berücksichtigen. Bei ausländischen Aktien kommen noch zusätzliche Kosten für Makler und Courtage hinzu. Außerdem sind die Kosten für die Depothaltung zu beachten. Der Kurs einer Aktie sollte in der Regel mehr als 5 Prozent gestiegen sein, damit beim Verkauf durch die entstandenen Kosten kein Verlust zu verbuchen ist.

Zum Verständnis der umfangreichen Fachtermini soll folgendes **kleine Lexikon der Fachbegriffe** helfen.

Absicherungsgeschäft
Einsatz spezieller Finanzkontrakte insbesonderer derivativer Finanzinstrumente zur Verminderung von Verlusten, die durch eine ungünstige Kurs- oder Preisentwicklung entstehen können wie zum Beispiel im Hedging.

Agio
Aufgeld bei Wertpapieren. Der Betrag, um den der Ausgabepreis bei der Neuausgabe von Wertpapieren deren Nennbetrag übersteigt.

Allfinanzgeschäfte
Alle Finanzdienstleistungen, also Bankgeschäfte, Bauspar- und Versicherungsverträge, werden aus einer Hand verkauft.

Asset Klassen

In der Vermögensverwaltung bezeichnet man ein abgegrenztes Anlagemedium als eine Asset Klasse, zum Beispiel Aktienmarkt, Rentenmarkt oder Immobilienmarkt.

Asset Management

Treuhänderische Verwaltung von Vermögen für Kunden wie zum Beispiel Unternehmen, Banken, Versicherungen, Pensionskassen und Privatpersonen im In- und Ausland.

Assets Under Management (AUM)

Die Summe aller Kapitalanlagen, die zu Zeitwerten bewertet werden, die das Unternehmen mit Verantwortung für die Wertentwicklung dieser Anlagen managt. Dazu gehören zum Beispiel Immobilien für eigene und Dritte, Investments im Wertpapierbereich und sonstige Geldanlagen.

Baisse

Längere Zeit anhaltende starke Kursrückgänge an der Börse für Wertpapiere und Waren. Auch Bear Market genannt. Gegensatz ist die Hausse.

Belegschaftsaktien

Aktien für Mitarbeiter einer Aktiengesellschaft, die zu wesentlich günstigeren Kursen als an der Börse erworben werden können, wenn man eine bestimmte Anzahl von Jahren betriebszugehörig ist. Allerdings muß ein Teil des beim Kauf gesparten Betrages versteuert werden. Die Anzahl der Aktien, die erworben werden kann, steigt mit der Dauer der Betriebszugehörigkeit. Da Belegschaftsaktien als Kapitalanlage gedacht sind und nicht zur Spekulation, können sie laut Einkommensteuergesetz frühestens nach sechs Jahren wieder verkauft werden. Ein vorzeitiger Verkauf ist nur in vier Ausnahmefällen möglich: bei Heirat, auf dem Weg in die Selbständigkeit, bei Arbeitslosigkeit oder im Todesfall.

Benchmarking

Benchmarking ist gleichgesetzt mit Bezugsmarkt, Maßstab, systematischem Vergleich von betrieblichen Prozessen mit den entsprechenden

Werten in anderen Unternehmen beziehungsweise der Vergleich des Unternehmens mit dem am Markt erfolgreichsten Unternehmen. Diese Analyse wird erstellt, um das Standing eines Unternehmens im Wettbewerb zu markieren. Gegebenenfalls wird danach versucht, offen zutage getretene Wettbewerbsnachteile abzubauen und den Standard des Bestperformers zu erreichen.

Börsenkapitalisierung
siehe Marktkapitalisierung

Blue Chips
Aktien von Unternehmen, die an der Börse hinsichtlich ihrer Ertrags- und Risikosituation als Spitzenwerte und Favoriten gehandelt werden.

Cost Income Ratio
Verhältnis zwischen den Verwaltungsaufwendungen und der Summe aus Zinsüberschuß, Provisionsüberschuß, Saldo, sonstiger betrieblicher Erfolg und Handelsergebnis. Eine niedrige Cost Income Ratio ist Ausdruck hoher Produktivität.

Derivate
Finanzkontrakte, deren Werte von der Kursentwicklung eines zugrunde liegenden Vermögensgegenstandes abhängen. Eine Systematisierung derivater Finanzinstrumente kann in Bezug auf die ihnen zugrunde liegenden Vermögensgegenstände, wie Aktienkurse, Wechselkurse oder Zinssätze vorgenommen werden.

Direct Banking
Vertrieb von Bankdienstleistungen vor allem auf elektronischem Wege, also über Telefon, Fax und Internet.

Disagio
Abgeld bei Wertpapieren. Das ist der Betrag, um den der Ausgabepreis bei der Neuausgabe von Wertpapieren deren Nennbetrag unterschreitet.

Emission
Ausgabe neuer Wertpapiere durch die Emissionsbank

Emittent
Die Gesellschaft oder Körperschaft, die Wertpapiere ausgibt. Bei Aktien ist der Emittent in der Regel ein Dienstleistungsunternehmen oder eine Gesellschaft aus dem Industriebereich, die über ein Kreditinstitut die Aktien emittiert. Bei festverzinslichen Wertpapieren sind der Emittent u.a. der Bund, Länder und Kommunen.

Greenshoe
Der Teil der Kapitalerhöhung, der im ersten Schritt nicht fest zur Plazierung von neuen Aktien vorgesehen ist. Falls im Laufe der Kapitalerhöhung die Nachfrage größer ist als das ursprünglich vorgesehene Angebot, wird der Greenshoe zusätzlich in den Markt gehen.

Hausse
Phase steigender Kurse von Wertpapieren oder Waren. Bull Market, Gegensatz ist die Baisse.

Hedging
Hedging ist ein Verfahren zur vollständigen oder teilweisen Minderung eines Risikos im Devisenhandel, das als Spekulationsausgleich zur Vermeidung von Währungsumrechnungspositionen und Risiken bei Währungstransaktionen aufgebaut wird.

Investment Banking
Finanzdienstleistungen von Banken, hauptsächlich in Form von Wertpapieren, vor allem im Emissionsgeschäft, Effektenhandel, Beteiligungsfinanzierung und Vermögensverwaltung von Wertpapieren und Immobilien.

Konsortium
Gruppe von Banken, die Aktien von den Altgesellschaftern oder aus einer

Kapitalerhöhung übernimmt, um sie später an ein breites Publikum zu verkaufen.

Kurs Gewinn Verhältnis (KGV)
Das KGV ist der aktuelle Kurswert, geteilt durch den auf eine Aktie entfallenden anteiligen Unternehmensgewinn während eines Jahres.

Lead Manager
Führer eines Konsortiums. Er bestimmt die Eckdaten einer Emission mit der Gesellschaft und lädt die Mitglieder des Konsortiums zur Teilnahme ein. Auf Grund der Mehrarbeit und Mehrverantwortung steht dem Lead Manager auch ein höherer Ertrag zu.

Marktkapitalisierung Börsenkapitalisierung
Durch die Marktkapitalisierung kann der Börsenwert eines Unternehmens bestimmt werden, das heißt der Gesamtwert, den eine Aktiengesellschaft an der Börse hat, errechnet durch die Multiplikation des Kurswertes mit der Anzahl der ausgegebenen Aktien.

Marktpreisrisiko
Verlustrisiko von Positionen aufgrund negativer Entwicklungen der Höhe oder der Volatilität von Marktpreisen.

Notierung
Feststellung der Kurse an der Börse entsprechend der Geschäftslage. Wird täglich durchgeführt.

Performance
Wertentwicklung eines Investmentfonds. Bezieht sich meistens auf eine Zeitspanne von 3, 5 bis 10 Jahren und wird in Prozent ausgedrückt. Die Performance zeigt auch die Leistung des Fondsmanagers, der den Investmentfonds verwaltet oder managt.

Plazierungsvolumen

Der Teil des Aktienkapitals, der einem breiten Publikum an der Börse zum Kauf angeboten wird.

Portfolio

Gesamtheit der Anlagen einer Person oder Gesellschaft. Das Portfolio enthält meist verschiedene Vermögenswerte, zum Beispiel Aktien, Fondsanteile, Renten, Immobilien. Je nach Risikobereitschaft des Investors wird auf eine entsprechende Streuung der Vermögenswerte geachtet.

Rating

Rating ist die Einstufung von Aktien- und Fondsgesellschaften. Bei den Aktiengesellschaften werden dabei das Eigenkapital, der Gewinn, die Unternehmensgröße und die Qualität des Managements bewertet. Bei Fondsgesellschaften wird insbesondere die Wertentwicklung unter die Lupe genommen. Vorgenommen wird das Rating durch spezialisierte Agenturen. Die bekanntesten Rating-Agenturen sind Moody's und Standard & Poor's, die in den USA ansässig sind.

Ein Beispiel für das Rating-System befindet sich Seite 341.

Retail Banking

Mengenkundengeschäft, also das breite Kundengeschäft.

Road Show

Vor einer Neuemission geht die Gesellschaft mit dem Konsortialführer auf eine Vorstellungstournee zu den verschiedenen Finanzplätzen, um dort das Unternehmen vorzustellen und für den Aktienkauf zu werben. In der Regel führt man solche Veranstaltungen auch nahe einer Neuemission durch, um das Interesse an der Aktien wach zu halten.

Shareholder Value

Steigerung des Unternehmenswertes für den Aktionär. Die Wertsteigerung wirkt sich in einer Verbesserung des Aktienkurses und/oder Erhöhung der Dividendenzahlung aus. Shareholder Value bedeutet die konsequente Ausrichtung aller Unternehmensbereiche auf Renditesteigerung.

Stammaktie
Aktie, die dem Anteilseigner die vom Aktiengesetz vorgesehenen Aktionärsrechte gewährt, insbesondere das Stimmrecht auf der Hauptversammlung.

Stock Options
Erfolgsabhängige Vergütungsmodelle für die Geschäftsleitung und den Vorstand, sowie für leitende Mitarbeiter.

Streubesitz Klausel (Free Float)
Als Streubesitz oder Free Float wird der Anteil des Kapitals bezeichnet, der in der Hand privater Aktionäre liegt und frei über die Börse gehandelt wird. Es empfiehlt sich gerade für den neuen Markt, wenigstens 25 Prozent der Aktien unter die Kleinaktionäre zu bringen. Damit soll eine möglichst hohe Liquidität gewährleistet werden. Ein reger Umsatz und faire Kurse sind dadurch gegeben. Ist der Streubesitzanteil niedrig, dann sind die Börsenumsätze häufig gering. Das Interesse von Kleinaktionären ist ebenfalls niedrig und die Kursausschläge extremer als bei breit gestreuten Aktien.

Swaps
Vereinbarungen zweier Vertragspartner über den Austausch von Zahlungsströmen während einer bestimmten Zeitspanne. Wichtige Formen sind Währungsswaps und Zinsswaps.

Treasury Bills
Kurzfristige staatliche Schuldverschreibungen, vornehmlich in den Vereinigten Staaten.

Triple A (AAA)
Bezeichnet ein Ratingsymbol: AAA beziehungsweise Aaa. Diese Bezeich-

nung ist die beste bonitätsmäßige Einstufung eines Emittenten, einer Bank oder auch eines Unternehmens, das bereits an der Börse ist.

Umlaufrendite

Rendite festverzinslicher Wertpapiere, die bereits an der Börse gehandelt werden. Zum Unterschied von der Nominalrendite und der Emissionsrendite.

Volatilität

Man bezeichnet die Schwankungsintensität eines Wertpapiers innerhalb einer bestimmten Periode als Volatilität.

Vorzugsaktie

Die Vorzugsaktie ist eine Aktie mit Vorrechten. Oft ist auch eine Besserstellung der Vorzugsaktionäre bei der Abwicklung der AG vorgesehen. Das Stimmrecht ist dagegen meistens ausgeschlossen.

Xetra-Handel

Xetra-Handel ist die Abkürzung für E**x**change **E**lectronic **Tra**ding. Der Präsenz-Handel an den Börsenplätzen verliert aufgrund der elektronischen Entwicklung des Handelsgeschäftes mehr und mehr an Bedeutung. Börsenzeiten sind nachrangig geworden, weil der Xetra-Handel Zeitzonen überspringen kann.

Zero-Bonds

Zero-Bonds oder Null-Kupon-Anleihen haben während der Laufzeit keine Zinsausschüttungen. Die Zinsen werden erst am Ende mit der Einlösung der Anleihe bezahlt.

Zulassung

Jedes Wertpapier, das öffentlich gehandelt werden soll, muß von der Zulassungsstelle einer Börse deren offizielle Zulassung bekommen. Sie ist die wichtigste rechtliche Formalität vor der Aufnahme des Handels an der Börse.

Beispiel für das Rating-System deutscher Kreditinsitute, Deutsche Bank Research, November 2000

Langfrist-Ratings deutscher Kreditinstitute*)

Bayerische Landesbank	AAA
Bremer Landesbank	AAA
Hamburgische Landesbank	AAA
Landesbank Baden-Württemberg	AAA
Landesbank Hessen-Thüringen	AAA
Landesbank Rheinland-Pfalz	AAA
Landesbank Saar	AAA
Landesbank Sachsen	AAA
Landesbank Schleswig-Holstein	AAA
Norddeutsche Landesbank	AAA
Westdeutsche Landesbank	AAA
Deutsche Bank AG	AA
Bayerische Hypo- und Vereinsbank	AA-
Deutsche Genossenschaftsbank	AA-
Dresdner Bank AG	AA-
BHF-Bank	A+
Commerzbank	A+
Sal. Oppenheim jr. & Cie.	A

*) In das Langfrist-Rating fließen sowohl das Individual Rating (Finanzkraft des Instituts) als auch das Support-Rating (Wahrscheinlichkeit einer Unterstützung des Kreditinstituts durch Dritte im Fall geschäftlicher Schwierigkeiten) ein.

Quelle: Fitch IBCA.

Gold als Anlage

Das 1945 in Kraft getretene Abkommen von **Bretton Woods**, bei dem neben **Gold** auch jederzeit in Gold einlösbare Devisen, insbesondere der US Dollar, festgelegt wurden, brach in den 70er Jahren zusammen. Bis zu diesem Zeitpunkt verpflichtete sich vor allem die US-Regierung, ausländischen Zentralbanken den Dollar zu einem festengelegten Preis in Gold (35 $ je Feinunze Gold) umzutauschen. Die Goldpreisbindung ist nunmehr aufgehoben.

Goldpreis im Jahr 1999, Deutsche Bank Research

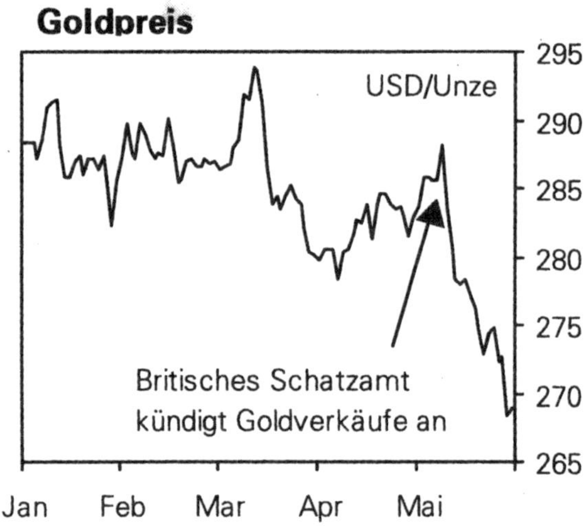

Die Notenbanken verkaufen zunehmend die **Goldreserven** auch vor dem Hintergrund der effizienter und liquider gewordenen Wertpapiermärkte. Diese verlangen einen großvolumigen Ein- und Ausstieg und ermöglichen somit den entscheidenden Vorzug des Goldes, international jederzeit liquide zu sein. Die Bedeutung von Gold als einer Weltreserveanlage hat damit merklich abgenommen. Zudem hat Gold den Nachteil, daß es im Gegensatz zu Staatsanleihen keine Zinsen generiert.

Goldpreis & Zentralbankgoldreserven, Deutsche Bank Research

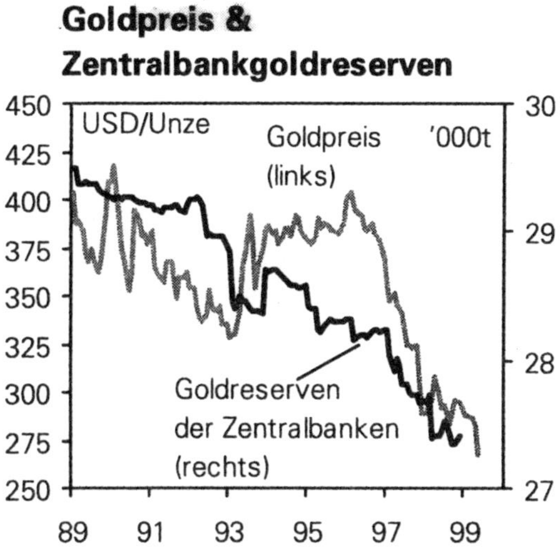

Trotzdem sprechen eine Reihe von Gründen für das Beibehalten von **Goldreserven** durch die Zentralbanken:

- Notenbanken versuchen durch das Halten von Gold ihre Rese ven zu diversifizieren und damit Risiken zu verringern.

- Gold unterliegt nicht direkt den monetären und fiskalpolitischen Entscheidungen einer Regierung. Währungsreserven können eingefroren werden, bei Gold ist das nicht möglich.

- Goldreserven schaffen in der Öffentlichkeit Vertrauen in den Wert einer Währung. Auch wenn seit den 70er Jahren Währungen im allgemeinen nicht mehr an Goldreserven gebunden sind. Der Bargeldumlauf ist nicht mehr durch Gold gedeckt.

Deutsche Bank Research

Goldreserven

(Stand: Januar - März 1999)

	Gold-reserven (in t)	Anteil an gesamten Reserven* in %
USA	8138	53.6
Deutschland	3469	33.6
IWF	3217	n.v.
Frankreich	3025	50.8
Schweiz	2590	39.0
Italien	2452	48.5
Niederlande	1012	47.0
Japan	754	3.0
EZB	747	15.0
Großbritannien	715	17.6

*Bewertung auf Basis eines Goldpreises von USD 280/Unze

Goldangebot

In den vergangenen Jahren ist das physische Goldangebot gestiegen, im Jahre 1997 auf 1998 um 17 Prozent auf circa 3.650 Tonnen. Davon entfielen 2.555 Tonnen oder 70 Prozent auf die Schürfung von Goldminen. Altgold und Wiederverwertung erreichten knapp 1.100 Tonnen oder 30 Prozent.

Goldangebot, Deutsche Bank Research

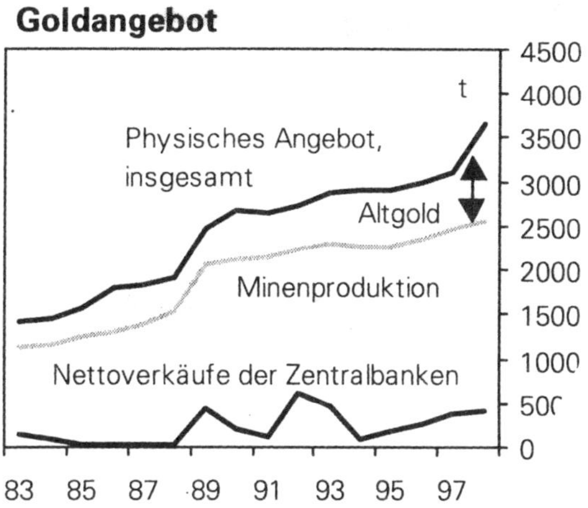

Anteil an der Weltgolderzeugung, Deutsche Bank Research

Anteil an der Weltgolderzeugung
(1995)

	in % der Weltschürfung
Südafrika	24.1
USA	14.4
Australien	11.6
China	7.4
Kanada	7.0
Rußland	6.1
Usbekistan	3.2
Brasilien	2.9
Peru	2.6
Papua-Neuguinea	2.4
Chile	2.1
Ghana	2.0
Simbabwe	1.1
Kolumbien	1.0
Mexiko	1.0
Summe der Länder	**88.9**

Durch den hohen **Altgoldanteil** im Markt nahmen die Schürfungen in den Goldminen im Jahre 1998 nur um 3 Prozent zu. die drei größten Goldproduzenten sind Südafrika (circa 24 % der Weltproduktion), USA (circa 14 %) und Australien (circa 12 %).

Minenproduktion & Goldpreis Deutsche Bank Research

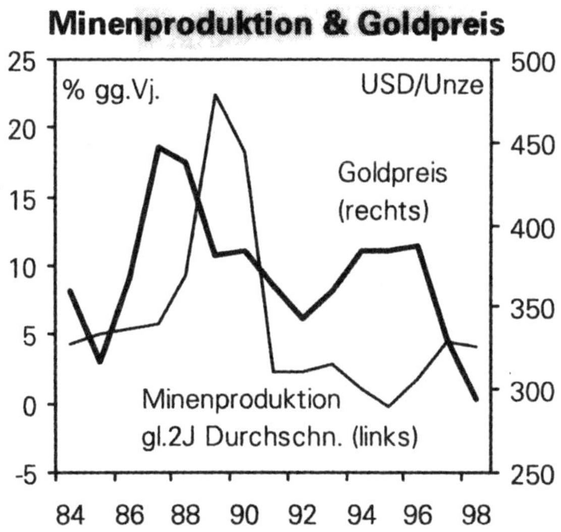

Schmuck als Geldanlage

Die Nachfrage nach **Schmuck** ist ungebrochen. Die Schmuckbranche ist neben der Industrie ein großer Nachfrager nach Gold. Dies zeigen allein die Zahlen: So wurden im Jahre 1998 an die Schmuckindustrie 3.150 Tonnen Gold verkauft, an die Industrie etwa 550 Tonnen. An der Spitze der Nachfrage nach Schmuck steht Indien mit einem Anteil von 18,3 Prozent, Deutschland rangiert im unteren Teil. Dies sagt jedoch noch nichts über den Export von Schmuck ins Ausland aus.

So sieht die Nachfrage nach Gold nach Angaben der Deutsche Bank Research aus:

Anteil an der Weltgoldnachfrage
(1993/97)

	in %
Indien	18.3
USA	11.5
China	7.9
Japan	6.9
Saudi Arabien	6.8
Taiwan	5.4
Türkei	5.3
Italien	4.1
Korea	4.0
Indonesien	3.7
Thailand	3.3
Deutschland	2.9
Ägypten	2.6
Brasilien	2.0
Pakistan	1.8
Summe der Länder	**86.5**

Der **Goldschmuck** wird nicht nur wegen der schönen Verarbeitung gekauft, sondern auch wegen der Wiederverwendbarkeit. So kann man in Notzeiten andere Ware dafür eintauschen. Gold kann man bei sich tragen und somit auch im Pfandhaus hinterlegen oder sogar verkaufen. Im Bereich des Zahnersatzes werden jährlich circa 60 Tonnen Gold verarbeitet.

Physische Goldnachfrage
Deutsche Bank Research

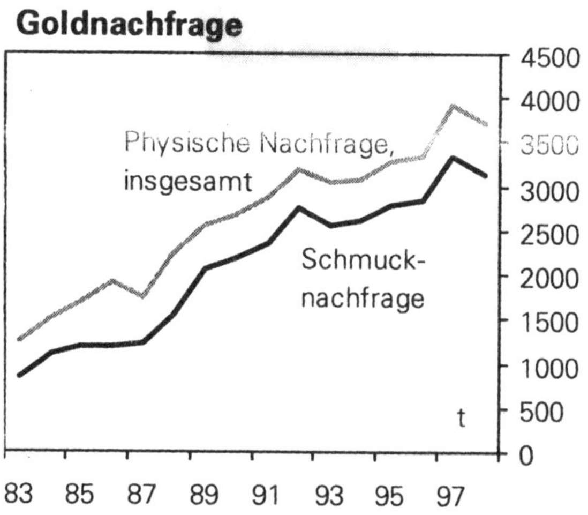

Die Nachfrage nach physischem Gold, insbesondere in Form von Schmuck, ist stark von der wirtschaftlichen Entwicklung eines Industrielandes abhängig.

Nachfrage nach Schmuckgold
Deutsche Bank Research

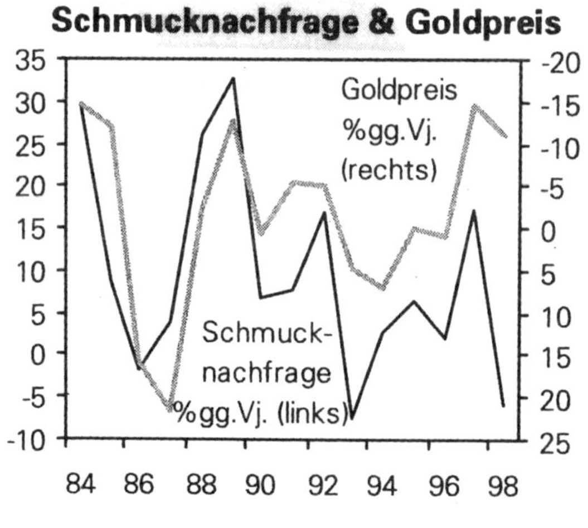

Im Zeitraum von 1985 bis 1990 expandierte zum Beispiel die Schmucknachfrage um gut 13 Prozent, während das nominale Inlandsprodukt der OECD um gut 10,5 Prozent anwuchs.

Nachgefragtes Gold im Vergleich zum BIP
Deutsche Bank Research

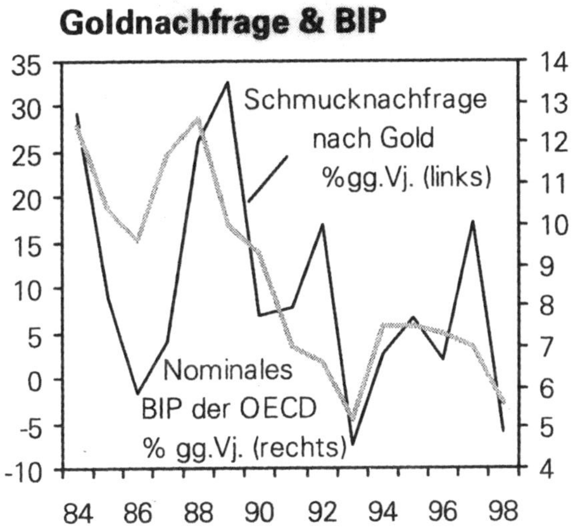

Vermögensbildung

Die stillen Millionäre

Neben den bekannten Millionären wie Rockefeller, Bill Gates, Thyssen, Krupp, Sachs, Voith, gibt es auch die stillen und nicht bekannten **Millionäre.** Sie leben nicht nach der Devise „in" zu sein und konsumieren nur das Notwendigste. Kaviar oder Designerkleidung kennen sie nur von der Werbung. Sie gehören jedoch zu den circa 230.000 Einkommens-Millionären in Deutschland.

Die heimlichen Millionäre haben keinen Bootsanlegeplatz und kein Ferienhaus in Spanien. Diese Menschen sind oft Handwerker wie Bauunternehmer, Heizungsbauer, Bäcker, Ingenieure, Architekten, die ein bis zu fünf Mann im Unternehmen beschäftigen. Oft hilft dabei die Ehefrau mit, die Kinder werden "nebenher" groß gezogen.

Die Einstellung, daß jede Mark und zukünftig jeder Euro auf den anderen gelegt wird, ist oft auch als Geiz verspottet. Der 14- bis 16-Stunden-Tag gehört bei diesen Menschen zur Regel. Urlaub ist ihnen ein Fremdwort.

Viele dieser Unternehmer häufen ihr erarbeitetes Geld zusammen und kaufen sich davon ein Haus. Dieser Hauskauf ist oft ein Mehrfamilienhaus, denn die Miete und das wieder erarbeitete Einkommen aus dem Betrieb wird wieder in die nächste Immobilie gesteckt. So wird mit der Zeit ein kleines **Immobilienvermögen** in Form von Renditehäusern aufgebaut.

So legen private Haushalte an:

Geld- und Sachvermögen privater Haushalte 1999

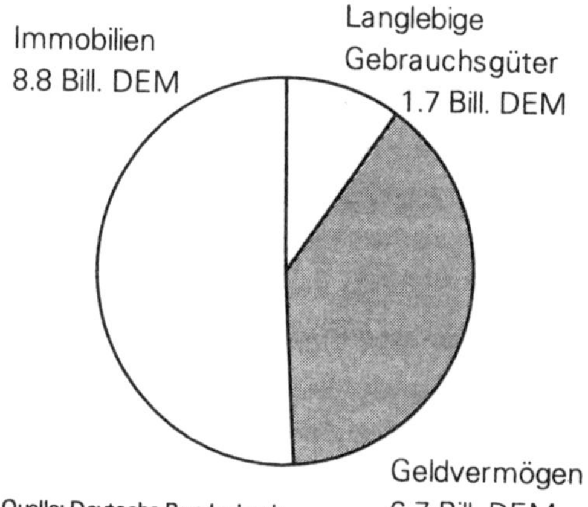

Quelle: Deutsche Bundesbank

Andere wiederum legen das Geld neben Immobilien auch in kleine Aktiendepots an. So werden Immobilienfonds, Aktien oder Staatsanleihen gekauft und in das Wertpapierdepot gelegt. Sie interessieren sich nicht für Spekulationen sondern kaufen Wertpapiere, die vornehmlich zu den DAX Werten gehören. Hat zum Beispiel ein Aktienkäufer im Jahre 1977 DM 50.000 (25.000 Euro) in Aktien wie Daimler oder Deutsche Bank investiert, so war sein Depot nach 23 Jahren über DM 400.000 oder 200.000 Euro wert. Oder er hat Aktien von **Microsoft** aus den USA im Jahre 1986 im Wert von US$ 10.000 gekauft, so betrug der Wert des Depots im Jahre 2000 die enorme Summe von US$ 5.000.000. Die Firma **Cisco Systems** aus Kalifornien ging im Jahre 1990 an die NASDAQ. Investierte man damals US$ 10.000, so hatte man im Jahr 2000 ein Vermögen von US$ 8.000.000.

Vermögen auf dem Konto
Deutsche Bank Research

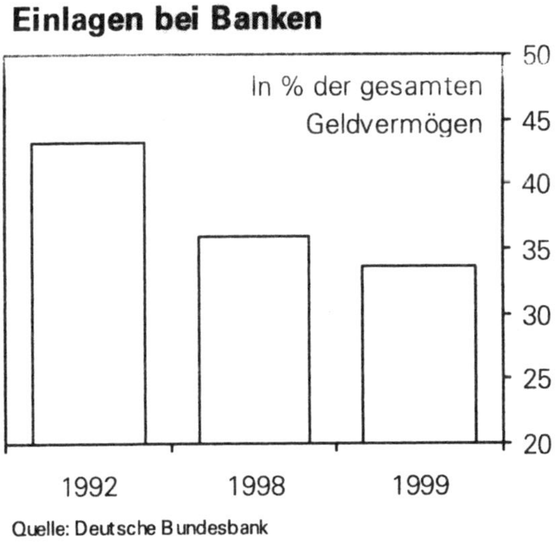

Vermögen im Depot
Deutsche Bank Research

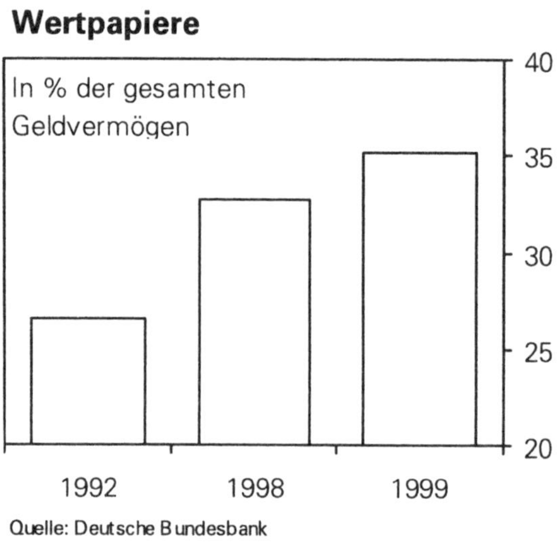

Das **Deutsche Institut für Wirtschaftsforschung** ermittelte, daß im Jahre 1999 die Bewohner Deutschlands über DM 5,7 Billionen als **Geldvermögen** hatten. Das ist eine Steigerung gegenüber dem Vorjahr um 321 Milliarden oder 6 Prozent und durchschnittlich DM 153.000 pro Haushalt. Das gesamte Privatvermögen weltweit betrug im Jahre 2000 laut Merrill Lynch Consulting, New York, DM 56 Billionen, das war gegenüber dem Jahr 1999 eine Steiegerung von 18 Prozent.

Die private Vermögensanlage beinhaltet Immobilien Wertpapiere, Bargeld und Gold. Dazu kommen werthaltige Kunstobjekte, Antiquitäten und Sammlungen, die ihrerseits bei einem Verkauf jedoch in weitaus größerem Maße einem veränderlichen Marktwert und damit starken Schwankungen unterliegen.

Zurück zum Beispiel der "stillen Millionäre": Oft ist ihnen noch zusätzlich der Zufall zugute gekommen. Die Handwerksbetriebe waren in der vergangenheit oft im Stadtkern oder am Rand wachstumsorientierter Städte angesiedelt. Durch eine Stadtsanierung wurden die Betriebe nicht selten in neue Gewerbegebiete aussaniert. Der bisherige Grund und Boden wurde dann Bauland für Wohn- und Geschäftshäuser und somit erfuhr das alte Grundstück einen erheblichen Wertzuwachs..

Das sparsame Verhalten von Menschen ist keine nationale Erfindung, denn man findet sie in der Schweiz, Österreich, Frankreich und in den Vereinigten Staaten von Amerika.

In den USA, in einem Land, in dem es die meisten Millionäre gibt, ergab eine Umfrage, daß der typische Millionär sparsam, genügsam und diszipliniert lebt. Viele von ihnen kaufen keinen Anzug über 300 Euro und geben für Schuhe nicht mehr als 100 Euro aus. Sie sind keine Autofreaks, sondern fahren Mittelklassewagen und haben ein Leben lang hart gearbeitet und sind so zu Wohlstand gekommen.

Der Großteil der Millionäre gleicht sich in fast allen Kontinenten. Von Schicki Miki und High Society halten diese heimlichen Reichen wenig. Sie lieben es, im Verborgenen zu bleiben und den Reichtum still zu genießen.

Dieses unspektakuläre Leben hat natürlich auch seine Eigenheiten. So soll der Amerikaner Rockefeller immer weniger zum Essen außer Haus gegangen sein, damit sich seine Millionen noch stärker vermehrten. Außerdem trank er keinen Alkohol und schrieb mit den Bleistiften, die seine Mitarbeiter in den Papierkorb geworfen haten. Er verwendete oft einseitig beschriebenes Papier, um darauf auf der Rückseite seine Notizen zu machen. Die Schuhe wurden mehrfach bei einem kleinen Schuster außerhalb der Stadt besohlt und nicht weggeworfen.

Ein Schweizer Milliardär mit einem großen Immobilienimperium und immensen Aktienpaketen an mehreren Banken, kam oft zu den Hauptversammlungen seiner von ihm kontrollierten Unternehmen mit seinen

Anteilscheinen unterm Arm oder bewahrte sie in einem Schuhkarton auf. Gespräche mit der Presse hielt er nicht in seinem Büro ab, sondern vornehmlich in Bahnhofsrestaurants. Die Getränke mußten die Journalisten selbst bezahlen.

Seine Autos ließ er vornehmlich im zollfreien Gebiet auftanken. Sein wertvoller Weinkeller mit ausgesuchten Bordeaux Weinen wird nicht angerührt. Davon zu trinken ist in seinen Augen die „reine Kapitalvernichtung".

Um Millionär zu werden, muß man auch eine persönliche Einstellung dazu haben. Es gibt Manager, die ein Leben lang gut verdienen oder Ärzte und Rechtsanwälte, die große Honorare einstreichen, aber es nie zum Millionär bringen. Der Manager oder Rechtsanwalt ist durch seinen Beruf geprägt Er trägt teuere Designerkleidung und fährt das neueste Auto, ist oft Mitglied im vornehmen Jachtklub mit einem Jahresbeitrag von Euro 3.000,00 und einer Liegeplatzgebühr für sein Boot von Euro 20.000,00.

Der Manager pflegt seinen Life Style, der ihm während der Zeit in der er berufstätig ist auch Anerkennung bringt. Ist er in Pension nimmt seine Reputation in der Gesellschaft dramatisch ab. Einladungen zu kostenlosen Veranstaltungen und sonstigen Events werden immer seltener. Das Auto wird auch kleiner, da der bisherige Dienstwagen bei der Pensionierung zurückgegeben werden mußte.

Der Handwerker mit seinem kleinen Betrieb ist immer noch eine geschätzte Persönlichkeit, auch wenn er den Betrieb schon übergeben hat. Das gilt auch für andere Selbständige. Sie genießen Anerkennung und Aufmerksamkeit in ihrem geschäftlichen und privaten Umfeld. Sie haben längst mehrere Immobilien gekauft oder ein kleines Aktiendepot angelegt. Auch auf so manche kostspielige Äußerlichkeit legen sie weniger Wert. Dazu gehören zum Beispiel topmodische Kleidung und teure Freizeitvergnügen.

Am Wochenende schreibt zum Beispiel der Handwerker mit seiner Ehefrau die Rechnungen, liegt im Garten und trinkt mit der Familie am Nachmittag Kaffee und ißt dazu den selbstgebackenen Kuchen.

Ziel dieser Unternehmer ist es, daß die Nachkommen ihre Betriebspolitik weiterbetreiben, sparsam und fleißig arbeiten. Falls jedoch die Nachkommen kein Interesse am Geschäft zeigen, suchen sie einen Käufer oder verkaufen den Betrieb an die Mitarbeiter als sogenanntes Management Buyout. Der Erfolg liegt dabei darin, daß die Mitarbeiter, die das Unternehmen kaufen, dieses seit mehreren Jahren kennen und somit erfolgreich im Sinne des Gründers weiterführen können.

Diese Manager, die Betriebe erwerben, sind bereit zu unternehmerischer Verantwortung und scheuen sich nicht vor der Herausforderung, schätzen die Unabhängigkeit und wollen ein eigenes Vermögen schaffen.

Auf der Folgeseite illustriert eine Tabelle die *Struktur der Geldvermögen*. Diese haben sich vom Jahr 1992 von 4,1 Billionen DM bis zum Jahr 1999 auf 6,8 Billionen DM erhöht, was einer Steigerung von 65 Prozent entspricht.

Struktur der Geldvermögen (Bestände per Jahresende)

	1992		1998		1999	
	Mrd. DEM	**%**	**Mrd. DEM**	**%**	**Mrd. DEM**	**%**
Einlagen bei Banken	1775	43.1	2253	35.9	2272	33.7
Anlagen bei						
- Versicherungen	847	20.6	1441	23.0	1570	23.3
- Bausparkassen	143	3.5	184	2.9	184	2.7
- Wertpapiere insgesamt	1109	26.6	2053	32.7	2367	35.1
Davon						
· Aktien	181	4.4	492	7.8	635	9.4
· Sonst. Beteiligungen	142	3.5	230	3.7	250	3.7
· Investment Fondsanteile	231	5.2	566	9.0	760	11.3
· Rentenwerte	555	13.5	765	12.2	722	10.7
- Geldvermögen aus Pensionsrückstellungen	260	6.3	345	5.5	356	5.3
Insgesamt	**4115**	**100**	**6275**	**100**	**6799**	**100**

Quelle: Deutsche Bundesbank

1.2.4.3 Der langfristige Zinssatz

Die **Zinsen** sind eng mit dem Verbraucherverhalten und mit den Investitionen verbunden. Für **Zinserhöhungen** und **Zinssenkungen** gibt es gewisse Ablaufschemen, die durch expansive Impulse ausgelöst werden. So können Banken, die über genügend Liquidität verfügen, sich aus Ertragsgründen veranlaßt sehen, dieses Geld auszuleihen. Zunächst werden sie den Kunden von erster Bonitätsstufe die Kreditrahmen erhöhen beziehungsweise weitere Kredite einräumen.

Führt also ein expansiver monetärer Impuls durch Erhöhung des Geldvolumens zu einer Erhöhung des Kreditvolumens und diese wiederum zu einer entsprechenden Erhöhung der volkswirtschaftlichen **Gesamtnachfrage**, so wird dieser monetäre Impuls durch einen entsprechenden Anstieg der Produktion und Beschäftigung wirksam.

Entwicklung des Leitzinses

Quelle: Anlage-Strategie Privatkunden; Datastream

Ein Zins wird deshalb bezahlt, weil Konsumenten für ihren zeitweiligen Konsumverzicht, also Nutzenentgang entlohnt werden. Wird auf den Konsum oder eines Teil des vorhandenen Einkommens verzichtet, um investieren zu können, so muß der erwartete Ertrag größer als der gegenwärtige Konsumverzicht sein. Ein Kreditangebot setzt also somit zunächst Sparen voraus.

Will ein Bauwilliger ein Haus bauen oder kaufen, so muß er also erst einmal auf einen Teil seines Einkommens verzichten und diesen Teil ansparen. Dieses Geld wird dann bei der Finanzierung als Eigenkapital zur Gesamfinanzierung eingesetzt. Je höher das Eigenkapital ist, umso geringer ist das Fremdkapital und umso geringer sind die anfallenden Zinsen.

1.2.4.4 Möglichkeiten und Grenzen der Zinsprognose

Die Zinsen und damit die Zinsprognose sind für jeden Investor und Immobilienkäufer von besonderer Bedeutung, da bei einer Fremdfinanzierung des Objekts einesteils seine Gewinne geschmälert beziehungsweise beim Immobilienkäufer oder Eigenheimbesitzer die Nettobelastung größer wird.

Die Zinsen sind bekanntlich abhängig vom Konjunkturverlauf einer Volkswirtschaft. Befindet sich diese in einer Phase der Rezession, ermäßigt die Bundesbank beziehungsweise die Europäische Zentralbank die Zinsen, um die Konjunktur wieder in Schwung zu bringen.

Sobald die aufsteigende Phase beginnt, benötigen die Unternehmer mehr Geld, und somit verringert sich auch die ausleihbare Geldmenge der Hausbank beziehungsweise der Bundesbank. Letztere erhöht unter den vorgenannten Aspekten den Leitsatz für die Zinsen, was zu einer Verteuerung der Kreditzinsen führt.

Aus diesem Grundsatz kann eine konjunkturelle Zinsprognose abgeleitet werden. Diese besagt, daß bei Zunahme der Konjunktur eine automatische Zinserhöhung induziert wird. Bei einem Nachlassen der Wirtschaft ist die Europäische Zenralbank meist geneigt, die Zinsen wieder herunterzusetzen.

Es gibt daher viele Investoren, die sich antizyklisch verhalten, um so die Zinsen und die Zinsprognosen für sich zu nutzen. Sie investieren in ihr Unternehmen beziehungsweise der Privatmann kauft die eigenen vier Wände dann, wenn die Konjunktur rückläufig ist. Er sichert sich in dieser Phase niedrige Zinsen, die ihm dann auch in einer folgenden Boomphase "günstiges Baugeld" bescheren.

Dieses antizyklische Verhalten bedarf freilich einer vorausschauenden und sorgfältigen Analyse, damit die Zinsprognose auch zu dem erwarteten Zeitpunkt eintritt.

Allerdings gibt es auch Ausnahmesituationen, in denen die Zinsen trotz einer wirtschaftlichen Hochkonjunktur – allen Lehrbüchern und Gesetzmäßigkeiten zum Trotz – auf einem niedrigen Nieveau verharren.

Ein Beispiel für die Zinsentwicklung zeigt auf der folgenden Seite die Grafik der Deutschen Bundesbank, September 2000.

Zinsspanne im Zins- und Konjunkturzyklus

Jahresdurchschnitte

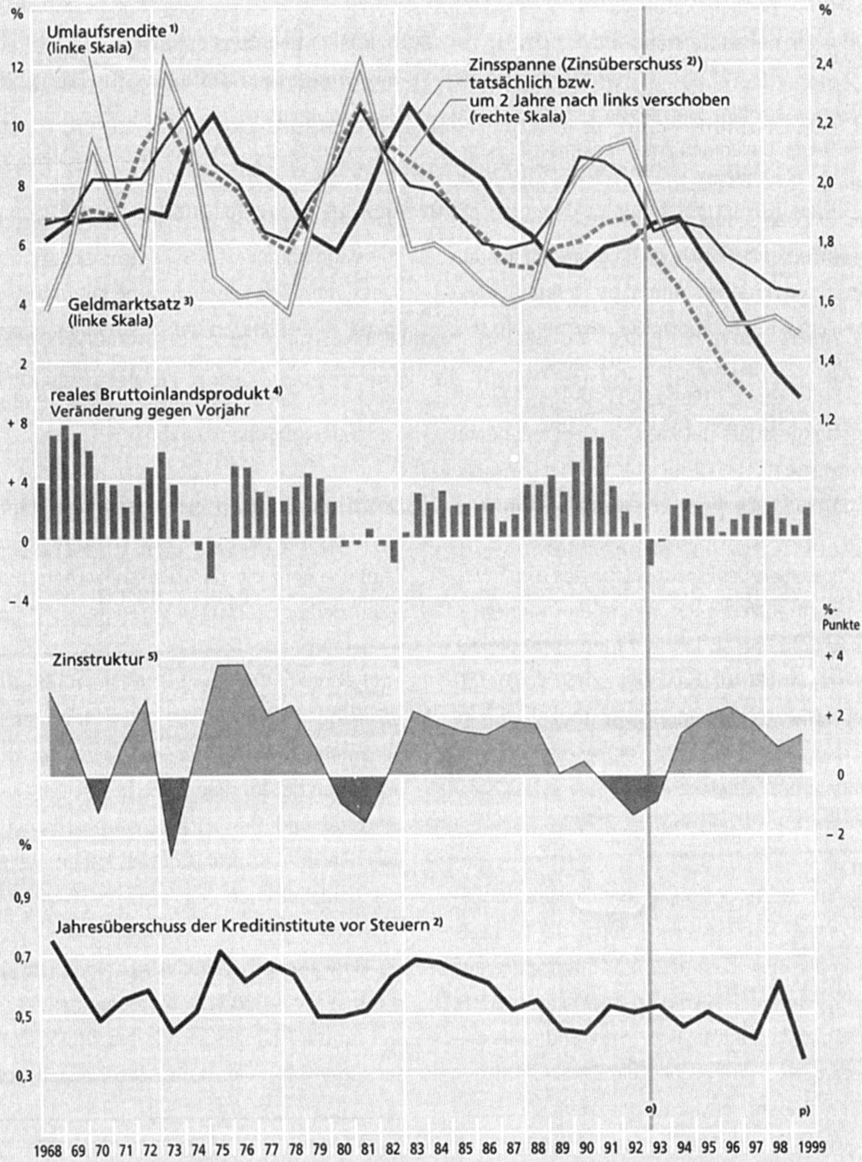

1 Umlaufsrendite für festverzinsliche Wertpapiere insgesamt. — 2 In % der durchschnittlichen Bilanzsumme, bis einschließlich 1998 in % des Geschäftsvolumens, Jahreswerte. — 3 Geldmarktsatz für Dreimonatsgeld in Frankfurt. — 4 Saison- und kalenderbereinigt, halbjährlich. Bis 1992 Westdeutschland, ab 1993 Gesamtdeutschland. — 5 Umlaufsrendite abzüglich Geldmarktsatz. — o Ab Geschäftsjahr 1993 einschließlich ostdeutscher Kreditinstitute und gemäß den geänderten Rechnungslegungsvorschriften.

Deutsche Bundesbank

1.2.5 Europäische Union

Die Idee **europäische Union** entstand im Grunde auf den Trümmern des zweiten Weltkriegs. Das Ziel bestand damals wie auch heute darin, Frieden und Wohlstand zu sichern. Der Vorläufer der heutigen Europäischen Union war im Grunde die Europäische Gemeinschaft für Kohle und Stahl (EGKS), die 1952 gegründet wurde. Die Gründungsmitglieder waren Belgien, die Bundesrepublik Deutschland, Frankreich, Italien, Luxemburg und die Niederlande.

1.2.5.1 Der Europäische Einigungsprozeß

Diese sechs Staaten unterzeichneten 1957 die **Römischen Verträge** zur Gründung der **Europäischen Wirtschaftsgemeinschaft (EWG)**. Im Jahr 1973 kamen dann die Länder England, Irland und Dänemark hinzu. Im Jahre 1979 wurde das Europäische Währungssystem (EWS) in Kraft gesetzt – mit der europäischen Währungseinheit **(ECU = European Currency Unit)**

In Jahre 1981 erfolgte der Beitritt Griechenlands und 1986 traten Portugal und Spanien als weitere Länder der Europäischen Union bei. Das Gebiet der ehemaligen **DDR** kam mit Wirkung des deutschen Einigungsvertrages im Jahre 1990 hinzu.

Im Jahre 1992 wurde der europäische Einigungsprozeß erweitert und die Maastrichter Verträge ratifiziert, die eine stufenmäßige Vorbereitung der Währungsunion vorsahen. Die Mitglieder mußten Konvergenzkriterien erfüllen wie Preisstabilität, Ordnung der öffentlichen Finanzen, Einhalten der Wechselkurse und bestimmte Kriterien beim Zinssatz.

Im Jahre 1995 traten dann Österreich, Norwegen, Finnland und Schweden bei und die EU wurde auf 15 Mitgliedsstaaten erweitert.

Umrechnngs-Währungen innerhalb der Mitgliedsstaaten

Rechendrescheibe Euro: Konversionsraten innerhalb der EWU

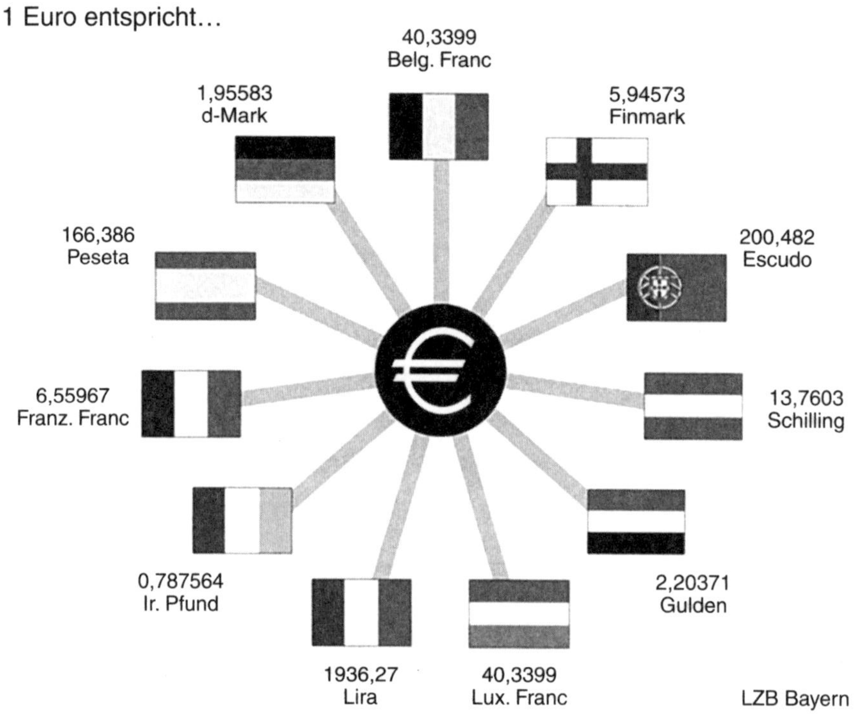

1.2.5.2 Der Europäische Binnenmarkt

Nach dem **EWG Vertrag** sollte der Gemeinsame Markt innerhalb von zwölf Jahren bis Ende 1969 verwirklicht werden. Diese Verwirklichung gelang nur im **Europäischen Binnenmarkt**. Im Jahre 1985 war es der Kommissionspräsident Jacques Delors, der bis 1992 die Vollendung eines europäischen Binnenmarktes vorschlug.

Die Errichtung des **Binnenmarktes** steht im Mittelpunkt der wirtschaftlichen Einigung. Im Binnenmarkt haben sich die Mitgliedsstaaten zu einem einheitlichen europäischen Wirtschaftsraum zusammengeschlossen, der weder durch **Zoll-** noch durch **Handelsschranken** durchbrochen wird. Die Eckpfeiler des Binnenmarktes sind die sogenannten Grundfreiheiten, das heißt der freie **Waren-, Personen-, Dienstleistungs- und Kapitalverkehr.** Die Arbeitnehmer haben **freien Zugang** zu den Arbeitsplätzen im Gemeinschaftsraum (Freizügigkeit). Aufgrund dessen hat sich teilweise auch das Lohngefälle angeglichen.

1.2.5.3 Die Europäische Währungsunion

Mit der Errichtung des Europäischen Währungssystem (EWS) im Jahre 1979 nahm die **Europäische Wahrungsunion** Gestalt an. Der Sinn und Zweck bestand darin, eine stabile Währungszone in Europa zu errichten, die von tiefgreifenden Wechselkursschwankungen zwischen den Währungen weitgehend befreit ist. Vor allem die unbeständigen Währungsverhältnisse zwischen den Währungen der Mitgliedstaaten waren die Ursache dafür, daß die europäischen Unternehmen vor größeren, über Jahre angelegten Investitionen in den Partnerländern zurückschreckten und die Vorteile des Gemeinsamen Marktes nur zum Teil nutzen konnten.

Die häufig unvorhersehbaren Wechselkursschwankungen machten jede wirtschaftliche Kalkulation zunichte. Oft mußten die Unternehmen die Güter zu einem Preis verkaufen, der kaum noch eine rentable Gewinnmarge zuließ. Das EWS hat daher zum Ziel die Stabilität der Wechselkurse mit einem System fester, jedoch anpassungsfähiger Leitkurse zu sichern.

Das Ziel der Europäischen Union ist die Europäische Zentralbank, die am 1.1.1999 die Arbeit aufgenommen hat, und die die Geldmenge und die Zinspolitik des Euro steuert.

Die Tabelle auf der folgenden Seite zeigt die Zusammensetzung der europäischen Zentralbanken.

EUROPÄISCHE ZENTRALBANK

DAS EUROPÄISCHE SYSTEM DER ZENTRALBANKEN (ESZB)

ESZB

Europäische Zentralbank (EZB)		**15 Nationale Zentralbanken**
EZB	**Die Beschlußorgane der EZB**	NZB
EZB-Rat	Direktorium	Erweiterter Rat
Direktorium der EZB		***Präsident und Vizepräsident der EZB***
Präsidenten der Zentralbanken der dem Euro-Währungsraum angehörenden Länder	***Präsident, Vizepräsident und vier weitere Mitglieder***	***Präsidenten der nationalen Zentralbanken***

Kaiserstraße 29, D-60311 Frankfurt am Main
Tel.: +49 69-13 44 74 55 Fax: +49 69-13 44 74 04

1.2.5.4 Finanzierung der Europäischen Union Der Finanzausgleich

In der Präambel des **EWG Vertrages** standen die Sicherung des wirtschaftlichen und sozialen Fortschritts sowie die stetige Verbesserung der Lebens- und Arbeitsbedingungen durch den **Finanzausgleich**. Um die Unterschiede und die Strukturprobleme auszugleichen, wurde der Europäischen Fonds für regionale Entwicklung sowie ein Sozialfonds und die Erhöhung der Gemeinschaftsdarlehen, die über die Europäischen Investitionsbank oder aus dem EG Haushalt finanziert werden, geschaffen.

Die Zielsetzung der Europäischen Union ist der wirtschaftliche Zusammenhalt, um die vorhandenen finanziellen Mittel nach einem Nationenschlüssel zu verteilen:

Fünf **prioritäre Ziele** sind zu unterscheiden:

1. Förderung der Entwicklung und der strukturellen Anpassung der Regionen mit Entwicklungsrückstand

2. Umstellung der Regionen, Grenzregionen oder Teilregionen (einschließlich Arbeitsmarktregionen und städtischer Verdichtungsräume), die von der rückläufigen industriellen Entwicklung schwer betroffen sind.

3. Bekämpfung der Langzeitarbeitslosigkeit

4. Erleichterung der Eingliederung der Jugendlichen in das Erwerbsleben

5. Beschleunigte Anpassung der Agrarstruktur und Förderung der Entwicklung des ländlichen Raums

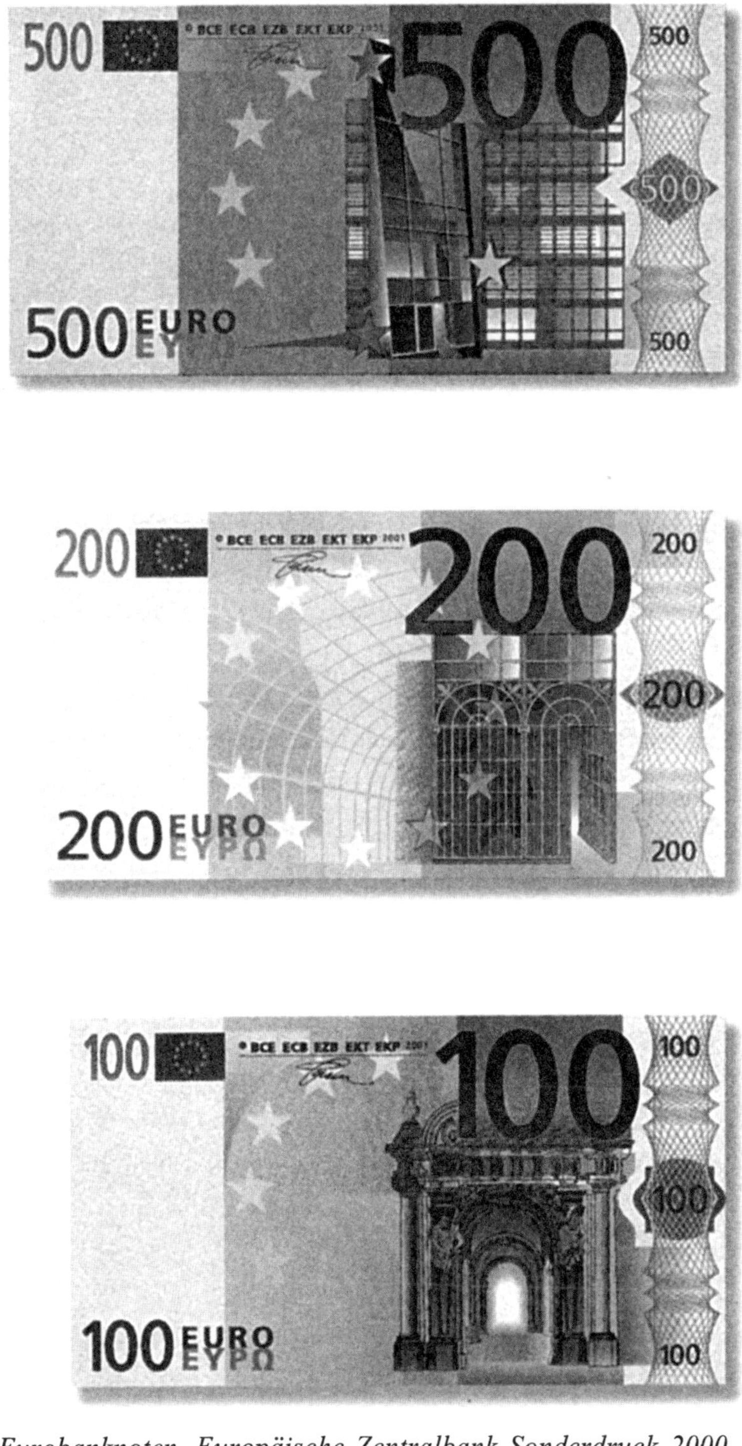

Die Eurobanknoten, Europäische Zentralbank Sonderdruck 2000

Die hauptsächlichen **Finanzierungsinstrumente** zur Durchführung der Politik, des wirtschaftlichen und sozialen Zusammenhalts bilden die drei Strukturfonds und ein Kohäsionsfonds:

Der **Europäischer Fonds für regionale Entwicklung**: Die Finanzierung ist eingerichtet, um die regionalen Unterschiede in der EU abbauen zu helfen.

Der **Europäische Spezialfonds**: Er nimmt sich der Verbesserung der Arbeitsmöglichkeiten und der geographischen und beruflichen Mobilität der Arbeitnehmer in der EU an.

Der **Europäische Ausrichtungs- und Garantiefonds** für die Landwirtschaft, Abteilung Ausrichtung: Er hat die Verbesserung der Produktions- und Verkaufsbedingungen für landwirtschaftliche Produkte zum Ziel.

Der **Kohäsionsfonds** (Zusammenhängender Fonds): Er soll die Finanzierung der Vorhaben von gemeinsamen Interesse auf den Gebieten des Umweltschutzes und der Verkehrsinfrastruktur, das heißt der transeuropäischen Netze, sicherstellen.

1.2.6 Raumordnung und Raumordnungspolitik

Die **Raumordnungspolitik** ist zuständig für die Schaffung einer Ordnung für raumrelevantes Handeln und die Festlegung räumlicher (für den Gesamtraum und die einzelnen Teilräume) und spezifischer ökonomischer Ziele sowie für die Entwicklung und Auswahl geeigneter Instrumente zur Realisation der o.a. Ziele, selbstverständlich unter Abwägung aller Nutzen und Kosten (Jenkis).

Die Raumordnungspolitik wird häufig auch als **Regionalpolitik** verstanden. Damit ist häufig eine Regionalisierung der Wirtschaftspolitik gemeint.

1.2.6.1 Dimension der Raumgliederung

Die Theorie der Raumordnungspolitik und die **Dimension der Raumgliederung** unterscheidet zwei Ansätze:

- **Ordnungspolitik**
- **Ablaufpolitik**

Die **Ordnungspolitik** ist die Schaffung, Veränderung und Weiterentwicklung der Wirtschaftsordnung. In ihrem Rahmen treffen private Wirtschaftsteilnehmer ebenso wie Investoren und Verbraucher eigene Entscheidungen.

Die **Ablaufpolitik** beeinflußt den Wirtschaftsablauf beziehungsweise die Planungen

- der privaten Entscheidungseinheiten durch staatliche Institutionen,

- die Träger der Wirtschaftspolitik im Hinblick auf die raumordnungspolitischen Ziele mit Hilfe wirtschaftspolitischer Instrumente.

Der **Raumordnungspolitik** obliegt es gemäß Artikel 75 Nr. 4 GG dem Bund unter den Voraussetzungen des Artikel 72 GG, Rahmenvorschriften über die Bodenverteilung, die Raumordnung und den Wasserhaushalt zu erlassen. Von diesem Recht hat der Bund durch das **Raumordnungsgesetz (ROG)** vom 8. April 1965 Gebrauch gemacht. Das ROG enthält keine Legaldefinition der Raumordnung, sondern die Aufgaben und **Leitvorstellungen** der Raumordnung.

1.2.6.2 Staatliche Eingriffe in die Raumstrukturpolitik

Die staatliche Strukturpolitik dient dem Ziel, ein optimales wirtschaftliches Wachstum zu sichern (Otto Schlecht). Die Raumstrukturpolitik trägt zur Verbesserung der Lebensstandard bei. **Staatliche Förderung** oder **Eingriffe in die Strukturpolitik** bedeuten auch Förderung des Strukturwandels der Wirtschaft. Der Staatliche Eingriff ist somit keine Behinderung der Wirtschaft, sondern bedeutet eher eine Förderung. Daher sollte der staatliche Eingriff auch nur dosiert erfolgen. Der Staat kann beispielsweise durch Baugenehmigungen die Bauinvestitionen fördern

Bautätigkeit in Deutschland, Deutsche Bank Research

Entwicklung der Bauinvestitionen in Deutschland

reales Wachstum in % gg. Vorjahr

	1999	2000	2001
Wohnungsbau	-0.1	0.5	1.4
Sonst. Hochbau	-2.0	1.4	2.3
Tiefbau	3.7	1.0	1.0
Bau insgesamt	**+/-0**	**0.8**	**1.6**

2000 u. 2001: Eigene Schätzung

Der **staatliche Eingriff** kommt in den folgenden Bereichen vor:

In der **regionalen Strukturpolitik**. sollen vor allen Dingen **wirtschaftliche Schwierigkeiten** in den Regionen überwunden werden.

In der **sektoralen Raumgliederung**. Sie soll die Strukturanpassung einzelner Wirtschaftszweige erleichtern, bei denen schwierige Produktions- oder Marktverhältnisse vorliegen. Außerdem soll die wirtschaftliche Entwicklung neuer, zukunftsorientierter Unternehmen gefördert werden.

1.2.6.3 Leitbilder für Landesentwicklung und Regionalplanung

Die **Raumentwicklung** setzt **Leitbilder** für die Regionalplanung, laut Jenkis sind dies folgende:

- die **Gleichwertigkeit der Lebensbedingungen**
- die **dezentrale Raum- und Siedlungsstruktur**
- die **Überlastungen der Verdichtung**
- die **Raumnutzungen**
- die **regionalen Potentiale**
- die **regionalen Standortbedingungen**

Die **Herstellung der Gleichwertigkeit** der Lebensbedingen ist ein langfristiger, dauerhafter Prozeß und ist nicht mit den identischen räumlichen Bedingungen und Gleichartigkeit gleichzusetzen. Es sollten regionale Übergangslösungen gefunden und durchgeführt werden.

Die **dezentrale Raum- und Siedlungsstruktur** ist einer der großen Vorteile der räumlichen Standortbedingungen in Deutschland. Obwohl teilweise von einer Zersiedelung gesprochen wird, bringt sie eine relative Ausgeglichenheit der zwischen den urbanen Räumen und dem "flachen Land" (zum Unterschied die **zentralistische** Struktur in Frankreich durch Paris oder London in England).

Die **Raumnutzung optimieren** heißt, in einem so dicht besiedelten Land wie Deutschland, in dem sich Konflikte über Raumnutzungen nicht vermeiden lassen, Lösungsmöglichkeiten anzubietn. Konkurrierende Städte und Gemeiden sind aufgerufen nach Verbundlösungen zu suchen, um die Flächennutzung zu optimieren.

Die **regionalen Potentiale** stärken, heißt Eigeninitiative zuzulassen. Der Bund kann die Rahmenbedingungen schaffen, aber die Regionen müssen

Anstöße zur weiteren Raumentwicklung leisten. Damit erhält der öffentliche und private Planungssektor eine neue Aufgabe. Die planerische Gestaltung wird somit auf den privaten Sektor verlagert. Die Genehmigung bleibt jedoch in der öffentlichen Hand.

Die **regionalen Standortbedingungen** sind zu verbessern, um damit die Wettbewerbsfähigkeit zu stärken. Im Zuge eines stärkeren europäischen Wettbewerbs müssen die einzelnen regionalen Standorte eine neue Überprüfung erfahren. Der dezentrale Raum hat Vorteile für die Ansiedlung von Unternehmen, die zum Beispiel auf besonere Kundennähe angewiesen sind.

Europäisch gesehen sollten die Regionen zusammenarbeiten um sich gegenseitig nicht zu starke Konkurrenz zu machen, um die Wettbewerbsfähigkeit gegenüber außereuropäischen Ländern nicht zu schwächen.

1.2.7 Wohnungspolitik

1.2.7.1 Entwicklung in Deutschland seit 1950

Nach dem **Jahre 1950** setzte ein Übergang von der Wohnungswirtschaft in eine soziale Marktwirtschaft ein. Bis 1954 mußten Mieterhöhungen in engen Grenzen genehmigt werden. Erst 1955 wurden in engen Grenzen Mietsteigerungen zugelassen. Die ordnungspolitische Wende wurde durch den **Lücke Plan** im Jahre 1960 mit dem Gesetz zum Abbau der Wohnungszwangswirtschaft und über ein soziales Miet- und Wohnrecht eingeführt. Damit sollte ein Gleichgewicht geschaffen werden zwischen den wirtschaftlichen Erfordernissen und einem sozialen Verhalten.

Nach der **Rezession im Jahre 1966/67** folgte Afgang der 70er Jahre ein Boom mit inflationären Tendenzen und der Flucht in die Sachwerte. Diese Flucht in das **Betongold** führte zu enormen Mietpreissteigerungen. Um den Mietpreisauftrieb zu begrenzen, trat im Jahre 1971 das Gesetz zur Verbesserung des Mietrechts und zur Begrenzung des Mietanstiegs sowie das Gesetz über den **Kündigungsschutz** für Mietverhältnisse über Wohnraum in Kraft.

Das **Bundesverfassungsgericht** hat sich mehrfach mit der Frage beschäftigt, ob die gesetzlichen Eingriffe in die freie Markt- und Wohnungswirtschaft juristisch konform sind. Im Jahre 1974 hat der BFH festgestellt, daß das Privateigentum geschützt sein muß aber auch dem Gebot sozialgerechter Nutzung Rechnung getragen werden muß. Der Mieter war somit gegen Kündigungen zu schützen.

Neben der Verfügbarkeit von **Wohnbauland** sind die Bodenpreise von erheblicher Bedeutung für den Wohnungsneubau, insbesondere in Ballungszentren wie im Raum München, Stuttgart und dem Rhein-Main-Gebiet. Der Anteil der **Grundstückskosten** kann bei freistehenden Einfamilienhäusern in bevorzugten Lagen bis zu 50 Prozent der Gesamtkosten betragen.

1.2.7.2 Zielsetzungen der staatlichen Wohnungspolitik

Die **Ziele**, die die staatliche **Wohnungspolitik** verfolgt, können im **rechtlichen Bereich** wie auch im **ordnungspolitischen Gebiet** liegen und dort umgesetzt werden.

So hat zum Beispiel das **Wohnmietrecht** eine Ausgleichsfunktion zwischen Mieter und Vermieter und mit dem **Ziel,** den sozialen Frieden zu erhalten. Durch das Gesetz zur Regelung der Miethöhe wird die Mietpreisbildung zumindest bei neu abzuschließenden Verträgen beeinflußt. Auch bei einer Modernisierung kann der Vermieter die Miete nicht in extreme Höhen ausreizen.

Mietpreise in Deutschland, Deutsche Bank Research

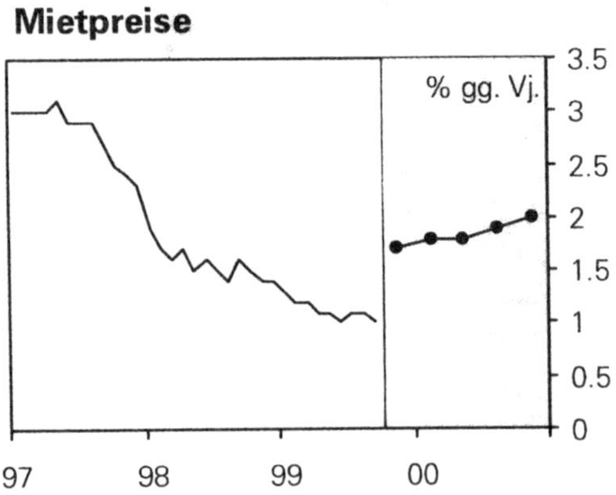

Beim **Steuerrecht** wird vom Staat das **Ziel** der Subvention verfolgt. Der Investor, der Wohnraum oder eine gewerbliche Immobilie zur Verfügung stellt, erhält in Form der Abschreibung einen Abzug auf sein zu versteuerndes Einkommen und mindert dadurch sein Steueraufkommen. Bei selbstgenutzten Wohnraum kann der Bezieher des Eigenheims über einen gewissen Zeitraum eine staatliche Förderung erhalten.

Die **Rahmenbedingungen** haben das **Ziel** die Funktionsfähigkeit der Strukturen zu einer optimalen Wettbewerbsintensität hin zu verbessern. So werden **Energieeinsparung**, **Sanierung** oder **Modernisierung** unterstützt, damit Altstadtkerne eine wohngerechte Aufwertung erfahren. Der private Investor kann somit beispielsweise Sanierungsmaßnahmen, etwa zur Wärmedämmmung, leichter durchführen oder sogar Sanierungsarbeiten an denkmalsgeschützten Gebäuden vornehmen.

1.2.7.3 Wohnungspolitische Instrumente

Die Konsequenz der wohnungspolitischen Instrumente setzt eine genaue Kenntnisnahme der nicht ganz einfachen Funktionszusammenhänge voraus. In der Regel kann der Bauherr oder Investor auf folgende Instrumente zurückgreifen:

- Das **Wohngeld,** das auch leistungsschwächeren Haushalten ein adäquates Wohnen ermöglicht, ist ein **Instrument** zur Verbesserung der Lebensqualität.

- Die **Mietpreisbindung für Altbauwohnungen** und für Wohnraum zum Beispiel im sozialen Wohnungsbau, hilft Personen bis zu einem gewissen Einkommen eine mietgerechte Wohnung zu nutzen.

Die **Instrumente der Wohnungspolitik** sind dazu da, daß ein tatsächlicher beziehungsweise ein zukünftig zu erwartetender Wohnungsengpaß aufgedeckt oder rechtzeitig erkannt und mit politischen Entscheidungsträgern nach Inhalt, Ausmaß und im Hinblick auf dessen Beseitigung erörtert wird. Die **vorhandenen Instrumente** und ihre **Funktion** müssen dann richtig eingesetzt werden, um die Ziele zu erreichen. So zum Beispiel, daß eine konkrete wohnungs- wie gesamtwirtschaftliche Situation gelöst wird, etwa im Zusammenhang mit einem Einwanderungsproblem.

1.2.7.4 Träger der Wohnungspolitik

Die staatlichen, hoheitlichen Einflüsse beziehen sich nicht auf die Anordnung der Wohnräume, sondern auf den Wirtschaftszweig der Wohnungswirtschaft. Daher wird hier der Begriff **Wohnungspolitik** auf **Wohnungswirtschaftspolitik** erweitert.

Die Träger der Wohnungswirtschaftspolitik sind im weitesten Sinne die Parlamente wie Bund und Land, die die Normen für die Wohnungspolitik festlegen. Dabei kann die Politik direkte oder indirekte, rechtliche und fiskalische Instrumente unter Berücksichtigung der Raumordnung und Landesplanung einsetzen.

Hinsichtlich der wohnungspolitischen Ziele wie Förderung des Eigentums, der Familienförderung, der Förderung von Sozialwohnungen für einkommensschwächere Haushalte sind sich die Parteien und damit die **Träger** einig. Der oft offen zur Schau getragene Dissens besteht vielfach darin, daß sich die Frage stellt, ob das Subjekt, also die Personen oder das Objekt, der Investor, durch den **Träger** gefördert werden soll.

Im **marktwirtschaftlichen sozialen System** ist man bemüht das Privateigentum zu fördern aber auch rechtlich nicht auszuhöhlen, damit weiterhin Investoren ihr Geld in den Wohnungsbau fließen lassen. Dies setzt jedoch voraus, daß die Träger der Wohnungspolitik die Reglementierungen und Eingriffe reduzieren, damit Investitionen in diesen Bereich rentabel bleiben.

Der **Staat** soll sich als **Träger der Wohnungspolitik** auf seine hoheitlichen Aufgaben beschränken, die in der Fiskalpolitik und in den Rahmenbedingungen für die Wohnungswirtschaft liegen, und Interventionen (wie Mietpreiskontrolle, Wohnungsrecht) auf ein Minimalmaß beschneiden.

1.2.7.5 Marktentwicklungen und Marktprognosen im Immobilienmarkt Definition der Prognose

Die **Marktprognose** gibt Aufschluß darüber, wie sich der Markt in Zukunft entwickeln wird. Es ist eine Vorhersage, die sich an Beobachtungen und Trendwirkungen orientiert.

Gegenstand der Marktprognose ist die Vorhersage über zukünftige Entwicklungen, gestützt auf empirische Aussagen über Markt- und Absatzpotential sowie über Produkte und Dienstleistungen.

Die **Marktprognose** beinhaltet folgende Merkmale

1. Das **Marktpotential** ist die Summe aller Absatzvolumina eines Marktes für ein Produkt (Kapazität des Marktes).

2. Das **Absatzpotential** ist der Anteil des Unternehmens am Marktpotential, den dieses Unternehmen erreichen kann (Großziel).

3. Der **Marktanteil** ist das Verhältnis des Absatzvolumens am Gesamtmarktvolumen, ausgedrückt in Prozenten.

Aus diesen Entwicklungen der vorgenannten Prognosen lassen sich Rückschlüsse auf die Absatzmöglichkeiten ziehen, die für einen möglichen Einsatz von Marketingstrategien entscheidend sind.

1.2.7.6 Marktprognose für den Wohnungsbau

Da es sich bei Wohnungen um langlebige **Wirtschaftsgüter** handelt, die darüber hinaus nicht beweglich sind, ist man bei der Beurteilung der zu tätigenden Investition auf eine verläßliche Prognose angewiesen. Diese bezieht sich beim Erwerb des Grundstücks auf die Entwicklung des Umlandes, die Verkehrsanbindung sowie die notwendigen Anschlüsse an die allgemeine Versorgung.

Die ökonomische Betrachtung orientiert sich an steuerlichen Gegebenheiten wie Abzugsfähigkeit von Zinsen, Steuererleichterungen und Abschreibungsmöglichkeiten.

Die Entwicklung der Bevölkerungszuwächse sowie des Wohnverhaltens sind für die zukünftigen Entscheidungen relevant. Die Nachfragen nach kleinen Wohnungen für “**Single-Haushalte**“ nehmen vermehrt zu.

Bei Single-Haushalten liegt Hamburg an der Spitze; aus Stadt und Gemeinde März 2000.

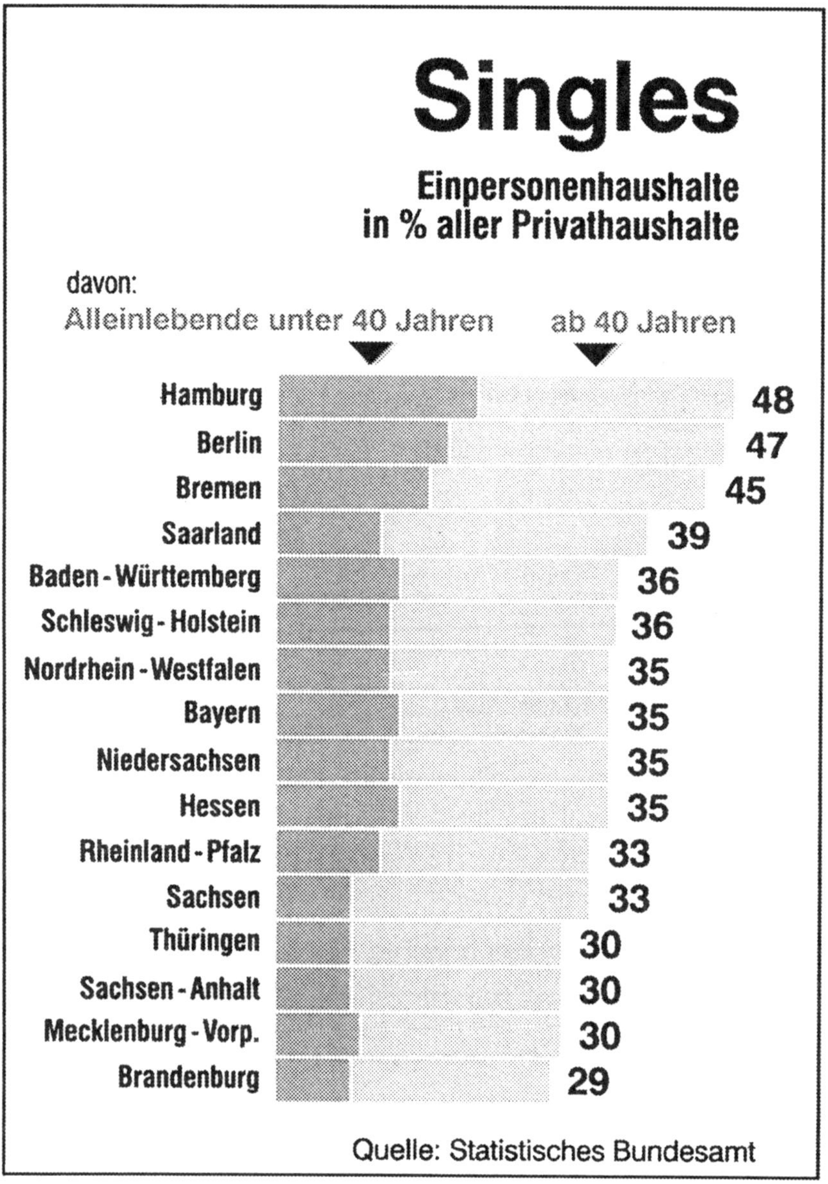

Gleichzeitig steigt der Bedarf an gehobenem Wohnungsstandard. Die Nachfrage nach verkehrsgünstigen Anbindungen zum Arbeitsplatz steigt. Die Prognose über Veränderungen und Wanderbewegungen innerhalb der Gesellschaft spielen beim Marktpotential eine entscheidende Rolle. Einschnitte in das Gehaltsgefüge wie Lohnkürzungen haben Auswirkungen auf den Wohnungsmarkt.

Es besteht zunehmend die Tendenz, die Bürotätigkeit nach Hause, in die Wohnung zu verlegen. Dies bietet sich vor allem für das Arbeiten mit Daten an, die nicht ständig ausgetauscht werden müssen.

Die Kommunikation kann durch die modernen Technologien in Form der **Telearbeit** erfolgen. Diese Art der Selbständigkeit kann vom Arbeitszimmer oder einem anderen Raum der Wohnung aus ausgeübt werden.

Dies ermöglicht vor allem Frauen mit Kindern, weiterhin am Arbeitsprozeß teilzunehmen und Beruf und Familie miteinander zu verbinden. Bisheriger Wohnraum wird zu Arbeitszimmer oder **Hausbüro** umgebaut. Die Kommunikation mit dem Betrieb erfolgt per Telefon, Fax oder Computer als den wichtigsten Mitteln des Informationsaustausches. Durch die Zunahme von **Heimarbeitsplätzen** ändern sich also Gewohnheiten, die das Wohnen betreffen. Neben der Zunahme von Wohnraum durch das Wohnbüro wird diese auch durch die Freizeitgestaltung ausgelöst. So benötigt man zunehmend Raum für die Freizeit- und Sportgeräte und die dazugehörige Kleidung.

Im Alter ist der Bedarf nach mehr Wohnraum wieder rückläufig. Dann werden kleinere Wohnungen gesucht, die wegen der geringeren Einnahmen (Rente) auch besser bezahlbar und gleichzeitig leichter zu pflegen sind. Hinzu kommt, daß die Kinder aus dem Haus ziehen und die Freizeitgewohnheiten sich verändern. Die Bürotätigkeit wird im Alter ebenfalls eingeschränkt oder gar beendet.

Aus veränderten Arbeitslandschaften lassen sich Prognosen für das Wohnen ziehen, aus Stadt und Gemeinde März 2000.

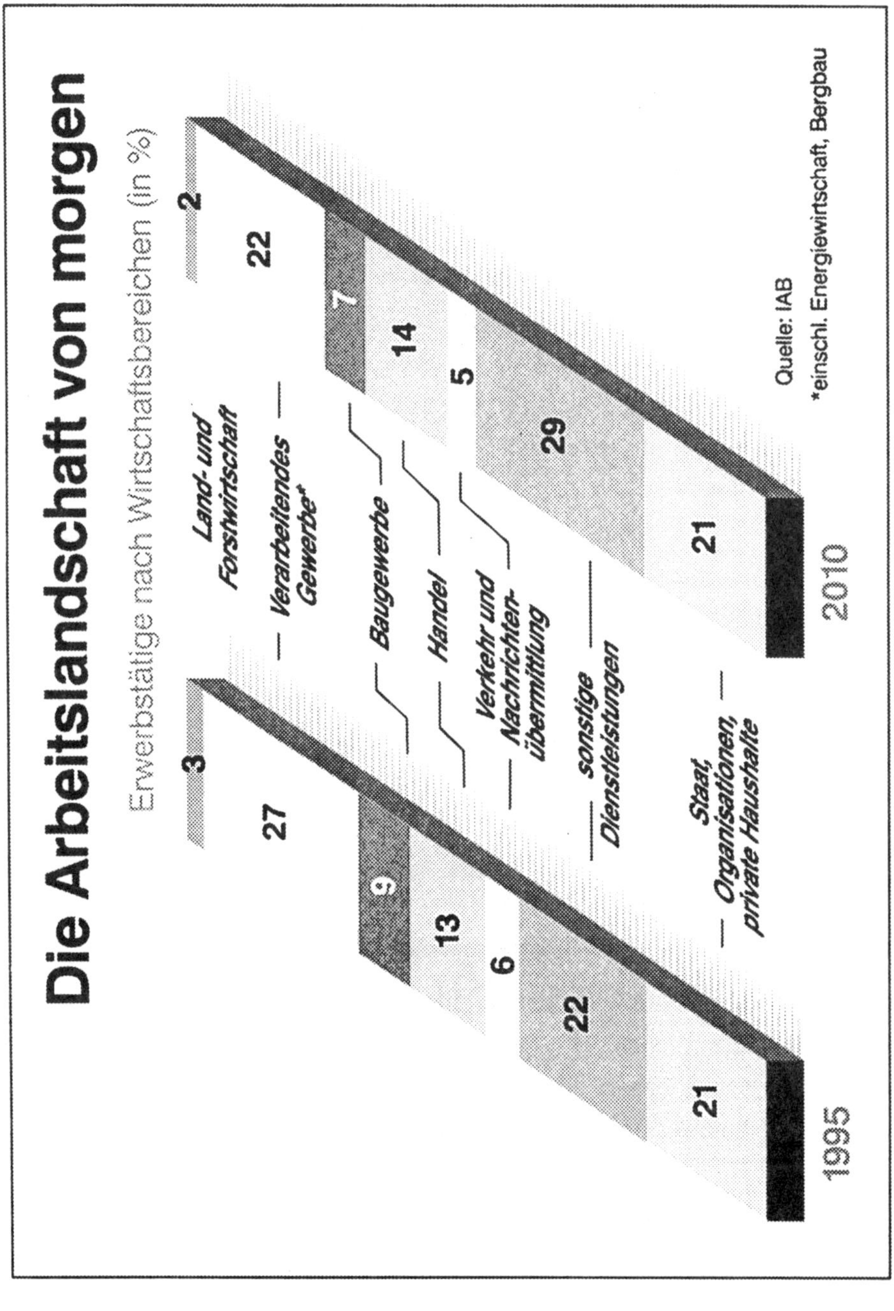

Durch diese zunehmende Differenzierung der Lebensgewohnheiten kommt der Wohnungskonzeption und damit den Bauunternehmen und Maklern eine wachsende Bedeutung zu. Damit nicht jede häusliche Veränderung einen Wohnungswechsel notwendig macht, sollten Räume in der Wohnung oder im Haus austauschbar beziehungsweise durch nicht tragende Wände veränderbar sein.

1.2.7.7 Marktprognose für den Gewerbebau

Aussagen zur Entwicklung von **gewerblichen Büro- und Verwaltungsflächen** oder Verkaufsflächen für den Einzelhandel hängen von der wirtschaftlichen Entwicklung der Region oder sogar des gesamten Landes ab.

Bei einem wirtschaftlichen Aufschwung steigt auch die Nachfrage nach gewerblichen Flächen. Diesem Anstieg geht meistens ein Abschwung oder Stillstand der Bautätigkeit voraus. Die bis dahin aufgelaufenen Leerstände werden vom Markt absorbiert und die Preise für die Anmietung beziehungsweise für den Kauf von Gewerbeimmobilien steigen. Dies bewirkt, daß Immobilienunternehmen sich wieder vermehrt der Bautätigkeit widmen, um die Nachfrage zu befriedigen.

Bei Gewerbeeinheiten gibt es neben den Großanfragen über mehrere tausend Quadratmeter Mietfläche einen zunehmenden Bedarf nach kleineren Büroeinheiten. Der Vermieter muß daher in der Lage sein, bei bestehenden Objekten oder neu zu errichtenden Bauten auch kleine Einheiten mit der selben Dienstleistungsqualität anzubieten wie bei einer großen Fläche.

Die Entwicklung bei den Gewerbebauten ist darüber hinaus gekennzeichnet durch eine Veränderung in der Ausstattungsqualität. So werden häufig Teilklimatisierung, flexible Trennwandsysteme sowie die Aufteilung nach Nutz- und Nebenflächen nachgefragt.

Mietflächen eines Büro- und Geschäftshauses, Grundwertfonds DEGI, Frankfurt

Mietbare Flächen

	Haus	A	B		C		D	E		gesamt
	Nutzung	A	B1	B2	C1	C2	D	E1	E2	
5.OG	Büro	293	479	316	469	173	456			2 186
	Wohnfl.							81		81
4.OG	Büro	362	614	479	558	316	483			2 812
	Wohnfl.							83	89	172
3.OG	Büro	362	614	479	558	316	483			2 812
	Wohnfl.							164	113	277
2.OG	Büro	378	614	479	557	316	483			2 827
	Praxen							196		196
	Wohnfl.								113	113
1.OG	Büro	378	614	479	557	316	483			2 827
	Praxen							195	136	331
EG	Büro		479	439	408	316	96			1 738
	Laden	238					147	142		527
1.UG	Lager									529
2.UG	Lager									809
3.UG	Lager									353
gesamt	Büro	1 773	3 414	2 671	3 107	1 753	2 484			15 203
	Läden	238					147	142		527
	Praxen							391	136	527
	Wohnfl.							328	315	643
	Lager									1 691
	TG-Stellplätze									241

Zirka-Angaben in qm inklusive anteiliger Gemeinschaftsflächen

Für den **Bauträger** stellt sich die Frage, ob er bei der Planung Einzelbüros oder Großraumbüros den Vorzug gibt. Diese Entscheidung ist in diesem besonderen Markt zunehmend schwierig.

Die Anmietung oder der Kauf von Einzelhandelsflächen hängt weitgehend von der ökonomischen Prognose ab. Bei einer positiven wirtschaftlichen Entwicklung nehmen Nachfragen nach Läden zu. Aufgrund der zu erwartenden Verkaufsmöglichkeiten werden steigende Mietpreise billigend in Kauf genommen.

Der Vermieter kann die Mietpreise durch Indizierung optimieren. Beim Kauf einer Einzelhandelsfläche werden mit Blick auf die Konjunktur hohe Verkaufspreise akzeptiert.

Die Immobilienwirtschaft und alle, die damit beschäftigt sind, müssen die Auswirkungen einer Prognose erkennen. Sie müssen die Entwicklung anhand der Marktinformationen einschätzen und die zukünftigen Aktivitäten danach ausrichten können.

Aus der Entwicklung der Prognose lassen sich Rückschlüsse auf die Absatzmöglichkeiten ziehen, die auch für den Einsatz von Marketingstrategien entscheidend sind.

1.2.7.8 Standortpolitik
Entwicklungen am Standort

Die räumliche Entwicklung eines Standortes hängt weitgehend von den Wirtschaftsfaktoren ab. Diese Wettbewerbsfähigkeit eines Standortes, die einen Raumausschnitt aus einer Region oder einem Land darstellt, weist folgende Strukturen auf:

- **Infrastruktur**
- **Siedlungsstruktur**
- **Lage und Preis**
- **Lohnniveau**
- **Steuersatz**
- **Verkehrsanbindung an Straße, Wasser, Bahn oder Flughafen**

Die Standortqualitäten stellen Rahmenbedingungen dar, die zum Vergleich mit anderen Standorten herangezogen und evaluiert werden. Neben diesen Faktoren ist die allgemeine wirtschaftliche Lage der Branche oder die Gesamtwachstumsrate eines Landes heranzuziehen.

Verändert sich die gesamtwirtschaftliche Wachstumsrate auf Dauer unter einen bestimmten Wert, verringert sich nicht nur der finanzielle Spielraum eines Staates, sondern zumeist nimmt auch der Druck auf die Unternehmen zu.

Solchen Entwicklungen versuchen die Unternehmen entgegenzuwirken, indem sie die Standortfrage überdenken. Oft wird dann die Lage in den Städten und Ballungsräumen aufgegeben, um mit dem Unternehmen auf das preislich günstigere Land zu gehen.

Durch solche Bewegungen verändern sich ganze Strukturen. Das Flächenangebot wird dann im ländlichen Raum knapper und auf dem Arbeitsmarkt herrscht ein Mangel an Facharbeitskräften. Preissteigerungen der Bodenfläche nehmen durch die Verdichtungen zu.

Bei hohem gesamtwirtschaftlichem Wachstum reicht dann jedoch häufig eine gute infrastrukturelle Erschließung, das Vorhandensein von Facharbeitskräften und ein gewisses Stadt-Land-Lohngefälle aus, um mittels des finanziellen Anreizes Investoren aus den Ballungsgebieten in den ländlichen Raum zu locken.

Diese Entwicklungen der ökonomischen Strukturen werden durch die europäische Integration und die additive Globalisierung der Weltmärkte noch verschärft werden. Sie stellen eine enorme Herausforderung an die Raumordnung und die regionale Wirtschaftspolitik dar.

Zu den wichtigsten Gesetzmäßigkeiten zählen vor allem die folgenden strukturellen Entwicklungen:

- **Globalisierung der betrieblichen Absatz- und Beschaffungsmärkte**
- **Internationalisierung der Produktion**
- **Herausbildung neuer Formen der Arbeitsteilung**
- **Verkürzung der Produktionszyklen**

Diese Prozesse werden eine Verschärfung des Preis- und Qualitätswettbewerbs auf den Gütermärkten bei gleichzeitiger Zunahme des Standortwettbewerbs der verschiedenen Regionen nach sich ziehen.

Im Gefolge solcher Prozesse kommt es zu Veränderungen bisheriger Liefer- und Empfangsverflechtungen. Etwa in der Auto- oder Elektroindustrie werden von der Großindustrie die Fertigungstiefen reduziert und auf die Zulieferer verlagert. Das wirkt sich auf die Lagerhaltung, den Transport oder die Entwicklungen von Teilkomponenten aus.

Diese Reduktion der Lagerhaltung und die **Just-in-Time** Lieferung erhöhen die Anforderungen an die Logistik und die Verkehrsinfrastruktur. Insgesamt erfährt die Qualität der Verkehrsinfrastruktur eine Aufwertung, was sich wiederum zu Lasten des ländlichen Raums auswirkt.

Bereits gemachte Erfahrungen im Ausland zeigen, daß dieser Prozeß einen Trend in Richtung Auslese und Konzentration im Zulieferbereich auslöst. Es ist daher zu erwarten, daß die Globalisierung der Absatz- und Beschaffungsmärkte sowie die Herausbildung neuer Formen zwischenbetrieblicher Arbeitsteilungen, die Qualifikationsanforderungen an die Mitarbeiter und die Unternehmensführung beachtlich verändern werden.

Die Schwächen eines Standortes lassen sich aus den zu hohen Lohn- und Lohnnebenkosten, den inflexiblen Arbeitszeiten, der Regel- und Verordnungsdichte und der Steuerbelastung ablesen. Aus diesen Gründen verlegen viele Unternehmen Teile der Produktion, insbesondere arbeitsintensive, in das kostengünstigere Ausland. Umgekehrt gehen ausländische Investoren in Industrieländer, um dort den Vertrieb und die Organisation aufzubauen. Sie suchen meist Standorte in Ballungsgebieten mit guter Infrastruktur, gutem Image und gut ausgebildeten Fachkräften.

Solche Verlagerungen und Veränderungen haben Einfluß auf die regionalen Entwicklungsprozesse in Bezug auf die Bodenfläche für die Bebauung von Industrie-, Fertigungshallen oder Bürogebäuden.

1.2.7.9 Standortmarketing Gewerbe- und Einzelhandelsimmobilien

Das **Standortmarketing,** also die marktgerechte Entwicklung eines Standortes, ist die oberste Maxime jeder Produktentwicklung für eine Gewerbe- oder Einzelhandelsimmobilie. Oft führt die falsche Einschätzung eines Standortes oder Selbstüberschätzung der Investoren durch besondere Exklusivität zu falschen Signalen für den Verbraucher.

Standortnachteile können für den Investor durch eine hochwertige Architektur nicht zwangsläufig ausgeglichen werden. Architektonisch zu groß aufgemachte Gebäude verhindern oft sogar die Funktionalität und schrecken den Kunden ab. Der Konsument läßt sich von dem Gedanken leiten, daß er beim Kauf der Produkte auch für die Architektur zu zahlen hat.

Solche Gestaltungsfehler lassen sich schon in der Planungsphase vermeiden. Ziel des standortgerechten Developments ist die Synthese zwischen Standort, Design und Funktionalität des Gebäudes als optimalem Verkaufsmarkt für die angebotenen Waren.

Der zentrale Erfolgsfaktor einer Einzelhandelsimmobilie ist die Wahl des Standorts. Eine Entscheidung für einen Standort läßt sich nicht mehr korrigieren, wenn die Immobilie gebaut wird. Die Erfolgskriterien für den Standort, gerade für Gewerbe-, Büro- oder Einzelhandelsimmobilien, müssen in gebotener Schärfe analysiert und beachtet werden.

Wichtige Kriterien sind:

1. Gute Erreichbarkeit für den Kunden oder die Personen im Büro, sei es durch den öffentlichen Nahverkehr oder zu Fuß
2.Die Lage des Objekts im Kaufkraftpotential. Der Verbraucher muß auch die Ware kaufkraftmäßig erwerben können.

Gegenüber den markanten Erfolgsfaktoren sind andere Kriterien, wie Gestaltung und Management, von nachrangigem Wert.

Neben diesen Merkmalen der Grundstücksfindung sind sogenannte Bauleitpläne von Bedeutung. Diese werden von den Gemeinden erstellt und können bei den Bauämtern eingesehen werden. Man unterscheidet zwei Arten von Bauleitplänen:

- **Flächennutzungsplan**
- **Bebauungsplan**

Der Flächennutzungsplan umfaßt meist einen ganzen Orts- oder Stadtteil, bei dem die Stadtplanung zu ersehen ist, zum Beispiel, in welchen Gebieten Wohnungen und Gewerberäume entstehen und wo demnächst Straßen gebaut werden.

Der Bebauungsplan zeigt die einzelnen Grundstücke und Parzellen für den zukünftigen Bauherrn auf und gibt Auskunft darüber, ob darauf gebaut werden darf. Dabei gibt es folgende Bezeichnungen und Abkürzungen im Bebauungsplan:

GFZ: Abkürzung für **Geschoßflächenzahl**. Die Geschoßflächenzahl teilt mit, wieviel Wohnfläche insgesamt (auch über mehrere Stockwerke) höchstens auf einem Grundstück entstehen darf. Beispiel: GFZ 0,4 sagt, daß auf einem Grundstück mit 1.000 Quadratmetern höchstens 400 Quadratmeter Wohnfläche entstehen dürfen.

GRZ: Abkürzung für **Grundflächenzahl**. Die Grundflächenzahl teilt mit, wieviel Fläche eines Grundstücks höchstens bebaut werden darf. Beispiel: GRZ 0,4 heißt, daß auf einem Grundstück mit 1.000 Quadratmetern Fläche höchstens 400 Quadratmeter bebaut werden dürfen.

Z: Teilt mit, wieviel **Geschosse** gebaut werden dürfen - oder müssen, Beispiel: Z II = zwei Stockwerke. Ist das Z **normal schmal** gedruckt, **dürfen** höchstens soviele Stockwerke gebaut werden. Ist es **fett** gedruckt, **müssen** soviele Stockwerke gebaut werden.

MI: Heißt **Mischgebiet**. Es können Wohnhäuser und Gewerbeeinheiten gebaut werden.

WR: Heißt **reines Wohngebiet**. Es wird sogar bestimmt, ob Ein- und Zweifamilienhäuser gebaut werden dürfen.

WB: Heißt **besonderes Wohngebiet**. Hier sind Büro- und Geschäftshäuser erlaubt, oft auch Diskotheken.

WA: Heißt **allgemeines Wohngebiet**. Hier sind Geschäfte, Restaurants und kleine Handwerksbetriebe zugelassen.

Standortentwicklung für den Einzelhandel

Die Standortentwicklung ist darauf ausgerichtet, auf dem gebotenen Grundstück ein Objekt für den Einzelhandel zu erstellen.

Die Aufgabe für den Investor liegt darin, eine standortgerechte Entwicklung für das Grundstück zuzulassen.

Regionale Marktforschung und Standortanalysen, die alle Standortfaktoren bis hin zur Nutzung des Umfeldes im Bereich des Standortes und Synergiepotentiale untersuchen, geben eindeutige Hinweise auf das Entwicklungspotential.

Diese Aussagen bilden die Grundlage für eine standortgerechte Entwicklung. Eine weitere Grundlage ist eine fundierte Analyse von Kaufkraftpotential und Kaufkraftbindung.

Um zu ermitteln, welche Umsätze an einem neuen Standort erwartet werden können, müssen die bestehenden Einkaufslagen bewertet werden. Dabei läßt sich feststellen, welche Umsätze die schon vorhandenen Einzelhändler erreichen und welchen Anteil sie am einzelhandelsrelevanten Kaufkraftpotential bereits binden.

Aussagekräftige Standorteinschätzungen in Einkaufslagen und qualifizierte Analysen zu den realisierbaren Umsätzen sind deshalb unabdingbare Voraussetzungen für Prognosen über das auszuschöpfende Umsatzpotential.

Mögliche Aufrechnungen von Verkaufsflächen sind ungeeignet. Der zu erwartende Umsatz hängt nicht von der Größe des Verkaufsraumes ab, sondern mehr von regionalspezifischen Faktoren des Standortes, des Marketingpotentials und der im Einzugsbereich liegenden Wettbewerber.

Projektentwicklung der Einzelhandelsfläche

Der Erfolg einer Projektentwicklung hängt von den Angeboten der einzelnen Einzelhandelsbetriebe ab. Eine kleine **Angebotslücke** kann für die Gesamtentwicklung einer Einzelhandelsimmobilie oft hinderlich sein.
Mit den Methoden der regionalen Marktforschung kann ein gesamtheitlich erreichbares Umsatzpotential ermittelt werden. Ausschlaggebend dafür ist das Kaufkraftpotential im Einzugsgebiet, die Konkurrenzsituation des Umfeldes, die Wege zum Objekt sowie städtebauliche Kriterien.

Dieses gesamte Umsatzpotential des jeweiligen Einzugsgebietes kann dann aufgeteilt werden in den bereits realisierten Umsatz und eine noch verbleibende Umsatz- beziehungsweise **Angebotslücke**.

Bei näherer Betrachtung des bereits realisierten Umsatzes zeigt sich, daß ein Teil dieses Umsatzes an nachrangigen Standorten realisiert wird.

Aufteilungskonzeption eines Büro- und Geschäftshauses mit Einzelhandelsflächen, Deutsche Grundbesitz, Eschborn.

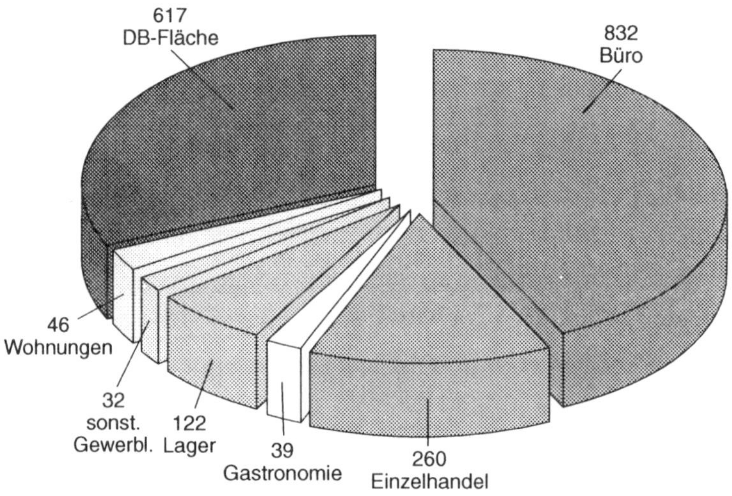

Aufstellung nach Nutzungsart an betreutem Portfolio
(nur von Objektmanagement verwaltet) in 1000 m^2

Umsätze, die auf solchen nachrangigen, also schlechten Standorten getätigt werden, sind für Projekte auf besseren Standorten als erschließbares Potential zu betrachten. Dem Marktteilnehmer wird durch eine bessere Standortwahl ein scheinbar besseres Angebot unterbreitet. Wird ein Angebot an einem ausgezeichneten Standort einem schlechteren Standort gegenübergestellt, so holt sich der 1A Standort Umsatzanteile von dem 1B oder 2A Standort.

Aus dieser Erkenntnis ergeben sich folgende Thesen:

1. Fachmarktzentren ziehen Umsatz von anderen Fachmarktzentren ab.
2. Innenstadt-Geschäfte ziehen Umsatz von anderen Läden in Innenstädten ab.

Die Käufer setzen Fachgeschäfte in der Innenstadt eben nicht mit Fachmärkten auf der grünen Wiese oder mit Angeboten in den Randgebieten oder gar mit SB-Warenhäusern gleich.

Factory Outlet Center
Designer Outlet Center

Ein **Factory Outlet Center (FOC)** oder **Designer Outlet Center (DOC) sind** speziell konzipierte **Einzelhandelsimmobilien,** in denen verschiedene Hersteller Verkaufsflächen anmieten. Das Factory Outlet Center ist auch als **Fabrikverkauf** bekannt. Neu ist bei dieser Entwicklung, die aus den USA kommt, ist, daß verschiedene große Markenfirmen ihre Fabrikverkäufe unter einem gemeinsamen Dach ansiedeln.

Die Fabrikverkäufe haben in Deutschland und Österreich eine lange Tradition und beim Kunden eine hohe Akzeptanz. Die Factory Outlets haben gezielt den markenbewußten Kunden im Auge und nicht die kaufkraftschwächere **Käuferschicht**. Denn Schnäppchenjäger ziehen sich durch alle Einkommensschichten. Besonders sind sie bei den Besserverdienenden anzutreffen.

Folgende Merkmale sind für ein **Factory Outlet Center** ausschlaggebend:

1. Der **Standort**
2. Die **Verkaufsfläche**
3. Der **Mietermix**

Der Standort, also die verkehrsgünstige Lage, ist für ein Factory Outlet Center enorm wichtig. Es sollte in der Nähe einer Autobahnabfahrt und mindestens 40 bis 50 Kilometer von einer Großstadt entfernt liegen. Geringere Entfernungen können für den **Einzelhandel** Schwierigkeiten bringen.

Die Einzelhandelsgeschäfte sollten eine Mietfläche von 50 bis 500 Quadratmeter haben. Diese Flächen können am Stammsitz eines Unternehmens geschaffen werden oder aber auch in alten, traditionswürdigen **Fabrikhallen**, die nicht mehr genutzt und entsprechend ausgebaut werden können.

Die dann neu geschaffenen Läden geben dem Center den Charakter eines Einkaufsdorfes. Ideal ist daher der Standort in der Nähe eines Ausflugsortes, eines Ferienziels oder auch in Grenznähe zum Beispiel Deutschland zu Frankreich.

Die **Verkaufsfläche** der angemieteten Läden sollte zwischen 8.000 und 10.000 Quadratmetern insgesamt betragen. Die einzelnen Mieter sollten Verkaufsflächen von 50 bis 500 Quadratmetern anmieten, die Anzahl der Mieter in einem Factory Outlet Center sollte sich zwischen 30 und 40 bewegen.

Die Ausstattung der Verkaufsräume sowie des gesamten Gebäudes sollte nicht zu hochwertig sein, da sich diese Investitionen in der Preiskalkulation für die zu verkaufenden Produkte niederschlagen. Der Kunde sollte aber trotzdem das Gefühl haben, in angenehmer Atmosphäre einzukaufen.

Der **Mietermix** ist die Garantie für den Erfolg eines Factory Outlet Centers. Dabei ist es wichtig, daß große internationale Markenfirmen für Bekleidung, Schuhe und Freizeit als Mieter vorhanden sind. Dazu gehören auch Produkte der No-Name-Anbieter, die das Angebot ergänzen beziehungsweise das Marktsegment in Bezug auf Preis und Qualität abrunden.

Der **Vorteil** des Factory Outlet Centers ist, daß Hersteller und Produzenten Originalware zu reduzierten Preisen anbieten können. Die Ware kann aus Lagerbeständen oder Überkapazitäten stammen oder auch beschädigten Ware sein.

Der Kunde hat den Vorteil, das ganze Sortiment des Herstellers zu sehen. Außerdem kann er im Factory Outlet Center, im Gegensatz zum Fabrikverkauf, gleich mehrere Hersteller der verschiedenen Warensortimente aufsuchen. Die Preise für Markenprodukte bewegen sich mit 40 bis 60 Prozent unter den jeweiligen Einzelhandelspreisen.

Der **Nachteil** für die Hersteller ist, daß sie vom Fachhandel boykottiert werden und die Ware nicht mehr bestellt wird. Der Einzelhändler steigt auf andere Hersteller um, weil er durch das Center Einbußen erleidet. Um diesem Trend entgegenzuwirken, sollten Einzelhändler, die Markenartikel verkaufen, Läden im dem Center anmieten, damit an beiden Einkaufspotentialen partizipiert wird. Bei Fabrikverkäufen kann die Marke heruntergefahren werden und die Exklusivität darunter leiden.

Die bisherigen Erfahrungen in den USA mit großen Factory Outlets zeigen, daß ein Bedarf an solchen Immobilien vorhanden ist. In der Bundesrepublik sind erste kleinere Center mit circa 500 bis 1.000 Quadratmetern Verkaufsfläche entstanden. Bisher gibt es in der Deutschland über 1.500 Fabrikverkaufsläden, wobei Bekleidung fast die Hälfte des Umsatzes ausmacht, gefolgt von Schuhen, Haushaltsartikeln, Nahrungsmitteln und Sport- und Spielwaren.

Projektentwickler und Makler werden es sich zur Aufgabe machen, diesen Zukunftsmarkt richtig einzuschätzen. Besonders aufmerksam muß die Standortfrage analysiert werden, sowie die Größenordnung der unterzubringenden Ladengeschäfte. Die Mieter sollten sich aus internationalen Marken, aber auch aus lokalen Herstellern zusammensetzen, damit die Spannungen gegenüber dem Einzelhandel aus dem Markt genommen werden können.

Magnetwirkung in der Standortentwicklung

Die angebotenen Produkte in Einzelhandelsbetrieben müssen von den Kunden wahrgenommen werden. Für **Magnetgeschäfte**, also solche, die eine Sogwirkung auf Kunden haben, und den kleinteiligen Verkauf gibt es jeweils optimale Standorte innerhalb einer Einzelhandelsimmobilie.

Ausschlaggebend dafür sind die Gewohnheiten und Einkaufsabläufe der Kunden. So sind unübersichtliche Etagen mit erzwungenen Einkaufswegen völlig ungeeignet. Auch rächt sich der Versuch, labyrinthartige Gang- und Treppensysteme in die Verkaufsräume einzubauen.

Nur attraktive Angebote und nicht allein bauliche Maßnahmen bringen den Erfolg für die Immobilie. Kunden, die sich zu stark gesteuert fühlen, vermeiden erzwungene Umwege, indem sie das Geschäft nicht mehr zum Einkauf nutzen. Letztlich führt das dazu, daß die Immobilienrendite auch bei guten Standorten zurückgeht. Bei schlechten Lagen wird dies durch

Leerstände auffällig, die den Investoren nachhaltig Schaden zufügen können.

Gerade Kleinflächen bieten Magneteffekte. Aus diesem Grund und wegen der überdurchschnittlichen Miete je Quadratmeter versuchen Investoren, viele kleine Geschäfte in einer Immobilie zu plazieren.

Diese Kleinflächen sind aber nur dann lebensfähig, wenn sie vom gesamten Kundenstrom profitieren und die Magnetwirkung induzieren.

Neben den genannten Faktoren hängt der Erfolg einer Immobilie auch noch von weiteren Merkmalen ab:

1. **Miethöhe**
2. **Mieterpotenz**
3. **Immobilien Center Management**
4. **Sicherheit in- und außerhalb der Immobilie**
5. **Rolltreppenanordnung**

Vielfach wird der Parkplatzsituation eine große Bedeutung zugemessen. Parkplätze unmittelbar am oder im Objekt sind jedoch noch kein Garant für den Geschäftserfolg. Auch unter dem Gesichtspunkt der Verknappungstendenz von Parkraum in Großstädten ist dies nicht der alleinige Erfolgsfaktor.

In Geschäften ohne Parkmöglichkeiten in der Nähe ist weniger Umsatz zu erzielen („ohne Parkplatz kein Geschäft"), aber kein noch so großzügiges Parkplatzangebot („Parkplatz bringt Geschäft") kann Standortnachteile ausgleichen.

Auf den Folgeseiten ein Beispiel zur Standortentwicklung; die alte Bahnmeisterei in Goch/Niederrhein wurde zum Bürokomplex umgewandelt.

WREDE ARCHITEKTEN

DIPL. ING. MARCUS WREDE	LINDWURMSTR. 92A D-80337 MÜNCHEN	FON 089 72 99 86 00 FAX 089 72 99 86 01	WREDEMARCUS@HOTMAIL.COM
DIPL. ING. HEINZ WREDE	KLEVER STR. 63 D-47574 GOCH	FON 028 23. 4025 FAX 028 23. 3180	

Projektbeschreibung — Umbau und Erweiterung einer historischen Bahnmeisterei

Das ehemalige Betriebsgebäude der Boxteler Bahn stammt aus dem Jahr 1900.
Die vorhandene, qualitätvolle Bausubstanz konnte für diese Baumaßnahme weitgehend erhalten werden.
Für die neue Nutzung mußte das Haus durch den Einzug einer neuen Stahlbetondecke stabilisiert werden. Die aussteifende, im alten Stil genietete Stahlkonstruktion wurde erhalten und durch das neue Grundrißkonzept in angemessener Weise inszeniert.
Neue, schlichte und transparente Baukörper ergänzen den historischen Ziegelbau.
Das neu entstandene Obergeschoss wird über einen Treppenhausanbau mit gläsernem Aufzug erschlossen.
Der Vorbau zur Straße dient als großes Schaufenster.
Er führt bis zur Traufe des bestehenden Gebäudes und ist vollkommen transparent.
Die dahinter befindliche Ziegelfassade bleibt somit vollständig sichtbar.

WREDE ARCHITEKTEN

DIPL. ING. MARCUS WREDE	LINDWURMSTR. 92A D-80337 MÜNCHEN	FON 089 72 99 86 00 FAX 089 72 99 86 01	WREDEMARCUS@HOTMAIL.COM
DIPL. ING. HEINZ WREDE	KLEVER STR. 63 D-47574 GOCH	FON 028 23. 4025 FAX 028 23. 3180	

Durch den Verzicht auf eine Vertikalgliederung der Glasfassade wird ein Konflikt mit den unmittelbar dahinter gelegenen historischen Fensterachsen vermieden.

Bauort:	Klever Str. 9 D-47574 Goch
Bauherr:	Peter Leinhäuser Leeger Weezer Weg 7 D-47574 Goch
Baujahr:	1999
Architekten:	Wrede Architekten Dipl. Ing. Marcus Wrede Dipl. Ing. Heinz Wrede Lindwurmstr. 92a D-80337 München Tel: 089.72998600

Umbau und Erweiterung eines historischen Bahngebäudes zur Geschäftszentrale eines Orthopädiebetriebes.
Hauptansichten

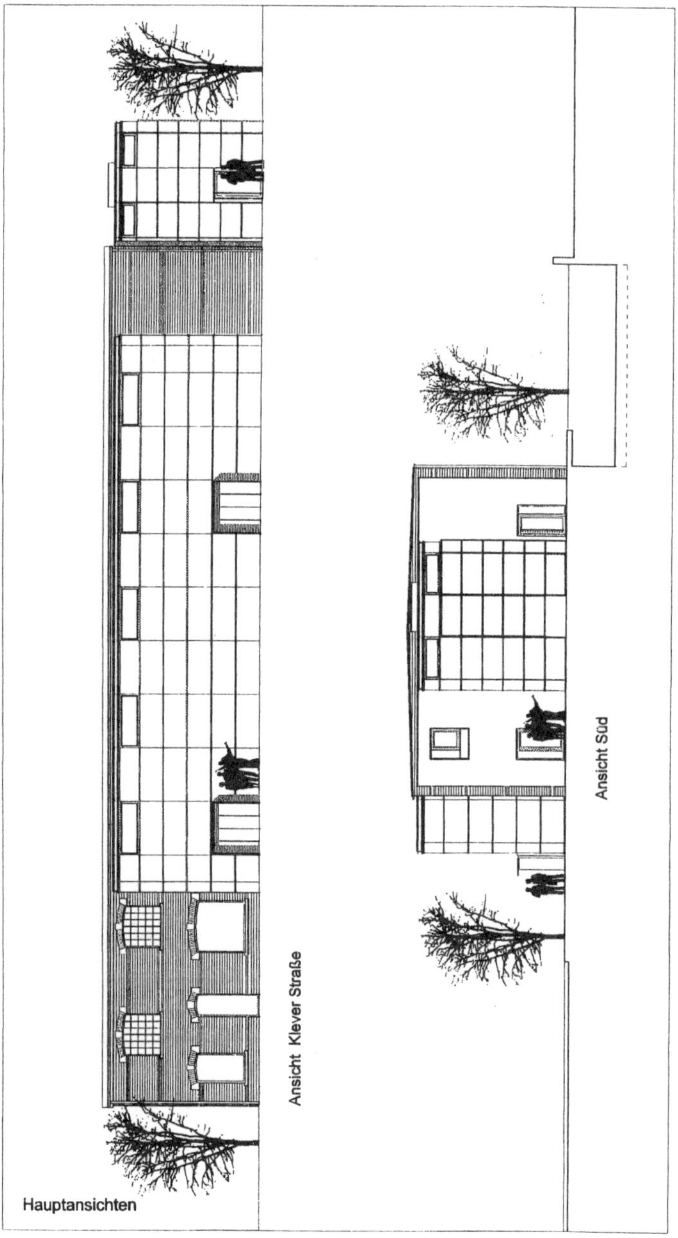

Umbau und Erweiterung eines historischen Bahngebäudes zur Geschäftszentrale eines Orthopädiebetriebes.
Erdgeschossgrundriss

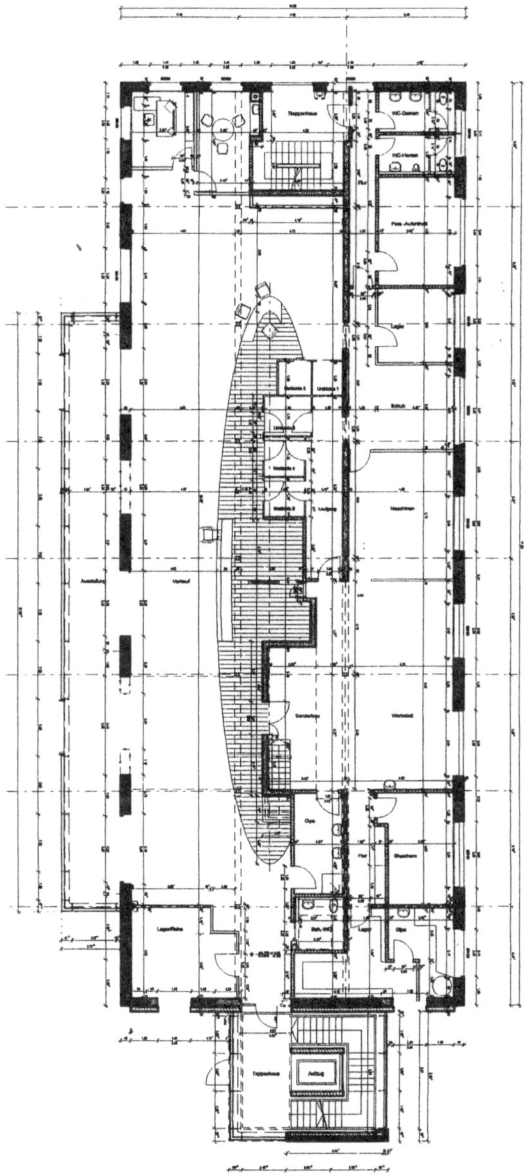

Grundriss Erdgeschoss

Internet-Marketing
Herausforderung für Immobilienunternehmen

Neben den herkömmlichen Marketingmethoden gibt es eine neue Entwicklung auf diesem Sektor: Das **Internet-Marketing**.

Nach Kottler ergibt sich für den Mittelstand eine neue, weltweite Chance, seine Produkte und Dienstleistungen auf allen Kontinenten der Welt anzubieten. Gerade für die Immobilienbranche mit ihren mittelständisch strukturierten Unternehmen bietet sich die Chance, ein **globales Netz** aufzubauen und dies mit weit geringeren Kosten als beim jetzigen Marketingvorgehen.
Als Beispiel dazu auf der nachfolgenden Seite die Internet-Leitseite (Homepage) des Verbandes Deutscher Makler, VDM:.

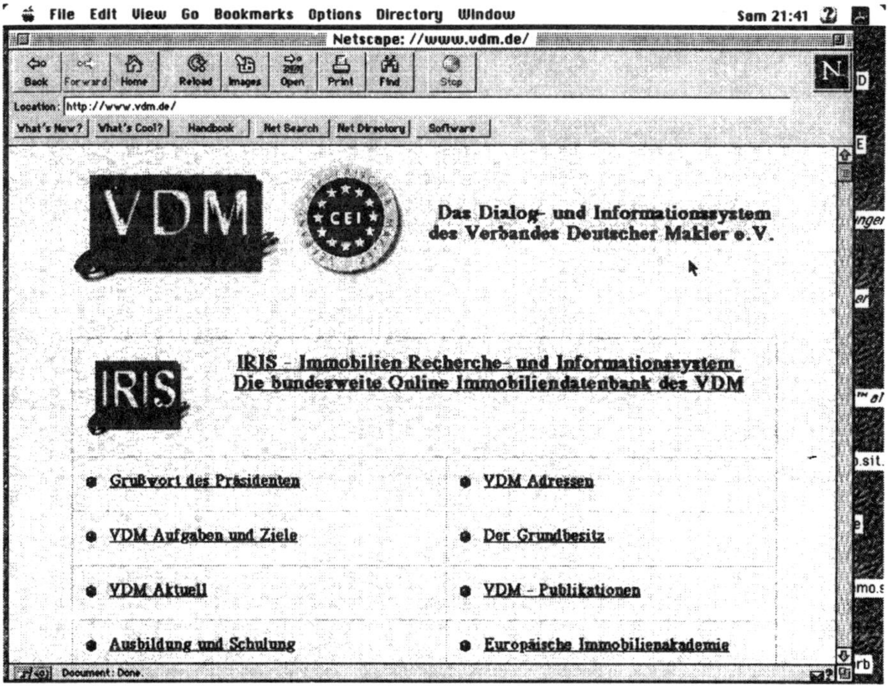

Internet-Marketing verändert die Absatzmärkte nachhaltig. Die Möglichkeit, alles im Netz weltweit bestellen zu können, hat Auswirkungen auf den Groß- oder Zwischenhandel bei Konsumprodukten. Diese Marketingmethode ergänzt die herkömmlichen **Verkaufskanäle**. Das Internet-Marketing setzt neue Maßstäbe.

Das Immobilienunternehmen kann letztlich seine Objekte für den einzelnen Kunden individuell entwickeln und unterbreiten. Das Angebot kann zielgerichtet und auf die **Bedürfnisse** des potentiellen Käufers maßgeschneidert werden. Das Netz bietet die Möglichkeit, für jeden Marktteilnehmer ein **Individualmarketing** herauszuarbeiten und zu offerieren.

Diese Möglichkeit der speziellen Botschaft schließt mögliche Streuverluste, die bei sonstigem Marketing üblich sind, aus.

Online-Marketing

Die Immobilienunternehmen dürfen ihr Aufgabengebiet nicht isoliert betrachten, wenn sie erfolgreich in diesem **Online-Marketing** arbeiten wollen. Um ihre Position erfolgreich einzunehmen, muß in den Unternehmen neu nachgedacht und organisiert werden.

Das Online-Marketing darf nicht als abgetrenntes Aufgabengebiet gesehen werden, sondern die einzelnen Abteilungen müssen zum Gelingen zusammenarbeiten. Der Teamgeist muß gefördert und das Individualdenken aufgegeben werden, um den Unternehmenserfolg zu sichern.

Immobilienunternehmen als Global Player

Die Immobilienunternehmen, deren Aufgabengebiete sich zumeist auf einen bestimmten Wirtschaftsraum beschränken, haben durch das Internet-

Marketing neue Möglichkeiten, diese Räume zu erweitern und neue Absatzmärkte zu erobern.

Das Unternehmen kann durch die neue Hinwendung zum **Global Player** für Immobilienobjekte werden. Der Einstieg und die Nutzung können dem Immobilienbetrieb mit geringen Kosten einen neuen, effektiven Absatzweg ermöglichen. Das Netz bietet die Chance, ein globales Immobiliengeschäft zu installieren und damit **international aufgestellt** zu sein,.

Freizeitimmobilie

Nach Auffassung des BAT Freizeitforschungsinstituts in Hamburg haben sich die Gewohnheiten der Menschen geändert, da sich der Mensch in der **Freizeit** nicht nur erholen will, sondern auch unterhalten werden möchte. Es ist ihm ein großes Bedürfnis, unter anderen gleichgesinnten Menschen zu sein, die der gleichen Sportart oder dem gleichen Hobby nachgehen. Der Mensch hat ein Bedürfnis an Geselligkeit.

Diese Zielgruppe von Menschen ist umso leichter anzusprechen, da sie ihr Freizeitvergnügen gerne in einem ansprechenden Paket vorgesetzt bekommen, vom Vergnügungspark über den Sportpark bis zum Einkaufs-Erlebnis-Center. Das wird unterstrichen durch die Tatsache, daß sowohl männliche Besucher solche **Freizeitimmobilien** aufsuchen, wie auch vor allem weibliche Besucher von diesem Event angezogen werden. Für Frauen ist die Unterhaltung ein wichtiges Besuchermotiv.

Durch die veränderten **Arbeitsbedingungen,** einerseits Freisetzung der Mitarbeiter, andererseits **flexible Arbeitszeiten**, haben immer mehr Menschen immer mehr Freizeit. Freizeitimmobilien haben deshalb auch eine gewisse Ventilfunktion, man kann sich nach Lust und Laune seinen Neigungen hingeben und seine Welt erleben.

Die Menschen sind neugierig und besonders gierig nach ständig sich überbietendem Neuen. Die Kultur wird immer schnellebiger und spannender, aber auch oberflächlicher. Die Menschen leben laut Opaschowski nach dem Grundsatz: "Im Seichten kann man nicht untergehen".

In dieser Doppelbödigkeit muß man das zukünftige **Erlebniszeitalter** sehen. Zu diesem Phänomen kommt der allgemeine Wohlstand. Viele Konsumenten sind satt. Was diese noch interessiert, spielt sich im Bereich der menschlichen Emotionen ab. Diese Konsumenten kennen nur ein einziges Motiv -sie wollen nicht verpassen, wenn draußen die Post abgeht.

Es gibt Leute, die zu einem speziellen Fußballspiel, also zu einem Event hunderte von Kilometern fahren und an zwei Tagen mit Übernachtung und Eintrittgeldern bis zu 500 Euro ausgeben. Um das Geld aufzutreiben nehmen sie Zweit- und Drittjobs an, arbeiten rund um die Uhr – um sich dann gelegentlich solche Vergnügen leisten zu können. Sie schränken den eigenen Konsum ein, leben weniger aufwendig, um dann das Geld wieder ins Stadion zu tragen.

In der Gesellschaft möchte man nicht zu den Wohlstandsverlieren gehören, also nicht die erarbeiteten Statussymbole verlieren, wie Auto, Sport, Hobby und Spiele. Damit man auf der Skala nicht absteigt nimmt noch Nebenjobs an, um vor den Kollegen, Nachbarn und Freunden keinen Prestigeverlust zu erleiden.

Der **Freizeitkonsum** wird größer. So gab nach Berechnungen der City Bank, Frankfurt, im Jahr 1998 jeder deutsche Privathaushalt für Freizeit circa 11.000 DM oder 5.500 Euro aus, das sind 17,5 Prozent des verfügbaren Einkommens. Unter dem Begriff Freizeit subsumieren sich alle Ausgaben für Urlaub, Ausflug, Hobby, Heimwerken, Sport, Spiel, Kino oder Konzert. Dem Bereich **Freizeit** wird somit ein Jahresaufkommen von 400 Mrd. DM zugerechnet. Zum Vergleich: Im Jahre 1981 wurden nur DM 8.280 oder 15,6 Prozent des verfügbaren Einkommens für Freizeitbetätigungen ausgeben.

Die meisten Jugendlichen wollen lieber zeitweilig arbeitslos sein, als dauerhaft freudlos einem ungeliebten Job nachgehen. Eine Arbeit, die keinen Spaß macht, empfinden sie als verlorene Lebenszeit. Der Konflikt wird dadurch deutlich, daß die Jüngeren mehr an die Erhaltung des Lebensstandards denken, die Älteren mehr an die Sicherung ihrer Pensionen und Renten. Beide haben gemeinsam, daß sie am Wohlstand teilhaben und nicht davon ausgeschlossen werden wollen.

Arm ist man ja heute nicht mehr, weil man unterhalb des Existenzminimus lebt. Ganz im Gegenteil, den Armen geht es derzeit in Deutschland materiell eher besser. Lediglich der relative Abstand zur wohlhabenden Mehrheit bleibt erhalten. Demzufolge bemißt sich der Armutsabstand an Konsum und Freizeitvergnügen. Viele junge Leute und junge Familien nehmen immer mehr Verschuldung auf sich, um dies für Konsumzwecke und Freizeithobbies auszugeben. Die jüngeren Schichten in der Bevölkerung erleben eine gewisse Spannung zwischen sozial abgefederter Armut, Armutsangst und Wohlstandsgefühl. Sie fühlen sich einesteils nicht richtig wohlhabend, sind aber andererseits auch nicht richtig arm.

Freizeitwert und berufliche Mobilität

Bei der Entscheidung aus **beruflichen Gründen** den Wohnort zu wechseln, hat der **Freizeitwert** einer Stadt oder Region ein besonders großes Gewicht innerhalb der Entscheidungsfindung. Zum Freizeitwert einer Stadt oder Region gehören Ausflugs- und Naherholungsgebiete, Stadtparks, Grünanlagen, Fußgängerzonen, Einkaufs- und Shoppingcenter, Multiplex-Kinos, Spiel- und Sportmöglichkeiten, Restaurants, Cafés und in-Treffs. Demzufolge werden Leben, Wohnen und Arbeiten zukünftig zusammengehören. Das bedeutet, daß es in größeren Städten in naher Zukunft die 24 Stunden Stadt gibt, in der die Stadt für die ganze Region wichtige Angebote an Arbeit, Kultur und Freizeit in sich vereint und es eine optimale Mischung mehrerer Lebensbereiche gibt.

Wachstumsindustrie Freizeit und Kultur

Kultur und Freizeit als Standortfaktor im Hinblick auf wirtschaftliche Begleiteffekte und urbane Attraktivität wird in den nächsten Jahren eine Hauptantriebskraft für die Freizeit- und Kulturpolitik sein.

Unterschiedliche Trendsportarten locken insbesondere junge Menschen an. Doch diese wollen sich nicht gleich langfristig in Vereinen mit oft hoher Aufnahmegebühr binden. "Schnupper-Angebote" sind eine Alternative, um zu sehen, ob der Trendsport überhaupt Spaß bringt. Gerade dies ist eine Chance für Sport- und Freizeiteinrichtungen, die für Einsteiger und sportlich Interessierte solche Möglichkeiten anbieten. Sie offerieren Zeitmitgliedschaften, mit Hilfe derer Interessierte ihre Freizeit gestalten können. Ist dann wieder irgendwann eine andere Sportart **in**, kann man zu dieser ohne große Investitionen wechseln.

So haben viele Freizeitanlagen wie Tenniscenter ohne Vereinsbindung einen regen Zulauf. Anders dagegen die Tennisvereine, die über einen Mitgliederschwund klagen, da die Bereitschaft nicht allzu groß ist eine Aufnahmegebühr und einen hohen Mitgliedsbeitrag zu bezahlen, auch wenn teilweise von Clubs versucht wird die Aufnahmegebühren und die Beiträge zu senken. Eine ähnliche Situation ergibt sich bei den Golfclubs; dort betragen oft die Aufnahmegebühr Euro 2.000,00 die Investitionsumlage-Euro 5.000,00 und der Jahresbeitrag Euro 1.500,00. Selbst Schnupperkurse, ein Tag der offenen Tür oder Sonderangebote können den Trend nicht aufhalten. Das Mitgliederpotential ist scheinbar erschöpft. Viele

Neueinsteiger gehen nicht in Golfclubs, sondern spielen mal hier, mal da. Sie haben kein Interesse an einem Clubleben, sondern wollen sich jederzeit für eine andere Sportart frei halten.

Dieses Phänomen kann man auch bei der **Kultur** sehen, Viele junge Menschen sind nicht für Musik- oder Gesangsvereine zu begeistern. Sie treffen sich lieber in losen Formationen, frönen der Gesangeslust oder gehen mal gemeinsam ins Theater oder zu sonstigen Kulturveranstaltungen.

Diesem Trend kommt auch der Wandel in der Industriegesellschaft zugute. Alte Fabrikhallen oder im Ruhrgebiet stillgelegte Zechen werden zu gefragten Freizeitimmobilien – für Konzertevents ebenso wie für die Gastronomie oder für Sportparks.

Literaturverzeichnis

Acker, H. B.: Stellenbeschreibung, in: Handwörterbuch der Organisation, Herausgeber E. Grochla, Stuttgart 1969.

Adam, D.: Investitionscontrolling, 3. Auflage München/Wien 2000.

Bank für Gemeinwirtschaft AG, Frankfurt/M., Junge Unternehmen Frankfurt 2000

Baumgarten, R.: Führungsstile und Personalführung, 4. Auflage, Wiesbaden, 1995.

Bayerische Börse, Kursblatt, München 1999/2000

Bayerische Börse, Kurszettel, München 1999/2000

Bleicher, K.: Organisationen, Formen und Modelle, Wiesbaden 1981

Börsenzeitung, Frankfurt Ausgaben April, Mai, Juli 2000

Bohley, P.: Statistik; einführendes Lehrbuch für Wirtschafts- und Sozialwissenschaftler, 6. vollständig, überarbeitete Auflage, München/Wien 1996.

Bühler, C.: Psychologie im Leben unserer Zeit. Stuttgart/Hamburg 1992.

Bühner, R.: Betriebwirtschaftliche Organisationslehre, 8. bearbeitete und ergänzte Auflage, München / Wien 1996.

Burger, A.: Kostenmanagement 3. Auflage München/Wien 1999

Busse von Colbe, W.: Lexikon des Rechnungswesens, 3. Auflage, München/Wien 1994.

Crisand, E.: Psychologie der Persönlichkeit, 4. Auflage, Heidelberg 1985.

Detroy, E. N.: Sich durchsetzen in Preis-Gesprächen und Preis-Verhandlungen, 3. unveränderte Auflage, Zürich 1981.

Deutsche Bank AG, Frankfurt Geschäftsbericht 2000

Deutsche Bank AG, Research Berichte monatlich 1999 und 2000

Deutsche Bundesbank: Monatsberichte, 1999 und 2000.

Dichtl, E.: Der Weg zum Käufer, Das strategische Labyrinth, 2. Auflage, München, 1991.

Dülfer, E.: Internationales Management in unterschiedlichen Kulturbereichen, 4. überarbeitete Auflage, München/Wien 1996.

Ehrmann, H.: Planung , Ludwigshafen 1995.

Erhard, L.: Deutsche Wirtschaftspolitik, Frankfurt 1948.

Erhard, L.: Wohlstand für alle, Düsseldorf/Wien 1962.

Fiedler, F.: A Theory of Leadership Effectivness, New York 1967.

Frankfurter Allgemeine Zeitung, Frankfurt, Ausgaben im Mai, Juni Juli 2000.

Frankfurter Börse, Kursblatt, Frankfurt 2000

Gälweiler, A.: Unternehmensplanung, Grundlagen und Praxis, Neuausgabe, bearbeitet und ergänzt, Frankfurt, New York 1986.

Gälweiler, A.: Strategische Unternehmensführung, 2. Auflage, Frankfurt / New York 1990.

Gartner, W. J.: Die Wirtschaftliche Bedeutung der Außenhandelsfinanzierung, Marketingstrategien für internationale Märkte 1988.

Gartner, W. J.: Unternehmensführung und Marketing in der Immobilienwirtschaft, München,/Wien 1997.

Gartner, W.J.: Effiziente Existenzgründung, München/Wien 1998

Grochla, E.: Handwörterbuch der Organisation, Stuttgart 1969

Gutenberg, E.: Einführung in die Betriebswirtschaftslehre, Band 1, 1, Auflage, Wiesbaden 1958.

Gutenberg, E.: Grundlagen der Betriebswirtschaftslehre, Band 2: Der Absatz. 17 Auflage. Berlin/Heidelberg/New York 1983.

Gutenberg, E.: Unternehmensführung Organisation und Entscheidung, 1. Auflage, Wiesbaden 1962

Haas, H.-D., Wirtschaft – Raum – Umwelt. WRU-Berichte, München 2000

Häusler, J.: Führungssysteme und Führungsmodelle, Köln 1977.

Handelsblatt, Düsseldorf, Ausgaben Mai, Juni, Juli 2000.

Hansen, G.: Methodenlehre der Statistik, 3. Auflage, 1985, München.

Heine, M: und Herr H.J. Volkswirtschaftslehre 2. ergänzte Auflage, München/Wien 2000.

Heinen, E.: Grundlagen betriebswirtschaftlicher Entscheidungen das Ziel der Unternehmung. 2. Auflage. Wiesbaden 1971.

Heinen, E.: Einführung in die Betriebswirtschaftslehre, Nachdruck der 9. Auflage, Wiesbaden 1992.

Hentze / Brose: Personalführungslehre, 2 Auflage, Bern / Stuttgart 1990.

Hentze, J.: Personalwirtschaftslehre, 6. Auflage, Bern / Stuttgart 1994 und 1995.

Herrhausen, A.: Denken - Ordnen - Gestalten Berlin, 1990.

Hinterhuber, H. H.: Strategische Unternehmensführung, 5. Auflage, Berlin 1992.

Höhn, R.: Führungsbrevier der Wirtschaft, 11 Auflage, Bad Harzburg 1983

Horvath, P.: Controlling, 5. überarbeitete Auflage, München 1994

Hüttner, M.: Marketing-Management; allgemein - sektoral - international, München / Wien 1994.

Hüttner, M.: Prognoseverfahren und ihre Anwendungen, Berlin 1986.

Jenkis, H.: W. Kompendium der Wohnungswirtschaft, 3. überarbeitete und erweiterte Auflage, München / Wien 1996.

Jenkis, H. W.: Grundlagen der Wohnungsbaufinanzierung, München / Wien 1995.

Jenkis, H. W.: Raumordnung und Raumordnungspolitik, München / Wien 1996.

Jung, H.: Allgemeine Betriebswirtschaftslehre, 3. durchgesehene Auflage, München; Wien 1997.

Jung, H.: Personalwirtschaft, München / Wien 1995.

Keynes, J. M.: General Theory of Employment, Interest an Money, London, 1936.

Kirsch, W.: Betriebswirtschaftslehre; Systeme, Entscheidungen, Methoden, Wiesbaden 1974.

Koreimann, D. S.: Management, 6. erweiterte Auflage, München; Wien 1995.

Kotler, P. / **Armstrong**, G.: Marketing - Eine Einführung, Wien 1988.

Kotler, P. / **Bliemel**, F.: Marketing-Management, 7. vollständig neu bearbeitete und für den deutschen Sprachraum erweiterte Auflage, Stuttgart 1992

Löffelholz, J.: Repetitorium der Betriebswirtschaftslehre. 6. Auflage. Wiesbaden 1980.

Maier - Mannhart, H.: Zum hundertsten Geburtstag von Ludwig Erhard: Das große Mißverständnis um die soziale Marktwirtschaft in Süddeutsche Zeitung vom 28. Januar 1997.

Marcks, P.: MaBV Makler- und Bauträger Verordnung, München 1991.

Mellerowicz, K.: Allgemein Betriebswirtschaftslehre. 13. Auflage, Berlin 1969.

Meffert, H.: Marketing, Grundlagen der Absatzpolitik, mit Fallstudien, 7. überarbeitete und erweiterte Auflage, Wiesbaden 1991

Meffert, H.: Marketingforschung und Käuferverhalten, 2. Auflage, Wiebaden 1992.

Murfeld, E.: Spezielle Betriebswirtschaftslehre der Grundstücks- und Immobilienwirtschaft, Hamburg 1995.

Nieschlag / Dichtl / Hörschgen: Marketing, 17 Auflage, Berlin 1994.

Oechsler, W. A.: Einführung in die Personalwirtschaft unter Einbeziehung des Arbeitsrechts, 5. überarbeitete und erweiterte Auflage, München / Wien 1994.

Olfert, K., Steinbuch, P. A.: Personalwirtschaft, Kiel 1990.

Ossadnik, W.: Controlling, München / Wien 1996

Pachowsky, R., Bau- und Immobilienmarketing, München/Wien 2000

Pepels, W.: Marketing, München, 1996.

Preißner, A.: Marketing - Controlling, München / Wien 1996.

Raffée, H.: Strategisches Marketing (Unternehmensführung) 1984.

Raffée, H.: Grundprobleme der Betriebswirtschaftslehre, 7. auflage, Göttingen 1989.

Raffée. H. / **Kreutzer**, R. Ansätze zur Erfassung von Länderrisiken in ihrer Bedeutung für Direktinvestitionen, (in: Kortzfleisch Kaluza), 1984.

Rahn, H.-J.: Betriebliche Führung, 3. Auflage, Ludwigshafen 1996.

Richter, M.: Personalführung im Betrieb, 3. Auflage, München / Wien 1994

Ringlstetter, Max J.: Organisation von Unternehmen und Unternehmens verbindungen: Einführung in die Gestaltung der Organisationsstruktur, München / Wien 1997.

Rosenstiel, L. v.: Grundlagen der Organisationspsychologie, 3. Auflage, Stuttgart 1992

Sailer / Langmaack: Kompendium für Makler, Hausverwalter und Sachverständige, 6. Auflage, München 1994.

Schierenbeck, H.: Grundzüge der Betriebswirtschaftslehre, 15. überarbeitete und erweiterte Auflage, München/Wien 2000.

Schneider, E.: Einführung in die Wirtschaftstheorie in 3 Bänden, 5. Auflage, Kiel 1955.

Schreyögg, G.: Unternehmensstrategie, Berlin, New York, 1984.

Simon, H.: The new Science of Management Decision, New York, 1960.

Staehle, W. H.: Management, Eine verhaltenswissenschaftliche Perspektive, 6. Auflage, München 1991.

Statistisches Jahrbuch, 1998.

Steinbuch, P.A.: Organisation, 9. überarbeitete und erweiterte Auflage, Ludwigshafen 1995

Süddeutsche Zeitung, München, Ausgaben Mai, Juni Juli 2000

Tinnefeld, M. - Th. und Eugen Ehrmann: Einführung in das Datenschutzgesetz, München / Wien 1992.

Ulrich, H.: Unternehmenspolitik, 2. Auflage, Bern/Stuttgart 1987

Wild, J.: Grundlagen der Unternehmensplanung, 4. Auflage, Reinbek 1980.

Witte, E.: Führungsstile, in HWO, Herausgeber. E. Grochla, Stuttgart 1969.

Witte, E.: Das Informationsverhalten in Entscheidungsprozessen, Tübingen 1972

Witte, H.: Allgemeine Betriebswirtschaftslehre, München/Wien 2000.

Wöhe, G.: Einführung in die Allgemeine Betriebswirtschaftslehre. 20. Auflage, München 2000.

Woll/Weigert, Wirtschaftlexikon, 8. Auflage, München/Wien 1996

Sachwortverzeichnis